TEMAS DE

DIREITO PROCESSUAL

(Segunda Série)

Autor

JOSÉ CARLOS BARBOSA MOREIRA

Professor na Faculdade de Direito da Universidade do Estado do Rio de Janeiro
Desembargador (aposentado) do Tribunal de Justiça do Estado do Rio de Janeiro

Coordenadores

ALUISIO GONÇALVES DE CASTRO MENDES

CARLOS ROBERTO BARBOSA MOREIRA

LUIZ PAULO DA SILVA ARAÚJO FILHO

TEMAS DE DIREITO PROCESSUAL

(Segunda Série)

4ª Edição

Atualizadores

LUIZ FUX

RODRIGO FUX

GZ EDITORA

Rio de Janeiro
2024

2ª edição – 1988 - Saraiva
3ª edição – 2023 - Editora GZ
4ª edição – 2024 - Editora GZ

Coordenadores: *Aluisio Gonçalves de Castro Mendes / Carlos Roberto Barbosa Moreira / Luiz Paulo da Silva Araújo Filho*

Atualização: *Luiz Fux / Rodrigo Fux*

Diagramação: *Olga Martins*

CIP-BRASIL. CATALOGAÇÃO NA PUBLICAÇÃO
SINDICATO NACIONAL DOS EDITORES DE LIVROS, RJ

M837t
4. ed.

Moreira, José Carlos Barbosa, 1931-2017
Temas de direito processual : segunda série / José Carlos Barbosa Moreira ; coordenação Aluisio Gonçalves de Castro Mendes, Carlos Roberto Barbosa Moreira, Luiz Paulo da Silva Araújo Filho ; atualizadores Luiz Fux, Rodrigo Fux. - 4. ed. - Rio de Janeiro : GZ, 2024.
380 p. ; 24 cm. (Temas de direito processual ; 2)

Inclui bibliografia e índice
ISBN 978-65-5813-082-6

1. Direito processual civil - Brasil. I. Mendes, Aluisio Gonçalves de Castro. II. Moreira, Carlos Roberto Barbosa. III. Araújo Filho, Luiz Paulo da Silva. IV. Fux, Luiz. V. Fux, Rodrigo. VI. Título. VII. Série.

23-86150 CDU: 347.91/.95(81)

Meri Gleice Rodrigues de Souza - Bibliotecária - CRB-7/6439

16/09/2023 20/09/2023

GZ EDITORA

e-mail: contato@editoragz.com.br
www.editoragz.com.br

Estrada do Capuava, nº 1325 - Box Q - CEP 06715-410
Bairro Barro Branco - Município de Cotia - SP
Tel.: (0XX21) 99585-0737 / 99755-0737

Impresso no Brasil
Printed in Brazil

Aos meus caros afilhados da
Turma de Bacharéis de 1978 da
Faculdade de Direito da UERJ,
em testemunho de estima e gratidão.

APRESENTAÇÃO

Por iniciativa do Instituto Brasileiro de Direito Processual- IBDP, muito bem acolhida pela família do autor e pela Editora GZ, as nove "séries" dos *Temas de Direito Processual*, que José Carlos Barbosa Moreira escreveu ao longo de três décadas, são agora reeditadas, em versão atualizada por estudiosos do direito processual – em sua maioria, ex-alunos e amigos do saudoso mestre. A atualização manteve intacto o texto original do ciclo: ao final de cada estudo, encontram-se as observações dos atualizadores, que fornecem ao leitor dados sobre a evolução do direito brasileiro, na matéria ali versada, até os dias atuais.

Qual a utilidade que o leitor de hoje pode extrair da obra, escrita na vigência do Código de Processo Civil de 1973 e dedicada, em muitos pontos, ao exame de normas e institutos que não foram reproduzidos no diploma que o substituiu?

Em primeiro lugar, vários dos trabalhos de Barbosa Moreira abordaram temas até então *inéditos* (ou, ao menos, pouco explorados) na doutrina brasileira. Para nos limitarmos, aqui e agora, à indicação de um único, mas significativo exemplo, permitimo-nos chamar a atenção do leitor para os estudos sobre *interesses difusos*, um dos quais publicado já no volume inaugural da coleção ("A ação popular do direito brasileiro como instrumento de tutela jurisdicional dos chamados 'interesses difusos'"). A reedição desses e de outros textos, igualmente marcados pelo ineditismo das questões de que o autor se ocupou, permitirá ao processualista da terceira década do século XXI o contato direto com a fonte inspiradora de extensa e fecunda elaboração doutrinária que se seguiu, desenvolvida igualmente por outros autores, e de relevantes inovações na legislação do país.

Em segundo lugar, como bem observou um dos mais destacados processualistas de atual geração, a obra de Barbosa Moreira "versa sobre praticamente todos os grandes temas de Direito Processual".[1] Isso é certo em relação ao conjunto de seus escritos (que inclui, entre outros, suas teses para concursos e seus substanciosos *Comentários* ao Código de 1973, além de seu maior êxito comercial, *O Novo Processo Civil Brasileiro*, o qual teve nada menos de vinte e nove edições, *todas* cuidadosa e verdadeiramente "revistas e atualizadas"), mas também o é no tocante à coleção que ora se reedita, em cujos nove volumes o autor não se furtou a examinar e reexaminar temas "clássicos": coisa julgada, prova, competência, poderes do juiz, pressupostos processuais, causa de pedir, contraditório, classificação das sentenças ... Em qualquer campo da ciência ju-

1 DIDIER JUNIOR, Fredie Souza. *Sobre Academia, Memória e Imaginação*: uma vida em processo. Universidade Federal da Bahia, 2021, p. 84. No juízo desse autor, a coleção de *Temas* "está para o Direito Processual Civil brasileiro como o *Tratado de Direito Privado* [de Pontes de Miranda] está para o Direito Privado" (ob. cit., loc. cit.).

rídica, sempre há espaço para um retorno ao que já foi amplamente estudado; e o estudioso de agora e do futuro poderá enxergar mais longe se se dispuser (a imagem pode soar batida, mas é expressiva) a subir nas costas de gigantes do passado.

Em terceiro lugar, o jurista de hoje poderá apreciar as qualidades *didáticas* de Barbosa Moreira. No concurso, realizado em 1979, com o qual o autor conquistou a titularidade na UERJ, um de seus eminentes examinadores reprovou-lhe o emprego, na tese submetida à banca, do adjetivo "didático", por lhe parecer depreciativo do livro (de outro insigne processualista) a que Barbosa Moreira supostamente se referira. Em verdade, o adjetivo, no excerto criticado, qualificava apenas um *exemplo* extraído do livro que Barbosa Moreira citara; porém, como bem observou, em sua resposta, o então candidato, ainda que se tratasse de qualificativo atribuído à obra, que maior elogio se lhe poderia fazer, senão chamá-la didática? Afinal, "didático" qualifica o que é "destinado a instruir", "que facilita a aprendizagem", "que proporciona instrução e informação, assim como prazer e divertimento" (Houaiss). Em qualquer desses sentidos, é possível afirmar que os *Temas* constituem um conjunto extremamente didático – e o processualista da terceira década do século XXI, ao ler qualquer de seus diferentes textos, certamente poderá se beneficiar da clareza expositiva de Barbosa Moreira e, por óbvio, do fato de ter sido ele "senhor absoluto dos meandros e mistérios da nossa tão maltratada última flor do Lácio".[2]

São razões mais que suficientes para justificar a reedição dos *Temas de Direito Processual* – sem prejuízo de muitas outras, que o leitor atento provavelmente encontrará.

Aluisio Gonçalves de Castro Mendes
Carlos Roberto Barbosa Moreira
Luiz Paulo da Silva Araújo Filho

2 FABRICIO, Adroaldo Furtado. Apresentação. *In* FABRICIO, Adroaldo Furtado (coord.) *Meio de Impugnação ao Julgado Civil:* estudos em homenagem a José Carlos Barbosa Moreira.1ª ed. Rio de Janeiro: Forense, 2007, p. VIII (destacado no original).

NOTA DOS ATUALIZADORES

José Carlos Barbosa Moreira foi meu professor de Direito Processual Civil durante a Faculdade de Direito que cursei na Universidade do Estado do Rio de Janeiro. Naquela oportunidade, como seu aprendiz, floresceu meu interesse pelo processo civil, empenhando-me fortemente em ser um aluno nota dez em todo período que com ele estudei. Como reflexo de minha disciplina e aplicação, o Professor Barbosa Moreira que chefiava a Procuradoria Judicial do Estado do Rio de Janeiro me convidou para que fosse seu estagiário, onde pude acompanhar também seus passos profissionais por dois anos. Nessa época, além do acompanhamento dos processos de incumbência da Procuradoria, também me cabia ler, para ele proceder à revisão, o que ele havia escrito no tradicional livro O Novo Processo Civil Brasileiro, com dezenas de edições já publicadas. Na formatura do curso de Direito, o Professor foi meu Patrono da Turma José Carlos Barbosa Moreira, de 1976, quando foi homenageado pela célebre influência que havia tido na formação jurídica de todos os seus afilhados, como ele se referia aos alunos.

Posteriormente, foi também meu professor examinador nos concursos de livre docência e de titularidade na cátedra de Processo Civil junto à Universidade do Estado do Rio de Janeiro. Nas ocasiões, apresentei, respectivamente, uma tese sobre intervenção de terceiros e outra sobre as tutelas de urgência e evidência, tendo sido aprovado em ambos os processos seletivos. Destaque-se que o mestre Barbosa Moreira era rigorosíssimo com seus alunos aos quais se referia como afilhados. Para além disso, nos planos pessoal e acadêmico, pude também partilhar da convivência com o Prof. Barbosa Moreira como frequentador da Escola Processual de Copacabana, que se reunia uma vez por semana em seu apartamento para debater temas processuais. Ainda, foi ele quem me saudou na cerimônia de posse como membro da Academia Brasileira de Letras Jurídicas (ABLJ). Minhas semelhanças eram muitas com o Professor Barbosa Moreira. Nossa única diferença é que ele era um inveterado botafoguense e eu, um convicto tricolor fluminense. No último evento que com ele participei, pude homenageá-lo declamando para ele a oração denominada Grandes Homens, de Huberto Rohden, que assim assevera: "O grande homem é silenciosamente bom... É genial - mas não exibe gênio... É poderoso - mas não ostenta poder... Socorre a todos - sem precipitação... É puro - mas não vocifera contra os impuros... Adora o que é sagrado - mas sem fanatismo... Carrega fardos pesados - com leveza e sem gemido... Domina - mas Sem insolência... É humilde - mas sem servilismo... Fala a grandes distâncias - sem gritar... Ama - sem se oferecer... Faz bem a todos - antes que se perceba... [...] Rasga caminhos novos - sem esmagar ninguém... Abre largos espaços - sem arrombar portas... Entra no coração humano - sem saber como... Tudo isso faz o grande homem, porque é como o Sol - esse astro assaz poderoso para sustentar um sistema planetário, e assaz delicado para beijar uma pétala de flor..." Para além da memória, procuro manter viva sua imagem junto a mim até os dias de hoje, mantendo em meu gabinete no Supremo Tribunal Federal um porta-retrato com uma fotografia do Professor Barbosa Moreira comigo no dia de minha posse na Academia.

Para mim, hoje, seu nome é saudade.

Luiz Fux
Ministro do Supremo Tribunal Federal

SOBRE OS ATUALIZADORES

LUIZ FUX

Ministro do Supremo Tribunal Federal. Ex-Presidente do Supremo Tribunal Federal (STF) e do Conselho Nacional de Justiça (CNJ). Ex-Presidente do Tribunal Superior Eleitoral (TSE). Doutor em Direito Processual Civil pela Universidade do Estado do Rio de Janeiro (UERJ). Professor Titular de Processo Civil da Faculdade de Direito da Universidade do Estado do Rio de Janeiro (UERJ). Professor Livre-Docente em Processo Civil da Faculdade de Direito da Universidade do Estado do Rio de Janeiro – UERJ. Membro da Academia Brasileira de Letras Jurídicas. Membro da Academia Brasileira de Filosofia. Presidente da Comissão de Juristas designada pelo Senado Federal para elaborar o anteprojeto do Código de Processo Civil de 2015.

RODRIGO FUX

Doutor e Mestre em Direito Processual pela Universidade do Estado do Rio de Janeiro – UERJ. Vice-Diretor do Instituto Brasileiro de Processo Civil – IBDP. Advogado.

SUMÁRIO

Segunda Parte – PARECERES

Primeira Parte

ENSAIOS

1. PROCESSO CIVIL E DIREITO À PRESERVAÇÃO DA INTIMIDADE

1. O formidável progresso tecnológico do nosso tempo vai tornando dia a dia mais aguda a necessidade de proteger certos interesses e valores, particularmente ameaçados pelo incessante aperfeiçoamento e rápida difusão de instrumentos e métodos de colheita, armazenamento e transmissão de dados relativos aos mais diversos aspectos da personalidade humana. A consciência dos riscos sempre crescentes estimula a elaboração doutrinária, aviva a imaginação dos legisladores e desafia os tribunais a dar resposta pronta a questões estranhas ao âmbito confortável e familiar da rotina forense.

Entre essas "novas" categorias jurídicas, que assomam ao proscênio, ameaçando ofuscar figuras de tradição ilustre mas um tanto fatigada, ocupa lugar de relevo o chamado direito à preservação da intimidade. Recente como objeto de pesquisa científica individualizada, não é de estranhar que permaneçam parcialmente imersos em bruma a sua natureza e os seus contornos. Encaixam-no os estudiosos no quadro dos "direitos da personalidade"[1]; mas, em tal contexto, não se chegou por enquanto a traçar-lhe o perfil com linha nítida, em ordem a estremá-lo à perfeição de congêneres como o direito à liberdade, o direito à integridade física e psíquica, o direito ao nome, o direito à própria imagem e sobretudo o direito à honra, do qual entretanto parece haver inteira conveniência em mantê-lo distinto[2]. Embora talvez ainda não se tenha cunhado fórmula exata para conceituá-lo, não se andará longe da verdade se se lhe identificar a essência no poder atribuído à pessoa de excluir

---

1 DE CUPIS, *I diritti della personalità,* Milão, 1973 (reimpressão), t. I, p. 256 e s; PONTES DE MIRANDA, *Tratado de direito privado,* t. VII, Rio de Janeiro, 1955, p. 124 e s.; MILTON FERNANDES, *Proteção civil da intimidade,* São Paulo, 1977, p. 44 e s.; LINDON, *La création prétorienne en matière de droits de la personnalité* et *son incidence sur la notion de famille,* Paris, 1974, p. 4; RAVANAS, *La protection des personnes contre la réalisation el la publication de leur image,* Paris, 1978, p. 410.

2 Como sublinha MILTON FERNANDES, ob. cit., p. 71, "a reserva é um bem em si mesmo, que deve ser preservado independentemente de sua invasão constituir uma ofensa à honra. Há acontecimentos que a pessoa tem interesse em manter secretos, embora sua divulgação nada tenha de desabonador. Igualmente um ato ilícito contrário à honradez pode atingi-la apenas na vida pública do sujeito, sem constituir uma afronta à sua intimidade".

o conhecimento alheio, em maior ou menor grau, quanto a fatos com ela relacionados e a atribulas do seu próprio ser.

Esse poder vem sendo reconhecido como digno, *em* si *mesmo,* de tutela jurídica, independentemente de considerações sobre as possíveis consequências da intromissão indébita e não consentida de outrem na "esfera íntima" do indivíduo. Faz-se abstração de eventuais danos *externos,* quer de ordem material, quer até de ordem moral; isto é: prescinde-se da capacidade, que porventura tenha a ingerência, de prejudicar a pessoa no seu patrimônio, ou mesmo na estima de outros membros da comunidade social[3]. A integridade da "esfera íntima" vê-se considerada como bem autônomo, tutelável *per se,* nas múltiplas facetas que a circunscrevem, tão numerosas quanto possam mostrar-se os desdobramentos do interesse de alguém em guardar só para si, ou para o estreito círculo de pessoas a quem livremente queira comunicá-los, os variadíssimos aspectos da sua vida pessoal; convicções religiosas, filosóficas, políticas ou científicas, sentimentos, relações afetivas, aspirações, hábitos, gostos, estado de saúde, atividades profissionais, situação econômico-financeira e assim por diante.

Facilmente se compreende que o aludido interesse não raro entra em conflito com outros também merecedores de proteção. É intuitivo que os restantes membros da comunidade (sem falar no próprio Estado) podem achar-se interessados, pelos mais diversos motivos, em ter acesso a informações sobre a pessoa de que se trata. O fenômeno é, aliás, corriqueiro: com grande frequência vê-se o ordenamento jurídico diante de conflitos desse gênero. Toca-lhe então confrontar e sopesar os valores em jogo para decidir, conforme as circunstâncias, qual deles há de ser, e em que medida, sacrificado em benefício do outro. É uma observação que beira o trivial; mas o registro parece justificar-se pela significação que o ponto assume, conforme adiante se verá, no contexto específico da problemática versada no presente trabalho.

2. A dois ângulos interessa especialmente ao processualista, como tema de estudo, o direito à preservação da intimidade. De um lado, há que considerar o processo em sua função de instrumento de tutela. A ouvi-

---

3 Cf. AULETTA, *Riservatezza* e *tutela della* personalità, Milão, 1978, p. 19 e s.; BASILEU RIBEIRO FILHO, Relatório brasileiro ao 5º Congresso Internacional de Magistrados (Florença, 1974), sobre o tema *Le juge el le respect du droit à la vie privée.*

dos afinados pelo clamor das fanfarras que, ao longo dos últimos cem anos, pouco mais ou menos, vêm celebrando a autonomia da ação, pode a clássica ideia, abrigada ainda no art. 75 do Código Civil, de que "a todo direito corresponde uma ação que o assegura", soar tão inatual quanto soa, aos que não dispensam a sofisticação da mais avançada eletrônica, a voz de Caruso nas gravações da *Golden Age*. Mas há modos e modos de entender a proposição. Quem releia o velho texto na clave da preocupação com a *efetividade* da tutela jurisdicional chegará talvez a surpreender-se com o timbre "moderno" de certas ressonâncias.

Se a ordem jurídica reconhece como valiosa determinada posição subjetiva, deve ministrar a quem nela se encontre meios de proteção adequados e eficazes, que garantam na prática ao titular as vantagens a ela inerentes em teoria; será essa uma concepção obsoleta? Está bem que se diga e se repita que o direito de ação é abstrato e independe do direito afirmado por quem bate às portas da justiça; que ao aparelho judicial corre o dever de ouvir com atenção idêntica o postulante que tem razão e aquele que não, a tem, até pelo simples e óbvio motivo de que só depois de ouvi-lo estará em condições de saber se ele a tem ou não. De nada disso se pode, ao nosso ver, duvidar hoje seriamente. Convém, no entanto, não esquecer jamais que a máquina judiciária é criada e mantida pelo Estado, e os processos se realizam, com a finalidade precípua de dar razão a quem realmente a tenha; e não apenas de dar-lhe razão, mas de proporcionar-lhe, na medida do possível, *"tutto quello e proprio quello ch'egli ha diritto di conseguire"*[4]. Em semelhante perspectiva, cada vez mais oportuno é acentuar a necessidade de que a tutela jurisdicional atue de maneira eminentemente *concreta*, usada aqui a palavra – ocioso ressalvar – em sentido diverso daquele em que o emprega a doutrina para designar tal ou qual teoria a respeito da ação.

3. Deste primeiro ponto de vista, contudo, não há muito que dizer no estado atual da legislação. Como se reconhece sem discrepância, uma proteção eficiente do direito à preservação da intimidade – e o mesmo se dirá dos direitos da personalidade, *in genere* – somente é concebível, em verdade, sob a forma da tutela *preventiva*[5]. O funcionamento do

---

4 CHIOVENDA, Dell'azione nascente dal contratto preliminare, *in Saggi di diritto processuale civile*, Roma, 1930, v. I, p. 110.

5 *Vide*, por exemplo, na mais recente literatura, AULETTA, ob. cit., p. 171 -2, 181;

mecanismo processual corresponderá ao que dele se espera na medida em que concorra de forma efetiva para *evitar* a lesão, ou quando menos para impedir que continue a produzir-se. As providências jurisdicionais de índole puramente repressiva ou sancionatória têm nesse campo valor reduzido, se é que algum tem. Ora, o repertório legal das medidas preventivas, no Brasil e alhures, é sabidamente insatisfatório; e, por paradoxal que possa afigurar-se, a sua pobreza agrava-se justamente no domínio onde mais aguda se faz a necessidade prática da tutela; para proteger a posse e a propriedade ainda se dispõe de remédios prestadios, mas a farmacopeia jurídica chega em geral às raias da penúria no que concerne às relações não patrimoniais – precisamente numa área de problemas cuja solução, sem tais remédios, oscila entre os níveis da precariedade e da mistificação.

No direito brasileiro, quando parte de "autoridade"[6] a ameaça de lesão, que se tem justo receio de ver operada, ilegalmente ou com abuso de poder, é lícito ao titular do direito, contanto que demonstráveis os fatos por prova documental pré-constituída, valer-se do mandado de segurança, impetrando-o preventivamente, como permite o art. 1º, *caput,* da Lei nº 1.533, de 31 de dezembro de 1951. E, se relevante se afigurar ao juiz o fundamento, será caso típico de concessão liminar do mandado, ordenando-se a suspensão do ato, pois, em se tratando de preservação da intimidade, a consumação da ofensa normalmente acarretará "a ineficácia da medida", caso apenas na sentença se venha a deferir. É concebível até o cabimento do mandado de segurança, nesta matéria, contra ato judicial em processo penal, desde que concorram os outros

---

VON MEISS, *Die persönliche Geheimsphäre und deren Schutz im prozessualen Verfahren,* Diessenhofen, 1975, p. 174, 234; PROTO PISANI, Appunti preliminari sui rapporti tra diritto sostanziale e processo, *in Diritto e Giurisprudenza,* v. 93 (1978), n. 1, p. 17 da separata.

---

6 Sobre esse conceito, *vide* o art. 1º, § *1º,* da Lei n. 1.533, de 31 de dezembro de 1951, que o faz abranger, além das autoridades *estatais,* "os administradores ou representantes das entidades autárquicas e das pessoas naturais ou jurídicas com funções delegadas do poder público", no que entenda com essas funções. Consultem-se, ao propósito, CELSO AGRÍCOLA BARBI, *Do mandado de segurança,* 3ª ed., Rio de Janeiro. 1976, p. 121-2; OTHON SIDOU, *As garantias ativas dos direitos coletivos,* Rio de Janeiro, 1977, p. 260-2; ROGÉRIO LAURIA TUCCI, *Do mandado de segurança contra ato jurisdicional penal,* São Paulo, 1978, p. 285 e s.; CRETELLA JÚNIOR, *Comentários às leis do mandado de segurança,* São Paulo, 1979, p. 105 e s. (com fartas indicações de jurisprudência).

pressupostos[7]. Por essa via podem atacar-se inclusive decisões ainda não executadas, como a que determine busca domiciliar ou pessoal fora das hipóteses legais; assim, conquanto a impetração vise o ato do juiz, *já praticado,* não deixa de estar presente o caráter de *preventividade,* entendido em acepção larga, porque a lesão só viria a consumar-se com a efetivação da medida.

Falta em nosso ordenamento, contudo, remédio correspondente ao mandado de segurança, com relação a ofensas que se têm razões para temer por obra de algum ato não emanado de "autoridade". Aquele que fundadamente receie a violação de sua intimidade *por particular* não dispõe de um meio de tutela de eficácia comparável à do que lhe proporciona a lei contra moléstia iminente na posse: no interdito proibitório, com efeito, é possível obter, *in limine litis,* mandado em que se vede ao réu a prática do esbulho ou da turbação e se lhe comine "determinada pena pecuniária, caso transgrida o preceito" (Código de Processo Civil, art. 932, *fine).* Nada de semelhante se prevê para a proteção do direito à preservação da intimidade[8].

Restam a ação declaratória (art. 4º, nº I), que pode conduzir ao estabelecimento da "certeza oficial" sobre o direito em questão, mas possui escassa força intimidativa para evitar que seja lesado; e a ação de condenação a não fazer (a não praticar o ato lesivo), de que trata o art. 287, e que seria capaz de prestar bons serviços se a "pena pecuniária" fosse cominada para a eventualidade de descumprimento *do preceito,* e não apenas, segundo reza o texto, para a de "descumprimento da sentença"[9]. Já

7 Conforme observa ROGÉRIO LAURIA TUCCI, ob. cit., p. 296, "pode haver (...) no transcorrer da persecução penal, – a par da resolução de questões concernentes à liberdade, propriamente, do indiciado numa *informatio delicti* ou do acusado numa instrução criminal em desenvolvimento, – as de outras, relativas a *direito material de diversa natureza que não de liberdade física do ser humano".* Na cláusula agora grifada encontra perfeito enquadramento o direito à preservação da intimidade.

8 Nem, vale insistir, para os restantes direitos da personalidade, e em termos ainda mais genéricos para as relações jurídicas não patrimoniais: o legislador parece menos sensível à necessidade da tutela preventiva justamente no âmbito em que ela ressalta com maior clareza, ante a manifesta insuficiência das medidas "reparatórias". *Vide,* sobre o assunto, BARBOSA MOREIRA, Tutela sancionatória e tutela preventiva, *in Rev. Bras. de Dir. Proc.,* v. 18, p. 123 e s., espec. 132 (neste volume, p. 21 e s., espec. 29).

9 Sobre a possibilidade de suprir as deficiências da disciplina legal mediante a utilização de providências cautelares, fundadas no chamado "poder geral de cautela" (arts. 798 e 799) e coadjuvadas pela cominação de sanções penais, remetemos o

completamente fora do campo preventivo situam-se a ação de condenação ao desfazimento (quando possível!) ou à cessação do ato lesivo e a ação de reparação do dano por este causado, as quais são, em princípio, cumuláveis.

4. Passando à segunda etapa das presentes reflexões, cumpre agora considerar o processo civil não mais como *instrumento de tutela* do direito à preservação da intimidade, mas como *ocasião de risco* para esse mesmo direito. É intuitiva a permanente ocorrência de semelhante perigo ao longo da atividade processual. Quanto ao processo de conhecimento, basta pensar que nele se cuida, em grande parte, de apurar fatos, a fim de aplicar-lhes a norma jurídica pertinente; logo se percebe que a essa apuração é inerente a possibilidade de invasão, intencional ou casual, da esfera íntima de mais de uma pessoa. Mas também no processo de execução surgem oportunidades de intromissão em tal esfera, v.g., ao ensejo da penhora, quando os oficiais de justiça incumbidos da diligência podem receber autorização para arrombar " portas, móveis e gavetas", à procura de bens penhoráveis (art. 661) – e o mesmo vale, *mutatis mutandis,* para a busca da coisa móvel a ser entregue ao credor (arts. 625 e 626).

Mais de uma pessoa, dissemos, pode ver ameaçada de devassamento, por obra da atividade processual, a esfera íntima. Sublinhar o risco suportado pelas partes seria roçar o óbvio: assim o réu como o autor constantemente se expõem, no curso do feito, à descoberta e à divulgação de aspectos de suas vidas que um e outro teria razões para querer preservar do conhecimento alheio – e não aludimos só aos fatos diretamente relacionados com o litígio, mas também a outros que, pelos mais diversos motivos, podem vir à balha durante o processo. É fora de dúvida, entretanto, que outras pessoas igualmente se veem atingidas pelo mencionado risco. Assim as testemunhas: pense-se, por exemplo, na possibilidade de contradita que ponha em discussão os "costumes" de alguma delas e a fé que, em consequência, mereça (arts. 405, § 3º, nº II, e 414, § 1º). Mais: a atividade processual pode pôr em xeque a intimidade de terceiros que nem sequer participem, a título algum, da atividade processual, mas cuja vida, em aspectos reservados, será eventualmente objeto de comunicações e comentários por parte dos litigan-

---

leitor ao nosso estudo A tutela específica do credor nas obrigações negativas, *in Rev. Bras. de Dir. Proc.,* v. 20, p. 61 e s. (neste volume, p. 30 e s.).

tes ou de testemunhas. É possível, enfim[10], que se veja exposta a risco a esfera íntima do próprio juiz, como ocorre no incidente de suspeição, em que se discutirão facetas da vida afetiva, familiar ou econômica do magistrado *(vide* o art. 135, nº I, II, III...); diga-se outro tanto do órgão do Ministério Público, do serventuário de justiça, do perito, do assistente técnico e do intérprete, aos quais se aplicam as regras sobre suspeição (art. 138, *caput).*

O direito à preservação da intimidade vê-se a cada momento ameaçado, para todas essas pessoas, pelo acesso de outras ao conhecimento de fatos concernentes à sua esfera íntima. Feita abstração dos advogados, podem ter acesso a tal conhecimento, quando nada: o juiz, o órgão do Ministério Público, funcionários ou serventuários da Justiça, eventualmente o perito e os assistentes técnicos, no que tange à esfera íntima das partes; estas, o juiz, o órgão do Ministério Público, funcionários ou serventuários, quanto à esfera íntima de testemunhas e possivelmente de terceiros mencionados em depoimentos ou em petições; as partes, o órgão do Ministério Público, funcionários ou serventuários, assim como os membros do corpo julgador no tribunal (art. 314), no que respeita à esfera íntima do juiz, no incidente de suspeição deste; e assim por diante. Ao menos em teoria, esse círculo de potenciais "invasores" da intimidade é capaz de ampliar-se indefinidamente por força da publicidade a que em regra se submetem os atos processuais (art. 155, *caput, princípio),* e que se desdobra em dois aspectos: a possibilidade de assistir qualquer pessoa à prática de tais atos, ouvindo, pois, as declarações que neles sejam emitidas, e a possibilidade de consultar os autos e de obter certidões de suas peças[11].

---

10 Os casos lembrados a seguir escaparam à atenção de VON MEISS, ob. cit., p. 856, que apenas se refere às partes, às testemunhas e a terceiros, não obstante o que estatuem os arts. 22 *e* s. da Lei federal suíça de organização judiciária, acerca da *"récusation"* de juízes, membros do Ministério Público e funcionários da justiça.

11 A estrutura algo equívoca do art. 155 vem dando lugar a uma divisão na doutrina: enquanto alguns interpretam o parágrafo único como relativo somente aos processos que corram em segredo de justiça - do que defluiria, *a contrario sensu,* que nos restantes se facultam ao público em geral a consulta dos autos e o pedido de certidão - outros aplicam a regra do parágrafo a *quaisquer* processos, restringindo a área de atuação da publicidade às partes e a seus procuradores, ressalvado ao terceiro "que demonstrar interesse jurídico" o direito de obter "certidão do dispositivo da sentença, bem como de inventário e partilha resultante do desquite" (leia-se hoje: separação judicial ou divórcio). No primeiro sentido, JOSÉ FREDERICO MARQUES, *Manual de direito processual civil,* v. I, 3ª ed., São Paulo,

5. Em todas as situações acima arroladas, o risco a que se expõe o direito à preservação da intimidade é aceito pelo ordenamento como corolário inevitável da necessidade de prestigiar valores fundamentais para a boa administração da justiça. *Conditio sine qua non* de um correto julgamento, em princípio, é a apuração, tão exata e completa quanto possível, dos fatos relevantes. A lei, com o fito de permiti-la, arma o juiz de poderes adequados, habilitando-o, em termos gerais, a "determinar as provas necessárias à instrução do processo" (art. 130), e especificamente a interrogar as partes sobre os "fatos da causa", mesmo *ex officio* (art. 342), "ordenar a exibição de documento ou coisa em poder de qualquer dos litigantes (art. 355) ou de terceiro (arts. 361 e 362), a requisitar às repartições públicas certidões e autos de procedimentos administrativos (art. 399), a inspecionar pessoas ou coisas (art. 440) etc. Não contente com isso, atribui a lei às partes um dever de veracidade (art. 14), concebido com tamanho rigor que chega a colorir de ilicitude e converter em fonte da obrigação de ressarcir o dano não apenas a *alteração* intencional da verdade pelo litigante (art. 17, nº II), mas a simples *omissão,* também intencional, de "fatos essenciais ao julgamento da causa" (art. 17, nº III). Essas regras são corroboradas pelas do art. 340, nº I e II, que impõem ao litigante "comparecer em juízo, respondendo ao que lhe for interrogado", e "submeter-se à inspeção judicial, que for julgada necessária". Quanto aos terceiros, veja-se o art. 341, consoante o qual lhes compete informar ao juiz os fatos e as circunstâncias de que tenham conhecimento (nº I) e exibir coisa ou documento que esteja em seu poder (nº II). Por outro lado, a imparcialidade do juiz constitui igualmente garantia indeclinável de bom julgamento, e para assegurá-la é preciso que se facultem meios de denunciar as circunstâncias suscetíveis de pô-la em xeque; o mesmo se dirá, em substância, de outros figurantes do processo, como o órgão do Ministério Público. Ainda como garantia, não só para as partes, senão para os jurisdicionados em geral, atua a publicidade, notadamente no quadro de um Estado de Direito consciente da sua condição de "Estado que se justifica" das intromissões na vida das pessoas[12]. Finalmente, a

1975, p. 325; MONIZ DE ARAGÃO. *Comentários ao código de processo civil,* v. II, 3ª ed., Rio de Janeiro, 1979, p. 23 e s.; no segundo, AMARAL SANTOS, *Primeiras linhas de direito processual civil,* 1º v., 5ª ed., São Paulo, 1977, p. 243 (com crítica *de lege ferenda).* Nossa posição será exposta oportunamente: *vide, infra,* n. 9.

12 Sobre a concepção do *Rechtsstaat* como *"rechtsfertigender Staat", vide* BRÜGGEMANN, *Die richterliche* Begründungspflicht, Berlim, 1971, p. 161 e s.

prestação jurisdicional há de ser *efetiva,* o que significa que, na medida do possível, as decisões do Poder Judiciário devem ser cumpridas de tal modo que se proporcione *in concreto,* ao litigante cuja pretensão se reconheceu fundada, o gozo completo do bem a que tem direito; se, para tanto, é mister agredir a esfera jurídica do vencido, cumpre admitir a eventualidade de devassar-lhe em certa extensão, na atividade executiva, a vida íntima.

Não pode, assim, haver dúvida acerca da posição fundamental do ordenamento em face do conflito de valores que se desenha. Sobre o interesse na preservação da intimidade prevalecem, em linha de princípio, os interesses ligados à reta administração da justiça[13]. Aquele não pode ter a virtude de *obstar* ao pleno atendimento destes. Todavia, deve aqui atuar, como alhures, o princípio de que os meios se proporcionam de modo necessário aos fins colimados. O direito à preservação da intimidade sujeita-se ao sacrifício na medida em que a sua proteção seja incompatível com a realização dos objetivos que se têm primariamente em vista. *Nessa* medida, o ordenamento o tolera ou mesmo o impõe; *além* dela, não. Cumpre observar um critério de proporcionalidade[14] com o auxílio do qual se possa estabelecer adequado "sistema de limites" à atuação das normas suscetíveis de pôr em xeque a integridade da esfera íntima de alguém, participante ou não do processo. Tais considerações forçosamente repercutem no trabalho do intérprete e do aplicador da lei. Nos casos não regulados *expressis verbis,* bem como nos duvidosos, há de proceder-se a uma cuidadosa valoração comparativa, sopesando-se os interesses em conflito, para que, assegurado sempre o acesso aos fins precípuos da administração da justiça, não sofra o direito à preservação da intimidade detrimento maior do que o realmente necessário à consecução de semelhante objetivo. Por exemplo: embora a diretriz básica do Código de Processo Civil, em matéria de instrução, seja a da ampla investigação da verdade, e devam em princípio reputar-se excepcionais as restrições à livre apuração dos fatos, constantes de regras como as dos

13 Essa colocação parece-nos preferível à que se expressa em termos de uma prioridade da tutela efetiva dos "direitos individuais" *(rectius:* subjetivos): assim STÜRNER, *Die Aufklärungspflicht der Parteien des Zivilprozesses,* Tübingen, 1976, p. 182 e s. (espec. 184), 190. A diferença de ângulo visual reflete naturalmente uma diversidade de concepção a respeito dos fins precípuos da jurisdição e do processo – problema tormentoso, em cujo exame não é possível entrar aqui.

14 A um *"Grundsatz der Verhältnismässigkeit"* alude a doutrina de língua alemã: *vide,* por exemplo, VON MEISS, ob. cit., p. 158, 190.

arts. 401 e 405, §§ 1º a 3º, onde quer que surja situação de risco do tipo acima indicado, levar-se-á em conta esse aspecto, a fim de dispensar-se ao interessado a proteção compatível com os valores mais altos em jogo, ainda que para isso se haja de recorrer – quando plenamente o justifique a sistemática do ordenamento – à interpretação extensiva ou mesmo à aplicação analógica de texto restritivo.

6. A responsabilidade da doutrina e da jurisprudência reveste aqui aspectos tanto mais delicados quanto é certo que da leitura do Código não transparece com a nitidez desejável um pensamento coerente, uma posição bem marcada a respeito da problemática que estamos versando. Pouco se surpreenderá com o fato quem considere o estado de relativa indefinição em que ainda se encontra o próprio perfil dogmático do direito à preservação da intimidade, mal diferenciado de outras figuras afins *(vide, supra,* nº 1). Toda a matéria, a bem dizer, aguarda melhor elaboração em ciência e – como não podia deixar de acontecer – melhor tratamento nas leis.

Exemplifiquemos. O art. 363 cataloga em cinco incisos as hipóteses em que "a parte e o terceiro se escusam de exibir, em juízo, o documento ou a coisa". Feita abstração do nº V, vazado em termos genéricos ("se subsistirem outros motivos graves que, segundo o prudente arbítrio do juiz, justifiquem a recusa da exibição"), verifica-se que as normas dos incisos II e III – ressalvada neste a parte final, que corresponde a *ratio* distinta – cuidam de tutelar precipuamente o direito à honra, enquanto nos incisos I e IV se manifesta a preocupação específica com a tutela da intimidade: aquele legitima a não exibição de documento ou coisa "concernente a negócios da própria vida de família", este a recusa à exibição que "acarretar a divulgação de fatos, a cujo respeito, por estado ou profissão, devam guardar segredo" a parte e o terceiro.

Tratam os textos de maneira idêntica a parte e o terceiro. Isso se afigura inteiramente justificado, desde logo, no que tange a fatos que constituam objeto do dever de sigilo, inerente a estado ou profissão. O segredo profissional vê-se tutelado aí como valor de grandeza suficiente, aos olhos da lei, para sobrepor-se ao interesse na apuração da verdade. Existe, à evidência, um interesse *também público* em jogo – o de assegurar a credibilidade de atividades socialmente relevantes, a cujo exercício é inerente a reserva – se bem que resulte naturalmente protegida a esfera íntima das pessoas às quais se referem os fatos sigilosos. Já o caso do inciso I pode suscitar alguma dúvida: justificar-se-á, em relação à parte, a outorga de tutela tão intensa quanto a que se dispensa ao terceiro, em se tratando de documento ou coisa "concernente a negócios da própria vida de família"? Diria alguém, não sem certa dose de razão, que os litigantes devem sujeitar-se, em tais assuntos, a sacrifícios maiores do que os exigíveis de terceiros, que nada têm que ver, ao menos diretamente, com a causa *sub iudice:* Semelhante reflexão encontraria, aliás, ponto de apoio no próprio texto legal, que a propósito de *depoimentos,* conforme adiante se registrará, bem distingue entre a situação da parte e a da testemunha.

Antes, porém, cabe uma observação sugerida pelo confronto entre o art. 363 e o art. 347, que exclui para a parte, em determinadas hipóteses, o dever de depor. Seria talvez de imaginar que houvesse coerência entre a regulamentação dessa matéria e a da recusa à exibição de documento ou coisa, já que a *ratio* fundamentalmente não varia; mas o rol do art. 347 é muito menos longo e, na formulação, em comum com o outro tem apenas a regra atinente aos fatos submetidos a segredo profissional (arts. 347, nº II, e 363, nº IV). Quer dizer: a guiarmo-nos pelos textos frios, é lícito à parte, v.g., recusar-se a exibir documento "concernente a negócios da própria vida da família" (art. 363, nº I); está, porém, obrigada a responder, em seu depoimento pessoal, a perguntas que versem sobre tais negócios. Não é fácil apreender o porquê do descompasso; algo parece estar sobrando ou faltando num dos dois dispositivos[15].

Reparo análogo suscita a existência, no art. 347, de um parágrafo que pré-exclui, quanto a determinados feitos ("ações de filiação, de desquite" - leia-se hoje: de separação judicial ou de divórcio - "e de anulação de casamento"), a legitimidade da recusa a depor. Nenhuma ressalva semelhante faz a lei no art. 363. Dever-se-á concluir que não se configuram, em tema de exibição de documento ou coisa, as razões pelas quais se julgou conveniente, nos referidos processos, sacrificar os interesses a que o silêncio atenderia? Parece que a presunção razoável é a contrária. A qualquer juiz há de afigurar-se estranho que se lhe per-

15 Quando se lê em AMARAL SANTOS, *Comentários ao código de processo civil,* v. IV, 2ª ed., Rio de Janeiro, 1977, p. 157-8, que o legislador forjou a disciplina da recusa à exibição de documento ou coisa, tal qual se espelha no art. 363, "pela contemplação do instituto da exibição com o do depoimento pessoal, em relação à parte, e do testemunho, em relação ao terceiro", não se pode evitar a impressão de que o comentário foi sugerido ao autor não tanto por aquilo que o texto na verdade reza, quanto por aquilo que, a seu ver, deveria rezar.

mita, numa ação de filiação ou de anulação de casamento, interrogar a parte sobre fato torpe (e, pois, desonroso) a ela imputado, e no entanto se lhe imponha, por outro lado, aceitar inerme a recusa do litigante à exibição de documento referente ao mesmíssimo fato, porque acarretaria desonra. A incongruência é manifesta e não comporta, salvo engano, fácil explicação.

Mas o parágrafo único do art. 347 sugere outra reflexão, que concerne mais de perto ao assunto deste estudo. Já se disse que o inciso II, conquanto inspirado sobretudo no interesse público de assegurar a credibilidade de determinados misteres, protege simultaneamente o direito de terceiros, sem relação direta com a causa, à preservação da própria intimidade. Ora, para esses terceiros, aos quais diz respeito o segredo, nada importa, é óbvio, a variação da matéria versada na ação: trate-se de filiação ou de litígio puramente patrimonial, o interesse *deles*, em princípio, é o de que o segredo seja mantido. A diversificação da disciplina de maneira alguma se explica, assim, por qualquer consideração relativa a tal interesse, que não muda. O que acontece é que a lei, balanceando os dois interesses *públicos* contrastantes – o interesse na apuração da verdade e o interesse na segurança do segredo profissional – embora dê em regra prioridade ao segundo, inverte a valoração em hipóteses nas quais, a seu juízo, é particularmente grave a necessidade de reconstituir com exatidão os acontecimentos verificados, e faltam em geral outros meios bastantes de prova. O "princípio da proporcionalidade", a que acima aludimos, resolve-se aí *contra* a preservação da intimidade.

Se passarmos ao art. 406, que contempla os casos de dispensa, para a testemunha, da obrigação de depor, veremos que no inciso II se repete a bem conhecida fórmula atinente aos fatos "a cujo respeito, por estado ou profissão, deva guardar sigilo" o depoente, ao passo que o inciso I se afasta de maneira sensível do seu correspondente no art. 347. A parte é desobrigada de prestar depoimento sobre "fatos criminosos ou torpes, que lhe forem imputados" (art. 347, nº I); a testemunha, sobre "fatos que lhe acarretem grave dano, bem como ao seu cônjuge e aos seus parentes consanguíneos ou afins, na linha reta, ou na colateral em segundo grau" (art. 406, nº I). Nenhum dos dois dispositivos, note-se, visa especificamente à tutela da intimidade, como tal: o primeiro respeita à honra; o outro, ao incluir no *Tatbestand* o pressuposto do "dano", ladeia a essência de uma figura que, na sua pureza, prescinde desse elemento *(vide, supra,* nº 1). Em todo caso, o segundo vale, *em certa medida,* como instrumento de proteção da esfera íntima da testemunha e de pessoas a ela estreitamente relacionadas.

E compreensível que a lei regule em termos diversos a recusa da parte e a recusa da testemunha ao depoimento: para esta, basta a possibilidade de "grave dano", inclusive de ordem *material,* não só à própria testemunha, mas ao cônjuge ou a parente, enquanto para a parte é necessário que se trate de "fatos criminosos ou torpes", a ela mesma imputados. Já se observou que, na matéria, os litigantes devem sujeitar-se a riscos maiores que os suportados por pessoa estranha ao litígio. Restaria saber – mas aqui temos de cingir-nos a formular a questão – se a diferença de situação é suficiente para explicar a ausência, no art. 406, da ressalva feita no parágrafo único do art. 347, com referência à ação de filiação e a outras relativas a questões de família.

Ainda uma observação, que se aplica ao inciso II, quer do art. 347, quer do art. 406. A lei fala em fatos "a cujo respeito, por estado ou profissão, *deva* guardar sigilo" o depoente. Se é de *dever* que se cuida, não parece muito exato afirmar que a parte ou a testemunha "não está obrigada a depor"; mais próprio seria dizer que ela está *obrigada a não depor*[16]. A imprecisão do texto, ao que nos parece, pode ser corrigida por via de interpretação; nem há como deixar de conjugá-lo com outras normas legais, que impõem irrestritamente o sigilo (v.g., para os advogados, o art. 87, nº V, da Lei nº 4.215, de 27-4-1963). Ao menos nessas hipóteses, afigura-se impossível cogitar sequer de uma *faculdade* de depor, seja como testemunha, seja como parte – *inclusive* em qualquer das ações a que alude o parágrafo único do art. 347. Aliás, há casos em que se raiaria pelo absurdo: como admitir, sejam quais forem as circunstâncias, que o sacerdote divulgue fato ouvido em confissão? Nem mesmo numa exoneração do dever por obra daquele a quem concerne o fato se poderá pensar sempre, se não é *só* (nem *principalmente)* o seu interesse que está em causa.

7. No item anterior passamos em revista algumas normas do Código – as dos arts. 363, 347 e 406 – que, embora não totalmente inspiradas, de maneira unívoca, em semelhante *ratio,* tutelam, em maior ou menor

16 Cf. AMARAL SANTOS, ob. e v. cit. na nota anterior, p. 112 e 301-2. A nosso ver, pelas razões expostas no texto, é duvidoso, mesmo *de lege lata,* que se haja convertido em simples "dever moral" o dever jurídico de guardar segredo, nos casos de que se trata.

extensão, o direito à preservação da intimidade, em benefício das partes e de terceiros (testemunhas ou pessoas que com elas têm relação estreita)[17]. Tais normas oferecem à doutrina e à jurisprudência pontos de apoio para a construção do "sistema de limites" a que nos referimos em o nº 5, *supra*. Sem embargo de suas deficiências, é delas que se têm de extrair os princípios aplicáveis a problemas para os quais o texto legal não dá solução expressa.

Um desses problemas diz respeito aos limites da inspeção judicial de pessoa ou coisa. Estatuí o art. 440 que "o juiz, de ofício ou a requerimento da parte, pode, em qualquer fase do processo, inspecionar pessoas ou coisas, a fim de se esclarecer sobre fato, que interesse à decisão da causa". Muito louvável em si mesma, deixa a regra no ar, contudo, uma interrogação: até que ponto têm as pessoas o dever de submeter-se à inspeção, e o de consentir que a ela se submetam as coisas sob seu poder? Bem se compreende que não pode ser *ilimitada* a amplitude da atuação judicial nesta matéria; e seria ocioso chamar a atenção para a extrema gravidade do ponto ao ângulo do direito à preservação da intimidade. Cumpre aqui examinar separadamente os casos de inspeção *de pessoa* e os de inspeção *de coisa*.

No tocante aos primeiros, desde logo dá margem a uma distinção fundamental o art. 340, nº II, que inclui entre os deveres *da parte* o de "submeter-se à inspeção judicial, que for julgada necessária". Consoante já sustentamos alhures[18], quer-nos parecer que, inexistindo regra idêntica a respeito do *terceiro (vide* o art. 341), não basta o preceito genérico do art. 339 ("Ninguém se exime do dever de colaborar com o Poder Judiciário para o descobrimento da verdade") para estender-lhe um dever que o Código reputou indispensável criar *em lermos expressos* para a parte[19]. A vista do disposto no art. 153, § 2º, da Constituição da República, conclui-se que o terceiro não está obrigado a submeter-se à inspeção judicial; ela só se realizará com o seu consentimento – ou, se incapaz, com o do seu representante legal.

---

17 À proteção da intimidade *do juiz* ordena-se a regra do art. 135, parágrafo único, que lhe faculta "declarar-se suspeito por motivo íntimo", sem necessidade de decliná-lo sequer ao "órgão disciplinar competente", como preceituava o art. 119, § 1º, do Código de 1939, criticado com razão por LOPES DA COSTA, *Direito processual civil brasileiro*, 2ª ed., Rio de Janeiro, 1959, v. 1: p. 337.

18 BARBOSA MOREIRA, O *novo processo civil brasileiro*, v. I, 3ª ed., Rio de Janeiro, 1978, p. 119.

19 Em sentido contrário, AMARAL SANTOS, Coment. *ao C.P.C.*, v. IV, p. 388.

Mesmo quanto à parte, cabe reconhecer-lhe o direito de recusar-se à inspeção quando se relacionar com a prática de fatos criminosos ou' torpes a ela imputados, ou (a hipótese será rara, mas não inconcebível) a respeito dos quais, por estado ou profissão, deva guardar sigilo: se o art. 347, em casos tais, com a ressalva do parágrafo único, a dispensa de depor, é razoável que se aplique a norma, por analogia, em matéria de inspeção judicial. Ademais, admitindo o art. 363, nº V, que a parte se escuse de exibir documento ou coisa por "motivos graves que, segundo o prudente arbítrio do juiz, justifiquem a recusa de exibição", *a fortiori* impende aceitar igual possibilidade no que tange à inspeção *pessoal,* em relação à qual, provavelmente, com maior frequência ocorrerão "motivos graves" de escusa; nessas hipóteses, porém, ao contrário do que se dá nas do art. 347, o órgão judicial goza de discrição no apreciar a legitimidade da recusa[20].

No que respeita às *coisas,* quer estejam em poder da parte, quer de terceiro, deve considerar-se legítima a oposição do possuidor à inspeção nos mesmos casos em que poderia ele escusar-se de exibi-las em juízo (art. 363, nº I a V, aplicáveis por analogia). Atender-se-á igualmente, contudo, ao que dispõe o art. 358. Com essa ressalva, o direito à preservação da intimidade ficará a salvo de intromissões desarrazoadas na medida em que o tutelem as regras do art. 363 *(vide, supra,* nº 6).

8. Problema que se articula com o examinado neste trabalho, sem com ele confundir-se, é o das provas ilegitimamente adquiridas, a cujo respeito vem florescendo nos últimos anos vastíssima literatura[21]. Não se

20 Ainda quando a parte se recuse *sem* justo motivo, convém esclarecer, não é possível constrangê-la peja força a submeter-se à inspeção. Configura-se, porém, "resistência injustificada ao andamento do processo" (art. 17, n. V), com as consequências previstas a cargo do " litigante de má-fé" (arts. 16 e 18), sem prejuízo de outras sanções legalmente cabíveis, inclusive penais. Além disso, o juiz poderá tomar a recusa injustificada como elemento de convicção acerca do fato sobre o qual pretendia esclarecer-se: a atitude da parte faz supor que, no seu entendimento, o resultado da inspeção lhe seria desfavorável; tecnicamente, no entanto, não há *confissão,* sequer *ficta.* (Esta nota e o parágrafo a que ela acede no texto reproduzem, com ligeiras alterações de redação, o que escrevemos em O *novo proc. civ. bras.,* v. I, p. 119-20.)

21 Sem qualquer pretensão de exaustividade, mencionem-se: na Itália, CAPPELLETTI, Efficacia di prove illegittimamente ammesse e comportamento della parte, *in Processo e ideologie,* Bolonha, 1969, p. 111 e s.; *id.,* General report, *in Fundamental*

confundem os dois problemas, repetimos, porque, onde se reputem inadmissíveis semelhantes provas, a negação da admissibilidade nem sempre se inspirará (ou não se inspirará de modo exclusivo) no propósito de tutelar o direito à preservação da intimidade: outros valores ou bens jurídicos – liberdade, integridade psíquica e física, eventualmente até a propriedade – são aí levados em consideração. Mas é claro que não pode deixar de interessar ao estudo do nosso tema uma regra como a do art. 332 do Código de Processo Civil, que pré-exclui, *a contrario sensu,* a possibilidade da utilização válida de meios de prova ilegais ou moralmente ilegítimos[22].

A jurisprudência do Supremo Tribunal Federal registra caso interessante de aplicação desse dispositivo. Para demonstrar a infidelidade da mulher, em ação de desquite, o marido, após deixar o lar conjugal, fizera instalar um sistema de gravação no aparelho telefônico que permanecera na casa habitada pela esposa, e depois, sem o conhecimento desta, se apoderara da fita, onde estavam gravadas conversas que evidenciariam o alegado adultério. Exibida a fita em juízo, o Tribunal estadual, em segundo grau de jurisdição, declarou admissível a prova por tal meio, mas a Corte Suprema reformou a decisão, no julgamento do Recurso extraordinário nº 85.439[23].

---

guarantees of lhe parties in civil litigation, Milão-Nova Iorque, 1973, p. 759 e S.; TROCKER, *Processo civile e Costituzione,* Milão, 1974, p. 563 e s.; VIGORITI, Prove illecite e Costituzione, *in Riv. di dir. proc.,* v. XXIII, 1968, p. 64 e s.; na Alemanha, ROSENBERG-SCHWAB, *Zivilprozessrecht,* 12ª ed., Munique, 1977, p. 611-2; GRUNSKY, *Grundlagen des Verfahrensrechts,* 2ª ed., Bielefeld, 1974, p. 445-6; KONZEN, *Rechtsverhältnisse zwischen Prozessparteien,* Berlim, *1976,* p. 179 e s., 242 e s.; ZEISS, Die Verwertung rechtswidrig erlangter Beweismittel, *in Zeitschrift für Zivilprozess,* v. 89, 1976, p. 377 e s. Entre nós, o tema foi objeto de recente e profunda investigação de ADA PELLEGRINI GRINOVER, *Liberdades públicas. e processo penal,* p. 121 e s., a que remetemos o leitor inclusive para outras referências bibliográficas.

---

22 O modelo provável do art. 332 foi o art. 87 do *Codice di procedura civile* do Vaticano, assim redigido: *"Tutti i mezzi atti ad accertare la verità dei fatti dimostrativi del fundamento dell'azione o dell'eccezione, e che siano legalmente e moralmente legittimi, possono essere disposti dall'autorità giudiziaria, al fine di* assicurare *una decisione della causa conforme a giustizia".* Na esteira do legislador pátrio, estatuiu o boliviano, no art. 373 do recente *Código de Procedimiento Civil* de 1975: *"Todos los medias legales así como los moralmente legítimos, aunque no especificados en este Código, serán hábiles para probar la verdad de los hechos en que se fundare la acción* o *la defensa".* A similitude da redação não enseja dúvida sobre a fonte.

23 Acórdão unânime da 2ª Turma, de 11 de novembro de 1977, relatado pelo Ministro XAVIER DE ALBUQUERQUE e publicado na *Rev. Trim. de Jur.,* v. 84, p. 609 e s.

O acórdão absteve-se de focalizar a questão em termos de preservação da intimidade: era fácil, na hipótese, caracterizar a ilegalidade do expediente à luz do Código Penal, art. 151, nº II, e do Código Brasileiro de Telecomunicações, art. 56, que expressamente averbam de delituoso o comportamento do marido. Outro equacionamento decerto se tornaria necessário, em hipóteses não enquadráveis no tipo legal, como a de gravação oculta de conversa de viva voz, ou a de fotografia de cena íntima, tirada à distância, com o auxílio de teleobjetiva. O emprego de cláusulas genéricas no art. 332 do estatuto processual, que se valeu de um conceito jurídico indeterminado, ao falar de meios "moralmente legítimos", funciona como respiradouro através do qual se torna possível, quando o exija a valoração dos interesses em jogo, estender a tutela da intimidade a casos não previstos de maneira específica, ao menos *expressis verbis,* em qualquer outra norma do *jus positum.* Como bem se compreende, a questão terá de ser enfrentada e resolvida em cada hipótese, pelo método valorativo, à luz do princípio da proporcionalidade *(supra,* nº 5), sem que exista solução *a prior;* universalmente recomendável.

9. Consoante já se assinalou, as situações de risco para a preservação da intimidade, no curso do processo, ficam agravadas pela publicidade a que este se sujeita. Uma coisa, com efeito, é a simples possibilidade de terem acesso algumas pessoas (em regra vinculadas pelo sigilo profissional) ao conhecimento de aspectos da nossa vida íntima; outra, bem diversa, é vê-la exposta à curiosidade de um número indefinido de estranhos. Pode-se talvez obtemperar que o perigo não sai, em regra, do estado potencial, porque são relativamente poucas, sobretudo no campo dos feitos civis, as pessoas que costumam assistir às audiências e sessões de tribunais[24], ou – *a fortiori* – que se interessam pela leitura dos autos. Isso, todavia, não elimina o problema, que como tal deve ser reconhecido e enfrentado.

Ao regime da publicidade processual atribuem-se diferentes virtudes, algumas delas provavelmente mais imaginárias que reais. Seja como for, é impossível negar-lhe importância, ao menos, na perspectiva da possibilidade de controle da atividade judiciária, pelos diretamente interessados em seu desfecho e pelos jurisdicionados em geral. A esse ângulo, a publicidade do processo constitui, em princípio, imposição relacionada com os postulados mesmos do Estado de Direito.

24 Cf. as observações de VON MEISS, ob. cit., p. 137-8.

Em princípio, frise-se: não está dito que a ela se hajam de sacrificar sistematicamente todos os valores com que porventura se ponha em conflito. Aqui, como em tudo mais, deve atuar o critério da *proporcionalidade:* não há pretender que a publicidade seja sempre, sob quaisquer circunstâncias, exigência absoluta de reta administração da justiça, e cumpre determinar, mediante cuidadosa valoração de interesses, em que medida vale a pena fazê-la prevalecer a despeito dos eventuais inconvenientes ou, vice-versa, impor-lhe restrições indispensáveis ao resguardo de outros bens jurídicos – não apenas a intimidade, vale observar, mas também os bons costumes, a ordem, a segurança do Estado etc.

Intuitivamente se percebe, aliás, que não existe equiparação possível entre todas as pessoas acaso interessadas no conhecimento do que se passa no processo. O interesse das partes, por exemplo, é muito mais intenso que o de terceiros: para elas é que se põe o problema do amplo exercício do direito de defesa *(lato sensu),* que se veria coarctado caso se lhes recusasse acesso às declarações emitidas por outros participantes e às provas carreadas para os autos. Plenamente se justifica, portanto, que o princípio da publicidade receba aplicação mais ou menos rigorosa segundo se trate das partes ou de pessoas estranhas ao feito: nem tudo que se comunica obrigatoriamente àquelas deve, *sic et simpliciter,* ficar também ao alcance do conhecimento destas[25].

10. Em nosso direito vigente, a disciplina básica da matéria encontra-se no art. 155 do Código de Processo Civil, cuja interpretação há de atender às considerações acima registradas. São duas as questões com que nos defrontamos: a da realização dos atos processuais e a da possibilidade de acesso ao conteúdo dos autos. Quanto à primeira, a regra básica é a da publicidade: "Os atos processuais são públicos", reza o *caput* do artigo, na parte inicial. Estabelece contudo a lei duas ordens de exceções, nas quais o processo corre "em segredo de justiça", e portanto as audiências e sessões de julgamento podem ser presenciadas apenas pelas partes e por seus advogados (além, se for o caso, do órgão do Ministério Público).

---

25 A doutrina alemã distingue com nitidez a *Parteiöffentlichkeit* e *Öffentlichkeit* em sentido genérico: *vide,* por exemplo, na mais recente literatura, ROSENBERG-SCHWAB. ob. cit., p. 110 e s.; JAUERNIG, *Zivilprozessrecht.* 18ª ed., Munique, 1977, p. 84-6; BAUR, *Zivilprozessrecht,* 2ª ed., Frankfurt-am-Main, 1978, p. 53. Cf., entre nós, PONTES DE MIRANDA, *Comentários ao código de processo civil* (de 1973), t. III, 2ª ed., Rio de Janeiro, 1977, p. 70.

A do inciso I, fundada no "interesse público", não respeita de modo direto ao tema do presente trabalho. Com ele entende precipuamente a do inciso II, onde se enumeram os feitos relativos a "casamento, filiação, separação dos cônjuges, conversão desta em divórcio, alimentos e guarda de menores" (redação dada pela Lei nº 6.515, de 26-12-1977). A leitura da lista permite desde logo identificar a *ratio* comum, que outra não é senão a salvaguarda da intimidade em temas de particular delicadeza. Fácil concluir, ao nosso ver, que o rol não é exaustivo[26], legitimando-se, para o órgão judicial, a cautela de excluir a presença de estranhos, a requerimento da parte ou *ex officio,* todas as vezes que, em processos diversos, venha a debate matéria pertinente a qualquer dos assuntos mencionados no texto legal, ou a outro assunto igualmente melindroso. Um exemplo tirado de nossa experiência judicante: processo de interdição, em que se impugnava a nomeação, para curador, do marido da incapaz, com o argumento de que vivia em concubinato com outra mulher. A discussão em público de problemas desse gênero em nada aproveita à justiça e só pode interessar a farejadores de escândalos.

No que tange à segunda questão, de tudo que ficou dito acima já é possível inferir a posição que nos parece correta. A abertura indiscriminada de acesso aos autos, para *quaisquer* terceiros, está longe de constituir, em nossa opinião, exigência de boa justiça. Às partes, naturalmente, seria absurdo negar a possibilidade de consultá-los e de pedir certidões de suas peças (ou "de seus atos", como diz, com menor propriedade, o art. 155, parágrafo único). A consulta é também assegurada aos procuradores das partes e aos advogados em geral (art. 40, nº I, com ressalva expressa dos casos de "segredo de justiça": cf. o art. 89, nº XIV, da Lei nº 4.215, de 27-4-1963).

Embora redigido em termos genéricos, e sem indicação alguma que o vincule de modo exclusivo à segunda parte do *caput,* o parágrafo único do art. 155 parece cogitar apenas das hipóteses em que o processo corre em segredo de justiça. Nelas, o direito de consultar os autos e de pedir certidões fica restrito às partes *(lato sensu,* a abranger, v.g., os assistentes), e aos *seus* procuradores, excluídos, portanto, a título excepcional, os advogados que *não* sejam procuradores de qualquer das partes; isso se harmoniza com as cláusulas ressalvantes do art. 40, nº I, e da Lei nº 4.215, art. 89, nº XIV. Por outro lado, "o terceiro, que demonstrar inte-

26 *Aliter,* MONIZ DE ARAGÃO, ob. e v. cit., p. 24.

resse jurídico, pode requerer ao juiz certidão do dispositivo da sentença, bem como de inventário e partilha resultante de desquite"[27]. É possível que tal disposição se revele em certos casos exageradamente restritiva, e merece apoio a sugestão de abrandar-lhe, na aplicação, a rigidez [28]: até pesquisas de relevante valor histórico precisam às vezes valer-se do exame de autos judiciais.

O que, a nosso ver, não impõe o texto do art. 155, nem a sistemática do ordenamento, é a conclusão de que, fora dos casos de segredo de justiça, se deva reconhecer a *qualquer pessoa* [29] a possibilidade de consultar autos, sejam quais forem, e de obter cópias ou certidões das peças que desejarem. Para conferir esse direito aos advogados foi preciso redigir a norma do art. 89, nº XIV, da Lei nº 4.215, reiterada pelo art. 40, nº I, do Código de Processo Civil. Se ele já existisse *a priori* com extensão genérica, semelhantes normas se tornariam gritantemente supérfluas: para que outorgar de modo específico *aos advogados* um direito que na verdade assistiria *a todos?* Acresce que positivamente não há necessidade – e este é o ponto mais importante ao ângulo em que nos situamos no presente trabalho – de chegar a tal extremo para atender aos fins que se têm em vista quando se torna pública a atividade jurisdicional[30].

27 A Lei n. 6.515, de 26 de dezembro de 1977, que alterou a redação do *caput,* esqueceu-se de substituir "desquite", no parágrafo, por "separação judicial", e de acrescentar "ou de divórcio" (cf. o art. 40, n. IV, do mesmo diploma legal).

28 MONIZ DE ARAGÃO, ob. e v. cit., p. 25-6.

29 Como pensam MONIZ DE ARAGÃO, ob. e v. cit., p. 23, e – parece – CELSO AGRÍCOLA BARBI, *Comentários ao código de processo civil,* Rio de Janeiro, 1977, v. I, t. II, com fulcro no art. 141, n. V, o qual, todavia, não há de ser interpretado isoladamente.

30 Num Estado de Direito "acima de qualquer suspeita", como é a Suíça, acentua-se em doutrina que "o princípio da publicidade judicial de modo algum envolve a publicidade dos autos do processo *(der Grundsatz der Gerichtsöffentlichkeit keinenfalls die Oeffentlichkeit der Gerichtsakten mitumfasst)"* (VON MEISS, ob. cit., p. 129, com outras referências em a nota 6). Cf. o § 299, 2ª alínea, da *ZPO* da República Federal da Alemanha, de acordo com o qual a consulta aos autos, em qualquer hipótese, só pode ser facultada a terceiros, sem o consentimento das partes, se houver razões para crer na existência de um interesse jurídico *("wenn ein rechtliches Interesse glaubhaft gemacht wird").* Em nossa própria doutrina, vejam-se os passos de PONTES DE MIRANDA, ob. e lug. cit. ("O conhecimento para todos não se estende, por exemplo, à parte escrita do processo"), e de HÉLIO TORNAGHI, *Comentários ao código de processo civil,* v. II, 2ª ed. São Paulo, 1978, p. 10 ("Os atos do processo executam-se a portas abertas. Qualquer pessoa pode assistir a eles. Uma vez praticados, a documentação deles, os autos, termos, atas são públicos somente para as partes").

Não se exclui que, em determinadas circunstâncias, possa configurar-se interesse de tamanha relevância que justifique a exibição de autos e o fornecimento de cópias ou certidões de suas peças a quem não seja advogado. Trata-se de questão a ser resolvida em cada caso concreto, sempre à luz do princípio da proporcionalidade, pelo qual deve o aplicador da lei, aqui como em tudo mais, deixar-se guiar. O direito à preservação da intimidade cede diante de valores mais altos; mas não há porque sacrificá-lo à mera e vulgar bisbilhotice.

Dezembro de 1979.

COMENTÁRIOS DOS ATUALIZADORES

1. PROCESSO CIVIL E DIREITO À PRESERVAÇÃO DA INTIMIDADE

Luiz Fux / Rodrigo Fux

O artigo em referência continua a oferecer relevantes reflexões, que permanecem atuais, mesmo diante das alterações legislativas dos últimos anos. Indubitável que o exponencial desenvolvimento tecnológico tem rescrudescido a tensão envolvendo a publicidade processual e a preservação da privacidade.

Com efeito, se no passado a publicidade dos atos processuais já gerava preocupação em razão do número de pessoas que podiam acompanhar presencialmente uma audiência ou acessar os autos físicos de um processo, com muito mais razão contemporaneamente, dado que o advento do processo eletrônico passou a possibilitar que as peças processuais possam ser acessadas (baixadas, compartilhadas) por múltiplas pessoas concomitantemente e de forma remota. Mais do que isso, as audiências passaram a ser gravadas e disponibilizadas em áudio e vídeo, além de serem, muitas vezes, até mesmo transmitidas pela internet.

Nesse sentido, a Lei nº. 11.419/2006[31], que dispõe sobre a informatização do processo judicial, estabelece:

31 Mencione-se, ainda, a Resolução CNJ nº. 121/2010.

> Art. 11. Os documentos produzidos eletronicamente e juntados aos processos eletrônicos com garantia da origem e de seu signatário, na forma estabelecida nesta Lei, serão considerados originais para todos os efeitos legais.
>
> § 6º Os documentos digitalizados juntados em processo eletrônico estarão disponíveis para acesso por meio da rede externa pelas respectivas partes processuais, pelos advogados, independentemente de procuração nos autos, pelos membros do Ministério Público e pelos magistrados, sem prejuízo da possibilidade de visualização nas secretarias dos órgãos julgadores, à exceção daqueles que tramitarem em segredo de justiça. (Incluído pela Lei nº 13.793, de 2019)

Quanto às modificações legislativas aludidas, podem-se destacar aquelas trazidas pelo artigo 189 do Código de Processo Civil de 2015 (artigo 155 do Código de Processo Civil de 1973). O novel dispositivo elenca 04 (quatro) hipóteses de segredo de justiça, quais sejam: (a) interesse público ou social; (b) casamento, separação de corpos, divórcio, separação, união estável, filiação, alimentos e guarda de crianças e adolescentes; (c) presença de dados protegidos pelo direito constitucional à intimidade; (d) litígios que versem sobre arbitragem, inclusive sobre cumprimento de carta arbitral, desde que a confidencialidade estipulada na arbitragem seja comprovada perante o juízo.

Nas palavras do Professor Humberto Theodoro Júnior, "o novo Código explicita de forma mais minuciosa os casos de segredo de justiça (art. 189, CPC de 1973, art. 155), além de ampliar a regra às situações que envolvam dados protegidos pelo direito constitucional, à intimidade e aos litígios que versem sobre arbitragem e cumprimento de carta arbitral, desde que a confidencialidade estipulada na arbitragem seja comprovada perante o juízo (art. 189, III e IV)"[32].

No último caso, a realidade forense nos apresenta uma certa flexibilização do sigilo (*i.e.*, quando a causa for ou tiver sido submetida à arbitragem) e o próprio artigo 2º, § 3º, da Lei 9.307/1996, em sua atual redação dada pela Lei 13.129, de 2015, excepcionada a situação quando presente a Administração Pública, já que, nesta hipótese, o

---

32 THEODORO JÚNIOR, Humberto. Curso de Direito Processual Civil, 57 ed., Volume I. Rio de Janeiro: Forense, 2016, pág. 94.

procedimento deverá ser necessariamente público – o que, a toda evidência, afetará eventuais demandas judiciais. Além disso, resolvendo a inconsistência apontada pelo Professor José Carlos Barbosa Moreira, o artigo 388 do Código de Processo Civil de 2015 (artigo 347 do Código de Processo Civil de 1973), incorporou duas novas situações nas quais a parte não é obrigada a depor: (a) fatos acerca dos quais não possa responder sem desonra própria, de seu cônjuge, de seu companheiro ou de parente em grau sucessível; e (b) fatos que coloquem em perigo a vida do depoente ou das pessoas referidas anteriormente.

Mencione-se, ainda, com relação a inexistência à época de um meio de tutela de eficácia comparável ao mandado de segurança para aquele que teme a violação de sua privacidade por particular, que hodiernamente contamos com a tutela de urgência, instituída pelo CPC/2015 (art. 300 a 302).

Cumpre apontar o advento da Lei 13.709/2018, denominada Lei Geral de Proteção de Dados (LGPD), e que tem como um de seus fundamentos justamente o respeito à privacidade (art. 2º). O seu impacto no sistema de justiça ainda não foi totalmente percebido e deve se aprofundar nos próximos anos.

A lei brasileira foi inspirada no Regulamento Geral de Proteção de Dados (*General Data Protection Regulation*-GDPR), aprovado pela União Europeia em 2018.

Com relação a prestação jurisdicional e a preservação da intimidade no âmbito europeu, cabe colacionar a percuciente narrativa de Van Opijnen:

> Na virada do século, houve um debate sobre o equilíbrio entre a necessidade de transparência e escrutínio – conforme expresso no art. 6º da Convenção Europeia[33] – e a proteção

33 For the legitimacy of the judiciary it is of crucial importance that everybody can see how justice is done. Therefore, art **6,** para **1** of the *European Convention on Human Rights and Fundamental Freedoms reads:* "Judgment shall be pronounced publicly but the press and public may be excluded from all or part of the trial in the interests of morals, public order or national security in a democratic society, where the interests of juveniles or the protection of the private life of the parties so require, or to the extent strictly necessary in the opinion of the court in special circumstances where publicity would prejudice the interests of justice. VAN OPIJNEN, Marc. "Court Decisions on the Internet: Development of a Legal

> da privacidade, conforme previsto no art. 8º da Convenção. [...] Hoje em dia em (quase) todos os países de Direito Continental europeu as decisões judiciais são anonimizadas antes da publicação, e em muitos países esta anonimização é regulada nas mesmas disposições legais que prescrevem a publicação (em massa ou selecionada). Quais dados exatamente devem ser anonimizados frequentemente é deixado ao arbítrio dos tribunais, embora por vezes minuciosamente detalhado. [...] Também o próprio Tribunal Europeu de Direitos Humanos (*European Court of Human Rights*) seguiu essa tendência [...] É um desenvolvimento positivo que a publicação de decisões judiciais seja vista como um ingrediente essencial da transparência judicial moderna. Embora alguns países europeus sejam mais avançados quantitativa ou qualitativamente do que outros, a tendência é irreversível. O desenvolvimento gradual de uma estrutura legal - conforme descrito neste documento - é encorajador para os usuários finais, embora mais pontos em comum sejam bem-vindos. Porque a transparência ou a reutilização nunca devem ter precedência sobre a função primária da decisão judicial – muitas vezes lidar com os detalhes mais íntimos e embaraçosos da vida privada dos cidadãos – a proteção de dados deve ser a pedra angular de qualquer estrutura legal[34].

Inegável, portanto, a atualidade e relevo das instigantes reflexões acadêmicas do Professor Barbosa Moreira.

Framework in Europe." **Journal of Law, Information and Science**, vol. 24, no. 2, 2016, pp. 26-48.

34 VAN OPIJNEN, Marc. "Court Decisions on the Internet: Development of a Legal Framework in Europe." **Journal of Law, Information and Science**, vol. 24, no. 2, 2016, pp. 26-48.

2. TUTELA SANCIONATÓRIA E TUTELA PREVENTIVA[1]

1. É clássica a ideia de que o processo, como instrumento d[2]a realização do direito material, deve proporcionar a quem tenha razão, até onde seja praticamente possível, "tudo aquilo e precisamente aquilo que ele tem direito de conseguir". Expressou-a, no começo do século, o imenso CHIOVENDA em fórmula tão justa quão elegante, reproduzida a cada passo em artigos e manuais, conferências e tratados. A quem tenha consciência da função social do processo forçosamente se põe como questão de capital relevância a da efetividade da tutela jurisdicional. Desde que o Estado proibiu a justiça de mão própria e chamou a si, com exclusividade, a tarefa de assegurar o império da ordem jurídica, assumiu para com todos e cada um de nós o grave compromisso de tornar realidade a disciplina das relações intersubjetivas prevista nas normas por ele mesmo editadas.

O mecanismo criado para prover a essa necessidade precisa corresponder a uma lógica, mas terrível exigência: atuar de tal maneira que, em toda a extensão da possibilidade prática, venham as coisas a passar-se exatamente como se deveriam passar, de acordo com os preceitos do ordenamento. Que significa isso ao ângulo do jurisdicionado? Recorrendo à Justiça, ele há de poder esperar, ao menos em princípio, que, se o seu direito se vê reconhecido, o processo lhe proporcione cabal proteção, pondo-o em condições de fruir, de maneira tão completa quanto possível, da vantagem prometida pela norma.

Em outras palavras: o processo avizinha-se do optimum na proporção em que tende a fazer coincidir a situação concreta com a situação abstrata prevista na regra jurídica material; e afasta-se progressiva e perigosamente desse ideal na medida em que o resultado na verdade obtido difere daquele que se obteria caso os preceitos legais fossem observados de modo espontâneo e perfeito pelos membros da comunidade. Semelhante distância entre o direito substantivo e o seu *Ersatz* é o

---

1 Texto de conferência, com acréscimo das notas. Publicado na *Rev. Bras. de Dir. Proc.*, v. 18, e, em tradução espanhola, na *Rev. Uruguaya de Der. Proc.*, n. 1/79.

2 Dell'azione nascente dal contratto preliminare, *in Riv. di dir. comm., 1911,* e depois nos *Saggi di diritto processuale civile,* Roma, 1930, v. I, p. 110.

traço mais dramático da aventura processual; e eliminá-la, ou quando menos encurtá-la, a angústia constante de quantos se preocupam em evitar que a epopeia se resolva ingloriamente numa *journée des dupes.*

2. Não é preciso grande esforço para demonstrar que as modalidades de tutela jurisdicional mais prestigiadas pela tradição se revelam, com muita frequência, incapazes de desempenhar a contento missão de tamanha delicadeza. Sobremaneira insatisfatório mostra-se ao propósito o mecanismo – todavia em geral mimado pelos legisladores e pela doutrina – que se pode representar por meio do esquema "processo de condenação (normalmente de rito ordinário) + execução forçada", máxime quando se reserva, conforme sucede as mais das vezes, para o tratamento exclusivo de situações que se caracterizam pela existência de lesão já consumada[3].

Dê-se de barato que haja direitos suscetíveis de, lesados, comportar reintegração plena. Ainda com relação a esses, será difícil de atingir a perfeita coincidência entre a realidade e a norma, quando menos pela razão óbvia de que a atividade processual, por mais bem ordenada que seja, nos textos e na prática, sempre consome algum tempo, durante o qual fica o titular privado da utilidade a que fazia jus segundo o direito material. O proprietário pode recuperar a coisa de que outrem se apoderara, o credor pode receber a importância que lhe era devida, mas nem sequer nessas hipóteses será lícito dizer que o processo lhes assegurou, efetivamente, vantagem igual à que gozariam se não ocorresse a lesão.

Em todo caso, não convém minimizar o fato de que a certas lesões é realmente mais fácil dar remédio prestadio. Nas dívidas pecuniárias, por exemplo, ainda que tarde um pouco – ou eventualmente muito – o reembolso do credor, dia chega em que a reintegração se opera, e a situação real, se não é a mesma, bastante se aproximará da contemplada na norma, sobretudo quando o próprio direito material, mediante o emprego de técnicas como a da correção monetária, toma sobre si o cuidado de prover aos necessários ajustamentos. Resta sempre, é claro, a possibilidade de que a execução se mostre infrutífera; mas seria pouco razoável levar essa emergência à conta do processo, ao qual toca, bem ao contrário, ministrar expedientes idôneos, ao menos em algumas hipóteses e

---

3 *Vide,* ao propósito, recentemente. PROTO PISANI, Appunti preliminari sui rapporti tra diritto sostanziale e processo, *in Diritto* e *Giurisprudenza,* v. 93 (1978), n. 1, p. 13 da separata.

em certa medida, a prevenir o malogro: aí está o arresto, que, não tem outra finalidade[4]. Seja como for, os direitos de que estamos tratando podem dizer-se, em sentido obviamente diverso do técnico, "privilegiados", e, no que lhes concerne, as normas clássicas e habituais de tutela ainda fazem jus a relativa credibilidade – isso sem contar que, em não poucas hipóteses, a lei dispensa tais créditos de submeter-se ao crivo da cognição prévia e desde logo lhes abre a via executiva.

3. O mecanismo começa a "ratear" desairosamente quando se passa das obrigações de dar às obrigações de fazer – sobretudo nos casos de prestação infungível – e às obrigações de não fazer, às quais se podem equiparar, para os fins aqui considerados, as obrigações de tolerar e os deveres de abstenção correspondentes aos direitos chamados "absolutos". Leia-se, no vigente Código de Processo Civil, o art. 642, o primeiro dos dispositivos que integram a secção dedicada à disciplina da execução das obrigações de não fazer: "Se o devedor praticar o ato, a cuja abstenção estava obrigado pela lei ou pelo contrato, o credor requererá ao juiz que lhe assine prazo para desfazê-lo". Logo se vê que, contrariamente à sugestão da rubrica, o de que se trata aí não é da execução de obrigação de não fazer, e sim da execução de uma obrigação secundária, derivada do descumprimento dela, e cuja estrutura é a de uma *obrigação de fazer.* Que é, com efeito, o *desfazer,* senão uma simples modalidade do *fazer?* A obrigação de demolir a obra que se construíra com violação da lei ou do contrato de modo algum consiste *in non faciendo,* mas *in faciendo.*

Admitamos que, em certos casos, o resultado final da operação possa proporcionar ao credor, por via oblíqua, utilidade equivalente à de que ele desfrutaria, se não ocorresse a lesão. Restam, porém, os outros – e são numerosos – em que o desfazimento é impossível *(quod factum est infectum fieri nequit).* Nesses, como prêmio de consolação, acena-se ao credor com o ressarcimento das perdas e danos, que nem sempre constituirá, ocioso frisá-lo, compensação adequada. E, ainda quando viável, será o próprio desfazimento, afinal de contas, meio sempre hábil para recompor, de forma perfeitamente satisfatória, a malha rompida pela violação? Nem todos os tecidos deixam costurar-se de tal arte que a cicatriz desapareça por inteiro.

---

4 Cf. PROTO PISANI, ob. cit., p. 19.

Abstraindo-se, no momento, de outras possibilidades, o texto legal tem a melancolia de uma confissão de impotência; nas entrelinhas balbucia-lhe em surdina um pedido de desculpas pela incapacidade de fazer funcionar a contento o instrumental da tutela.

4. A gravidade do problema sobe de ponto quando se pensa nas relações jurídicas de conteúdo não patrimonial, nas situações em que o ordenamento substantivo reconhece ou atribui à pessoa uma vantagem insuscetível de traduzir-se com propriedade em termos pecuniários, ou exclusivamente tais. Basta pensar em certas categorias, longamente negligenciadas em contexto sociocultural desfavorável, típico – se quisermos fazer eco à denúncia do filósofo[5] – de uma civilização mais voltada para o *ter* que para o *ser,* mas que nos últimos tempos vêm atraindo, com intensidade crescente, a atenção de juristas in conformados com as lacunas de uma visão puramente economicista do intercâmbio humano.

Recordem-se aqui os direitos da personalidade, cuja elaboração teórica permitiu à nossa cultura, como já se disse com bela fórmula, alcançar "um dos cimos da dimensão jurídica"[6]. Desde as espécies clássicas – direito à vida, à integridade física e psíquica, à liberdade, à honra, ao nome, à própria imagem – até os mais modernos desdobramentos, como o direito à preservação da intimidade, cuja carência de proteção se reveste em nossos dias de tons dramáticos, ante o refinamento de certas técnicas, não há quem não perceba o caráter de franca mistificação que assume aí, em regra, uma tutela atuada em termos de simples compensação pecuniária. Certas coisas, sabe-o bem o povo, não há dinheiro que pague.

Dir-se-á que a proteção dos aludidos bens jurídicos, ou de alguns deles, compete precipuamente à Administração, ou em termos mais específicos à polícia. Não creio, porém, que seja uma saída airosa para o processo civil, chamado às falas na matéria, limitar-se a dizer: "Não é comigo" – ou, se preferirem uma expressão técnica, alegar secamente a sua própria falta de *legitimatio ad causam*...

Análogo discurso poderia fazer-se com referência aos denominados "interesses coletivos" ou "difusos", que hoje em dia constituem tema de fascínio particular sobre grande número de espíritos[7]. Considere-se

5 GABRIEL MARCEL, *Être et avoir,* Paris, 1935.

6 PONTES DE MIRANDA, *Tratado de direito privado,* t. VII, Rio de Janeiro, 1955, p. 6.

7 *Vide* sobre o assunto, em nosso país, BARBOSA MOREIRA, A ação popular como

por um instante o caso do interesse na sanidade do ambiente, ou na preservação das belezas naturais e do equilíbrio ecológico, ou na honestidade das mensagens de propaganda; o do interesse em que não se ponham à venda produtos alimentícios ou farmacêuticos nocivos à saúde, em que funcionem com regularidade e eficiência os serviços de utilidade pública, prestados pela Administração ou por particulares, e assim por diante. Se a Justiça civil tem aí um papel a desempenhar, ele será necessariamente o de prover no sentido de prevenir ofensas a tais interesses, ou pelo menos de fazê-las cessar o mais depressa possível e evitar-lhes a repetição; nunca o de simplesmente oferecer aos interessados o pífio consolo de uma indenização que de modo nenhum os compensaria adequadamente do prejuízo acaso sofrido, insuscetível de medir-se com o metro da pecúnia.

5. Atingimos aqui o nó central do problema. Se não é viável, ou não é satisfatória, a modalidade tradicional de tutela consistente na aplicação de sanções, quer sob a forma primária da restituição ao estado anterior, quer sob as formas secundárias da reparação ou do ressarcimento, o de que precisam os interessados é de remédios judiciais a que possam recorrer *antes* de consumada a lesão, com o fito de impedi-la, ou quando menos de atalhá-la incontinenti, caso já se esteja iniciando. Em vez da tutela *sancionatória,* a que alguns preferem chamar *repressiva*[8] e que pressupõe violação ocorrida, uma tutela preventiva, legitimada ante a ameaça de violação, ou mais precisamente à vista de sinais inequívocos da iminência desta. Por "tutela preventiva" não queremos designar neste passo um gênero de providências judiciais como as que disciplina o nosso vigente Código, no Livro III, sob a rubrica "Das medidas cautelares". Afastando de caso pensado preocupações puramente terminológicas, lembraremos que se impõe distinguir, segundo já tem feito

instrumento de tutela jurisdicional dos chamados "interesses difusos", *in Temas de direito processual,* São Paulo, 1977, p. 110 e s.; ADA PELLEGRINI GRINOVER, *A tutela jurisdicional dos interesses difusos* (tese apresentada à VII Conferência Nacional da Ordem dos Advogados do Brasil), *passim* (em ambos os trabalhos, extensas referências bibliográficas de direito estrangeiro).

8 Assim, v.g., CALAMANDREI, *Introducción al estudio sistemático de las providencias cautelares,* trad. esp. de Santiago Sentís Metendo, Buenos Aires. 1945, p. 41; DINI, I *provvedimenti d'urgenza nel diritto processuale civile,* 4ª ed., Milão, 1973, p. 18 e s.; PROTO PISANI, trab. cit., p. 13, 17.

a doutrina[9] entre duas entidades, dois tipos de remédios que às vezes se veem confundidos. Um deles tende a assegurar de modo imediato a eficácia do próprio processo, e só indiretamente protege o direito substantivo litigioso; assim, não postula a cabal demonstração da existência deste, e por outro lado é utilizável ainda quando ele já tenha sido lesado, objetivando aí evitar, não, é óbvio, o dano decorrente da lesão, mas um segundo dano, consistente na supressão ou na redução dos meios de que se dispõe para tentar compor o primeiro. O outro tipo visa a proteger de maneira direta a situação material em si, razão por que a providência judicial descansará no prévio acertamento do direito *(lato sensu)* e jamais assumirá feição de provisoriedade, nem podendo qualificar-se de instrumental senão no sentido genérico em que o é todo o processo, mas apresentando em qualquer caso caráter *definitivo* – ou, se quisermos usar linguagem tipicamente carneluttiana, *"satisfativo"*[10].

É a esse tipo, e não ao anterior, que estamos aludindo ao falar de «tutela preventiva». Todos percebem a superioridade dela, em confronto com a tutela meramente sancionatória, nas hipóteses há pouco recordadas. E parece igualmente fácil compreender que, para garantir-lhe o máximo de eficiência, se torna necessário revesti-la de formas procedimentais particularmente simples e expeditas, já que o interesse na atuação do mecanismo judicial emerge, em regra, da urgência do remédio, vale dizer, da iminência da ofensa, e bem assim armá-la de efetivo poder de coerção, através de medidas tendentes a influir no ânimo do provável infrator, com força bastante para induzi-lo à abstenção.

6. O receituário do direito brasileiro, nessa matéria, conhece remédios específicos, dignos de crédito pelos bons serviços que muitas vezes têm prestado, quando postos à prova. Mesmo a deixar de lado o *habeas corpus* preventivo, para não extravasar do campo civil, aí estão o mandado

9 *Vide,* entre outros, CALAMANDREI, ob. cit., p. 40-1, 82-3; CALVOSA, *La tutela cautelare,* Turim, *s/d* (1963), p. 166-7 (e nota 24); DINI, ob. cit., p. 22-3; FRIGNANI, *L'injunction nella common law e l'inibitoria nel diritto italiano,* Milão, 1974, p. 463 e s.

10 CARNELUTTI, Carattere della sentenza di fallimento, *in Riv. di dir. proc. civ.,* v. VIII (1931), parte II, p. 171. Interessante registrar que o mestre, tendo dito aí preferível essa designação à outra, nas obras posteriores continuou entretanto a falar de *"processo definitivo"* por oposição a *"processo cautelar": vide,* por exemplo, *Instituciones del nuevo proceso civil italiano,* trad. esp. de Jaime Guasp, Barcelona, *s/d* (1942), p. 62.

de segurança, também preventivamente utilizável em favor de quem tenha "justo receio" de sofrer lesão de "direito líquido e certo", "por parte de autoridade" que se prepare para agir "ilegalmente ou com abuso do poder" (Lei nº 1.533, de 31-12-1951, art. 1º); e a ação popular, na medida em que se pode exercitar antes de consumado o dano ao bem "de valor econômico, artístico, estético, histórico ou turístico" (Lei nº 4.717, de 29-6- 1965, art. 1º, § 1º, com a redação dada pela Lei nº 6.513, de 20-12- 1977, art. 33), isto é, antes que se converta em *jato* administrativo o *ato* administrativo impugnado[11], e sobretudo na medida em que enseja a prevenção da ofensa pela suspensão liminar dos efeitos desse ato (Lei nº 4.717, art. 5º, § 4º, acrescentado pela Lei nº 6.513, art. 34).

Esses instrumentos, porém, atuam essencialmente no terreno publicístico. Para os litígios entre particulares, sejam indivíduos ou coletividades, não se encontram à disposição dos interessados remédios de tão pronto aviamento e de tão amplo alcance. Basta correr os olhos pelo Livro IV, Título I, do estatuto processual de 1973, para verificar que, dentre os vários "procedimentos especiais de jurisdição contenciosa" aí disciplinados, apenas dois se ordenam à prestação de tutela caracteristicamente preventiva: o interdito proibitório, pelo qual "o possuidor direto ou indireto, que tenha justo receio de ser molestado na posse, poderá impetrar ao juiz que o segure da turbação ou esbulho iminente, mediante mandado proibitório em que se comine ao réu determinada pena pecuniária, caso transgrida o preceito" (Código de Processo Civil, art. 932), e a nunciação de obra nova, que compete: "ao proprietário ou ao possuidor, a fim de impedir que a edificação de obra nova em imóvel vizinho lhe prejudique o prédio, suas servidões ou fins a que é destinado"; "ao condômino, para impedir que o coproprietário execute alguma obra com prejuízo ou alteração da coisa comum"; finalmente, "ao Município, a fim de impedir que o particular construa em contravenção da lei, do regulamento ou de postura" (art. 934, nº I, II e III), tudo sob "cominação de pena para o caso de inobservância do preceito" (art. 936, nº II). Mesmo assim, quanto à segunda caberia a ressalva de que, pelo menos à luz da letra de alguns textos, pressupõe obra *começada,* ou seja, violação não só *potencial* mas já *atual.*

O mais grave, contudo, não é isso. Abstraindo-se da nunciação para obstar a construção ilegal (art. 934, nº III), a tutela preventiva, mediante

---

11 HELY LOPES MEIRELLES, *Mandado de segurança e ação popular,* 4ª ed., São Paulo, 1976, p. 66; BARBOSA MOREIRA, ob. cit., p. 121.

procedimento especial, fica ordenada no Código, de maneira exclusiva, à proteção da posse e da propriedade. Mal se justifica o tratamento privilegiado, se se considerar, de um lado, que a eventual lesão representada pela turbação, pelo esbulho ou pela execução da obra irregular comporta em geral reparação satisfatória sob a forma da restituição ao estado anterior; de outro lado, que o favor dispensado a tais posições jurídicas mais realça, pelo contraste, o desamparo em que jazem outras, de modo particular exatamente algumas para as quais a falta de adequada tutela preventiva não raro significa, na prática, denegação pura e simples de tutela (direitos não patrimoniais, interesses "coletivos" ou "difusos"). Essas têm de submeter-se às delongas do procedimento ordinário, ou na melhor hipótese aos tropeços de um procedimento sumaríssimo que vai acabando por tornar-se, ao menos em certas comarcas, mais demorado que aquele.

Dir-se-á que as socorre, quando nada em caráter provisório, o poder cautelar genérico em boa hora atribuído expressamente ao juiz pelo vigente Código. Mas a tutela cautelar é, por sua própria índole, instável. Ademais, recai-se numa inútil duplicação de processos, quando a rigor bastaria um, se bem estruturado, para compor o litígio. E, afinal, por que se há de dar a título de cautela aquilo que já se poderia dar sob a forma de prestação jurisdicional satisfativa?

7. Cumpre verificar se restam outras possibilidades: A ação declaratória costuma ser apontada em setores doutrinários como instrumento capaz de prevenir violações[12]. Exclui-se desde logo a hipótese, à evidência, no caso de ajuizar-se a demanda depois da consumação da ofensa, conforme curiosamente fez questão de permitir, *expressis verbis,* o art. 4º, parágrafo único, do diploma em vigor. Antes, é possível que ela desempenhe praticamente a aludida função, desde que a parte vencida saia também convencida e se resolva a cumprir a obrigação em tempo oportuno. Como meio de intimidação, e pois de coerção, todavia, o remédio é fraco: basta pensar que, na eventualidade de inadimplemento, o titular do direito lesado terá de voltar a juízo para pleitear a condenação do infrator, ao qual se concede assim uma folga em boa medida tranquilizadora.

12 Sobretudo na literatura francesa: *vide,* por todos, GIGNOUX, *Les actions préventives.* Paris, 1935, p. 85 e s.

Que dizer da condenação para o futuro[13], isto é, da condenação anterior à lesão? Sua possibilidade em certos casos é inequívoca no sistema do Código: assim, quanto às relações jurídicas sujeitas a condição ou termo, ela resulta inquestionavelmente do disposto no art. 572; e no tocante às obrigações de não fazer, o art. 287 parece ministrar-lhe base sólida. Há quem acrescente a hipótese das prestações periódicas vincendas, com invocação do art. 290[14]. De qualquer maneira, é pena que o legislador de 1973, tão preocupado com a admissibilidade da mera declaração posteriormente à ofensa, não tenha dedicado pelo menos igual atenção ao caso oposto, no entanto de muito maior interesse prático: mais fácil encontrar quem deseje obter a condenação prévia do devedor que dá sinais claros de pouca disposição para adimplir – manifesta como é, para o credor, a vantagem de munir-se antecipadamente do título, pondo-se em condições de utilizar a via executiva tão logo se concretize o inadimplemento – do que descobrir quem se interesse pela satisfação "platônica" de ver simplesmente declarada, sem consequências outras, a existência de direito já violado, ao qual nenhum socorro eficaz normalmente prestará o puro acertamento judicial. Tinha o Código à vista o exemplo da secular Ordenação alemã, cujo § 259 admite, em termos genéricos, o pedido de condenação para o futuro, desde que justificado pelas circunstâncias o receio de que o devedor se furte ao cumprimento tempestivo da obrigação; nesse modelo talvez se pudesse haver colhido alguma sugestão valiosa.

8. Mas nem sequer era indispensável que nos abeberássemos em fontes estrangeiras. No particular, a nossa própria tradição jurídica em verdade consumia manancial suficiente. Essa tradição, que vem de longe, produzia no Código de 1939 fruto precioso: uma figura genérica de tutela preventiva das obrigações de fazer e não fazer, nas vestes da ação cominatória do art. 302, nº XII, concedida, "em geral, a quem, por lei ou convenção, tiver direito de exigir de outrem que se abstenha de ato ou preste fato dentro de certo prazo". O traço característico da ação cominatória consistia, como se sabe, no fato de que a comunicação da demanda ao réu assumia caráter de preceito ou comando: após cognição inicial

13 *Vide*, sobre o assunto, a monografia clássica de ROGNONI, *La condanna in futuro*, Milão, 1958.

14 CALMON DE PASSOS, *Comentários ao código de processo civil*, v. IV, 2ª ed., Rio de Janeiro. 1977, p. 257 e s.

sumária e provisória, ordenava o juiz ao devedor que se abstivesse do ato proibido, ou que praticasse o ato devido, sob ameaça de pena *(lato sensu)* para o caso de descumprimento. Note-se bem: descumprimento *da obrigação,* não *da sentença final,* que viesse a confirmar o preceito. Algo de análogo, em campo diverso, ao que ainda hoje se dá no interdito proibitório – e a aproximação parecerá naturalíssima a quem se recordar das velhas Ordenações do Reino, e particularmente do texto do Livro UI, Título 78, § 5º, onde o legislador filipino dizia "que a parte, que se teme, ou receia ser agravada per a outra parte, pode recorrer aos Juízes da terra, implorando seu Ofício, que o provejam, como lhe não seja feito agravo"; e acrescentava, exemplificando: "se algum se temer de outro, que o queira ofender na pessoa, ou lhe queira sem razão ocupar e tomar suas cousas, poderá requerer ao Juiz que se segure a ele e as suas causas do outro, que o quiser ofender, a qual segurança lhe o Juiz dará".

A ação cominatória foi vítima de certa jurisprudência mal avisada que, contra os votos da melhor doutrina[15], interpretou o Código de 1939 como se a multa cominada ao devedor pelo inadimplemento só começasse a incidir após o trânsito em julgado da sentença final, ou – variavam as fórmulas liberalizantes – após a nova citação do réu vencido. Assim se concedia a este uma segunda oportunidade, degradando-se em tutela condenatória comum, *sancionatória* portanto, a tutela preventiva idealizada pelo legislador. Cabe lamentar que o vigente Código, em vez de reagir contra a deturpação, restaurando em sua dignidade a ação cominatória, se haja dobrado a essa funesta orientação, tornando certo, no art. 287, que a "pena pecuniária" só será devida no caso de "descumprimento da sentença".

9. A partir dessa constatação melancólica, abre-se campo a uma imprescindível reflexão *de lege ferenda,* para a qual é oportuno convocar os estudiosos. A propósito de outro assunto, disse alguém certa vez: *"Torniamo all'antico, sarà un progresso".* Fomos capazes de inventar o mandado de segurança preventivo contra atos de autoridade. Precisamos de um remédio equivalente contra atos ou omissões de particulares. O paralelo nada tem de arbitrário: justamente de "segurança" falava o legislador

15 Representada principalmente por MACHADO GUIMARÃES, *Comentários ao código de processo civil,* v. IV, Rio de Janeiro. 1942. p. 227-9, 232; *id.,* comentário a Acórdão, *in Rev. de Dir. Proc. Civ.,* v. 2 (1960), p. 171, 175-6.

filipino. E, nos termos da vetusta Ordenação, era possível ao ameaçado pedir ao juiz que o segurasse "a ele e as suas cousas": *a pessoa antes dos bens,* em sequência filosoficamente irrepreensível. Na sistemática atual, passa à frente a segurança *dos bens,* consoante mostram os textos relativos ao interdito proibitório e à nunciação de obra nova. Ao que se pode reparar com maior facilidade, dispensa-se a tutela preventiva; ao que não comporta reparação adequada, reserva-se a tutela sancionatória. Paradoxo apenas aparente: se no mais é nítido o primado do *ter* sobre o *ser,* como estranhar que o seja também na ordem processual?

Em toda obra legislativa está implícita uma visão do mundo, uma escala de valores. A preferência dada em geral pelos códigos à tutela sancionatória, em detrimento da preventiva, constitui dado valioso para quem se disponha a pesquisar os pressupostos ideológicos do nosso processo. É tarefa que aguarda a atenção das inteligências. Nenhuma competência tenho senão para deixar aqui formulada a sugestão.

Setembro de 1978.

COMENTÁRIOS DOS ATUALIZADORES

2. TUTELA SANCIONATÓRIA E TUTELA PREVENTIVA

Luiz Fux / Rodrigo Fux

Ab initio, anote-se que o mandado de segurança e a ação popular, parte do "receituário do direito brasileiro", nas palavras de Barbosa Moreira, permanecem hígidos, ainda que o primeiro agora esteja normatizado pela Lei 12.016/2009. Ainda na vigência do Código de Processo Civil de 1973, foi editada a Lei 8.952/1994, por meio da qual inseriu-se o artigo 273 no Diploma Processual. O dispositivo passou a permitir a antecipação da tutela pretendida pela parte, desde que verificada a *"verossimilhança das alegações"* e o *"fundado receio de dano irreparável ou de difícil reparação"* ou *"o abuso de direito de defesa ou o manifesto propósito protelatório do réu".*

Vê-se, portanto, que o Código de Processo Civil de 1973 incorporou as sempre percucientes reflexões do Professor José Carlos Barbosa Moreira, permitindo a tutela preventiva dos direitos pleiteados em qualquer procedimento.

Por sua vez, o Código de Processo Civil de 2015 trouxe sistema ainda mais complexo e adaptável. As novas disposições do novel diploma (artigo 294 ao 311) preveem as denominadas tutelas provisórias, que se dividem em (a) de urgência (artigos 300/310); e (b) de evidência (artigo 311).

As tutelas provisórias de urgência, por sua vez, dividem-se em (a.1) cautelares; e (a.2) antecipadas. Nessas hipóteses, o requerente deve demonstrar *"a probabilidade do direito"* e *"o perigo de dano ou o risco ao resultado útil do processo"*.

Além disso, o Código de Processo Civil de 2015 permite até mesmo que as tutelas provisórias de urgência sejam requeridas em caráter antecedente (artigos 303/310). Nesse caso, há clara acomodação de situações nas quais a parte ainda não tem a possibilidade – seja em razão do tempo, seja em razão das informações a que teve acesso no momento – de deduzir seu pedido definitivo, o que será feito posteriormente e em momento oportuno.

Segundo a dicção do artigo 297 do Código de Processo Civil de 2015, *"o juiz poderá determinar as medidas que considerar adequadas para efetivação da tutela provisória"*. Tem-se, com isso, verdadeira abertura para que sejam os direitos tutelados preventivamente, tal qual prelecionado pelo Professor José Carlos Barbosa Moreira.

Tem ganhado relevo o debate em torno do artigo 139, inciso IV, do Código de Processo Civil de 2015, que faculta ao juiz *"determinar todas as medidas indutivas, coercitivas, mandamentais ou sub-rogatórias necessárias para assegurar o cumprimento de ordem judicial, inclusive nas ações que tenham por objeto prestação pecuniária"*, cuja constitucionalidade foi recentemente assentada pelo STF[16].

Permite-se que o juiz pondere, no caso concreto, qual será a medida indutiva, coercitiva, mandamental ou sub-rogatória mais adequada para que a tutela preventiva conferida seja cumprida.

16 STF. ADI 5942, Relator: Ministro Luiz Fux, Plenário, julgamento em 9.2.2023.

Cabe trazer à baila excertos do voto do Ministro Luiz Fux na ADI supracitada, que conta, inclusive, com expressa menção a obra do Professor Barbosa Moreira:

> O dilema que se apresenta na atual conjuntura, portanto, é quanto à *efetividade da jurisdição*, máxime porque o acesso à justiça não se esgota com o simples direito de ação. Na clássica fórmula de Chiovenda em *Saggi di Diritto processuale civile*, vol. 1, p. 110, *"il processo deve dare per quanto è possibile praticamente a chi ha un diritto tutto quello e pròprio quello ch'egli ha diritto di conseguire"*.
>
> De nada valeria a prerrogativa teórica de provocar o Poder Judiciário e dele obter uma resposta, se inexistentes os meios de assegurar, tempestivamente, o cumprimento de suas decisões, porquanto *"sem efetividade, não há tutela para qualificar como justa"* (WOLKART, Erik Navarro. *Análise econômica do processo civil: como a economia, o direito e a psicologia podem vencer a tragédia da justiça.* São Paulo: Thomson Reuters, 2019, p. 31).
>
> O professor José Carlos Barbosa Moreira, já em 1982, atentava para este impasse, anotando, em ensaio específico sobre o tema, que *(i)* o processo deve dispor de instrumentos de tutela adequados, na medida do possível, a todos os direitos, contemplados no ordenamento; *(ii)* em toda a extensão da possibilidade prática, o resultado do processo há de ser tal que assegure à parte vitoriosa o gozo pleno da específica utilidade a que faz jus segundo o ordenamento; e *(iii)* deve-se poder atingir semelhante resultado com o mínimo de dispêndio de tempo e energias (MOREIRA, José Carlos Barbosa. *Notas sobre o problema da efetividade do processo: estudos de direito processual em homenagem a José Frederico Marques*. São Paulo: Saraiva, 1982). (...)

Em síntese: a efetiva solução do conflito, com a respectiva satisfação da pretensão do credor, é inerente à ideia de acesso à justiça e aproveita não apenas o "vencedor" de uma ação especificamente tutela, mas todo o sistema jurisdicional[17].

A tutela da evidência, por fim, foi disciplinada no artigo 311 do Código de Processo Civil de 2015. Permite que, independentemente da verificação de urgência, a parte tenha acesso imediato à prestação jurisdicional, desde que: (a) fique caracterizado o abuso de defesa ou o manifesto propósito protelatório da contraparte (inciso I); (b) *"as alegações de fato puderem ser comprovadas apenas documentalmente e houver tese firmada em julgamento de casos repetitivos ou em súmula vinculante"* (inciso II); (c) *"se tratar de pedido reipersecutório fundado em prova documental adequada do contrato de depósito"* (inciso III); ou (d) *"a petição inicial for instruída com prova documental suficiente dos fatos constitutivos do direito do autor, a que o réu não oponha prova capaz de gerar dúvida razoável"* (inciso IV).

17 STF. ADI 5942, Relator: Ministro Luiz Fux, Plenário, julgamento em 9.2.2023.

3. A TUTELA ESPECÍFICA DO CREDOR NAS OBRIGAÇÕES NEGATIVAS

1. Objeto deste estudo. **2.** Necessária primazia da tutela específica. **3.** Limites da tutela específica. **4.** A tutela específica e as obrigações negativas. **5.** Condenação e execução em matéria de obrigações negativas. **6.** O problema da urgência da tutela. **7.** Antecipação da tutela: a ordem de abstenção in limine litis. **8.** Cominações anexas à ordem de abstenção. **9.** Requisitos da cominação pecuniária. **10.** Situação insatisfatória do direito brasileiro. **11.** Modo de suprir em parte a deficiência. **12.** O processo de execução.

1. Começaremos por delimitar, com a maior exatidão possível, o objeto do presente estudo. Conforme ressalta do próprio título, dois termos exigem aqui definição: aludimos, com efeito, de um lado, às "obrigações negativas"; de outro, à "tutela específica" do credor. Cumpre-nos esclarecer o que pretendemos designar por uma e outra expressão.

Como é sabido, denominam-se *negativas* as obrigações cuja prestação consiste num comportamento omissivo do devedor. Nessa classe inclui a doutrina os casos em que alguém está obrigado: *a)* a *não fazer* alguma coisa, isto é, a não praticar determinado ato (exemplo: obrigação do senhorio de não mudar a forma nem o destino do prédio alugado, durante a locação – Código Civil, art. 1.204)[1]; *b)* a *tolerar,* quer dizer, a não oferecer resistência a fato natural, à atividade de outrem, ou ao resultado desta ou daquele (exemplo: obrigação, atribuída ao dono do prédio inferior, de "receber as águas que correm naturalmente do superior" – Código Civil, art. 563); c) a *permitir* que outrem pratique determinado ato, para o qual é necessária a autorização do devedor (exemplo: obrigação do proprietário de imóvel de "consentir que entre no seu prédio, e dele temporariamente use, mediante prévio aviso, o vizinho, quando seja indispensável à reparação ou limpeza, construção e reconstrução de sua casa" – Código Civil, art. 587, *caput,* 1ª parte)[2]. Até agora, estamos diante

---

1 Na literatura há quem aluda à obrigação de *não dar:* assim TRABUCCHI, *Istiuzioni di diritto civile,* 5ª ed., Pádua, 1950, p. 442. Mas o exemplo ministrado (obrigação de não vender determinado bem a Tício ou a Caio) não se ajusta à sistemática do direito brasileiro no qual o contrato de compra e venda, por si só, não transfere a propriedade, consistindo o "vender" em um *fazer,* não em um *dar.*

2 Consoante explica VON TUHR, *Tratado de las obligaciones,* trad. esp. de W. Roces, Madri, 1934, t. I, p. 37, a diferença entre o "permitir" e o "tolerar" consiste em que, ali, o ato de invasão da esfera do devedor "não pode levar-se a cabo sem sua

de *obrigações* negativas na acepção dogmaticamente rigorosa do *nomen iuris.* Para os fins deste trabalho, contudo, pode empregar-se a locução em sentido mais amplo, a abranger outras posições jurídicas passivas que, do ponto de vista aqui relevante, são suscetíveis de receber o mesmo tratamento. Consideraremos, pois, junto com as verdadeiras obrigações negativas, os deveres de abstenção: *d)* correspondentes aos direitos absolutos, quer reais (exemplo: dever de não penetrar em imóvel alheio sem licença do proprietário), quer da personalidade (exemplo: dever de não usurpar o nome de outrem); *e)* correspondentes a direitos subjetivos públicos (exemplos: dever da Administração de não exigir tributo não previsto em lei, de não demitir funcionário estável senão em virtude de sentença judicial ou mediante processo administrativo em que se lhe assegure ampla defesa); *f)* impostos para a salvaguarda de "interesses coletivos" ou "difusos" (exemplos: dever de não perturbar o equilíbrio ecológico; de não pôr em circulação noticias inverídicas).[3] Todas essas categorias suscitam, no plano da tutela, problemas substancialmente homogêneos e por isso mesmo comportam, neste contexto, apreciação unitária. Quanto ao outro termo, ao falarmos de "tutela *específica*", temos em vista o conjunto de remédios e providências tendentes a proporcionar àquele (ou àqueles) em cujo benefício se estabeleceu a obrigação negativa – "credor(es)", *lato sensu,* para usarmos expressão cômoda, embora talvez parcialmente atécnica – o preciso resultado prático atingível por meio do adimplemento, isto é, a *não violação* do direito ou do interesse tutelado. A tal modalidade contrapõe-se o emprego de remédios e providências tendentes apenas a *eliminar* as consequências da violação, ou a *compensar* pecuniariamente o credor que a tenha sofrido.

---

intervenção, mas só com a prévia concessão da competente licença". Acrescenta o autor, porém, que, como o devedor, desde que concorram os pressupostos, não pode recusar-se, é cabível enxergar na permissão "uma modalidade de tolerância".

3 A respeito do assunto, pouco versado no Brasil, *vide* BARBOSA MOREIRA, A ação popular como instrumento de tutela jurisdicional dos chamados "interesses difusos", *in Temas de direito processual,* São Paulo, 1977, p. 110 e s.; ADA PELLEGRINI GRINOVER, *A tutela jurisdicional dos interesses difusos,* tese apresentada a VII Conferência Nacional da Ordem dos Advogados do Brasil e publicada na *Rev. Uruguaya de Der. Proc.,* n. 3-4/1977, p. 11 e s. (em ambos os trabalhos, extensas referências bibliográficas de direito estrangeiro). A obra de OTHON SIDOU, *As garantias ativas dos direitos coletivos.* Rio de Janeiro, 1977, só marginalmente se ocupa da problemática a que se refere o nosso texto.

2. Não há dúvida de que a tutela específica é superior e deve ser preferida, sempre que possível, a qualquer outra forma. O que o ordenamento quer é que os deveres e obrigações se cumpram *tais quais são.* Se a alguém é dado pretender, segundo o direito, que outrem se abstenha de algo, há de poder contar com o direito para conseguir a utilidade que espera da abstenção – *essa* utilidade, e não *outra,* "equivalente" que seja, ou inculcada como tal. E a necessidade de recorrer às vias judiciais para obter proteção nada altera, em princípio, no quadro: se o processo constitui instrumento para a realização do direito material, só se pode a rigor considerar plenamente eficaz a sua atuação quando ele se mostre capaz de produzir resultado *igual* ao que se produziria se o direito material fosse espontaneamente observado. Para nos valermos de fórmula muito famosa, "o processo deve dar a quem tem direito, tanto quanto seja praticamente possível, tudo aquilo e exatamente aquilo que ele tem o direito de conseguir"[4].

Acresce que, em grande número de hipóteses, a tutela específica é a *única,* na verdade, capaz de aproveitar ao credor; ou, pelo menos, entre o proveito que ela lhe assegura e o proveito que lhe poderá proporcionar qualquer outra modalidade de tutela medeia distância tão considerável, que a mera outorga de tutela não específica quase se resolve, na prática, em denegação de tutela. Quando o benefício a que faz jus o credor é de natureza puramente econômica, e as consequências da lesão suscetíveis de ser eliminadas, a restauração do estado anterior e a composição dos demos porventura causados podem representar, ao menos em certa medida, solução satisfatória. Fora daí, porém, não raro acontecerá que a *reductio in pristinum* se mostre impraticável, e o benefício não tenha "equivalente". E, o que as mais das vezes se dá no campo dos direitos da personalidade e no dos "interesses coletivos": uma vez divulgado o fato da vida íntima que se devia manter em segredo, ou destruída a rocha que aformoseava a paisagem, toda providência de caráter sancionatório constituirá, simplesmente, para o lesado em seu direito à intimidade, ou para a com unidade das pessoas interessadas na preservação das belezas naturais, melancólico "prêmio de consolação"[5].

---

4 CHIOVENDA, Dell'azione nascente dal contralto preliminare, *in Riv. di dir. comm.,* 1911, e depois nos *Saggi di diritto processuale civile,* Roma, 1930, v. 1, p. 110.

5 Sobre tudo isso, mais longamente, BARBOSA MOREIRA, Tutela sancionatória e tutela preventiva, *in Rev. Bras. de Dir. Proc.,* v. 18, p. 123 e s., espec. 125-7 (neste volume, p. 21 e s., espec. 23-4).

3. Nem sempre, todavia, é possível dispensar ao credor de obrigação negativa a tutela específica. Ela encontra limites de mais de uma natureza. De um lado, para assegurá-la em termos absolutos, tornar-se-ia necessário constranger o devedor, *manu militari*, à abstenção. Mas isso apenas em parte é admissível: pode-se, v.g., impedir, até com o emprego da força, que alguém entre na casa contra a vontade do dono; não se pode, entretanto, compelir ao silêncio por meio de mordaça aquele de quem se teme que injurie outrem com palavras ou viole o sigilo profissional. A liberdade pessoal é valor demasiado caro ao direito para que se pense em subordiná-la, seja como for, a qualquer outro.

Ademais, em inúmeras situações, a tutela específica fica excluída em razão de impossibilidade *prática*. Se a ofensa já se consumou, ou mesmo se já se iniciou, os atos praticados, como tais, são irreversíveis: incorporaram-se à história, e não há força humana capaz de apagá-los retroativamente. *Quod factum est, infectum fieri nequit.* Poderá cogitar-se de fazer cessar a atividade ilícita ou, em certos casos, de eliminar-lhe as consequências; não, porém, de reduzir ao nada a que até aí se realizou. Neste passo, assume relevância uma classificação das obrigações negativas, de acordo com a índole temporal da prestação[6]. Pode esta, com efeito, ser *instantânea* (exemplos: obrigação de não divulgar uma informação, de não passar pelo local *x* em dia e hora determinados, de não se exibir no espetáculo teatral ou no programa de televisão marcado para o próximo domingo), como pode ser *permanente* ou *duradoura* (exemplos: obrigação de não desviar o curso de um rio, de não erguer construção, de não guardar explosivos

6 A terminologia não é uniforme em nossa literatura civilística. PONTES DE MIRANDA. *Tratado de direito privado,* t. XXII, Rio de Janeiro, 1958, p. 62, fala em "obrigações de prestações transitórias" e "obrigações de prestações duradouras", das quais distingue ainda as de "prestações reiteradas"; ORLANDO GOMES, *Obrigações,* Rio de Janeiro-São Paulo, 1961, p. 71-2, alude a prestações "instantâneas" (ou "transitórias", ou "isoladas") e a prestações "contínuas" (ou "permanentes", ou "'duradouras"), destacando destas "as que se caracterizam pela prática de atos reiterados" e podem originar-se de contratos "de execução continuada" ou "de trato sucessivo"; ANTUNES VARELA, *Direito das obrigações.* Rio de Janeiro, 1977, v. I, p. 84 e s., refere-se a prestações "instantâneas" e a prestações "duradouras", gênero de que seriam espécies "a das prestações *continuadas,* em que a execução ou possibilidade de execução da prestação se prolonga no tempo, sem solução de continuidade; e a das prestações *periódicas, reiteradas* ou de *trato sucessivo,* que são as que se renovam em prestações singulares sucessivas, por via de regra ao fim de períodos consecutivos" (sem grifo no original).

em prédio residencial). A esses dois tipos básicos acrescenta-se o das obrigações negativas em que o devedor está adstrito a uma série de abstenções idênticas, separadas mas sucessivas e ligadas pela unidade do interesse na respectiva observância, a cujo respeito se costuma falar em *trato sucessivo* (exemplos: obrigação de não dar aulas de piano após determinada hora, de não atuar em qualquer dos espetáculos de uma temporada, de não fazer ligações telefônicas durante as horas do expediente).

É intuitivo que a tutela específica pode revelar-se viável, em relação a qualquer dos casos referidos, indistintamente, quando solicitada *antes* que se inicie a lesão – quer dizer, em face de uma ofensa *potencial,* mas ainda não *atual.* Não é menos intuitivo que as coisas mudam radicalmente de figura na hipótese contrária. Sendo *instantânea* a prestação negativa, a lesão consuma-se *uno actu,* tão logo iniciada; daí em diante, apenas há cogitar de tutela *sancionatória,* que normalmente revestirá a forma do ressarcimento do dano. Se a prestação for *permanente* ou *de trato sucessivo,* existirão outras possibilidades, desde que solicitada a tutela antes que se venha a exaurir a atividade ilícita. Diz-se exaurida essa atividade quando cessa em definitivo a situação antijurídica: assim, v.g., no momento em que o devedor restabelece o curso anterior do rio, ilegitimamente desviado, ou em que se encerra a temporada artística na qual ele atuou com infração do contrato. Caso o credor só então invoque a tutela, esta não lhe poderá ser prestada, é claro, sob a forma específica: *toda* a ofensa situa-se no passado, e a única via aberta é a da aplicação das sanções cabíveis; havendo a atividade ilícita produzido consequência material suscetível de eliminação, tratar-se-á eventualmente de desfazer não "o ato" – como diz, com alguma inexatidão (impossível dar marcha à ré na vida!), mais de um texto legal (Código Civil, art. 883; Código de Processo Civil, art. 643) – mas o respectivo produto. O desfazimento, assinale-se, não representará propriamente o cumprimento da obrigação de não fazer, mas de *outra* obrigação, derivada do inadimplemento daquela, e cuja estrutura é a de uma *obligatio faciendi,* com prestação já agora *positiva* (demolir o muro, retirar a grade, desobstruir a vala...). Se o credor, ao contrário, invocar a tutela enquanto subsistente a ofensa (nas obrigações com prestação negativa duradoura), ou enquanto subsistente a possibilidade de *reiteração* da ofensa (nas obrigações negativas de trato sucessivo); há que distinguir: com referência ao que *já* sucedeu, a tutela específica é impraticável, mas pode sem dúvida ser dispensada com a finalidade, respectivamente, de *fazer cessar* a atividade ilícita ou de *evitar-lhe a repetição.* A tutela específica tem sempre em vista *o futuro,* é essencialmente *preventiva*[7].

4. Fiéis ao programa traçado, vamos ocupar-nos doravante apenas das hipóteses de tutela específica. Como ficou explicado, ela pressupõe, no caso de prestação instantânea, que a lesão ainda não haja ocorrido; nos de prestação permanente e de trato sucessivo, ou que não haja ocorrido, ou *pelo menos* que ainda esteja em ato, ou seja possível a reiteração. A outorga de tutela ao credor estará justificada, no primeiro, pelo perigo de lesão, apurável à vista das circunstâncias, que indicam achar-se o devedor *na iminência* de praticar o ato proibido (exemplo: o atleta que se obrigou a não participar de determinada competição desportiva começa a treinar para ela e consente que se anuncie a sua participação, ou dá entrevista em que a anuncia ele mesmo); nos outros, pelo mesmo perigo ou pelo fato de, iniciada a lesão, ou praticada uma ou mais vezes, fazerem crer as circunstâncias, respectivamente, que ela se prolongará ou se repetirá. Ali, pedirá sempre o credor uma providência judicial tendente a *impedir* que a ofensa se consume; aqui, dependendo da situação concreta, uma providência tendente a *impedi-la,* a *fazê-la cessar* ou a *evitar--lhe a repetição.*

Em qualquer hipótese, naturalmente, a demanda do credor dará início a processo *de conhecimento;* no direito brasileiro, só pode ter título executivo o credor de obrigação *de dar,* jamais o de obrigação *de fazer* ou *de não fazer.* O pedido será o de condenação do devedor a abster-se de praticar a atividade, ou de nela persistir, ou reincidir, conforme o caso – nada obstando, é claro, a que o autor cumule a esse pedido o de condenação do réu a ressarcir o dano *porventura já causado.* Feita abstração do último aspecto acima aludido, que no presente contexto não nos interessa, vale a pena frisar que o órgão judicial se vê solicitado a proferir condenação *antes* que o réu tenha incorrido em inadimplemento. Deixemos de lado, por enquanto, a eventualidade de consumar-se a lesão na pendência do processo: imaginemos que ela continue em estado potencial até o momento da prolação da sentença. Da possibilidade de um pedido como o que acima se mencionou não há duvidar, entre nós,

---

7 Como sublinha BAUR, Zu der Terminologie und einigen Sachproblemen der "vorbeugenden Unterlassungsklage", *in Juristenzeitung,* n. 11-2, 1966, p. 382, o caráter *preventivo* – em oposição ao caráter *repressivo* da pretensão ao ressarcimento do dano – é próprio de todas as pretensões à abstenção.

de lege lata. Refere-se o art. 287 do Código de Processo Civil, em termos expressos, à hipótese de pedir o autor "a condenação do réu a abster-se da prática de algum ato" ou a "tolerar alguma atividade". E manifesto que aí se pressupõe *ainda não descumprida* a obrigação de abster-se do ato, ou de tolerar a atividade; ou, quando menos, *ainda não exaurida* a situação antijurídica. Realmente, conforme se expôs no devido tempo, em relação ao que *já se fez* seria absurdo cogitar de condenação a... não fazer. Proferiria o juiz uma sentença insuscetível de cumprimento: *ad impossibilia nemo tenetur.* E não teria sentido permitir-se a alguém que pedisse a emissão de sentença não cumprível! Raciocínio análogo pode fazer-se a partir do texto do art. 275, nº II, letra *j*, que arrola, entre os casos de procedimento sumaríssimo, o da ação "do proprietário ou inquilino de um prédio para *impedir,* sob cominação de multa, que o dono ou inquilino do prédio vizinho faça dele uso nocivo à segurança, sossego ou saúde dos que naquele habitam": só é possível, com efeito, "impedir" o que esteja *por acontecer.* Se o dono ou inquilino do prédio vizinho já o está usando de modo nocivo, tentar-se-á "impedir" não o uso, mas a *continuação* deste.

5. Não é pacífica em doutrina, cumpre ressalvar, a possibilidade de verdadeira *condenação* em matéria de obrigações negativas. O argumento capital que se pode invocar para negá-la é o de que a sentença não se mostra suscetível de execução forçada, no sentido próprio: de fato, sendo infungível a prestação – como sempre acontece nessa espécie de obrigações – é impensável o emprego de "meios de sub-rogação", e portanto a satisfação do credor por obra do órgão judicial, independentemente da colaboração do devedor.

Descaberia enfrentar aqui em toda a sua extensão o problema da natureza da sentença em foco. Vamos limitar-nos a duas palavras sobre o argumento exposto. Ele pressupõe, naturalmente, a noção, muito difundida, da existência de uma correlação necessária entre a índole condenatória da sentença e a viabilidade da execução forçada: por assim dizer, a sentença condenatória define-se pela aptidão a servir de título executivo. Tal premissa tem sido contestada por vozes de grande autoridade[8]; este não é, porém, o lugar próprio para o exame *ex professo* da questão.

---

8 Assim, na moderna doutrina italiana, PROTO PISANI, Appunti sulla tutela di condanna, *in Riv. trim. di dir. e proc. civ.*, 1978, p. 1.113 e s.

O que impende observar desde logo é que, não obstante a inviabilidade de atos executivos *stricto sensu,* destinados a ministrar ao credor, mesmo sem a cooperação do devedor, resultado prático equivalente ao que adviria do adimplemento, as providências cabíveis em consequência da sentença forçosamente se inserem num segundo processo, que só pode ser o de execução. Voltaremos ao ponto na parte final deste trabalho *(infra,* nº 12). Por ora, basta notar que o art. 738, nº IV, do Código de Processo Civil alude *expressis verbis* ao prazo para o oferecimento de embargos à "execução das obrigações de fazer *ou de não fazer*". A menos que se faça tábua rasa da cláusula final, à vista desse dispositivo não há duvidar da possibilidade de instaurar-se semelhante execução. Oportunamente se verá em que ela consiste.

6. Antes, porém, voltemos ao processo de conhecimento. Ficou dito que o pedido de condenação antecede a ofensa, ou pelo menos o fim de sua duração ou do período em que ela é passível de reiterar-se. E a nossa exposição foi formulada em termos que pressupõem a não consumação (ou o não exaurimento) da atividade ilícita *até a prolação da sentença.* Se tivermos em vista, contudo, o tempo que fatalmente se escoará entre a demanda e o julgamento da causa – mesmo em condições normais de funcionamento da máquina judiciária, e *a fortiori* sob as condições patológicas em que ela funciona entre nós e alhures – com facilidade se perceberá quão grave é o risco de que a lesão venha a consumar-se (ou a exaurir-se) na pendência do processo. Ainda que ela não se haja sequer iniciado ao solicitar-se a tutela, a expectativa é a de que ocorra em breve, pois Só quando iminente a lesão é que, em regra, se manifestarão sinais inequívocos de que o devedor não está disposto a cumprir a obrigação, e por conseguinte só então disporá o credor dos elementos indispensáveis para demonstrar o seu interesse de agir. Ora, *depois* de consumada (ou exaurida) a atividade ilícita, já não haverá lugar para a tutela específica.

Assim se coloca um problema importante de política legislativa – ou antes, uma série de problemas – a exigir toda a atenção do ordenamento que não queira conformar-se em ver relegada a tutela específica a hipóteses excepcionais. É claro que, antes de mais nada, se impõe o cuidado de proporcionar aos litígios em pauta, mediante a máxima simplificação e agilização do rito, tratamento compatível com a urgência da solução. Não basta, porém, por mais singelo e célere que seja o procedimento, há sempre casos em que a iminência da lesão apenas na undécima hora se desenha com nitidez, e é praticamente impossível comprimir toda a atividade cognitiva preparatória da sentença no curto espaço de tempo entre a configuração do perigo e a consumação do dano.

7. O direito processual conhece técnica própria para acudir a tal emergência. Ela consiste em autorizar o órgão judicial, sob certas circunstâncias, a *antecipar* a prestação da tutela, que normalmente reclamaria a sentença definitiva, por meio de uma *ordem,* dirigida ao réu com a necessária antecedência, no sentido de que se abstenha da atividade temida. Para emitir tal ordem, o juiz terá naturalmente de verificar a concorrência de determinados pressupostos: bem se compreende que o remédio, por drástico, haja de ser ministrado com prudência, sob pena de converter-se em fonte de injustiças quiçá mais graves do que as que visa a evitar. É imprescindível que existam motivos sérios para a proibição; por outro lado, entretanto, não se pode pretender que tenham de ficar exaustivamente demonstrados os requisitos da concessão da tutela em caráter definitivo, o que retardaria de modo insuportável a providência e lhe subtrairia a utilidade peculiar. Bastará, em linha de princípio, o convencimento que o juiz forme sobre a razoabilidade da medida, com base em cognição superficial e provisória, à luz dos elementos de que já pode então dispor. Na sentença, já completada a atividade cognitiva, a concessão da tutela será, conforme o caso, confirmada ou revogada.

Feita abstração de diferenças específicas, podem apontar-se como exemplos característicos desse gênero de providências, no direito brasileiro[9]: o "mandado proibitório" a que alude o art. 932 do Código de Processo Civil, em favor do possuidor "que tenha justo receio de ser molestado na posse"; o embargo de obra nova, nos casos do art. 934 do mesmo diploma; a concessão da segurança *in limine litis,* nos termos do art. 7º, nº II, da Lei nº 1.533, de 31 de dezembro de 1951; a suspensão liminar do ato impugnado por lesivo ao patrimônio público, na ação popular (Lei nº 4.717, de 29-6-1965, art. 5º, § 4º, acrescentado pela Lei nº 6.513, de 20-12-1977). Ao propósito, tem-se discutido se se trata ou não

9 Ao ângulo do direito comparado, é oportuno mencionar aqui as *preliminary injunctions* dos ordenamentos anglo-saxônicos e as *inibitorie* do direito italiano (para um estudo comparatístico dessas duas figuras, *vide* a substanciosa monografia de FRIGNANI, *L'injunction nella common law e l'inibitoria nel diritto italiano,* Milão, 1974).

de medidas *cautelares*[10]. É evidente a presença, em todas, de um aspecto *assecuratório;* cumpre, no entanto, reconhecer que aqui se diligencia assegurar o direito *satisfazendo-o* desde logo (se bem que a título provisório), e não apenas buscando manter ou criar condições para que ele possa vir a ser eficazmente protegido: a tutela é *direta, imediata.* Se isso exclui ou não do âmbito da cautelaridade semelhantes providências, é questão cuja resposta variará em função das premissas doutrinárias que se adotem[11].

Observe-se que em certos casos a proteção dispensada por tal meio se revestirá, na prática, de caráter definitivo, nada deixando ao interessado que possa ainda pretender. *É* o que acontece quando se teme a prática de um único ato, em momento determinado (prestação negativa instantânea), e por força da ordem judicial o réu se abstém de praticá-lo nessa oportunidade. A hipótese não é rara em se tratando de mandado de segurança preventivamente impetrado: o cumprimento da liminar pode bastar para que o interesse do impetrante obtenha cabal satisfação.

8. Conforme bem se compreende, a ordem judicial de que o réu omita (ou cesse) a atividade ilícita, a fim de ter eficiência prática, precisa ser assistida da cominação de sanção (ou sanções) para o caso de descumprimento. A vontade do réu é solicitada à ação pelo benefício que ele espera conseguir; torna-se necessário um contraestímulo, que o induza à abstenção. O contraestímulo há de consistir na ameaça de uma consequência desvantajosa, e será suficientemente forte, em princípio, na

10 A controvérsia refere-se principalmente à liminar no processo de mandado de segurança, cuja natureza cautelar é afirmada por JOSÉ FREDERICO MARQUES, *Manual de direito processual civil,* v. IV, São Paulo, 1976, p. 341, e por CELSO AGRÍCOLA BARBI, *Do mandado de segurança,* 3ª ed., Rio de Janeiro, 1976, p. 200-1, e negada por HAMILTON DE MORAES E BARROS, *As liminares do mandado de segurança,* Rio de Janeiro, 1963, p. 21 e s., com a adesão de HUMBERTO THEODORO JÚNIOR, *Processo cautelar,* São Paulo, 1976, p. 67 (menos categórico, OVÍDIO A. BATISTA DA SILVA, *A ação cautelar inominada no direito brasileiro,* Rio de Janeiro, 1979, p. 164 e 168).

11 CALAMANDREI. *Introducción al estudio sistemático de las providencias cautelares,* trad. esp., Buenos Aires, 1945, p. 58 e s., compunha precisamente com as decisões antecipadas e provisórias de mérito uma das classes em que distribuía as medidas cautelares, de acordo com a forma assumida pela "relação de instrumentalidade" para com a providência "principal". O ponto é, porém, muito controvertido: para uma discussão interessante, *vide* MANDRIOLI. Per una nozione strutturale del provvedimenti anticipatori o interinali, *in Riv. di dir. proc.,* v. XIX, 1964, p. 551 e s.

medida em que a desvantagem possa *exceder* o benefício visado. A renúncia a este, vista naturalmente pelo réu como um mal, resultará então do desejo de evitar mal *maior.*

Trata-se aqui, como percebe o leitor, das medidas *coercitivas.* Alguns ordenamentos são particularmente pródigos na matéria, valendo-se de cominações de vária espécie. O réu que descumpre o preceito sujeita-se a sanções de natureza patrimonial (multas) ou mesmo pessoal (prisão), consoante pode ocorrer, v.g., nos países anglo-saxônicos, em que a rebeldia à *injunction* é passível de punição como *contempt of Court*[12].

O direito brasileiro só admite a prisão civil do depositário infiel e do devedor inadimplente de alimentos (Constituição da República, art. 153, § 17; Código de Processo Civil, arts. 733, § 1º, 902, § 1º, e 904, parágrafo único). Abstraindo-se da possível configuração do *atentado* (assim, no caso do art. 879, nº II), em que terá lugar "a proibição de o réu falar nos autos" (art. 881, *caput, fine),* as cominações de ordem processual, utilizáveis para reforçar a ordem de abstenção, têm alcance exclusivamente patrimonial e resolvem-se na imposição de multas. Delas nos ocuparemos adiante *(infra,* nº 9). Mas antes convém lembrar a possibilidade de sujeitar-se o réu recalcitrante a sanção *criminal.* Com efeito, o art. 330 do Código Penal prevê, sob o *nomen iuris* de "desobediência", delito consistente em "desobedecer a ordem legal de funcionário público" e punível com detenção, de quinze dias a seis meses, e multa, de quatrocentos a quatro mil cruzeiros. A despeito de valiosas opiniões em contrário[13], parece correto entender-se que a expressão "funcionário público", no texto em foco, abrange o juiz, em consonância com a definição larga do art. 327; unicamente desse modo se explicam, aliás, disposições como as do art. 219 do Código de Processo Penal e dos arts. 362 e 938 do Código de Processo Civil[14]. Se assim é, não resta dúvida de que a ameaça de puni-

---

12 Consultem-se ao propósito FRIGNANI, ob. cit., p. 211 e s.; MOLINA PASQUEL, *Contempt of court,* México-Buenos Aires, 1954, p. 107 e s.

13 V.g., NÉLSON HUNGRIA, *Comentários ao código penal,* v. IX, 2ª ed., Rio de Janeiro, 1959, p. 419; HELENO FRAGOSO, *Lições de direito penal.* 4º v., 2ª ed., São Paulo, 1965, p. 1.152.

14 Código de Processo Penal, art. 219: «O juiz poderá aplicar à testemunha faltosa a multa prevista no art. 453, *sem prejuízo do processo penal por crime de desobediência,* e condená-la ao pagamento das custas da diligência", Código de Processo Civil, art. 362: "Se o terceiro, sem justo motivo, se recusar a efetuar a exibição, o juiz lhe ordenará que proceda ao respectivo depósito em cartório ou noutro lugar designado, no prazo de cinco (5) dias, impondo ao requerente que o embolse das

ção a tal título, mediante processo-crime, pode assumir força de coerção ponderável sobre o ânimo do réu, induzindo-o ao cumprimento do preceito emitido pelo órgão judicial.

9. Detenhamo-nos agora no exame das sanções patrimoniais, as únicas, como ficou dito, admissíveis com caráter de generalidade no ordenamento pátrio, sem prejuízo da ressalva que adiante se fará. Em mecanismo processual bem construído, devem elas, para mostrar-se praticamente eficazes, observar dois requisitos: *a)* não ficar o valor respectivo sujeito a limite prefixado, que coincida com o da obrigação; *b)* aplicar-se desde logo, uma vez descumprida a ordem de abstenção.

Ambos esses requisitos defluem logicamente de quanto se disse sobre a conveniência de imprimir à sanção força coercitiva capaz de atuar com a devida intensidade no ânimo do réu, induzindo-o à omissão. Facilmente se percebe que, se a desvantagem de que ele se vê ameaçado, em correndo o risco de sujeitar-se à multa, não excede a que suportará caso se abstenha, a eficácia persuasiva da cominação terá grande probabilidade de revelar-se insuficiente. "E indiferente que eu cumpra ou não o preceito", raciocinará o réu, "pois em qualquer caso o meu prejuízo será o mesmo" – e o resultado prático não é difícil de prever. A situação desenha-se em traços iguais, observe-se, quer se trate de multa *fixa,* quer de multa *progressiva,* a correr, v.g., por dia de atraso no cumprimento (modalidade intuitivamente mais adequada aos casos de obrigação com prestação duradoura ou de trato sucessivo), mas só incidente até que se atinja determinado montante. E tudo isso para não falarmos na possibilidade, já referida noutro passo, de que a obrigação negativa não seja avaliável em termos pecuniários *(rectius:* de que não comporte semelhante avaliação o dano resultante do inadimplemento), como ocorrerá com frequência, repita-se, em se tratando de direito da personalidade ou de "interesse coletivo".

Considerações análogas são cabíveis com referência ao outro requisito, cuja necessidade é até maior que a do primeiro. Com efeito: se

despesas que tiver; se o terceiro descumprir a ordem, o juiz expedirá mandado de apreensão, requisitando, se necessário, força policial, tudo *sem prejuízo da responsabilidade por crime de desobediência".* Art. 938: "Deferido o embargo, o oficial de justiça, encarregado de seu cumprimento, lavrará auto circunstanciado, descrevendo o estado em que se encontra a obra; e, ato contínuo, intimará o construtor e os operários a que não continuem a obra *sob pena de desobediência* e citará o proprietário a contestar em cinco (5) dias a ação".

se adota o alvitre de diferir a incidência da multa para momento posterior à infração do preceito (trânsito em julgado da sentença que julgue procedente o pedido, citação do vencido para a execução, e assim por diante), é óbvio que se está concedendo ao réu, *a priori,* uma espécie de "anistia" com relação ao período que eventualmente decorra entre a desobediência à ordem (isto é, entre a violação do dever de abster-se) e aquele momento posterior – período cuja duração, conforme as circunstâncias, pode ser bastante longa. Nessas condições, a força do preceito dilui-se em tal medida, que já não se poderá a rigor contar com a providência como elemento eficaz de um mecanismo de tutela verdadeiramente *preventiva.*

10. No tocante ao primeiro ponto, o Código de Processo Civil de 1973, no art. 644, referindo-se *expressis verbis* à multa progressiva («pena pecuniária por dia de atraso no cumprimento»), abstém-se de estabelecer limite de valor. A doutrina interpreta o silêncio do texto como *exclusão* de tal limite: à semelhança do que se dá nas *astreintes* do direito francês, fonte inspiradora do legislador nacional, o montante exigível pode ultrapassar o valor da obrigação: nisso precisamente se revela a índole coercitiva, e não de *ressarcimento,* que tem a imposição[15]. E válido o asserto, naturalmente, inclusive para a hipótese de cominar-se multa *fixa* – possibilidade que não se há de afastar, até porque de outra será impróprio cogitar quando se trate de obrigação negativa com prestação *instantânea.*

Já no que tange ao segundo requisito, é fragmentário e assistemático o tratamento dado à matéria pela lei. Disposições esparsas, atinentes a procedimentos especiais, relacionam a incidência da multa com o descumprimento *do preceito* emitido *initio litis:* é o que acontece no

15 PONTES DE MIRANDA. *Comentários ao código de processo civil* (de 1973), t. X, Rio de Janeiro, 1976, p. 156; AMILCAR DE CASTRO, *Comentários ao código de processo civil* (de 1973), v. VIII, São Paulo, 1974, p. 189; MENDONÇA LIMA, *Comentários ao código de processo civil,* v. VI, t. II, 2ª ed., Rio de Janeiro, 1977, p. 846; CALMON DE PASSOS, *Comentários ao código de processo civil,* v. III, 2ª ed., Rio de Janeiro, 1977, p. 252; JOSÉ FREDERICO MARQUES, *Manual de direito processual civil,* v. IV, São Paulo, 1976, p. 134; BARBOSA MOREIRA, *O novo processo civil brasileiro,* v. 11, 2ª ed., Rio de Janeiro, 1978, p. 56. Segundo a *communis opinio,* a que aderimos, não fica o órgão judicial, entretanto, adstrito a aplicar a multa no *quantum* pleiteado pelo autor, mas pode reduzi-lo, a não ser quando estabelecido *a prior;* em lei ou negócio jurídico.

interdito proibitório, por força do art. 932 *(verbis:* "em que se comine ao réu determinada pena pecuniária, *caso transgrida o preceito"),* e na ação de nunciação de obra nova, nos termos do art. 936, nº II *(verbis:* "a cominação de pena *para o caso de inobservância do preceito").* A regra geral, contudo, não é essa: o art. 287, na cláusula derradeira, reserva a aplicabilidade da multa "para o caso de *descumprimento da sentença"* - coisa bem diversa, à evidência. Quanto às outras espécies mencionadas acima (item nº 8) - liminar em mandado de segurança e em ação popular - não há sanção pecuniária alguma: a única fonte de coerção aí disponível é a cominação de natureza *penal* para a desobediência *(supra,* item nº 9).

Deixando de lado estas duas hipóteses, cuja disciplina pode talvez justificar-se por peculiaridades das próprias causas em que ocorrem, cabe ressaltar a falta de um princípio inspirador unitário capaz de imprimir coerência ao texto codificado, do ponto de vista que interessa aqui. O legislador de 1973, conhecendo o expediente adequado, furtou-se curiosamente a fazer dele o uso amplo que lhe sugeriam a política jurídica e a própria tradição do direito brasileiro, já chegada no Código de 1939 a grau de aprimoramento bastante para produzir uma figura *genérica* de tutela do credor, em matéria de obrigações de fazer e de não fazer, construída sobre o esquema do preceito *in limine litis,* com aplicação imediata da sanção cominada, no caso de descumprimento: a ação cominatória do art. 302, nº XII[16]. Restringiu-se de modo notável, na reforma processual, o campo de atuação desse mecanismo, agora reservado quase exclusivamente à proteção da posse e da propriedade[17]; fora desse âmbito privilegiado, o processo de conhecimento disciplinado no vigente estatuto afigura-se impotente para tutelar em forma preventiva, e portanto *específica,* com eficácia prática, as posições jurídicas de vantagem a que correspondam obrigações negativas, no sentido lato exposto de início (item nº 1) - e a carência é tanto mais séria quanto menos satisfatória, em inúmeras situações excluídas (basta pensar nas de conteúdo não patrimonial), a tutela meramente sancionatória ou repressiva.

16 É claro que nos referimos ao mecanismo da ação cominatória tal como o armava a boa doutrina - não à versão emasculada que se veio a preferir em certa corrente jurisprudencial, com total prejuízo do que havia de *próprio* na figura: *vide* ainda ao propósito, nosso trabalho cit. na nota 5, p. 131-2.

17 O "quase" - desnecessário, a rigor, explicar - vai por conta da hipótese de cabimento da nunciação de obra nova prevista no art. 934, n. III, onde se visa a tutelar o interesse público na regularidade das construções,

11. Importa verificar se o ordenamento porventura não oferece algum sucedâneo, capaz de suprir – ainda que por via oblíqua e em medida parcial – a apontada deficiência. De acordo com o art. 798, "além dos procedimentos cautelares específicos, que este Código regula no Capítulo II deste Livro, poderá o juiz determinar as medidas provisórias que julgar adequadas, quando houver fundado receio de que uma parte, antes do julgamento da lide, cause ao direito da outra lesão grave e de difícil reparação"; e o art. 799 acrescenta que, "no caso do artigo anterior, poderá o juiz, para evitar o dano, autorizar ou vedar a prática de determinados atos, ordenar a guarda judicial de pessoas e depósito de bens e impor a prestação de caução". Esses dispositivos inserem-se no Livro III, "Do processo cautelar", e ordenam-se a consagrar o chamado "poder genérico (ou geral) de cautela", abrindo caminho à diversificação das providências adotáveis pelo órgão judicial, a esse título, fora do rol constante da lei.

Ainda que se quisesse considerar taxativa, e não apenas exemplificativa, a enumeração dessas medidas "atípicas", feita no texto legal, nele encontraria sem dúvida fácil enquadramento a hipótese de que estamos tratando. Cuida-se de saber se é lícito ao juiz, fora dos casos contemplados em disposições específicas, dirigir ao réu, no início do processo, mediante cognição provisória, uma ordem no sentido de que se abstenha de certo comportamento. Ora, o art. 799 fala em "vedar a prática de determinados atos": é exatamente a mesma coisa. Justificar-se-á a vedação, nos termos do art. 798, pelo "fundado receio" – cuja ocorrência deve o órgão judicial verificar – de que, realizando a atividade de que deve abster-se, o réu, "antes do julgamento da lide", cause ao (suposto) direito do autor "lesão grave e de difícil reparação", ou, *a fortiori*, de reparação impossível, conforme não raro sucederá na matéria vertente, máxime em se tratando de relações não patrimoniais. A ordem poderá eventualmente ser emitida sem prévia audiência do réu, se for o caso mediante a prestação de caução pelo autor (art. 804).

A objeção previsível é a de que os dispositivos invocados não constituiriam, do ponto de vista científico, sede própria: neles se cogita de medidas *cautelares*, ao passo que a ordem proibitiva, tendo *o mesmo objeto* da eventual sentença de procedência (da qual representaria, assim, verdadeira antecipação) e ensejando a *satisfação* do credor, embora a título provisório, extravasaria do leito conceptual da cautelaridade. Impossível discutir neste contexto questões tão árduas como a de saber em que consiste a "essência" do processo cautelar, ou qual a exata configuração dogmática das providências "antecipatórias", do tipo daquelas a que já fizemos acima ligeira referência (item nº 8). *De lege lata*, porém, a objeção não parece relevante. É fora de dúvida que, no Livro III do Código em vigor, convivem figuras parcialmente heterogêneas, em várias das quais seria muito difícil identificar, na sua pureza, as características indicadas pela doutrina - que, aliás, no particular está longe de ser unânime - como próprias das medidas cautelares. Entre os "procedimentos cautelares específicos", regulados no Capítulo II, *ao menos um* - o da Secção VII - também visa à decretação de providência que tem objeto idêntico ao da sentença definitiva favorável e conduz à satisfação (conquanto provisória) do requerente: a concessão de alimentos provisionais[18]. Não deve, pois, escandalizar ninguém a sugestão de buscar-se nos arts. 798 e 799 o apoio textual indispensável a outra medida com análogas características - queira-se ou não reconhecer-lhe natureza cautelar. Qualquer escrúpulo desse gênero seria como a hesitação em ministrar ao enfermo o remédio que comprovadamente lhe melhora o estado, só porque nas indicações da bula não se designa a enfermidade pelo nome cientificamente mais correto...

O que não se afigura possível é fazer acompanhar o preceito, nesses casos, da cominação de multa para o respectivo desatendimento: as regras que autorizam o emprego de medidas coercitivas não comportam aplicação em hipóteses não previstas. Aqui, aliás, caso se sustentasse o contrário, chegar-se-ia, obliquamente, ao resultado que o art. 287, *fine*, pré-excluiu - em disposição infeliz mas clara, que ao intérprete não é dado desprezar. Ter-se-á de contar unicamente com a força intimidativa da cominação penal pelo crime de desobediência.

12. Transitada em julgado a sentença que condenou o réu à omissão, pode o autor vitorioso promover-lhe a citação para cumprir o julgado[19]. Tal providência tomar-se-á obviamente desnecessária quando o vencido, *antes* dela: *a)* sendo instantânea a prestação negativa, se abstenha do ato na ocasião em que se temia que o praticasse; *b)* sendo duradoura

18 À qual, em nossa mais recente literatura, OVÍDIO A. BATISTA DA SILVA, ob. cit., p. 92 e s., nega enfaticamente caráter cautelar.

19 Fazemos abstração, neste item, do regime específico a que se submete o cumprimento do julgado em casos como o do mandado de segurança - na sua modalidade preventiva, a única que no presente contexto interessa *(vide* Lei n. 1.533, de 31-12-1951, art. 11).

a prestação, desista em caráter definitivo de realizar a atividade ilícita ou, se já iniciada, a cesse de uma vez por todas; c) sendo a obrigação de trato sucessivo, deixe de praticar o ato receado em todos os momentos (ou, eventualmente, no único) em que ainda se concebia que pudesse vir a praticá-lo. Caberá, se for o caso, a execução do que haja sido decidido quanto à atividade ilícita porventura *já realizada;* aí, contudo, é certo que se estará fora do âmbito da tutela *específica* (preventiva), e portanto fora dos limites deste estudo. De um possível aspecto da tutela *sancionatória* tratam, exclusivamente, os arts. 642 e 643 do Código de Processo Civil, a saber, da execução forçada da obrigação *(positiva!)* de "desfazer o ato" *(rectius:* de remover-lhe o produto), ou, quando impossível, de ressarcir perdas e danos - obrigação derivada do inadimplemento, que esses dispositivos *pressupõem,* da obrigação negativa.

A citação efetua-se por qualquer das formas legalmente admitidas. Junto aos autos o mandado, pode o vencido oferecer embargos no prazo de dez dias (art. 738, nº IV). Não o fazendo, ou sendo eles rejeitados, prevalece a condenação, com a cominação anexa da "pena pecuniária" que terá sido imposta na sentença (art. 645) - ou nela confirmada, se, nos casos previstos em lei, o juiz a houver cominado ao emitir o preceito *initio litis* - para a hipótese de descumprimento.

Da cominação, imposta ou confirmada, teve ciência o vencido ao ser citado. Se ele cumpre a condenação, satisfeito está o credor, e encerra-se o processo de execução. Se a descumpre, fica sujeito à cobrança da multa, que se fará, como é intuitivo, pelo procedimento da execução por quantia certa. Nas hipóteses de multa progressiva, é lícito ao credor reclamá-la por tal via desde a data em que ela comece a incidir. Caso o devedor, citado, pague nas 24 horas a que se refere o art. 652, mas permaneça inadimplente quanto à prestação negativa duradoura, a multa continuará incidindo - sem limite de valor, consoante acima se explicou (item nº II). Poderá o credor, a qualquer tempo, requerer a atualização do cálculo e promover nova execução pelo *quantum* acrescido.

Conforme se verifica, atividade propriamente *executiva,* no sentido estrito, só se realizará na eventual cobrança da multa. A omissão do devedor em praticar ou repetir o ato proibido, ou em prosseguir na atividade ilícita, representará cumprimento *espontâneo* da sentença, que tecnicamente não se enquadra no conceito de execução *forçada.* Não dispõe o órgão judicial, como é evidente, de "meios de sub-rogação", que lhe permitam proporcionar ao vencedor o resultado prático desejado *independentemente* da colaboração do vencido. Do ponto de vista formal, porém, tudo que foi exposto neste item insere-se no quadro de um processo para o qual não é fácil descobrir - nem será, com certeza, necessário, desde que não se percam de vista peculiaridades ocorrentes - outra maneira de designar senão a de *processo de execução.* O leitor atento decerto não correrá o risco de extrair dessa terminologia conclusões descabidas.

Maio de 1979.

COMENTÁRIOS DOS ATUALIZADORES

3. A TUTELA ESPECÍFICA DO CREDOR NAS OBRIGAÇÕES NEGATIVAS

Luiz Fux / Rodrigo Fux

Inicialmente, cumpre mencionar que a prisão civil do depositário infiel, citada por Barbosa Moreira, passou a ser considerada, em 2008, como ilícita pelo STF:

> PRISÃO CIVIL. Depósito. Depositário infiel. Alienação fiduciária. Decretação da medida coercitiva. Inadmissibilidade absoluta. Insubsistência da previsão constitucional e das normas subalternas. Interpretação do art. 5°, inc. LXVII e §§ 1°, 2° e 3°, da CF, à luz do art. 7°, § 7, da Convenção Americana de Direitos Humanos (Pacto de San José da Costa Rica). Recurso improvido. Julgamento conjunto do RE n° 349.703 e dos HCs n° 87.585 e n° 92.566. É ilícita a prisão civil de depositário infiel, qualquer que seja a modalidade do depósito. (RE 466343, Relator(a): CEZAR PELUSO, Tribunal Pleno, julgado em 03/12/2008)

O Código de Processo Civil de 2015, em seu artigo 497, dispõe expressamente que "*na ação que tenha por objeto a prestação de fazer ou de não fazer, o juiz, se procedente o pedido, concederá a tutela específica ou determinará providências que assegurem a obtenção de tutela pelo resultado prático equivalente"*.

A sistemática da tutela específica de obrigações negativas é reforçada pelos artigos 536 e 537 do Código de Processo Civil de 2015, que dispõem sobre os mecanismos para Cumprimento de Sentença que Reconheça a Exigibilidade de Obrigação de Fazer ou de Não Fazer, dentre os quais se pode mencionar a fixação de *astreintes*, que independe de requerimento da parte (artigo 537), mas, em conformidade com o Enunciado 410 da Súmula do Superior Tribunal de Justiça – STJ, *"a prévia intimação pessoal do devedor constitui condição necessária para a cobrança de multa pelo descumprimento de obrigação de fazer ou não fazer"*.

Recentemente, o Supremo Tribunal Federal – STF apreciou a Ação Direta de Inconstitucionalidade 5.941/DF, de relatoria do Ministro Luiz Fux. O Partido dos Trabalhadores questionava a possibilidade de juízes e tribunais, com esteio no artigo 139, inciso IV, do CPC/2015, valerem-se de mecanismos de coerção indireta (*e.g.*, apreensão de Carteira Nacional de Habilitação – CNH e passaporte).

No dia 09 de fevereiro de 2023, referida Ação Direta de Inconstitucionalidade foi julgada *improcedente*, de modo que se mantém íntegra a posição do Superior Tribunal de Justiça – STJ, que já firmou o entendimento de que *"a adoção de meios executivos atípicos é cabível desde que, verificando-se a existência de indícios de que o devedor possua patrimônio expropriável, tais medidas sejam adotadas de modo subsidiário, por meio de decisão que contenha fundamentação adequada às especificidades da hipótese concreta, com observância do contraditório substancial e do postulado da proporcionalidade"*[20].

Cumpre trazer, mais uma vez, trecho do voto do relator da supracitada ADI, Ministro Luiz Fux:

> "Não se pode ignorar que a atividade jurisdicional executiva ostenta essência satisfativa, existindo uma particular relevância em se ver a definição dada pelo Estado ao conflito realizada, *"porquanto executar e cumprir é satisfazer"* (FUX, Luiz. *O novo processo de execução*. Rio de Janeiro: Forense, 2008,

20 STJ, REsp 1.788.950/MT, Relatora Ministra Nancy Andrighi, 3ª Turma, julgado em 23/04/2019.

p. 3). A carência de percepção prática dos efeitos da decisão corrói sua autoridade e impede a pacificação definitiva do conflito. (...)

Se por um lado, portanto, **a previsão legislativa, *in abstrato*, não viola o princípio da proporcionalidade**, na sua tripla acepção *adequação, necessidade e proporcionalidade*, por outro, **tais vetores devem funcionar como critérios avaliativos, *in concreto***, para o magistrado e os tribunais revisores.

Do ponto de vista da **adequação**, deve-se aferir se a medida eleita – seja uma daquelas destacadas na petição inicial (suspensão da carteira nacional de habilitação ou do passaporte, e da proibição de participação em concurso ou em licitação pública) ou outra escolhida pelo juiz natural com fundamento no art. 139, IV, do Código de Processo Civil – é capaz de contribuir no desfazimento da crise de satisfação que a tutela executiva busca resolver. Assim, exsurge a incumbência do magistrado de (i) explicitar a natureza da medida (se indutiva, coercitiva, mandamental ou sub-rogatória) e (ii) a relacionar à finalidade pretendida (se satisfativa ou coercitiva), cotejando os fins pretendidos e a real aptidão do executado para cumprir a ordem jurisdicional – onde se insere o requisito da presunção de solvabilidade do devedor, a ser demonstrado através da exteriorização de padrão de vida compatível com o adimplemento da dívida. (...)

O vetor da **necessidade**, em acréscimo, demanda que o magistrado concretize o princípio da menor onerosidade da execução, afastando (i) medidas mais gravosas que outras vislumbradas para o caso concreto e (ii) qualquer caráter sancionatório da medida não prevista especificamente em lei. A propósito, não se deve afastar, *ab initio*, a priorização de instrumento atípico, quando soar adequado e suficiente para concretizar o cumprimento do provimento, embora existente medida típica de cunho mais gravoso. Dessarte, é imprescindível a verificação de liame entre o comportamento do executado, a natureza da obrigação exequenda e a medida eleita pelo julgador, afastando-se preceitos sancionatórios travestidos de coercitivos. (...)

A seguir, na análise da **proporcionalidade em sentido estrito**, o julgador verificará se, diante das circunstâncias do litígio concreto, a medida requerida ou cogitada *ex officio* ofende, injustificadamente, direitos fundamentais de maior relevo, sob pretexto de, de maneira desmedida, garantir o legítimo direito de satisfação do exequente. (...)

Nada disso, reitere-se, autoriza o julgador a ignorar as garantias fundamentais do cidadão em prol da adoção de medidas economicamente eficientes, mas constitucionalmente vedadas. Discricionariedade judicial não se confunde com arbitrariedade, de modo que quaisquer abusos poderão e deverão ser coibidos mediante utilização dos meios processuais próprios."[21]

21 STF. ADI 5942, Relator: Ministro Luiz Fux, Plenário, julgamento em 9.2.2023.

4. CONFLITO POSITIVO E LITISPENDÊNCIA

1. É corrente em doutrina a afirmação de que, para configurar-se o conflito positivo de competência, não se faz necessário pronunciamento expresso de dois ou mais juízes no sentido de se reconhecerem simultaneamente competentes: basta a prática de atos que impliquem, por parte desses juízes, tal reconhecimento[1]. A lição é perfeita se entendida como relativa a um mesmo e único processo, embora o seu alcance fique aí intuitivamente limitado, pois apenas em casos raros haverá oportunidade para dupla (ou múltipla) atuação judicial. Pode imaginar-se a hipótese de dois magistrados (titular e auxiliar, por exemplo) que exerçam suas funções no mesmo juízo, segundo critério predeterminado de divisão do trabalho, e, divergindo eventualmente, em relação a certo feito, no entendimento do critério, venham nele a realizar, ambos, atos que só por um dos dois deveriam ser realizados.

Acontece que nem sempre se tem o cuidado de pôr *expressis verbis* semelhante restrição. Ao dizer-se suficiente a prática de atos, por mais de um juiz, ainda que sem declaração explícita da própria competência, formula-se a proposição em termos às vezes tão amplos, que o leitor se vê induzido a tomá-la como abrangente de outro caso: o de praticarem-se os atos em processos distintos, instaurados perante órgãos diversos, a respeito de uma única lide[2]. Assim, v.g., se a ação em curso no juízo A fosse reiterada no juízo B, o fato de atuarem os dois

---

1 PONTES DE MIRANDA, *Comentários ao código de processo civil* (de 1973), 2ª ed., Rio de Janeiro, 1979, t. II, p. 441 ("O deferimento do mais simples item da petição inicial, ou de pedido de avocação. ou ato que a isso equivalha, significa suficiente cognição e estabelece o conflito, se outro juiz procedeu do mesmo modo"); CELSO AGRÍCOLA BARBI. *Comentários ao código de processo civil,* v. I, t. 11, 2ª tiragem, Rio de Janeiro, 1977, p. 492; HÉLIO TORNAGHI, *Comentários ao código de processo civil,* v. I. São Paulo, 1974, p. 367; HUMBERTO THEODORO JÚNIOR, *Processo de conhecimento,* Rio de Janeiro, 1978, t. I, p. 237.

2 Explicitamente, PONTES DE MIRANDA, ob. e lug. cit.: "Pois a prestação teria de ser uma só, e há dois ou mais processos em dois ou mais juízos". HUMBERTO THEODORO JR., ob. e lug. cit., exemplifica com o que ocorre "quando o mesmo inventário é requerido perante dois juízes diferentes e ambos lhe dão curso". O mesmo exemplo em CELSO AGRÍCOLA BARBI, ob. e lug. cit., apenas com a especificação de requererem o inventário "pessoas diversas".

juízes, cada qual nos autos do feito que lhe foi distribuído, bastaria para caracterizar o conflito: ambos estariam, conquanto de maneira implícita, a dar-se por competentes para processar a mesma causa.

Se na verdade se quer atribuir tão extenso âmbito ao conflito positivo de competência, o ensinamento já passa, com a devida vênia, a parecer-nos inaceitável. Assim se amplia desnecessariamente o conceito e se abre ao instrumento, sem vantagem alguma, campo de utilização que deve ficar reservado a outro. Tudo aconselha a preservar aqui uma distinção que resulta com meridiana clareza do sistema da lei.

2. Cada litígio trazido ao conhecimento do Judiciário deve ser julgado uma vez, e somente uma. Desse princípio fundamental decorre a ideia de que, se porventura o litígio *já foi* julgado, é inadmissível o pedido de novo julgamento, a não ser mediante eliminação da sentença que sobre ele se proferiu. Intentada que seja, outra vez, a mesma ação, a parte pode suscitar a preliminar de coisa julgada (Código de Processo Civil, art. 301, nº VI e §§ 1º e 3º), e ao próprio órgão judicial compete conhecer *ex officio* da matéria (arts. 301, § 4º, e 267, § 3º), numa e noutra hipótese com igual resultado: extinção do segundo processo sem julgamento do mérito (art. 267, nº V).

Mas o ordenamento vai além na preocupação de evitar a dualidade (ou a multiplicidade) de decisões. Não exige, para tomar cabível a providência impeditiva, que num dos feitos a lide já tenha sido julgada: contenta-se com a circunstância de que a seu respeito se esteja pleiteando, ao mesmo tempo, mais de um julgamento. E o que sucede quando uma ação se vê reproduzida em juízo, antes de julgada noutros autos por sentença irrecorrível. Também nesse caso existe uma demasia, a que se tem de pôr cobro. E o expediente adequado à correção da irregularidade é a arguição de *litispendência* (art. 301, nº V e §§ 1º e 3º), com idêntica possibilidade de conhecimento *ex officio* pelo juiz (arts. 301, § 4º, e 267, § 3º) e com a mesma consequência (art. 267, nº V).

3. Em tal perspectiva, convém frisar, nada importa que os dois (ou mais) processos, formados acerca de uma única lide, corram no mesmo órgão ou em órgãos diferentes. A questão básica, na segunda hipótese, não é a de saber se a causa deveria ter sido ajuizada perante A ou perante B, mas a que surge do fato de haver sido ela ajuizada *duas vezes*[3]. Por igualdade de razão, a repetição do ajuizamento no mesmo órgão não é menos irregular do que a repetição em outro. Em qualquer caso, um dos processos tem de cessar sem exame do mérito. E à pergunta: *"Qual deles* cessará?" Não se responde necessariamente à luz de critérios relacionados com a competência – os quais, de resto, seriam de absoluta inutilidade, e de forma alguma permitiriam resolver o problema, se ambos os feitos corressem perante um só juiz.

A regra fundamental é a de que deve encerrar-se o processo iniciado quando a lide já pendia de julgamento. Nesse é que se há de arguir a preliminar, ou, ainda sem ela, nesse é que se há de pôr termo à atividade judicial, sem apreciação do mérito. A lei escolheu o momento da citação válida para fixar o início da litispendência (art. 219, *caput);* logo, dos dois processos, subsistirá aquele em que primeiro se haja praticado tal ato, e o outro se extinguirá.

Semelhante regra basta para as hipóteses de feitos instaurados ante o mesmo órgão, e também para as de feitos instaurados ante órgãos distintos, em tese dotados de competência concorrente para conhecer da causa. Apenas no caso de um deles não ser competente (sequer em tese) é que a solução apresenta peculiaridade, porque a citação ordenada por juiz incompetente, segundo o art. 219, *caput, a contrario sensu,* não "induz" litispendência[4]. Daí ficar afastada, *em relação ao órgão incompetente,* a aplicação do critério da anterioridade; se, por exemplo, se ajuizou a mesma ação perante o órgão A, que é competente, e o órgão B, que não o é, a circunstância de haver-se feito primeiro a citação por este ordenada, em princípio, não autoriza a extinção do outro processo: extinguir-se-á, sim, o que corre perante B, onde a lide, *ex hypothesi,* não chegou a pender.

---

3 Ainda sob o Código anterior, mas com palavras aplicáveis ao sistema vigente, acentuava JOSÉ FREDERICO MARQUES, *Instituições de direito processual civil,* v. III, Rio de Janeiro-São Paulo, 2ª ed., 1962, p. 218: "A litispendência é o fenômeno preponderante quando há duplicidade de ações e processos em torno de um mesmo litígio. Antes de se pretender impedir que o juiz de competência prejudicada decida e processe uma causa de que outro já tomou conhecimento, o que se procura é obstar uma inútil e ilegal duplicação de processos sobre idêntica lide".

4 A proposição deve ser entendida *cum grano salis: vide* ao propósito BARBOSA MOREIRA, O *novo processo civil brasileiro,* v. I, 3ª ed., Rio de Janeiro, 1978, p. 57-8.

4. Importa observar que, em todos os casos figurados, igual é o vício, em substância, e igual deve ser o remédio. Trata-se, sempre e apenas, de *eliminar* um dos processos. Para tal fim, no entanto, constituiria expediente de todo impróprio a suscitação de conflito positivo de competência. A decisão que resolve o conflito em regra não elimina o processo a cujo respeito se discute: determina, isso sim, que órgão há de ocupar-se dele. Mas, se o processo é uma excrescência, se não se justifica que subsista, é óbvio que *nenhum* órgão judicial dele se deve ocupar, a não ser para, pura e simplesmente, pôr-lhe termo.

Verificando-se, pois, a dupla pendência simultânea, cabe à parte arguir a preliminar a que alude o art. 301, nº V, ou ao juiz, independentemente de tal arguição, extinguir sem julgamento do mérito o feito em que a citação se houver realizado mais tarde (cf. o art. 267, nº V e § *3º).* Essa possibilidade de conhecimento *ex officio* da matéria, note-se de passagem, obsta a que se forme preclusão para a própria parte, caso deixe de alegar o defeito na primeira oportunidade, que é normalmente a da contestação (art. 301, nº V): podem ser suscitadas a qualquer tempo as questões que ao juiz é lícito apreciar mesmo sem provocação (art. 303, nº II); o réu ficará apenas sujeito a responder pelas custas do retardamento (art. 267, § 3º, *fine).*

Por outro lado, vale insistir, as coisas devem passar-se do mesmo modo, quer os dois processos corram perante um único órgão, quer perante órgãos diversos[5]. Como se vê, nesta última hipótese, embora tenham ambos praticado atos processuais – o que se traduz por admissão tácita da própria competência – não há razão para cogitar de conflito.

5. Vamos adiante. Ainda que porventura, no caso de dualidade de feitos perante órgãos diferentes, posta a questão pela parte, ou pelo próprio juiz, este se negue a extinguir o processo, nem por isso necessariamente se configurará o conflito. O órgão judicial pode entender que não deve pôr termo ao feito porque *não ocorre* a litispendência: a seu ver, por exemplo, são distintas as *causae petendi,* de sorte que a ação não é a mesma. A questão da competência não chegou a surgir;

5 Corretamente MONIZ DE ARAGÃO, *Comentários ao código de processo civil,* v. 11, 2ª ed., Rio de Janeiro, 1976, p. 230: "Ser um único ou serem dois os juízos, perante os quais foi ajuizada a mesma causa, em nada interfere com o conceito de litispendência".

resta à parte, se quiser, interpor agravo de instrumento contra a decisão (art. 522, *caput).*

De conflito só se poderá cogitar, eventualmente, se a recusa de extinguir o processo se fundar em motivo relacionado com a competência. Imaginemos, v.g., que, pendentes os dois feitos perante os juízes A e B, a parte suscite a B a preliminar de litispendência, alegando a anterioridade da citação ordenada por A. Rejeita B a preliminar, negando que as citações se tenham feito na ordem apontada pela parte, de modo que o processo de A é que deve extinguir-se, pois a competência de B ficara preventa (art. 219, *caput);* ou então afirmando que, a despeito da anterioridade, a citação determinada por A não gerou litispendência, porque A era, mesmo em tese, incompetente para a causa.

Em qualquer dessas hipóteses, se A, provocado por sua vez, concordar com o pronunciamento de B e puser termo ao feito a que preside, resolvido estará o problema, sem conflito. Este se caracterizará, porém, e será caso de suscitá-lo, por obra de qualquer dos legitimados (art. 116, *caput),* se A retrucar que, dos dois processos, o que deve prosseguir é o instaurado no *seu* juízo, competente e prevento mercê da citação anterior à ordenada por B. Aí, sim: os dois juízes estarão disputando entre si a competência; e, para decidir qual deles há de prevalecer, o conflito positivo será o meio adequado. A decisão que nele se profira acarretará, excepcionalmente, a extinção de um dos feitos sem julgamento do mérito, pois esse é, ainda em semelhante eventualidade, o corolário da litispendência.

Uma última advertência, talvez supérflua: as linhas acima foram escritas, *commoditatis causa,* em termos específicos para a hipótese de processos instaurados perante órgãos judiciais de *primeiro* grau. O leitor saberá, *mutatis mutandis,* extrair do texto as conclusões cabíveis em relação a outros casos.

Agosto de 1979

COMENTÁRIOS DOS ATUALIZADORES

4. CONFLITO POSITIVO E LITISPENDÊNCIA

Luiz Fux / Rodrigo Fux

O Código de Processo Civil de 2015 veiculou importante modificação: diferentemente do que dispunha o artigo 219 do CPC/1973, o atual artigo 240 dispõe que *"a citação válida, ainda quando ordenada por juízo incompetente, induz litispendência, torna litigiosa a coisa e constitui em mora o devedor, ressalvado o disposto nos arts. 397 e 398 da Lei nº 10.406, de 10 de janeiro de 2002 (Código Civil)"*.

Ou seja, ainda que ordenada por Juízo incompetente, a citação válida induz litispendência.

Além disso, o CPC/2015, definiu a existência do conflito de competência (artigo 66), bem como regulamentou seu procedimento (artigos 951/959). Seja como for, as premissas do Professor José Carlos Barbosa Moreira permanecem integralmente aplicáveis, com a ressalva da modificação constante do artigo 240.

Exatamente para que haja compatibilização com essa regra, o artigo 952 do CPC/2015 dispõe que apenas a parte que não suscitar o conflito de competência poderá arguir a incompetência relativa. Tratando-se de incompetência absoluta, a toda evidência, será do melhor interesse dos atores processuais que qualquer sujeito possa alegá-la.

5. SOBRE PRAZOS PEREMPTÓRIOS E DILATÓRIOS

1. Lê-se no art. 181, *caput,* 1ª parte, do Código de Processo Civil que "podem as partes, de comum acordo, reduzir ou prorrogar o prazo dilatório"; e acrescenta o art. 182, *caput,* 1ª parte, que lhes é defeso, "ainda que todas estejam de acordo, reduzir ou prorrogar os prazos peremptórios". Apesar de propenso à formulação de definições, houve por bem o Código, justamente aqui, silenciar quanto aos conceitos de "prazo dilatório" e "prazo peremptório". Isso tem dificultado a sistematização da matéria e gerado perplexidades entre os intérpretes e aplicadores da lei.

Se, como parece, "prazos peremptórios" e "prazos dilatórios" se contrapõem reciprocamente, e as duas classes esgotam a totalidade dos prazos, sem deixar espaço a outras, fica óbvio que, em princípio, o conceito de "prazo dilatório" tem de coincidir, na extensão, com o conjunto dos prazos alteráveis convencionalmente, para mais ou para menos, e o de "prazo peremptório" com o conjunto dos prazos convencionalmente inalteráveis. A admitir-se que haja exceções – isto é, prazos dilatórios insuscetíveis de alteração convencional, ou prazos peremptórios suscetíveis dela[1] – ou decorrerão de regras expressas ou terão de encontrar justificação cabal de ordem sistemática. Mas também não se avançaria um passo afirmando simplesmente que são dilatórios ou peremptórios os prazos conforme suportem ou não suportem redução ou prorrogação por acordo das partes. Os dispositivos supracitados não devem resolver-se em puras tautologias; lança-se ao Código uma pecha de inépcia quase infamante se se faz dizer ao art. 181, tão somente, que as partes podem, de comum acordo, reduzir ou prorrogar os prazos redutíveis e prorrogáveis, e ao art. 182 que lhes é proibido reduzir ou prorrogar os irredutíveis e improrrogáveis... Ademais, subtrai-se ao juiz qualquer possibilidade de tirar do texto um critério que lhe faculte distinguir na prática – e é o que acima de tudo interessa – as hipóteses de redutibilidade e prorrogabilidade e as de irredutibilidade e improrrogabilidade, sem mergulhar no mais baço casuísmo.

---

1 Como diz, sem maiores esclarecimentos, MONIZ DE ARAGÃO, *Comentários ao código de processo civil,* v. II, 2ª ed., Rio de Janeiro, 1976, p. 109, 119.

O problema teria solução relativamente fácil se existisse, *na tradição doutrinária brasileira,* uniformidade de conceitos e fórmulas em matéria de classificação de prazos. Mas não é esse o caso: a nomenclatura tem variado bastante, de autor para autor, empregando-se não raro a mesma denominação para figuras diferentes e denominações diferentes para a mesma figura[2]. Parece oportuno experimentar outro método, que comece por identificar os vários tipos de prazos processuais em função da *ratio legis* e examine a questão da alterabilidade ou inalterabilidade convencionai à luz da valoração dos interesses em jogo e de elementos hauríveis numa consideração amplamente sistemática da matéria, inclusive no plano do direito comparado.

2. São diversas as razões por que as leis processuais fixam prazos, ou autorizam alguém a fixá-los.

(a) Em primeiro lugar, pode a fixação ter em vista a prática de ato que se *deve* realizar; marca-se o prazo para precisar o espaço de tempo dentro do qual a pessoa obrigada há de cumprir a obrigação (usada esta palavra em acepção ampla). Quer-se evitar a procrastinação indefinida do cumprimento; ou talvez, nalguns casos, assegurar ao obrigado o lapso de que necessita para desincumbir-se; ou uma e outra coisa, já que impende harmonizar aí o interesse do obrigado em dispor de tempo com o interesse público (e do adversário) em que esse tempo seja limitado. Seja como for, o essencial é que o ato *tem* de praticar-se dentro do prazo. Tal aspecto integra a fisionomia do dever: este só poderá reputar cumprido, se o ato já se houver realizado ao advir o termo final Por isso mesmo, a omissão até esse momento sujeita o omisso a uma *sanção (lato sensu).* Entretanto, conforme intuitivamente se percebe, o esgotamento do prazo *in albis* em princípio não exonera o obrigado; por conseguinte, não teria sentido cogitar aqui de preclusão, quer dizer, de impedimento à prática do ato, como corolário da perda do prazo. Ao contrário, o normal é que se continue a ter o dever de praticar o ato; o ordenamento não apenas admite que ele se venha a realizar depois, mas até diríamos que *espera* que ainda se realize.

2 Bem ilustram as oscilações terminológicas frequentes no particular as referências à literatura anterior feitas por MONIZ DE ARAGÃO, ob. e v. cit., p. 104 e s., e por JÔNATAS MILHOMENS, *Dos prazos e do tempo no código de processo civil,* Rio de Janeiro, 1979, p. 121 e s.

Vejamos dois exemplos. Segundo o art. 189, o juiz deve proferir os despachos de expediente no prazo de dois dias (inciso I), e as decisões no de dez dias (inciso II); a ultrapassagem não justificada acarreta sanções disciplinares (art. 198), mas o juiz não fica automaticamente impedido de despachar após os dois dias, ou de decidir após o decêndio. Mecanismo análogo opera, quanto ao réu vencido, na ação de depósito: nos termos do art. 904 e seu parágrafo único, deve aquele entregar a coisa depositada ou o equivalente em dinheiro dentro de 24 horas da intimação do mandado; se não o fizer, o juiz decretar-lhe-á a prisão, sem que surja, é claro, obstáculo algum à entrega posterior (cf. o art. 905, 2ª parte). *Mutatis mutandis,* estão no mesmo caso: o prazo para o terceiro depositar o documento ou a coisa, se se recusou à exibição sem justo motivo (art. 362), o prazo para a ultimação do inventário e da partilha (art. 983), o prazo para a conferência de bens pelo herdeiro, uma vez declarada improcedente a sua oposição (art. 1.016, § 1º) etc.

(b) Um segundo grupo compõe-se dos prazos fixados em contemplação de ato que se *pode* realizar. Aqui não há dever de ninguém, senão *direito* ou mera *faculdade.* Como se quer que o processo marche sem delongas desnecessárias, põe-se um limite temporal ao exercício do dever ou da faculdade. O titular não está obrigado a agir; se o desejar, contudo, precisará fazê-lo antes do termo final. O advento deste, sem que se tenha praticado o ato, não sujeita o omisso a sanção propriamente dita, porque dever algum foi descumprido; apenas o priva, normalmente, da possibilidade de realizar o ato.

Pertence a este grupo a maioria dos prazos destinados às partes: assim, entre outros, o da resposta (art. 297), o prazo para manifestar-se sobre documento junto aos autos pelo adversário (art. 398), para indicar assistente técnico e formular quesitos (art. 421, § 1º), para recorrer (art. 508), para falar sobre o cálculo na liquidação da sentença (art. 605), para oferecer embargos à execução (art. 738), para executar a medida cautelar deferida (art. 808, nº II), para dizer sobre o esboço da partilha (art. 1º24) etc. Em todas essas hipóteses, o prazo *existe* em benefício do titular do direito (ou faculdade) de praticar o ato; e *é limitado* no interesse público, bem como no dos outros litigantes.

Os prazos dos grupos *(a)* e *(b)* têm uma característica em comum: visam basicamente a *estimular* a atividade processual, a prevenir o torpor que dominaria o feito se o momento da prática do ato fosse deixado ao capricho de quem o deve ou pode realizar. Mas nem sempre é esse o fim colimado quando se estabelece prazo: existem hipóteses em que, ao contrário, o que quer o ordenamento é forçar o processo a uma *pausa,* a uma *espera;* é *distanciar* o ato a ser praticado dos atos que já o foram[3]. Surge aqui nova distinção.

(c) Por vezes, tem-se em vista o interesse da própria pessoa a quem toca praticar o ato; considera-se que não seria razoável exigir-lhe presteza além de certo grau, mas, em vez de simplesmente levar em conta essa circunstância ao fixar-se o tempo de que disporá para atuar, como pode ocorrer nos casos sob *(a),* assegura-se ao interessado um *intervalo,* durante o qual lhe será lícito aguardar inerte, sem temor de qualquer consequência desfavorável. É o que se dá, por exemplo, no art. 192: "Quando a lei não marcar outro prazo, as intimações somente obrigarão a comparecimento depois de decorridas vinte e quatro (24) horas"; e no art. 241, nº III, por força do qual não começará a correr o prazo para a resposta do réu antes de vencer-se o do edital de citação (art. 232, nº IV).

(d) Noutros casos, a fixação do prazo traduz-se em proibição de praticá-lo antes de certo momento, imposta a alguém em atenção ao interesse *de outrem.* Assim, v.g., no procedimento sumaríssimo, não se pode realizar a audiência de instrução e julgamento "em prazo inferior a dez (10) dias contados da citação" (art. 278, *caput),* porque esse é o lapso mínimo, aos olhos da lei, de que necessita o réu para preparar a defesa; o auto de arrematação não há de ser lavrado senão "vinte e quatro (24) horas depois de realizada a praça ou o leilão" (art. 693), porque se precisa conceder tempo suficiente a qualquer legitimado para requerer a remição do bem (cf. art. 788, nº I).

A diferença essencial entre os grupos *(c)* e *(d)* está em que, no primeiro, se deixa em princípio à vontade do destinatário da norma abster-se ou atuar antes do momento designado: nada impede, por exemplo, que o intimado, embora não esteja obrigado a tanto, compareça e participe do ato apesar de ainda não haverem decorrido 24 boras da intimação; no segundo, ao contrário, veda-se àquele a quem incumbe realizar

---

3 Em semelhante diversidade *(rectius:* oposição) de funções baseava CARNELUTTI, *Sistema del diritto processuale civile,* Pádua, v. II, 1938, p. 442, a classificação dos prazos em *aceleratórios* e *dilatórios.* Também LIEBMAN. *Manuale di diritto processuale civile,* v. 1, 3ª ed., Milão, 1973, p. 186, adota essa nomenclatura.

o ato, ou determinar-lhe a realização, antecipá-lo a seu critério: erraria *in procedendo* o juiz que mandasse lavrar o auto de arrematação, ou o assinasse, antes das 24 horas a que alude o art. 693. Não se conclua daí que a infração do preceito, nos casos do grupo *(d),* atinja *sempre e necessariamente* a validade do ato: esse é outro problema, que teria de ser examinado à luz das regras pertinentes, e cujo exame não cabe aqui.

3. Se quiséssemos resumir as precedentes considerações, poderíamos expressar como se segue a substância dos preceitos correspondentes aos quatro grupos de casos. No grupo *(a),* ao fixar-se o prazo, diz-se ao destinatário da norma: "Você deve praticar o ato dentro do prazo; se não o fizer, nem por isso ficará desobrigado, e ainda sofrerá uma punição". No grupo *(b),* o que se lhe diz é: "Você não está obrigado a praticar o ato; mas, se quiser praticá-lo, precisará fazê-lo dentro do prazo, do contrário ficará impedido". No grupo *(c):* "Você não precisa praticar o ato senão depois do prazo, mas poderá praticá-lo antes, caso queira". Finalmente, no grupo *(d):* "Você só poderá praticar o ato depois de vencido o prazo".

Note-se que o destinatário da norma pode ser, em qualquer hipótese, a parte – uma delas ou ambas; quanto ao juiz, em regra aparecerá como destinatário de norma do grupo *(a)* ou do grupo *(d),* e só excepcionalmente dos restantes. Outras pessoas que participam da atividade processual podem também ser destinatárias de normas em que se marcam prazos; trata-se, porém, de hipóteses em geral menos importantes.

A questão da alterabilidade ou inalterabilidade mediante acordo põe-se em regra com relação aos prazos fixados para a(s) própria(s) parte(s). A esses é que vamos reservar o lugar central em nossas reflexões, sem que fique, todavia, afastada *a priori,* em termos absolutos, a possibilidade de suscitar-se a questão a respeito de prazos marcados para outras pessoas, inclusive o juiz.

4. Tomaremos aqui como ponto de partida a regra do art. 183, *caput, princípio,* consoante a qual, "decorrido o prazo, extingue-se, independentemente de declaração judicial, o direito de praticar o ato". O que acima se disse torna evidentíssimo que o texto só se refere aos prazos do grupo *(b).* Somente neles, com efeito, é que se configura um "direito de praticar o ato" ("direito" em sentido lato, a abranger as meras faculdades). Nos casos do grupo *(a),* o que existe é *dever* de praticá-lo; nos do grupo *(c), direito* ou *faculdade* de *não* praticá-lo; nos do grupo *(d), dever* de *não* praticá-lo. Com esses três grupos nada tem que ver o art. 183.

Tira-se do dispositivo que – com ressalva da hipótese de "justa causa", disciplinada nos parágrafos (e, acrescente-se, de alguma outra norma especial) – quando a prática do ato se funda em direito (ou faculdade), o escoamento *in albis* do prazo acarreta a impossibilidade de praticá-lo, ou, para empregar um termo consagrado, a *preclusão*[4]. Quais os interesses tutelados por essa via? Sem dúvida, o da outra parte, a quem aproveita a limitação assim imposta à atividade do adversário; mas, sobretudo, o interesse público em evitar o retardamento da marcha processual.

A essa espécie de prazos é que precipuamente convém a denominação de *peremptórios*. Recorde-se que o adjetivo é cognato de *perimir*, sinônimo de extinguir (do latim *perimo, emi, emptum, imere*, matar, destruir, aniquilar). No Código português, em que obviamente se inspirou o nosso legislador ao redigir o art. 183, reza o art. 145, nº 3, na redação dada pelo Decreto-Lei nº 323, de 1970: "O decurso do prazo peremptório extingue o direito de praticar o ato". O *Codice di procedura civile* italiano abstém-se de atribuir tal efeito a todos os prazos concedidos para o exercício de direito ou faculdade; dai o discrime que estabelece entre *"termini perentori"* e *"termini ordinatori"*: nos primeiros, a inobservância exclui por si só a possibilidade de vir a praticar-se o ato; nos últimos, não[5]. E peremptórios são apenas os prazos que a lei declare tais (art. 152, 2ª alínea). Apesar dessa diferença, no plano conceptual subsiste o traço comum: a peremptoriedade relaciona-se com a extinção do direito (ou faculdade), uma vez chegado *a dies ad quem*[6]. Observe-se ainda

---

4 Não se exclui, vale advertir, que tal impossibilidade resulte de *outra* causa, como a prática anterior de ato com o qual seria *incompatível* o ainda não realizado *(vide* CHIOVENDA, *Instituições de direito processual civil*, trad. de J. GUIMARÃES MENEGALE, 2ª ed., São Paulo, 1965, v. III, p. 156): é o caso da chamada *preclusão lógica*.

5 Acolhe a distinção, entre nós, HÉLIO TORNAGHI, *Comentários ao código de processo civil*, v. II, 2ª ed., São Paulo, 1978, p. 58-9; mas o texto pátrio não lhe oferece qualquer apoio.

6 Alhures se emprega noutro sentido a denominação "prazos peremptórios", para assinalar a característica de produzir-se *automaticamente* o efeito do vencimento, sem necessidade de provocação da parte nem de pronunciamento judicial: assim, v.g., PALACIO, *Derecho procesal civil*, Buenos Aires, s/d, t. IV, p. 70. Essa acepção é também conhecida do direito brasileiro: nela é que o art. 26 do Código de 1939 dizia serem *os prazos*, em geral, "contínuos e peremptórios" (cf. AMARAL SANTOS, *Primeiras linhas de direito processual civil*, São Paulo, 1962, v. I, p. 341-2). Igual

que os *"termini perentori"* não podem ser abreviados nem prorrogados, sequer por acordo das partes (art. 153): essa disposição, que aproxima do nosso o direito italiano, em parte afasta ambos do português, no qual *todos* os prazos fixados na lei são improrrogáveis, salvo quando ela própria disponha em contrário (art. 147).

Deve-se perscrutar em sua *ratio* a regra do art. 182, *caput, princípio,* do Código de 1973. A proibição de acordo para prorrogar o prazo é fácil de compreender: se a limitação temporal fosse imposta exclusivamente para atender ao interesse da parte contrária, seria concebível que dele pudesse esta abrir mão, e já nada se teria que objetar à dilatação do prazo em que acordassem ambos os litigantes; como se notou, porém, está igualmente em jogo o interesse público na rapidez do feito, e desse nenhuma das partes tem o poder de dispor. A lei decerto faz concessões, no particular, aqui e ali, admitindo, v.g., a suspensão convencional do processo (art. 265, nº II, com a restrição do § 3º) e o adiamento da audiência, mediante acordo, por uma vez (art. 453, nº I); mas entende-se que são casos excepcionais, e fora deles prevalece o princípio da indisponibilidade.

Menos facilmente explicável parece a vedação de acordo tendente à redução do prazo, que *não* contraviria ao supramencionado interesse. Não se pode supor que a lei haja, pura e simplesmente, querido subtrair *por completo* a duração dos prazos ao poder dispositivo das partes: desmente essa conjectura a regra do art. 181, *caput,* quanto aos dilatórios. Por outro lado, cumpre sublinhar que a proibição constante do art. 182 não impede que, na prática, se produza resultado equivalente ao que defluiria da redução convencional. Com efeito: se o titular do direito (ou faculdade), que teria interesse na utilização do prazo *inteiro,* se dispõe a sacrificá-lo, nada lhe incumbe fazer senão *praticar o ato antes do termo final,* sendo desnecessária qualquer manifestação formalizada de vontade. E, se disso se fizer questão, sempre se poderá *renunciar* (parcialmente) ao prazo, com base no art. 186. Supérflua será, em todo caso, a concordância dos outros litigantes, e portanto a celebração de *acordo.* É possível, destarte, que a vedação deste se explique menos em razão da *inconveniência* do que por motivo de *inutilidade.*

---

significação tem o adjetivo "peremptórios" no art. 204 do Decreto-Lei n. 7.661, de 21 de junho de 1945 (Lei de Falências). *Não,* porém, à evidência, no atual Código de Processo Civil.

5. Do que ficou dito resulta que se devem considerar peremptórios, no sistema do Código, os prazos marcados para a prática de ato correspondente a um direito ou faculdade de quem o realiza *(supra,* nº 2, letra *b).* Resta ver se *apenas* esses é que se hão de incluir na classe. É possível duvidar da propriedade da denominação quanto aos prazos fixados para cumprir *dever (supra,* nº 2, letra *a),* porque o advento do termo final, conforme se assinalou, em princípio não exonera o obrigado, e portanto não ocorre, no sentido justo, *perempção.* A rigor, ter-se-ia de arranjar outro qualificativo para designar tais prazos. Mas, como se disse de início, o Código parece considerar *exaustivas* as duas espécies (prazos peremptórios e prazos dilatórios), o que torna desaconselhável introduzir uma terceira categoria. Ademais, será inútil complicação, se para os prazos de que agora se trata houver razões que levem a subordiná-los à mesma disciplina dos destinados ao exercício de direito ou faculdade: afinal, a classificação só tem relevância prática na medida em que ministre um critério para determinar-se o regime a que devem obedecer os prazos. *Entia non sunt multiplicanda praeter necessitatem,* reza antigo e sábio aforismo.

Cumpre ver, por conseguinte, se, ao ângulo dos interesses em jogo, devem os prazos do grupo *(a)* receber tratamento igual aos do grupo *(b).* Ora, as considerações feitas no item anterior a propósito destes afiguram-se aplicáveis, em substância, àqueles.

No tocante à prorrogação, também aqui é lícito observar que, se a limitação temporal visasse a satisfazer unicamente o interesse da outra parte, não haveria como objetar à dilatação mediante acordo; existe, porém, o interesse público, que se sobrepõe aos particulares. Veja-se o caso do art. 904: quando a lei marca o prazo de 24 horas para a entrega da coisa ou do equivalente em dinheiro, não está levando em conta apenas a obrigação que tem o réu para com o autor, mas também (e, no ponto, *sobretudo)* a necessidade de prestigiar, com a pronta atuação do mecanismo coercitivo, a decisão judicial e a ordem de entrega. Por isso não se poderia admitir que a simples concordância do autor bastasse para autorizar o réu a descumprir o mandado: atente-se em que a expedição deste não se condiciona a requerimento do autor; o juiz deve determiná-la *ex officio,* desde que julgue procedente o pedido. Parece lógico, destarte, excluir-se a possibilidade de convenção para dilatar o prazo.

Quanto ao acordo tendente a reduzi-lo, vale também, *mutatis mutandis,* o que se ponderou no item nº 4: querendo o obrigado cumprir o dever em menos tempo do que se lhe concede, nada obsta a que o faça, sem necessidade de qualquer convenção. A proibição é, de certo modo, inócua, mas não traz inconveniente algum.

Conclui-se que os prazos do grupo *(a)*, em princípio - sempre com ressalva de regra especial que porventura disponha em contrário, ou da eventualidade de chegar-se a resultado diverso, em determinada hipótese, por via de interpretação sistemática - devem sujeitar-se a regime idêntico ao que observam os do grupo *(b)*. Merecem, pois, inclusão na classe dos *peremptórios*, ampliando-se este conceito para abrangê-los, não obstante a inadequação do termo, do ponto de vista etimológico.

6. Mais simples é a questão no que concerne aos prazos *dilatórios*, denominação a cujo respeito não se notam oscilações semânticas como as que marcam a de "peremptórios". Com poucas exceções, a doutrina, no Brasil e alhures[7], emprega o adjetivo "dilatório" para qualificar o prazo que há de *anteceder* a realização de um ato processual. É lícito supor que o Código haja encampado tal conceito. Aliás, demarcado *ut supra* o de prazo peremptório, e sempre a aceitar-se a premissa de que as duas espécies exaurem o gênero, já não seria possível, ao que nos parece, construir aqui de outro modo.

Conforme oportunamente se assinalou *(supra*, nº 2, letra *c)*, a fixação do prazo dilatório às vezes atende ao interesse de quem haja de praticar o ato. Nesses casos, é facílima de compreender a possibilidade da redução convencional: a parte em cujo favor se estabelece a dilação pode abrir mão do benefício; à parte contrária, o encurtamento só faz aproveitar; a abreviação harmoniza-se com o interesse público. Já a prorrogação gera um problema; não quanto às partes - pois a uma delas aproveita

---

7 Exemplificativamente: entre nós, BATISTA MARTINS, *Comentários ao código de processo civil*, 1ª ed., Rio de Janeiro, 1949, v. I, p. 90 (embora com exemplo mal escolhido, consoante registra MONIZ DE ARAGÃO, ob. e v. cit., p. 107); HÉLIO TORNAGHI, ob. e v. cit., p. 58; na Itália, CHIOVENDA, ob. e v. cit., p. 9; CARNELUTTI, ob. e lug. cit.; LIEBMAN, ob. e lug. cit.; SÉRGIO COSTA, *Manuale di diritto processuale civile*, 4ª ed., Turim, s/d, p. 225; MANDRIOLI, *Corsa di diritto processuale civile*. Turim, s/d, v. I, p. 236; em Portugal, JOSÉ ALBERTO DOS REIS, *Comentário ao código de processo civil*, Coimbra, 1945, v. 2º, p. 63-4. O estatuto processual luso, a partir da reforma de 1961, passou a conter definição de prazo dilatório, a princípio no art. 146, n. 1, depois no art. 145, n. 2, que desde 1967 tem a seguinte redação: "O prazo dilatório difere para certo momento a possibilidade de realização de um ato ou o início da contagem de um outro prazo".

dispor de mais tempo, e a outra, concordando, revelaria que não se sente prejudicada - mas à vista do interesse público em que não se retarde a marcha do processo. Provavelmente por essa razão, a lei submete a convenção ao controle do juiz, que apenas lhe reconhecerá eficácia caso se funde "em motivo legítimo" (art. 181, *caput, fine)* evitando assim protelações injustificáveis. A cautela bem se explica no tocante aos acordos tendentes a *prorrogar* prazos dilatórios, embora o legislador a tenha estendido às hipóteses de *redução.* Nestas, a rigor, ela é *aqui* praticamente inútil, visto que o interessado sempre poderá renunciar ao prazo (art. 186), ou simplesmente praticar o ato desde logo, sem aguardar o respectivo decurso.

Quando o prazo dilatório é fixado em obséquio ao interesse de *outrem (supra,* nº 2, letra *d),* se se trata de alguma das partes (ex.: art. 278, *caput),* aplicam-se as considerações feitas acima com referência aos prazos do grupo c. Em se tratando de *terceiro,* como o candidato à remição, no caso do art. 693, não parece curial que às partes seja dado, mediante acordo, modificar o prazo, quer para mais, quer para menos, pois estão em jogo interesses alheios, dos quais não podem elas dispor. Afigura-se acadêmica, aliás, a hipótese de pretenderem fazê-lo; se ocorrer, porém, o órgão judicial usará do poder, conferido pela lei, de recusar eficácia à convenção, por falta de "motivo legítimo". Nos casos de que agora se está cuidando, por conseguinte, plenamente se justifica a sujeição do acordo ao controle do juiz, *inclusive* no que tange à redução do prazo. Isso diminui o alcance da crítica que, no particular, se quisesse dirigir ao art. 181, *caput,* 2ª parte.

7. Convém enunciar em termos sintéticos as posições acima expostas. Por "prazos peremptórios", no sistema do Código, devem entender-se aqueles dentro dos quais se há de praticar ato que corresponda ao exercício de direito (ou faculdade), ou que represente o cumprimento de dever. São peremptórios, entre outros, os prazos dos arts. 37, *caput,* 3ª parte; 47, parágrafo único; 57, *caput, fine;* 146, parágrafo único; 189; 257; 265, § 2º; 267, nº III; 281; 284, *caput, fine;* 297; 308; 321, *fine;* 325; 326; 327, 1ª e 2ª partes; 362; 390; 398; 399, parágrafo único; 456, *fine; 465, caput;* 491, 1ª parte; 493, 1ª parte; 500, nº I; 508; 523, *caput; 536, caput;* 542, *caput;* 554; 571, *caput;* 616; 621; 652; 654, 1ª parte; 673, § 1º; 681; 695, *caput* e § 2º; 705, nº V e VI; 733, *caput;* 738; 755; 764; 771; 802, *caput;* 806 etc. A não ser que haja regra especial, ou que o contrário resulte do exame sistemático do texto, esses prazos são insuscetíveis de prorrogação e de redução por acordo das partes. Poderão, entretanto, ser eventualmente prorrogados (não reduzidos!) por decisão do juiz, salvo quando se refiram a dever *a ele mesmo* imposto; aí, se for o caso, incidirá o art. 187.

Poder-se-á estranhar que só tenhamos aludido a atos praticados no exercício de *direito* ou *faculdade,* ou no cumprimento de *dever,* sem nos referirmos às hipóteses de *ônus.* Na verdade, porém, essas hipóteses estão compreendidas no primeiro grupo. É que, quando se fixa prazo a alguém para exercer um direito ou uma faculdade, sob a cominação de preclusão, cria-se para o interessado o ônus de exercer o direito ou a faculdade dentro do prazo. Por exemplo: ao réu assiste, sem dúvida, o direito de oferecer contestação; se, todavia, no procedimento ordinário, não o fizer nos quinze dias que a lei lhe assina (art. 297), já não poderá fazê-lo depois. Qualquer das partes tem o direito de recorrer da sentença desfavorável; mas precisará interpor o recurso no prazo legal (art. 508), sob pena de transitar em julgado a sentença. Destarte, embora permaneçam inconfundíveis os conceitos, para os fins que se têm aqui em vista é indiferente dizer que o prazo se destina ao exercício do direito ou ao cumprimento do ônus.

Por "prazos dilatórios" entendem-se os que devem transcorrer *antes* da prática de determinado ato. Assim, v.g., os dos arts. 192; 217, nº III e IV; 232, nº IV; 265, § *5º;* 278, *caput;* 687, § *1º;* 693; 698; 701, *caput;* 715, § 1º etc. Com ressalva análoga à que se fez a respeito dos peremptórios, os prazos dilatórios, em princípio, são redutíveis ou prorrogáveis mediante convenção das partes, a qual, porém, somente será eficaz *(rectius:* válida) "se, requerida antes do vencimento do prazo, se fundar em motivo legítimo", a critério do órgão judicial. Como os peremptórios, são os prazos dilatórios suscetíveis de prorrogação (não de redução!) por ato do juiz.

O esquema sugerido não pretende conter a solução de todos os problemas suscitados pelas normas dos arts. 181 e 182. Visa unicamente a ministrar um critério básico ao aplicador da lei, permitindo-lhe verificar quais são, em princípio, os casos de alterabilidade e quais os de inalterabilidade dos prazos, mediante convenção das partes. O exame de algumas hipóteses terá provavelmente de levar em conta outros dados; mas com admitir exceções não fica o intérprete dispensado de enunciar a regra, até porque, a rigor, não se pode falar de exceção sem pressupor alguma regra existente e conhecida, com que se confronte a hipótese dita excepcional.

8. As regras que acima deixamos formuladas parecem-nos corresponder às valorações que se refletem no texto do Código. Em nossa elaboração nada mais há que uma tentativa de explicar a sistemática do ordenamento positivo brasileiro. Descaberia, na matéria, a pretensão de formular princípios de validade universal: as soluções dadas ao problema variam enormemente, de um sistema para outro, em função da maior ou menor sensibilidade do legislador a este ou aquele dentre os valores em jogo.

Assim é, por exemplo, que o Código português declara improrrogáveis, genericamente, os prazos marcados pela lei, salvo disposição em contrário (art. 147), sem distinguir, a tal respeito, entre prazos peremptórios e dilatórios. Nada diz, por outro lado, sobre a possibilidade ou impossibilidade de redução. Já o italiano proíbe a abreviação e a prorrogação, inclusive por acordo das partes, somente quanto aos prazos peremptórios (art. 153), e não considera tais senão os indicados em termos expressos no texto legal (art. 152, 2ª alínea) – o que significa que, na ausência de regra especial, os prazos são suscetíveis de abreviar-se e de prorrogar-se. Ao menos num aspecto, por conseguinte – o da prorrogabilidade – o que é regra na Itália passa a exceção em Portugal. Essa diversidade de disciplinas naturalmente espelha a adoção de diferentes escalas de valores.

É por semelhante prisma que a questão se reveste de maior interesse e pode servir de ponto de partida para especulações em nível superior ao puramente exegético. As convenções sobre duração de prazo não são frequentes na prática judiciária e mal justificariam, em si mesmas, consideração mais demorada. Na verdade, porém, trata-se apenas de um dos tópicos de extensa problemática, que encontra em disposições como as dos arts. 181 e 182, por assim dizer, «pontos de afloramento». Se o leitor quiser confrontá-las com as dos arts. 186, 265, nº II, 453, nº I, e outras que com paciência poderá descobrir, logo perceberá o problema comum subjacente, que é o da medida em que se deve reconhecer à vontade das partes o poder de influir no andamento do processo.

9. Em lei processual bem-feita, inspirada em princípios firmes, o intérprete capta com facilidade a coerência das regras entre si aparentadas. Tendo o legislador consciência clara dos valores em causa e realizando uma opção definida, naturalmente chega a soluções harmônicas na disciplina dos vários aspectos do problema. Há razões para duvidar de que seja esse, no particular, o caso do vigente Código pátrio. Não é muito fácil, por exemplo – e o ponto já foi assinalado *(supra,* nº 4) – conciliar a proibição de reduzir-se convencionalmente o prazo destinado ao exercício de direito (ou faculdade) com a possibilidade de renunciar-se a ele, sem dúvida aberta pela norma do art. 186: fará sentido (ou será, de qualquer sorte, útil) impedir que se atinja certo resultado por ato bilateral, quando o mesmo resultado pode ser atingido por ato unilateral? A convenção, segundo se acentuou, será talvez desnecessária; bastará isso para que se deva chegar ao extremo de proscrevê-la?

Pense-se, por outro lado, na possibilidade que têm as partes de, mediante convenção, suspender o processo, por tempo não superior a seis meses (art. 265, nº II e § 3º). A suspensão do processo necessariamente adia o vencimento dos prazos que, na ocasião, estejam fluindo: conquanto o art. 180, ao tratar da suspensão de prazos, pareça excluir a hipótese do art. 265, nº II, não é possível supor que nesta continue o prazo a fluir normalmente, de tal modo que dentro dele, ou logo após, venha a realizar-se o ato, apesar de ainda suspenso *o processo.* Tal suposição encontra óbice incontornável no preceito do art. 266, que proíbe de maneira categórica – com a ressalva final, aqui irrelevante – a prática de qualquer ato processual durante a suspensão[8].

Infere-se daí que fica aberta às partes, pelo expediente de suspender o processo mediante convenção, a possibilidade de dilatar prazos peremptórios em curso, afastando assim por via oblíqua a vedação do art. 182, 1ª parte? Com referência ao prazo de interposição de recurso, vem predominando a resposta negativa, inspirada na consideração de que o relevante interesse público em jogo não permite que o trânsito em julgado sofra adiamento pela simples vontade dos litigantes[9]. Segundo opinião autorizada, deve-se mesmo ir além e negar, em termos genéricos, a admissibilidade da suspensão convencional do processo enquanto

---

8 Não vem ao caso indagar se a suspensão do processo *suspende* ou *interrompe* o prazo em curso. Ao menos *três hipóteses* – as do art. 507 – são de interrupção: *vide* BARBOSA MOREIRA, *Comentários ao código de processo civil,* v. V, 3ª ed., Rio de Janeiro, 1978, p. 416.

9 BARBOSA MOREIRA, ob. e v. cit., p. 413, com outras indicações bibliográficas na nota 502.

estiver em curso *qualquer* prazo peremptório[10]. É um modo de pensar que tem sua lógica, não há dúvida, mas que na prática amesquinha notavelmente a franquia do art. 265, nº II. O *iter* processual compõe-se, todo ele, de uma sucessão de prazos, em máxima parte peremptórios; o normal é que, a cada momento, esteja por praticar-se algum ato, no exercício de direito (ou faculdade) ou no cumprimento de dever. Aceita a restrição; ver-se-ia retirar a lei com a mão esquerda quase tudo que dera com a direita. Sobem de ponto, por conseguinte, as perplexidades do intérprete quanto aos critérios valorativos do legislador na matéria.

Essas e outras questões merecem a atenção da doutrina, primeiramente *de lege lata,* pela necessidade, que se faz sentir, de conjugar as várias disposições relacionadas com a influência da vontade dos litigantes sobre a marcha do feito, a fim de ver com clareza como se articulam umas com as outras; em seguida, *de lege ferenda,* no sentido de sugerir, se for o caso, os reajustes que se impuserem para tornar mais coerente, em eventual reforma, a sistemática do Código.

Agosto de 1979.

COMENTÁRIOS DOS ATUALIZADORES

5. SOBRE PRAZOS PEREMPTÓRIOS E DILATÓRIOS

Luiz Fux / Rodrigo Fux

O Código de Processo Civil de 2015, buscou, de um lado, privilegiar a liberdade das partes, veiculando dispositivos que conduzem à conclusão de que é possível a redução de prazos peremptórios, desde que haja convenção das partes (artigos 190 e seguintes do CPC/15). Nesse contexto, o artigo 222, § 1º apenas estabelece que "ao juiz é vedado reduzir prazos peremptórios sem anuência das partes".

Interpretação *a contrario sensu*, conjugada com a disposição do artigo 190 do CPC/2015, permite concluir que as partes podem dispor

10 MONIZ DE ARAGÃO, ob. e v. cit., p. 457.

sobre os prazos peremptórios, reduzindo-os ou dilatando-os, até mesmo porque poderiam renunciar aos prazos que lhes beneficiem.

De outro lado, o CPC/2015 também contribuiu para o esclarecimento dos poderes do magistrado na condução do processo, estabelecendo, no artigo 139, inciso VI, que lhe cabe "*dilatar os prazos processuais e alterar a ordem de produção dos meios de prova, adequando-os às necessidades do conflito de modo a conferir maior efetividade à tutela do direito*". Tal prerrogativa independe da concordância das partes.

Além disso, com vistas a salvaguardar a valiosa preocupação sinalizada pelo Professo José Carlos Barbosa Moreira, o artigo 221 do CPC/2015 dispõe que "[se suspende] *o curso do prazo por obstáculo criado em detrimento da parte ou ocorrendo qualquer das hipóteses do art. 313, devendo o prazo ser restituído por tempo igual ao que faltava para sua complementação*" – o que também abrange as hipóteses de suspensão convencional do processo.

Importante novidade insculpida no diploma de 2015 concerne a calendarização processual, espécie de negócio jurídico processual plurilateral insculpido no art. 191. Com efeito, permite-se que, de comum acordo, o juiz e as partes possam fixar calendário vinculante, inclusive se dispensando a intimação das partes para a prática de ato processual ou a realização de audiência cujas datas tiverem sido previstas.

Trata-se de instrumento que visa a potencializar o princípio da duração razoável do processo, em consonância com o princípio da cooperação e o conceito de economia processual, afigurando-se como ferramenta útil para processos que demandam perícias complexas, eventualmente em outras comarcas, e que garante um mínimo de garantia de eficiência – e, por conseguinte, maior grau de segurança jurídica – às partes[11].

Por fim, anote-se que o artigo 218, § 4º, do CPC/2015, reconhece a tempestividade dos atos praticados antes da deflagração dos prazos processuais que lhes são correspondentes.

11 FUX, Luiz. **Curso de direito processual civil**. 5. ed. Rio de Janeiro: Forense, 2022.

6. REGRAS DE EXPERIÊNCIA E CONCEITOS JURIDICAMENTE INDETERMINADOS[1]

1. Ao redigir o art. 335 do vigente Código de Processo Civil ("Em falta de normas jurídicas particulares, o juiz aplicará as regras de experiência comum subministradas pela observação do que ordinariamente acontece e ainda as regras de experiência técnica, ressalvado, quanto a estas, o exame pericial"), o legislador brasileiro de 1973 incorporou à terminologia legal uma expressão que até aí pertencia exclusivamente à linguagem doutrinária. O Código italiano de 1940 já concedera ao juiz autorização expressa para, *"senza bisogno di prova, porre a fondamento della decisione le nozioni di fatto che rientrano nella comune esperienza";* mas abstivera-se de empregar a locução precisa. De "regras de experiência", ao que nos consta, não fala qualquer outra lei processual.

O tema e o próprio nome, ao menos em sua versão alemã *(Erfahrungssätze),* estão longe de ser novos: faz quase um século que se começou a tratar o primeiro de modo sistemático e, ao propósito, se adotou o segundo[2]. Conforme se sabe, o problema que andava a ser estudado era o da proibição, imposta ao órgão judicial, de invocar, como razões de decidir, conhecimentos adquiridos fora do processo, por outra via que não a colheita de provas no curso da regular atividade instrutória. Semelhante proibição tem fundamento muito razoável, na medida em que incide sobre matéria especificamente relacionada com o litígio, da qual o juiz haja tido ciência em função de circunstâncias personalíssimas, como se lhe acontecesse ter assistido, da janela de sua residência, ao acidente de trânsito, origem da ação de ressarcimento de dano perante ele proposta. Bem se entendem as razões por que se afigura desaconselhável permitir a esse magistrado que, ao julgar a causa, se baseie nas impressões diretamente colhidas pelos seus sentidos: ele seria, por assim dizer, testemunha e juiz ao mesmo tempo, cabendo-lhe valorar o seu

---

1 Trabalho publicado no volume de Estudos jurídicos em homenagem ao Professor Orlando Gomes, e também na *Rev. For.*, v. 261, e na *Rev. Uruguaya de Derecho Procesal*, v. 1/77.

2 Data de 1893 a obra de STEIN, *Das private Wissen des Richters*, onde a matéria foi, pela primeira vez, sistematicamente versada (§§ 2º e 7º; p. 23 e s. da tradução espanhola de Andrés de La Oliva Santos, Pamplona, 1973). O termo, contudo, é mais antigo, segundo informava o próprio autor (nota 51 ao § 1º).

próprio "depoimento" – situação nada tranquilizadora para os litigantes, na perspectiva de uma das mais elementares garantias que necessariamente se lhes reconhecem: a segurança de um julgamento imparcial e objetivo[3]. Mas é evidente, por outro lado, que semelhantes razões não prevalecem quando se trata de conhecimentos de ordem diversa, sem relação particular com os acontecimentos que determinaram a instauração do processo, e cuja aquisição se possa ter dado por via inteiramente autônoma. Constituiria, aliás, absurdo patente exigir do juiz que, ao exercer suas funções judicantes, se despojasse de todas as noções por ele apreendidas como homem, ao longo da vida, sob condições análogas às dos restantes membros da comunidade.

Assumem aqui relevo duas espécies de conhecimentos. A primeira é a dos fatos a cuja ciência têm acesso, de maneira geral, as pessoas que vivem no ambiente sociocultural em que se acha inserido o juiz (fatos *notórios):* assim, v.g., o de que em certa data se comemora a independência do país, o de que determinada cidade é a sede do governo, o de que em tal ocasião a estrutura política nacional foi modificada por força de um movimento revolucionário. Ao lado desses fatos alinham-se precisamente as chamadas "regras de experiência", que deles se distinguem por seu caráter de *generalidade e abstração:* não se trata agora de acontecimentos singulares, mas de noções que refletem o reiterado perpassar de uma série de acontecimentos semelhantes, autorizando, mediante raciocínio indutivo, a convicção de que, se assim costumam apresentar-se as coisas, também assim devem elas, em igualdade de circunstâncias, apresentar-se no futuro. São variadíssimas as fontes das regras de experiência: algumas têm base científica, embora já vulgarizadas e incorporadas à "sabedoria popular", como a de que onde existem águas estagnadas proliferam mosquitos, ou a de que é de nove meses o período de gestação do ser humano, ou a de que as águas correm do nível mais alto para o mais baixo; outras relacionam-se com as artes (a abóbada com ogivas cruzadas é característica da arquitetura gótica), com a técnica (as máquinas de escrever elétricas reclamam do datilógrafo menor esforço), com o exercício de profissões (os farmacêuticos lidam com substâncias venenosas), com as atividades comerciais e econômicas (a escassez de um produto no mercado acarreta a elevação do seu preço; a implanta-

3 Para uma exposição clássica do problema, *vide* CALAMANDREI, Per la definizione del fatto notorio, *in Riv. di dir. proc. civ.*, v. II, 1925, parte I, p. 282 e s., e agora *in Opere giuridiche*, v. V, Nápoles, 1972, p. 434 e s.

ção de uma indústria aumenta a oferta de empregos na região), com as religiões (os muçulmanos e os israelitas não comem carne de suíno), com os usos correntes em comunidades mais ou menos amplas (os festejos carnavalescos são particularmente animados no Rio de Janeiro; os indígenas utilizam o arco e a flecha como armas de caça; alguns povos costumam fazer a "sesta" após o almoço); outras ainda repousam pura e simplesmente na observação do que se passa em torno de nós, na vida quotidiana: quem ignora que o estrangeiro recém-chegado terá maior dificuldade em compreender o sentido de aviso em língua nacional, ou que a irritação leva a pessoa a alterar a voz, ou que o trânsito nas grandes cidades se torna mais lento em certas horas, ou que a frequência às praias aumenta nos fins de semana? Eis aí uns poucos exemplos de "regras de experiência", a que o juiz, não raro, tem necessidade de recorrer para formar sua convicção acerca da lide, e às quais, uma que outra vez, recorrerá como sem dar por isso: são instrumentos corriqueiros de sua comum atividade intelectual, tão habituais que o respectivo emprego já se tomou automático, e nem chega a merecer atenção capaz de recortá-los com nitidez na zona clara da consciência.

Todos esses conhecimentos, que integram o patrimônio cultural comum da sociedade, atuam no processo na medida em que atuam na mente do juiz, ou porque já lá se achassem presentes, ou porque, no caso contrário, ele os adquira mediante consulta às fontes adequadas, sem necessidade, em qualquer hipótese, de provocação das partes. Ressalve-se que as regras de experiência podem às vezes constituir objeto de prova: é perfeitamente concebível que o juiz desconheça algum uso peculiar a determinada categoria profissional, por exemplo, e seja preciso estabelecer a certeza ao propósito, através do depoimento de uma testemunha. No presente contexto, porém, não é tal eventualidade que nos interessa, senão o papel que essas regras – uma vez conhecidas, antes do processo ou no curso dele – são chamadas a desempenhar no trabalho cognitivo do órgão judicial.

2. A inserção do art. 335 no capítulo do Código referente às provas autoriza talvez a suposição de que o legislador, ao redigi-lo, se deteve num aspecto do problema. Pela colocação do dispositivo, a impressão imediata é a de que só se pensou na utilidade das regras de experiência enquanto instrumentos da *apuração de fatos.* Não há negar a relevância das funções que elas podem desempenhar como tais. De um lado, é com base em semelhantes regras que, a partir dos indícios, se formam as chamadas presunções judiciais *(praesumptiones hominis)*[4]: se ficou provado, v.g., que nove meses antes do parto a mãe havia tido relações sexuais com Tício, o juiz utilizará o seu conhecimento de que a gestação dura nove meses para inferir que Tício deve ser o pai da criança. De outro lado, elas ministram ao órgão judicial critérios de valoração da prova: supondo-se que duas testemunhas, uma das quais daltônica, prestem depoimentos contraditórios sobre a cor do veículo que causou o acidente, o juiz naturalmente preferirá o depoimento da testemunha de visão normal, com apoio em corriqueira regra de experiência.

Não se esgota nisso, entretanto, o papel das aludidas regras. Sem pretendermos inventariar aqui as oportunidades de sua aplicação[5] gostaríamos de solicitar a atenção do leitor para uma possibilidade de grande interesse teórico e prático. Ela se relaciona com a linguagem dos textos legais. É óbvio que o legislador, ao redigir normas, não emprega unicamente palavras e expressões de cunho técnico-jurídico, nem se preocupa em definir todas as noções de que se serve. Ele espera ser entendido na medida em que confia na existência de um acervo de conhecimentos comum à generalidade das pessoas que terão de lidar com as normas: ao falar, por exemplo, em "preço", em "consentimento", em "animal", em "edifício", parte do pressuposto de que são geralmente conhecidos, e por isso dispensam explicação, os conceitos expressos em tais vocábulos; apenas quando pretende atribuir-lhes, para fins específicos, significação mais ampla ou mais restrita do que a vulgar, é que cuida de lançar definições.

A questão assumirá importância particular caso se trate de palavras ou expressões de sentido impreciso. Nem sempre convém, e às vezes é impossível, que a lei delimite com traço de absoluta nitidez o campo de incidência de uma regra jurídica, isto é, que descreva em termos por-

---

4 *Vide* nosso estudo sobre "As presunções e a prova", destinado ao volume da Facultad de Derecho y Ciencias Sociales de Montevidéu, em memória de EDUARDO COUTURE, e publicado na coletânea *Temas de direito processual*, São Paulo, 1977, p. 68. Hoje, vale ressalvar, não repetiríamos com a mesma tranquilidade a afirmação, lançada na nota 4 à p. 58, de que "o mecanismo cognitivo baseado no indício se encaixa com justeza no esquema da *dedução*" (grifado no original).

5 Ao assunto dedicou STEIN todo o extenso § 3º de sua fundamental monografia (*vide* p. 44 e s. da trad. espanhola). Na doutrina moderna, para nos limitarmos a uma indicação, *vide* TARUFFO, *La motivazione della sentenza civile*, Pádua, 1975, p. 519 e s.

menorizados e exaustivos todas as situações fáticas a que há de ligar-se este ou aquele efeito no mundo jurídico. Recorre então o legislador ao expediente de fornecer simples indicações de ordem genérica, dizendo o bastante para tornar claro o que lhe parece essencial, e deixando ao aplicador da norma, no momento da *subsunção* – quer dizer, quando lhe caiba determinar se o fato singular e concreto com que se defronta corresponde ou não ao modelo abstrato –, o cuidado de "preencher os claros", de cobrir os "espaços em branco". A doutrina costuma falar, ao propósito, em "conceitos juridicamente indeterminados" *(unbestimmte Rechtsbegriffe)*[6].

Basta abrir ao acaso qualquer volume de textos legais para esbarrar em copiosos exemplos. Uma rápida olhada ao Código Civil, v.g., descobre sem dificuldade longa série deles. Em que consiste o "perigo iminente" que torna lícita a deterioração ou destruição da coisa alheia, segundo o art. 160, nº II? Que se entende por "boa-fé" no art. 221, no art. 622, *caput,* no art. 968 e em tantos outros? Quais são as "coisas necessárias à economia doméstica", que a mulher se presume autorizada pelo marido a comprar, nos termos do art. 247, nº I? Quais os "serviços próprios de sua idade e condição", que compete ao pai, *ex vi* do art. 384, nº VII, exigir dos filhos menores? E os "atos de mera permissão ou tolerância", que, de acordo com o art. 497, "não induzem posse"? Em que ponto estarão "satisfeitas as necessidades de seu consumo", para que o proprietário de fonte não captada se deva abster, a partir daí, de impedir o curso natural das águas pelos prédios inferiores (art. 565)? Qual o "tempo suficiente" para a chegada da resposta ao conhecimento do proponente, e portanto para desobrigá-lo da proposta de contrato feita sem prazo a pessoa ausente (art. 1.081, nº II)? Que reparações merecem ser tidas como "urgentes", para obrigar o locatário do prédio a consentir na respectiva rea-

---

6 A expressão parece ter surgido na literatura do Direito Administrativo: *vide* SCHWINGE, *Grundlagen des Revisionsrechts*, 2ª ed., Bonn. 1960, p. 118; mas o seu emprego vem-se generalizando entre civilistas (v.g., LARENZ, *Allgemeiner Teil des deutschen Bürgerlichen Rechts*, Munique, 1967, p. 21, 358) e processualistas (v.g., FASCHING, *Kommentar zu den Zivilprozessgesetzen*, v. IV, Viena, 1971, p. 249, 332). Os penalistas preferem falar de "elementos normativos do tipo" (*normative Tatbestandselemente*): *vide* ao propósito, em nossa doutrina, a longa e erudita exposição de HELENO CLÁUDIO FRAGOSO, Conduta punível, São Paulo, 1961, p. 138 e s., com abundantes referências bibliográficas. Trata-se, na verdade, de conceito que, longe de ser peculiar a este ou àquele ramo da ciência jurídica, pertence à teoria geral do direito; e seria desejável que se uniformizasse a terminologia, como reflexo da substancial invariabilidade do fenômeno.

lização (art. 1.205, *caput)?* Que são "operações arriscadas", suscetíveis de acarretar a responsabilidade do gestor de negócios pelo caso fortuito (art. 1.338, *caput)?* Quando se deve entender que o imóvel herdado não admite "divisão cômoda", e por isso há de ser vendido em hasta pública, com partilha do preço entre os herdeiros (art. 1.777)?

Essas e muitas outras indagações análogas desafiarão a argúcia do juiz quando tiver de aplicar as normas do Código Civil a casos concretos, submetidos à sua cognição. Para decidir se se produziu ou não, na hipótese, o efeito jurídico previsto na lei, ele tem de assentar, primeiro, se ocorreu ou não o fato típico. Ora, uma vez apurado, por exemplo, que a proposta de contrato fora feita havia uma semana, é preciso determinar se tal lapso de tempo bastava ou não para que a resposta chegasse ao conhecimento do proponente; só assim poderá o órgão judicial concluir que este já se achava, ou ainda não, desobrigado da proposta. E, para proceder a semelhante determinação, o juiz vai naturalmente recorrer, antes de mais nada, ao que se sabe, de modo geral, sobre a maior ou menor facilidade e rapidez das comunicações, tendo em vista a distância entre os lugares onde se encontravam as partes, e outras circunstâncias análogas. De São Paulo ao Rio de Janeiro, v.g., em condições normais, uma ligação telefônica pode ser feita em poucos minutos, e uma carta não levará mais que um ou dois dias: eis aí uma "regra de experiência" capaz de auxiliar o julgador na solução de litígio sobre a matéria figurada.

3. Na fixação dos conceitos juridicamente indeterminados, abre-se ao aplicador da norma, como é intuitivo, certa margem de liberdade. Algo de subjetivo quase sempre haverá nessa operação concretizadora, sobretudo quando ela envolva, conforme ocorre com frequência, a formulação de juízos de valor. Exemplo frisante é o dos "atos contrários à moral e aos bons costumes", cuja prática, na dicção do art. 395, nº III, do Código Civil, acarreta a perda do pátrio poder.

Não se deve, todavia, confundir esse fenômeno com o da *discricionariedade.* Às vezes a lei atribui a quem tenha de aplicá-la o poder de, em face de determinada situação, atuar ou abster-se, ou ainda, no primeiro caso, o poder de escolher, dentro de certos limites, a providência que adotará, tudo mediante a consideração da oportunidade e da conveniência. É o que se denomina *poder discricionário.* Costuma-se apontar a atividade administrativa como o campo de eleição de tal poder; mas a verdade é que também o juiz não raro se vê autorizado pelo ordenamento a opções discricionárias. Incluem-se nesse âmbito, v.g., no terreno penal, a possibilidade do perdão judicial (ex.: receptação culposa, se o agente é primário – Código Penal, art. 180, § 3º), bem como a de escolher a pena entre duas ou mais alternativamente cominadas (ex.: violação de domicilio, punível com detenção, de um a três meses, *ou* multa, de trezentos a dois mil cruzeiros – Código Penal, art. 150, *caput);* no terreno civil, a adoção, pelo órgão judicial, da "medida que lhe pareça reclamada pela segurança do menor e seus haveres", na hipótese de abuso do pátrio poder (Código Civil, art. 394), a determinação da maneira pela qual se cumprirá a obrigação de prestar alimentos (Código Civil, art. 403, parágrafo único), a fixação do rumo da passagem forçada em benefício do prédio encravado (Código Civil, art. 559, *fine)* etc.

O que um e outro fenômeno têm em comum é o fato de que, em ambos, é particularmente importante o papel confiado à prudência do aplicador da norma, a quem não se impõem padrões rígidos de atuação. Há, no entanto, uma diferença fundamental, bastante fácil de perceber se se tiver presente a distinção entre os dois elementos essenciais da estrutura da norma, a saber, o "fato" *(Tatbestand, fattispecie)* e o efeito jurídico atribuído à sua concreta ocorrência. Os conceitos indeterminados integram a descrição do "fato", ao passo que a discricionariedade se situa toda no campo dos efeitos[7]. Daí resulta que, no tratamento daqueles, a liberdade do aplicador se exaure na fixação da premissa: uma vez estabelecida, *in concreto,* a coincidência ou a não coincidência entre o acontecimento real e o modelo normativo, a solução estará, por assim dizer, predeterminada. Sucede o inverso, bem se compreende, quando a própria escolha da consequência é que fica entregue à decisão do aplicador.

Resta, como é natural, a possibilidade de usar o legislador, simultaneamente, *ambas* as técnicas, editando norma que se valha de conceito indeterminado *e* deixando ao aplicador a opção entre atitudes diversas. Assim se dá, por exemplo, no já citado art. 394 do Código Civil, onde a descrição do "fato" emprega a técnica da indeterminação ("Se o pai ou a mãe *abusar do seu poder, faltando aos deveres paternos,* ou *arruinando*

---

7 Sobre a matéria, *vide* RASELLI, *Il potere discrezionale del giudice civile.* Pádua, 1927, v. I, p. 19-20, 181 e s.; MARTY, *La distinction du fait et du droit,* Paris, 1929, p. 266 e s., espec. 269-71; DESCHENAUX, *La distinction du fait et du droit dans les procédures de recours au Tribunal Fédéral,* Friburgo, 1948, p. 11, 49; em termos sintéticos, mas precisos, CALAMANDREI, La genesi logica della sentenza civile, *in Opere giuridiche,* v. I, Nápoles, 1965, p. 40.

os bens do filho,...") e a escolha da providência cabível fica à discrição do órgão judicial ("... a medida *que lhe pareça* reclamada pela segurança do menor e seus haveres,...").

4. Não há mister de insistir em que a função exercida pelas regras de experiência, quando se trata de conceitos juridicamente indeterminados, é inconfundível com a função (ou antes, com qualquer das funções) que elas desempenham em matéria probatória, seja na formação das presunções judiciais, seja na valoração das provas produzidas. Aqui, são elas instrumentos da *apuração dos fatos;* ali, são instrumentos da *subsunção,* isto é, da operação pela qual os falos apurados recebem, mediante o confronto com o modelo legal, a devida qualificação jurídica. Uma e outra constituem etapas necessárias e complementares, mas distintas, da motivação do *decisum*[8].

Em perspectiva lógico-formal, se nos ativermos aos esquemas tradicionais, que procuram descrever silogisticamente a estrutura do julgamento[9], poderemos em todo caso reconhecer uma analogia entre o modo por que as regras de experiência atuam no campo da prova e o modo por que atuam no momento da subsunção. Imaginemos um exemplo. Consoante o art. 1.527, nº I, do Código Civil, o dono do animal responde pelo dano que este cause, salvo se provar que o guardava e vigiava "com cuidado preciso". Pois bem: Caio propõe ação contra Tício, para exigir ressarcimento de dano causado pelo cão pertencente ao réu. Das duas testemunhas ouvidas, uma declara que Tício mantinha o cão preso por forte corrente, jamais rompida; outra diz que, em ocasião anterior, vira romper-se a corrente a um puxão mais violento do animal. A primeira testemunha é empregado de Tício, que receia ser despedido; a segunda é um vizinho que nada teme. Assim se poderiam registrar, em clave dedutivística, três raciocínios feitos pelo juiz:

---

8 Não necessariamente do itinerário mental percorrido de fato pelo juiz para chegar à sua conclusão: que a fundamentação da sentença não constitui mera e fiel recapitulação desse itinerário é verdade posta em relevo, na mais recente literatura, por TARUFFO, ob. cit., p. 95-6, 107 e s., espec. 121-3.

9 Não caberia aqui sequer a exposição, mesmo resumida, dos argumentos que modernamente se têm suscitado contra a teoria do «silogismo judicial»: para uma crítica muito interessante por mais de um aspecto, *vide* ainda TARUFFO, ob. cit., p. 149 e s.

a) a testemunha independente é mais veraz; ora, a testemunha independente afirmou que a corrente, certa vez, se rompera; logo, o rompimento deve ser admitido como verdadeiro;

b) o que uma vez acontece, em igualdade de circunstâncias, pode acontecer de novo; ora, a corrente já se rompera; logo, era suscetível de romper-se novamente;

c) manter um cão preso por meio de corrente suscetível de romper-se não é guardá-lo e vigiá-lo "com cuidado preciso"; ora, Tício mantinha o cão preso por meio de corrente suscetível de romper-se; logo, não o guardava e vigiava "com cuidado preciso".

Nos três silogismos aparecem regras de experiência. Com base na primeira *("A* testemunha independente é mais veraz"), o juiz valora a prova e considera verdadeiro o fato do anterior rompimento (indício); com apoio na segunda ("O que uma vez acontece, em igualdade de circunstâncias, pode acontecer de novo"), passa do indício à presunção da possibilidade de novo rompimento; com arrimo na terceira ("Manter um cão preso por meio de corrente suscetível de romper-se não é guardá-lo e vigiá-lo com cuidado preciso"), nega o enquadramento do fato na hipótese legal de exclusão da responsabilidade do dono. Em *a* e *b,* têm-se exemplos da atuação de regras de experiência no terreno probatório, ajudando o juiz a estabelecer os fatos relevantes para a solução do litígio; em c, a regra de experiência serve para delimitar (na hipótese, *por exclusão)* o conceito juridicamente indeterminado de "cuidado preciso". Mas, tanto em *a* e em *b* quanto em c, a regra de experiência *constitui a premissa maior* do silogismo: eis aí o denominador comum dos três casos[10].

5. Queira o leitor, agora, ampliar o confronto a outro raciocínio do órgão judicial, o último que ele terá de fazer, na espécie figurada, para armar a conclusão da sentença. Posto sempre em termos silogísticos, assim poderíamos traduzi-lo: "O dono que não prova guardar e vigiar o animal com cuidado preciso deve ressarcir o dano que ele cause; ora, Tício não provou guardar e vigiar o cão com cuidado preciso; logo, Tício deve ressarcir o dano causado pelo cão". Quem atente na estrutura de tal silogismo notará que o lugar correspondente ao das regras de experiência, nos

10 Frisava-o STEIN, ob. cit., p. 20-1, 64 e passim, com estrita fidelidade – compreensível em seu tempo – à concepção rigorosamente silogística do julgamento.

anteriores, passou aqui a ser ocupado *pela norma legal*. À semelhança daquelas, funciona esta *como premissa maior*.

Tal analogia tem sido objeto de consideração por parte da doutrina. O problema que se põe é o de saber se, por exercerem função *logicamente* equiparável à das normas jurídicas, devem as regras de experiência ser assimiladas a essas normas, ou melhor, tratadas como pertencentes à mesma categoria. Da resposta que se dê a semelhante indagação, no entendimento de muitos, dependerá a solução de importantíssimas questões práticas, notadamente a relativa à possibilidade ou à impossibilidade de controlar-se a aplicação das regras de experiência pelo juiz, do mesmo modo por que se controla a aplicação da lei, mediante recursos de âmbito limitado às questões *de direito*, como são, por exemplo, o *pourvoi en cassation* francês e seus inúmeros avatares europeus e latino-americanos, a *Revision* alemã e o nosso recurso extraordinário.

Na sua dimensão global, o problema ultrapassa evidentemente os limites próprios deste trabalho. É vasta, ao propósito, a literatura estrangeira; todavia, muito do que nela se encontra é de difícil aproveitamento para o direito pátrio, porque fruto de elaboração levada a cabo sobre diferentes dados normativos: assim, v.g., parece inútil importar as discussões travadas na Itália à vista do art. 360, 5ª alínea, do *Codice di procedura civile* – que admite o *ricorso per cassazione* com base na *"omessa, insufficiente o contradittoria motivazione circa un punto decisivo della controversia"* –, pois o ordenamento brasileiro não tem regra correspondente. De outro lado, estão longe de afigurar-se tranquilos e satisfatórios os resultados até agora conseguidos. Bem ao contrário, o tema é daqueles cujo estudo se assinala por intensa fermentação, que investe até, ou talvez principalmente, as premissas metodológicas do tratamento, tomando improvável, a curto prazo, a chegada a um "ponto de repouso". É o que está acontecendo, aliás, com toda a problemática diretamente relacionada com a *lógica* do julgamento, sob o impacto das modernas (e em certos casos revolucionárias) investigações no âmbito dessa ciência. Ele responde, em boa parte, pelas perplexidades que assaltam a doutrina contemporânea em matéria de distinção entre *questão de fato* e *questão de direito*[11] – capítulo no qual, a bem dizer, se

11 O tema foi amplamente discutido no Congresso Internacional de Direito Processual Civil de Atenas, de 1967: *vide* o relatório geral de MITSOPOULUS e os relatórios nacionais de FAIRÉN GUILLÉN, HENKE, LORETO e SCHIMA no v. *Rapports et procès verbaux du IV Congres International d'Athènes pour la procédure civile*,

insere como simples tópico particularizado o da "natureza" das regras de experiência.

Autores há que, para contornar essas dificuldades e incertezas, procuram em critério não "conceptual" o fio de Ariadne capaz de conduzir à suspirada meta. Propõe-se uma mudança de enfoque: para estabelecer se é controlável pelo Tribunal Superior a aplicação de uma regra de experiência, não se deve pôr como premissa a afirmação ou a negação do caráter *jurídico* de tal regra –, e, portanto, a identificação do problema como "questão de direito" ou como "questão de fato" –, mas averiguar, antes de tudo, o *fim* a que se ordena o instrumento de controle (recurso, as mais das vezes), e assentar se a extensão da controlabilidade à aplicação da regra de experiência *se harmoniza ou não* com semelhante fim. Em resumo, a chave do enigma seria a interpretação *teleológica*[12].

6. Impossível, repita-se, versar aqui *ex professo*, com a seriedade que ela reclama, tão delicada matéria – entre outras e muitas razões, porque o presente estudo não pretende sequer esboçar, ainda que em traços ligeiros, o panorama completo da problemática atinente às regras de experiência. Nosso propósito é bem mais modesto: convocar a atenção do leitor para *um aspecto* do tema, a saber, o papel que essas regras desempenham com relação aos conceitos juridicamente indeterminados. Tal propósito afigura-se justificado pela consideração de que o Código de Processo Civil, colocando onde colocou o único dispositivo que a elas alude, dá a impressão de recusar-lhes qualquer possibilidade de emprego alheio à atividade probatória, enquanto os comentadores do art. 335, por sua vez, se têm quase sempre abstido de lançar os olhos a mais amplo horizonte[13].

Atenas, 1972, p. 39 e s., bem como a transcrição dos debates, *ibid.*, p. 503 e s. O relatório de HENKE, sob o título "*Rechtsfrage oder Tatfrage – eine Frage ohne Antwort?*" está publicado também na *Zeitschrit für Zivilprozess*, v. 81, 1968, p. 321 e s.

12 Para uma exposição do *status quaestionis* na doutrina alemã, *vide* o supracitado trabalho de HENKE, onde se descreve com linhas nítidas a contraposição entre o "método teleológico" e o "método conceptual". Indicações sobre a bibliografia posterior em ROSENBERG-SCHWAB, *Zivilprozessrecht*, 12ª ed., Munique, 1977, p. 808.

13 Abra-se exceção para PESTANA DE AGUIAR, *Comentários ao código de processo civil*, v. IV, 2ª ed., São Paulo, 1977, p. 104, que alude, sucintamente embora, à distinção entre os modos de emprego das regras ("máximas") de experiência "segundo se refiram à interpretação da lei ou à valorização da prova".

Vamos cingir-nos, pois, a algumas considerações finais, que não aspiram a expressar propriamente *conclusões,* no sentido forte - ou, se se preferir, "dogmático" - do termo, senão a veicular meras *sugestões* ao leitor que se disponha a refletir mais longamente sobre o assunto. Já noutro escrito[14] assinalamos a existência, no Código, do que parece uma dissonância entre a ideia subjacente à colocação do art. 335 e o teor da sua parte inicial. Aquela insinua uma limitação da relevância das regras de experiência ao terreno da prova, ao passo que esta pode talvez deixar entrever um pendor, consciente ou não, para a tese da *juridicidade* de tais regras: se elas são aplicáveis "em falta de normas jurídicas particulares", isto é, se lhes fazem as vezes, se lhes suprem a ausência, devem ter igual natureza, devem ser essencialmente homogêneas. Ora, abstraindo-se da questão relativa à exatidão (para nós duvidosa) do enunciado, o certo é que, segundo entendimento muito autorizado, se nalgum contexto se legitima a aproximação, será menos no probatório do que no do trabalho mental realizado pelo juiz, diante de conceitos juridicamente indeterminados, para concretizar a norma legal e proceder à subsunção. Com efeito, sempre que o órgão judicial, invocando regra de experiência, afirma ou nega a possibilidade de enquadrar na moldura abstrata a situação concreta que se lhe depara, está *interpretando* a norma, na medida em que lhe precisa o sentido. Aí é que, em perspectiva tradicional, se tomaria menos difícil sustentar a afinidade, senão a equiparação, entre o emprego da regra de experiência e a aplicação da própria norma legal: incorreto que fosse o primeiro, *falsa* seria a interpretação adotada para a segunda[15]. Mas essa função das regras de experiência nada tem que ver com a apuração dos fatos - nem, por conseguinte, com a prova!

Dir-se-á que também na atividade probatória as regras de experiência se veem usadas como "premissas maiores", quer nos raciocínios atinentes à valoração da prova, quer nos tendentes ao estabelecimento de *praesumptiones hominis* (cf. *supra,* item 4). A esse ângulo, inexistiria diferença entre o papel desempenhado pelas regras de experiência na fixação de conceitos indeterminados e o papel por elas exercido em matéria de prova. Em primeiro lugar, porém, a assemelhação se inscreveria

---

14 As presunções e a prova, *in Temas,* cit., p. 70-1.

15 CALAMANDREI, La Cassazione Civile, *in Opere giuridiche,* v. VII, Nápoles, 1976, p. 87-8; Massime di esperienza in cassazione, *in Riv. di dir. proc. civ.*, v. IV, 1927, parte II, p. 126 e s., espec. 129-30. MARTY, ob. cit., p. 192 e s., espec. 204-7; DESCHENAUX, ob. cit., p. 35 e s.

em plano puramente *formal*, ademais, ela reflete, como já se acentuou, concepção afinada pelo diapasão de um "dedutivismo" hoje em crise. No estádio atual da elaboração científica, não se afigura prudente reconhecer peso decisivo a argumento de valor condicionado à sobrevivência da teoria "silogística" do julgamento. E mais: se existe ponto em que o esquema dedutivo tem melhor probabilidade de resistir às investidas críticas e de conservar prestígio como tradução idônea do processo judicante, é exatamente a subsunção[16]. Quando a sentença de desquite se funda na consideração de que a ofensa dirigida por um cônjuge ao outro se enquadrava no conceito de "injúria grave", a motivação, nessa parte, é perfeitamente redutível a um silogismo: "A ofensa que se revista de tais características configura injúria grave; ora, a ofensa que Caio fez a Tícia se reveste dessas características; logo, a ofensa de Caio a Tícia configura injúria grave". Dificilmente se poderá dizer o mesmo do juízo sobre os fatos – *in casu,* do juízo pelo qual assentou o juiz que realmente ocorrera a ofensa, e com determinadas características: esse tem estrutura muito mais complexa.

Não conclua depressa o leitor que, ao nosso ver, a questão da possibilidade ou impossibilidade de controlar-se a aplicação de uma regra de experiência mediante, por exemplo, recurso extraordinário interposto com base em dissídio na interpretação de lei federal (Constituição da República, art. 119, nº III, letra *d)* se resolva, pura e simplesmente, de um modo ou de outro, conforme tenha ela atuado como instrumento de concretização da norma ou como instrumento de apuração dos fatos, respectivamente, no julgamento de grau inferior. Fosse tal a solução, e teríamos de admitir o cabimento do recurso todas as vezes que – satisfeitos os demais pressupostos – um Tribunal afirmasse e outro negasse a possibilidade de enquadrar determinado fato ou situação da vida em conceito juridicamente indeterminado. Ora, a qualificação jurídica, a subsunção, pode ser e tem sido vista, sem erro, como *quaestio iuris:* a própria jurisprudência do Supremo Tribunal Federal, embora não mantenha inteira coerência ao propósito, registra vários casos em que assim se entendeu[17]. Mas aqui se põe, de forma aguda, o problema do método.

---

16 Um crítico arguto da teoria do "silogismo judicial", como é TARUFFO, reconhece à subsunção "caráter fundamentalmente dedutivo", ob. cit., p. 158, nota 21.

17 Vejam-se, por exemplo, os acórdãos de 24 de outubro de 1974 (ERE n. 77.539) e de 12 de agosto de 1975 (RE n. 78.033), *in RTJ*, respectivamente v. 74, p. 144-8 e v. 75, p. 825-7, o primeiro relativo à qualificação (negada) de um ato como compromisso

A maneira tradicional de enfrentar a indagação sobre o cabimento ou o descabimento do controle pressupõe que tenhamos necessariamente de admiti-lo quando se trate de questão de direito. Nessa óptica, só "desclassificando" a questão da qualificação, relegando-a ao plano das meras *quaestiones facti,* é que se poderia logicamente excluir a admissibilidade do controle. É bem provável que os Tribunais, aqui e alhures, se valham de tal expediente, rotulando ora de *quaestio iuris,* ora de *quaestio facti* a questão da qualificação, segundo lhes pareça, respectivamente, que merece ou não revisão o entendimento adotado no julgamento de grau inferior[18]. Com isso, porém, no fundo, em obséquio à tradição, está-se perdendo a oportunidade de construir sobre outras bases. Tomba-se no empirismo, quando seria o caso de tentar-se uma nova sistematização. Talvez não seja preciso renunciar a qualquer escrúpulo de coerência no classificar a questão da qualificação para negar a controlabilidade em certas hipóteses. Parece suficiente que, em vez de recusar-lhe *ad hoc* a natureza de *quaestio iuris,* se reconheça, com apoio em considerações de ordem teleológica, que *nem sempre é controlável* a *solução das questões de direito*[19].

O art. 119, nº III, letra *d,* da Constituição da República evidentemente se ordena a assegurar a uniforme aplicação do direito federal. Se é ou não eficaz, como instrumento desse propósito, não vem a pelo indagar aqui; a *ratio* será em todo caso a indicada, e não se concebe outra. Mas não está demonstrado que se deva levar aos derradeiros extremos a exigência de política legislativa subjacente. Em país como o nosso, com enorme diversidade de aspectos no mapa natural, social, econômico e

de compra e venda, o segundo à qualificação (afirmada) de outro como mandato. No acórdão de 7 de abril de 1975 (RE n. 79.630), *in RTJ*, v. 75, p. 536-40, entretanto, a Corte Suprema absteve-se de conhecer do recurso, considerando insuscetível de reexame a questão de saber se era contratual (regida pela legislação trabalhista) ou estatutária a situação jurídica de um grupo de ferroviários.

18 Em seu relatório geral dobre o tema da dualidade de instâncias, para o recente Congresso Internacional de Direito Processual de Gand (1977), observava JOLOWICZ, com certa malícia, que a proposição "o Tribunal só pode conhecer de recursos sobre questões de direito" pouco difere, na prática, da proposição "questão de direito significa questão de que podem conhecer Tribunais cuja cognição é restrita às questões de direito..."

19 Assim, na Alemanha Ocidental, ROSENBERG-SCHWAB, ob. cit., p. 325, quanto à *Revision* (*vide*, na p. 326, referência expressa às hipóteses de subsunção em conceitos juridicamente indeterminados).

cultural, é temerário supor que algum órgão judicial possa sempre encontrar regras de experiência universalmente válidas, cujo emprego lhe permita concretizar em termos iguais, para o Acre e para o Rio Grande do Sul, para o Piauí e para São Paulo, para o Território de Rondônia e para o Rio de Janeiro, o conteúdo de todo e qualquer conceito indeterminado que se defronte no Código Civil ou no Código Penal. Ao menos no que diz respeito a usos profissionais ou negociais, quando não à valoração ética de comportamentos, a variedade é um dado que salta aos olhos do mais superficial observador.

O tema, como é óbvio, merece detida reflexão, para a qual não é esta a sede própria. Atravessamos uma fase de profunda renovação, em que se veem questionados métodos e conceitos tradicionais da ciência jurídica. O tópico aflorado é daqueles que exigem do jurista a humildade e a disponibilidade espiritual necessárias para reavaliar atitudes que um longo e arraigado hábito dá a impressão de não comportarem alternativa. Teremos atingido o nosso objetivo, se conseguirmos despertar para o problema, com estas despretensiosas observações, o interesse e a curiosidade do leitor.

Dezembro de 1977.

COMENTÁRIOS DOS ATUALIZADORES

6. REGRAS DE EXPERIÊNCIA E CONCEITOS JURIDICAMENTE INDETERMINADOS

Luiz Fux / Rodrigo Fux

O tema guarda tamanha relevância que Oliver Wendell Holmes Jr., um dos mais famosos ministros da suprema corte americana, chegou a declarar, certa feita, que "a vida do direito não tem sido lógica: tem sido experiência"[20].

20 HOLMES, Oliver Wendell. The Common Law. New York: Dover Publications, 1991. p. 1-2. No original, em inglês: *"The life of the law has not been logic: it has*

A disciplina das regras de experiência, anteriormente prevista no artigo 335 do Código de Processo Civil de 1973[21]), com a edição do Código de Processo Civil de 2015, passou a estar estampada no artigo 375 do diploma processual, com a seguinte redação: "*O juiz aplicará as regras de experiência comum subministradas pela observação do que ordinariamente acontece e, ainda, as regras de experiência técnica, ressalvado, quanto a estas, o exame pericial*".

Como se vê, o legislador brasileiro manteve a previsão da regra de experiência do Código de Processo Civil de 1973. No entanto, houve pertinente alteração na redação, com a supressão do trecho que dispunha "*em falta de normas jurídicas particulares*", o qual evidenciava que a utilização das regras de experiência pelo juiz na formação de seu convencimento deveria se dar de forma subsidiária.

Desse modo, a nova redação conferida pelo legislador à disciplina caminha no sentido de acolher crítica veiculada pelo próprio José Carlos

been experience. The felt necessities of the time, the prevalent moral and political theories, intuitions of public policy avowed or unconscious, even the prejudices which judges share with their fellow-men, have had a good deal more to do than the syllogism in determining the rules by which men should be governed. The law embodies the story of a nation's development through many centuries, and it cannot be dealt with as if it contained only the axioms and corollaries of a book of mathematics. In order to know what it is, we must know what it has been, and what it tends to become. We must alternately consult history and existing theories of legislation. But the most difficult labor will be to understand the combination of the two into new products at every stage. The substance of the law at any given time pretty nearly corresponds, so far as it goes, with what is then understood to be convenient; but its form and machinery, and the degree to which it is able to work out desired results, depend very much upon its past. (...) I shall use the history of our law so far as it is necessary to explain a conception or to interpret a rule, but no further. In doing so there are two errors equally to be avoided both by writer and reader. One is that of supposing, because an idea seems very familiar and natural to us, that it has always been so. Many things which we take for granted have had to be laboriously fought out or thought out in past times. The other mistake is the opposite one of asking too much of history. We start with man full grown. It may be assumed that the earliest barbarian whose practices are to be considered, had a good many of the same feelings and passions as ourselves"

.

21 "Em falta de normas jurídicas particulares, o juiz aplicará as regras de experiência comum subministradas pela observação do que ordinariamente acontece e ainda as regras de experiência técnica, ressalvado, quanto a estas, o exame pericial"

Barbosa Moreira[22]. O prestigiado processualista entendia que as regras de experiência deveriam ser tratadas conjuntamente com as normas[23].

A previsão está em sintonia com o necessário pragmatismo das decisões judiciais, com o contextualismo e com o consequencialismo propugnados pela Análise Econômica do Direito e promovidos pelo Código de Processo Civil de 2015 (artigo 8º). Esses conceitos foram expressamente incorporados ao ordenamento jurídico brasileiro por meio da edição da Lei 13.655/2018, que acresceu, dentre outros, os artigos 20 e 21 à Lei de Introdução às Normas do Direito Brasileiro - LINDB.

O julgador, ao valer-se das regras de experiência, deve sempre ponderar o contexto e as consequências de sua decisão, sem pautar-se simplesmente em valores jurídicos abstratos (artigo 20 da Lei de Introdução às Normas do Direito Brasileiro).

Além disso, José Carlos Barbosa Moreira também criticou a opção do legislador de 1973 de inserir as máximas de experiência no capítulo relativo às provas, escolha que poderia levar a crer que as máximas de experiência servem tão somente como instrumento de instrução proba-

22 Cf. BARBOSA MOREIRA, José Carlos. As presunções e a prova. *Temas de Direito Processual Civil*, 1ª série, 2ª ed, São Paulo, Saraiva, 1988. p. 70).

23 MARCELO ABELHA RODRIGUES, no entanto, posiciona-se de forma contrária à mudança estabelecida pelo Código de Processo Civil de 2015: FLÁVIO LUIZ YARSHELL, por entender que a condicionante não representava um afastamento da norma, mas sim um ressalva nas hipóteses em que verificadas presunções legais absolutas e provas legais – que seriam a correta interpretação do termo 'normas particulares', as quais não poderiam ser afastadas com fundamento da incidência de uma máxima, pois as presunções legais absolutas e as provas legais não estariam sujeitas ao convencimento motivado do juiz. Cf. YARSHELL, Flávio Luiz. Comentários ao Capítulo XII, Seção I, do Código de Processo Civil. In: ALVIM, Teresa Arruda; DIDIER, Fredie; TALAMINI, Eduardo; e DANTAS, Bruno (org.). *Breves comentários ao Código de Processo Civil*. ALVIM, Teresa Arruda; DIDIER, Fredie; TALAMINI, Eduardo; e DANTAS, Bruno. ELPÍDIO DONIZETTI considera a supressão "um verdadeiro retrocesso na legislação". Ademais, leciona que "como o legislador pretendeu reformular o princípio do livre convencimento, no sentido de afastar os julgados repletos de subjetividade, a interpretação meramente gramatical do dispositivo em comento deve ser afastada. Assim, na falta de normas jurídicas particulares, poderá o juiz utilizar-se *subsidiariamente* de todo o seu arcabouço teórico e prático acumulado ao longo de sua experiência social e profissional, como forma de não somente valorar a prova existente, mas também dela extrair presunções que irão formar o seu convencimento sobre determinados fatos." (DONIZETI, Elpídio. *Novo Código de Processo Civil Comentado*, 3ª ed., São Paulo, Atlas, 2018, versão digital, p. 466.

tória[24]. Para o autor, as regras de experiência, além de instrumento da apuração de fatos, desempenham papel de instrumento da *subsunção*, ou seja, atuam no processo de qualificação jurídica dos fatos.

Apesar de poderem ser aplicadas *ex officio* pelo juiz, é imprescindível para o controle da utilização das regras de experiência que o julgador observe a garantia constitucional ao contraditório participativo, submetendo previamente as regras que acredita adequadas à resolução do caso às partes, a fim de que os sujeitos do processo tenham a oportunidade de influenciar o papel que as máximas de experiência irão desempenhar no convencimento do juiz.

Vale destacar, ainda, que o Código de Processo Civil de 2015 também manteve a divisão entre regras de experiência comum e regras de experiência técnica. As regras de experiência comum consistem na *"experiência pessoal e do senso comum decorrente da reiteração de certos fenômenos naturais ou práticas humanas para, com fundamento na percepção do que usualmente acontece, desenvolver um raciocínio a respeito do fato em debate, presumindo a sua ocorrência ou mesmo o seu modo de ser"*[25]. As regras de experiência técnica, por sua vez, derivam do pensamento técnico científico do juiz e de sua análise do contexto subjacente à demanda.

Todavia, a doutrina contemporânea mantém o entendimento de que as regras de experiência comum não se confundem com o conhecimento privado do juiz, da mesma forma que as regras de experiência técnica não constituem conhecimento especializado do juiz, mas tão somente regras de conhecimento que têm origem na observação científica, mas que podem integrar o patrimônio cultura do homem médio. Uma vez que o juiz tenha que se pronunciar sobre questão técnica, este não poderá lançar mão das regras de experiência técnica, devendo sempre ser assistido por um perito, mesmo que hoje seja incontroverso que o juiz não está adstrito ao laudo pericial, podendo formar seu convencimento livre convencimento, desde que devidamente fundamentado.

---

24 Cf. CRUZ, Vania Ferreira da. As máximas de experiência como forma de expressão do direito: In: *Doutrinas* Essenciais de Direito Civil, vol. I. São Paulo, Revista dos Tribunais, 2012, p. 1103.

25 Cf. LUCON, Paulo Henrique dos Santos. Comentários ao Capítulo XII, Seção I, do Novo Código de Processo Civil. In: Comentários ao Novo Código de Processo Civil. CABRAL, Antonio do Passo; e CRAMER, Ronaldo (org.), 1ª ed., Rio de Janeiro, Forense, 2015, p. 581-2).

7. JULGAMENTO E ÔNUS DA PROVA

1. Quem instaura processo de cognição pleiteia o reconhecimento ou a produção de determinado efeito jurídico. Ao órgão competente para julgar a causa incumbe pronunciar-se acerca do efeito pretendido. Como todo efeito resulta da incidência de uma norma jurídica sobre um fato (ou conjunto de fatos), para julgar necessita o juiz, de um lado, reconstituir o fato (ou o conjunto de fatos) e, de outro, identificar a norma aplicável. As exposições clássicas costumavam apresentar o mecanismo do julgamento sob a forma de um silogismo, em que a premissa maior seria a norma, e a menor o enunciado fático. Essa explicação um tanto simplista desfigura em certa medida a dinâmica do ato de julgar; mas não sofre dúvida que norma e fato serão sempre os dois pontos básicos de referência no processo mental do julgador.

Acrescente-se que, como garantia para os litigantes e, de maneira mais geral, para os jurisdicionados, impõe o ordenamento ao órgão judicial que explicite, na motivação da sentença, as razões do seu entendimento, seja quanto aos fatos, seja quanto ao direito (cf. Código de Processo Civil, art. 458, nº II). Não é que a motivação deva necessariamente espelhar com absoluta fidelidade as diversas etapas do referido processo mental: semelhante coincidência, rara ou mesmo excepcional na prática, será, quando porventura ocorra, juridicamente irrelevante[1]. O que se exige, e basta, é uma *justificação racional* do resultado atingido: o juiz deve explicar, de um lado, porque configurou os fatos relevantes *daquele modo;* de outro, porque considerou que era aplicável *aquela* norma, e porque lhe deu *aquele* entendimento.

2. As normas jurídicas pressupõem-se conhecidas do juiz *(iura novit curia).* Se no ordenamento positivo há lacunas, obscuridades ou contradições, o órgão judicial pode eliminá-las mediante o emprego de técnicas que lhe são familiares. Ao conhecimento dos fatos, porém, ele só tem acesso, no comum dos casos, através das *provas,* e está longe de ser acadêmica a hipótese de que justamente no material probatório carreado para os autos se defronte ele com lacunas, obscuridades e contradições.

---

1 Ao propósito, extensamente, TARUFFO, *La motivazione della sentenza civile*, Pádua, 1975, p. 95-6, 121 e s.

O produto da atividade de instrução revela-se então insuficiente para formar no espírito do julgador uma convicção razoavelmente sólida a respeito de fatos relevantes. O juiz simplesmente não consegue saber se o autor adquirira ou não a propriedade do imóvel, se o réu nele realizara ou não benfeitorias, e assim por diante.

Em tal emergência, mais de uma atitude se concebe que haja de tomar o órgão judicial. Pode o ordenamento autorizá-lo a *abster-se* de qualquer pronunciamento sobre o mérito da causa: ele se limitará a declarar encerrado o processo, sem acolher nem rejeitar o pedido[2]. Outra possibilidade é a de que o juiz decida segundo sua *íntima convicção,* eventualmente apoiado em critérios de probabilidade ou verossimilhança, à luz das afirmações das partes e do confronto delas com a experiência da vida; ou, ainda, que dê ao litígio desate inspirado em considerações de equidade. A história registra exemplos concretos dessas soluções, das quais subsistem traços, aliás, em sistemas jurídicos contemporâneos. Outra, contudo, tem merecido em nosso tempo a preferência dos legisladores.

3. Para bem compreender o mecanismo hoje mais difundido, é preciso atentar na ideia que o inspira. Parte-se da premissa, explícita ou implícita, de que o maior interessado em que o juiz se convença da veracidade de um fato é o litigante a quem aproveita o reconhecimento dele como verdadeiro, por decorrer daí a afirmação de um efeito jurídico favorável a esse litigante, ou a negação de um efeito jurídico a ele desfavorável. Semelhante interesse naturalmente estimula a parte a atuar no sentido de persuadir o órgão judicial de que o fato deveras ocorreu – numa palavra: de prová-lo. Todo ordenamento processual, sejam quais forem as diretrizes filosóficas ou políticas que o inspirem, conta em larga extensão com a eficácia desse estímulo. O desejo de obter a vitória cria para o litigante a *necessidade,* antes de mais nada, de pesar os meios de que se poder" valer no trabalho de persuasão, e de esforçar-se, depois, para que tais meios sejam efetivamente utilizados na instrução da causa. Fala-se, ao propósito, de *ônus da prova,* num primeiro sentido *(ônus subjetivo* ou *formal).*

---

2 Ao *iudex* romano, como se sabe, era lícito, no caso de não ter logrado formar convicção, jurar *sibi non liquere,* e com isso liberar-se da obrigação de sentenciar, procedendo-se em consequência à sua substituição por outro julgador: *vide,* por lodos, SCIALOJA, *Procedimiento civil romano,* trad. esp., Buenos Aires, s/d (1954), p. 252-3.

Entretanto, como já se assinalou, é concebível que se mostrem insatisfatórios os resultados da atividade de instrução. Mesmo diante de material probatório incompleto, o órgão judicial está obrigado a julgar. Essa eventualidade gera *riscos* para as partes, na medida em que implica para cada uma delas a possibilidade de permanecer obscura a situação fática de cujo esclarecimento se esperava a emergência de dados capazes de influir decisivamente, no sentido desejado, sobre o convencimento do juiz. Não se pode saber, à vista dos elementos constantes dos autos, se aconteceu o fato *x*, narrado pelo autor, ou o fato *y*, descrito pelo réu. A circunstância de que, ainda assim, o litígio deva ser decidido torna imperioso que alguma das partes suporte o risco inerente ao mau êxito da prova. Cuida então a lei, em geral, de proceder a uma *distribuição de riscos:* traça critérios destinados a indicar, conforme o caso, qual dos litigantes terá de suportá-los, arcando com as consequências desfavoráveis de não se haver provado o fato que lhe aproveitava. Aqui também se alude ao *ônus da prova,* mas num segundo sentido (ônus *objetivo* ou *material)*[3].

4. Conforme bem se percebe, o primeiro aspecto desse conjunto de fenômenos tem relevância mais *psicológica* do que *jurídica.* Para efeitos práticos, o que interessa não é saber se a *parte onerada* conseguiu ou não carrear para os autos os elementos necessários à demonstração do fato a ela favorável; o que interessa é, sim, verificar se tais elementos *foram* carreados para os autos, por obra da parte onerada ou de outrem, pouco importa.

Em última análise, não é o comportamento da parte onerada que está em causa. Os resultados da atividade instrutória são apreciados pelo órgão judicial sem qualquer valoração, positiva ou negativa, desse comportamento. Se persistiu a obscuridade, em nada aproveita à parte onerada alegar que fez, para dissipá-la, tudo que estava ao seu alcance, e portanto nenhuma culpa se lhe pode imputar. Inversamente, se a obscuridade cessou para dar lugar à certeza da ocorrência do fato, em nada prejudica à parte onerada a circunstância de que ela própria não tenha contribuído, sequer com parcela mínima, *e ainda que pudesse fazê-*

3 Sobre o duplo sentido da expressão "ônus da prova" *vide*, entre muitos, ROSENBERG, *La carga de la prueba*, trad. esp., Buenos Aires, 1956, p. 15-6; na literatura mais recente, MUSIELAK, Die Grundlagen der Beweislast im Zivilprozess, Berlim-Nova Iorque, 1975. p. 33 e s.; entre nós, ALFREDO BUZAID, Do ônus da prova, *in Rev. de Dir. Proc. Civ.*, 4º v., p. 16-7.

-lo, para a formação do convencimento judicial, devendo-se o êxito, com exclusividade, a outros fatores.

Ao juiz, por conseguinte, toca ver se são completos ou incompletos os resultados da atividade instrutória. Não lhe importa, na primeira hipótese, a quem se deve o serem completos os resultados. Importar-lhe-á, sim, na segunda, a quem se deve o serem incompletos; ou, mais precisamente, a quem se hão de atribuir as consequências da remanescente incerteza. Se quisermos usar a terminologia habitual, poderemos dizer que o órgão judicial só tem de preocupar-se, a rigor, com o aspecto *objetivo* do ônus da prova, não com o seu aspecto *subjetivo.*

Ora, semelhante preocupação, como se compreende com facilidade, não há de assaltar o espírito do juiz *durante a instrução* da causa, senão apenas quando, depois de encerrada a colheita das provas, for chegado o instante de avaliá-las para decidir. Unicamente então, com efeito, é que tem sentido cogitar da existência de eventuais lacunas no material probatório: enquanto esteja "aberta" a prova, qualquer conclusão a tal respeito seria prematura. Quer isso dizer que as regras sobre distribuição do ônus da prova são aplicadas pelo órgão judicial *no momento em que julga.*

5. Esse aspecto do problema, que tem passado quase despercebido a grande parte da doutrina brasileira[4] vê-se, muito ao contrário, transformado no alvo principal das atenções dos escritores que noutros países se ocupam do assunto. Em monografia já incorporada ao rol dos clássicos da literatura processual, dizia-se, logo numa das páginas iniciais, que «a essência e o valor das normas sobre o ônus da prova consistem na instrução dada ao juiz acerca do conteúdo da sentença que deve proferir, no caso de que não se possa comprovar a verdade de uma relevante afirmação de fato»[5]. E na literatura alemã posterior tornou-se moeda corrente a consideração das normas relativas à distribuição do ônus da prova como *regras de julgamento,* de que se vale o órgão judicial para determinar o sentido em que há de pronunciar-se, quando não es-

4 Salvo omissão involuntária, dentre as obras publicadas na vigência do Código atual, somente em PONTES DE MIRANDA, *Comentários ao código de processo civil* (de 1973), t. IV, Rio de Janeiro, 1974, p. 228, e em JOSÉ FREDERICO MARQUES. *Manual de direito processual civil*, v. II, São Paulo, 1974, p. 188, deparam-se referências ao ponto.

5 ROSENBERG, ob. cit., p. 2 (cf. p. 13).

teja em condições de pôr como razão de decidir, à míngua de elementos probatórios convincentes, nem a afirmação, nem a negação de fato indicado como fundamento do pedido ou da defesa.

Em obra moderna frisa-se, por exemplo, que a função das normas sobre ônus da prova é a de "permitir uma decisão judicial apesar da obscuridade dos fatos", e isso as caracteriza como "regras de julgamento" *(Entscheidungsnormen)*[6]. Conforme se explica noutra monografia ainda mais recente, uma vez afastados os expedientes da extinção do processo sem pronunciamento sobre o *meritum causae* e da decisão por equidade ou segundo a verossimilhança, a regulamentação do *non liquet* reclama prescrições que não só abram caminho para a sentença de mérito, mas também fixem o conteúdo da decisão e determinem caso por caso de que maneira se deve julgar, quando permaneçam desconhecidos fatos de que dependa a configuração do *Tatbestand* de uma norma jurídica. Essas prescrições são justamente as regras sobre ônus da prova[7].

Também na Itália generalizou-se a concepção da *"rego la di giudizio"* constituída pelo conjunto das normas concernentes à distribuição do ônus da prova – para os casos de *non liquet* quanto aos fatos relevantes[8]. E a doutrina latino-americana já tem utilizado essa noção no tratamento da matéria[9].

---

6 LEIPOLD, *Beweislastregeln und gesetzliche Vermutungen*, Berlim, 1966, p. 64 (cf. p. 18, 33-4, 59, 80, 105 e passim).

7 MUSIELAK, ob. cit., p. 20 (cf. p. 21, 29, 31, 384-5 e passim). Substancialmente no mesmo sentido, *vide*, entre muitos outros, BLOMEYER, *Zivilprozessrecht*, Berlim-Göttingen-Heidelberg, 1963, p. 341; ZEISS, *Zivilprozessrecht*, 2ª ed., Tübingen, 1976, p. 184-5; ROSENBERG-SCHWAB, *Zivilprozessrecht*, 12ª ed., Munique, 1977, p. 634-5; BAUR, *Zivilprozessrecht*, 2ª ed., Frankfurt-am-Main, 1978, p. 54; WAHRENDORF, *Die Prinzipien der Beweislast im Haftungsprozess*, Colônia-Berlim-Bonn-Munique, 1976, p. 24 e s., 39.

8 Para só citarmos algumas obras dos últimos decênios: MICHELI, *L'onore della prova*, Pádua, 1966 (reimpressão), p. 177 e s.; ANDRIOLI, *Lezioni di diritto processuale civile*, 2ª ed., Nápoles, 1961, p. 180-1; CAPPELLETTI, La testimonianza della parte nel sistema dell'oralità, Milão, 1962, parte I, p. 392; MANDRIOLI, *Corso di diritto processuale civile*, Turim, s/d (1972), v. II, 103-4. Em sentido crítico, VERDE, *L'onore della prova nel processo civile*, 1974, p. 57 e s.

9 Assim, por exemplo, na Argentina, PALACIO, *Derecho procesal civil*, t. IV, Buenos Aires, s/d, p. 362-3; na Colômbia, DEVIS ECHANDÍA, *Compendio de derecho procesal*, t. II, 4ª ed., Bogotá, 1975, p. 140-1.

6. Aqui se põe uma questão relevante. Como é notório, o processo civil moderno, em quase todos os países, tende a ampliar a iniciativa do órgão judicial em matéria probatória. O art. 130 do nosso vigente Código, por exemplo, habilita o juiz a determinar, mesmo de ofício, "as provas necessárias à instrução do processo". Por outro lado, *ambos* os litigantes são convocados a colaborar no descobrimento da verdade, independentemente dos respectivos interesses. Assim é que a lei espera *de um e de outro* que não omitam de caso pensado "fatos essenciais ao julgamento da causa" (art. 17, nº III). Há um *dever de esclarecimento,* que não corre apenas à parte interessada[10].

É natural que a ciência se interrogue sobre a repercussão desses fenômenos no campo do *onus probandi.* Se o ordenamento não conta só com o trabalho da parte interessada para que se estabeleça a certeza em torno do(s) fato(s), terá ainda sentido cogitar-se de uma "distribuição" daquele ônus, em termos rígidos? Ou, mais radicalmente: será legítimo continuar-se a falar de um ônus da prova, *tout court?*

A doutrina de certa época inclinava-se a enxergar correlação necessária entre a existência de regras como as do art. 333, *caput,* do Código pátrio, e o princípio consoante o qual é da parte interessada, e só dela, que se deve esperar a demonstração da veracidade do fato que lhe aproveite – ideia que os antigos expressavam através do brocardo *"iudex secundum allegata et probata partium iudicare debet",* que na Alemanha se pôs como base da chamada *"Verhandlungsmaxime"*[11] e entre nós tem sido tradicionalmente vista como forma de manifestação daquilo que se costuma designar, de maneira um tanto equívoca, como "princípio dispositivo". Chegou-se a escrever na Itália, com superlativa autoridade, que *"in un sistema che ammettesse la ricerca d'uffizio della verità dei fatti, la repartizione dell'onere della prova non avrebbe significato"*[12]. Em semelhante perspectiva, incorreria na pecha de contraditório o legislador brasileiro de 1973, quando, de um lado, deixa aberta à iniciativa oficial a colheita de provas e, de outro, adota em termos expressos um esque-

10 *Vide,* sobre o tema, a substanciosa monografia de STÜRNER, *Die Aufklärungspflicht der Parteien des Zivilprozesses,* Tübingen, 1976.

11 Sobre a origem e desenvolvimento da *"Verhandlungsmaxime",* extensamente, BOMSDORF, *Prozessmaximen und Rechtswirklichkeit,* Berlim, 1971, passim, espec. p. 119 e s.

12 CHIOVENDA. *Principii di diritto processuale civile,* Nápoles, 1965 (reimpressão da 3ª ed.), p. 796.

ma de distribuição do *onus probandi*. Quem reflita sobre o assunto, sem apego a fórmulas estereotipadas, concluirá porém que a acusação não teria fundamento.

7. Em primeiro lugar, ao ângulo psicológico, não parece exato supor que a parte interessada, com a mera consideração de que a prova do fato a ela favorável pode resultar dos esforços do juiz ou da colaboração do adversário, haja de sentir-se a tal ponto tranquila que se dispense, só por isso, da fadiga de procurar demonstrá-lo. Seria, com certeza, excesso de otimismo, que talvez lhe custasse bem caro. No que concerne à iniciativa oficial, cumpre ter em mente que os ordenamentos ocidentais, ainda quando *autorizem* o juiz a proceder *ex officio* à colheita de provas, não chegam a criar-lhe o *dever* de fazê-lo. Aliás, mesmo no mundo socialista, tão avesso ao "dispositivismo", a seção 18 dos *Princípios do processo civil* da União Soviética, por exemplo, limita-se a estatuir que, se a prova produzida for insuficiente, o tribunal *pode* instruir as partes e outras pessoas no sentido de fornecerem provas adicionais, "ou colher tais provas por iniciativa própria" – isso depois de estabelecer que a cada parte incumbe provar os fatos em que se apoia como base de suas pretensões ou defesas[13].

Ainda a abstrair-se, contudo, dessa circunstância, litigante algum provavelmente se fiaria de todo na eventualidade de vir a demonstrar-se por obra alheia a ocorrência de fato que lhe aproveite. Inverossímil afigura-se a hipótese de permanecer inerte o autor ou o réu, deixando de aproveitar as oportunidades que se lhe abrem de produzir prova, para

13 Eis o texto, na tradução inglesa publicada no volume *Law in Eastern Europe*, n. 7, Leyden, 1963, p. 303:
"Section 18. Burden of proof and presentation of evidence.
Each party must prove those facts on which he relies as the basis of his claims or defences.
Evidence is presented by the parties and other persons taking part in the case. If the evidence presented is insuficiente, the court may direct the parties and other persons in question to supply additional proof or may collect such proof on its own initiative."
Cf., para o direito polonês, WENGEREK, Le rôle actif du juge, *in Rapports polonais présentés au 9e. Congres International de Droit Comparé*, 1974, p. 169: a iniciativa oficial é permitida, mas só atua em caráter "auxiliar e complementar". Quanto ao ordenamento húngaro, substancialmente no mesmo sentido, FARKAS, Einige beweisrechtliche Besonderheiten im ungarischen Zivilprozessrecht, *in Zeitschrift für Rechtsvergleichung*, 1974, p. 21.

calmamente aguardar que a certeza sobre o fato seja estabelecida graças às pesquisas do juiz ou às declarações do adversário. Entre outras razões, porque, na maioria das vezes, a própria parte interessada é que estará, decerto melhor que ninguém, e talvez com absoluta exclusividade, em condições de indicar as fontes de prova, ou de ter acesso a elas. Em suma: o estímulo à atividade probatória não fica eliminado, embora se possa fazer sentir, em certa medida, com menor vigor, por saber o litigante que o esforço próprio não é *o único* meio de convencer o órgão judicial. Nos limites em que algum relevo se lhe pode reconhecer, subsiste pois – *atenuado* que seja – o aspecto "subjetivo" do ônus da prova.

Mas *a fortiori* também subsiste o aspecto "objetivo", que respeita à eventual verificação de lacuna no material probatório. Obviamente, se não é de uma única procedência que se esperam subsídios, aumenta a probabilidade de um esclarecimento cabal dos fatos relevantes, e na mesma proporção diminuirá a necessidade de recorrer às normas de distribuição do *onus probandi.* Jamais se poderá, entretanto, afastar por completo a possibilidade de frustrar-se a investigação. Para esses casos residuais, não haverá outro meio senão utilizar aquele expediente[14]. Daí reconhecerem muitos, com razão, que a relevância das regras sobre ônus da prova, consideradas como *regras de julgamento,* não é incompatível com a adoção do chamado "princípio inquisitório" na atividade de instrução[15]. A esse respeito, inexiste mesmo diferença entre o processo civil socialista e o ocidental[16].

---

14 Como diz STÜRNER, ob. cit., p. 6, a repartição do risco da prova é a solução necessária para o caso de impossibilidade de esclarecimento apesar de todos os esforços ("die Notlösung für den Fali der trotz aller Anstrengungen eintretenden Unaufkläbarkeit"). Cf. VERDE, ob. cit., p. 44.

15 *Vide,* por exemplo, na Itália, MICHELI, ob. cit., p. 260; VERDE, ob. cit., p. 40, nota 57; PROTO PISANI, Tutela giurisdizionale differenziata e nuovo processo del lavoro, *in Il Foro Ital.,* v. XCVI, fasc. 9, p. 48 da separata; na Alemanha Ocidental, por todos, MUSIELAK, ob. cit., p. 31-2, com abundantes referências bibliográficas na nota 221.

16 Conforme admite STALEV, Der Zivilprozess in den europäischen sozialistichen Staaten, *in Zeitschrift für Rechtsvergleichung,* 1974, p. 273, nota 40, o ônus da prova, "como problema das consequências da falta de prova", interessa tanto ao processo socialista, inspirado no princípio da "pesquisa da verdade objetiva", quanto ao processo não socialista. Um e outro se distanciariam, segundo o autor, quanto ao aspecto dito "subjetivo" do *onus probandi*; pelas razões expostas acima no texto, não nos parece que a distância seja tão grande, ao menos em teoria: outra questão é a de saber se, na prática, 05 juízes, em ambos os sistemas, realmente exercitam, em igual medida, os poderes instrutórios de que a lei os investe.

8. Retomando o fio das considerações anteriores, importa aludir, conquanto brevemente, a outra questão controvertida em doutrina. As leis processuais, como já se recordou, em geral impõem ao órgão judicial o dever de, na motivação da sentença, expor a solução dada às *quaestiones facti.* Nosso vigente Código, por exemplo, inclui entre os "requisitos" *(rectius:* elementos) "essenciais da sentença", no art. 458, nº II, "os fundamentos, em que o juiz analisará as questões de fato e de direito". Ora, nas hipóteses de que estamos tratando, terá havido pelo menos uma *quaestio facti* a cujo respeito o insuficiente material probatório não conduziu à formação do convencimento judicial. Exatamente por isso é que o juiz se vê compelido a lançar mão das normas sobre distribuição do ônus da prova, espécie de *ultima ratio,* que lhe permite sair de uma situação embaraçosa.

Verificando inexistir prova (bastante) do fato *x,* abstém-se o órgão judicial de reconhecer o efeito jurídico pretendido pela parte a quem cabia o ônus de provar tal fato. Mas abster-se de reconhecer o efeito sem negar a ocorrência do fato *x* não será descumprir o dever da motivação? Suponhamos que se trate do fato constitutivo: de ordinário, para julgar improcedente o pedido, manifestará o juiz a sua convicção de que o fato não ocorreu, e essa declaração é que vai fundamentar a conclusão da sentença. Não parece que as coisas se passem do mesmo modo quando o juiz rejeita o pedido baseando-se apenas na consideração de que o *onus probandi* cabia ao autor, e portanto deve este suportar as consequências desfavoráveis do mau êxito da atividade instrutória. Daí as indagações: dizer que *não há certeza* a respeito do fato bastará como fundamento da rejeição? E, se basta, há de entender-se que a *afirmação da incerteza* vale por *negação do fato?*

À primeira pergunta é evidente que não se pode deixar de dar resposta afirmativa: do contrário, voltar-se-ia à «estaca zero». A utilidade prática das regras sobre distribuição do *onus probandi* consiste precisamente em ministrar ao órgão judicial um critério de julgamento para os casos de incerteza acerca de fato(s). Seria absurdo entregar ao juiz essa "tábua de salvação" e depois censurá-lo por tê-la usado. É manifesto, pois, que a exigência da motivação estará satisfeita se ele declarar na sentença que, ante a impossibilidade de esclarecer-se, negou o efeito pretendido por uma ou por outra parte mediante consulta às aludidas normas.

Isso converte a segunda indagação, ao nosso ver, numa "questão elegante", de interesse talvez apreciável no plano teórico, mas bastante escasso ao ângulo prático. Tal circunstância dispensa-nos de examinar aqui em profundidade as várias teorias elaboradas ao propósito[17], e das quais três vêm disputando as preferências dos autores: a que enxerga no mecanismo acima descrito uma espécie de *prova legal* da inexistência do fato não demonstrado; a que identifica aí uma *presunção* (presume-se inexistente o fato de que não há prova); e a que recorre ao esquema da *ficção* (a lei equipara os efeitos da inexistência de prova aos que resultariam da inexistência do fato).

9. Praticamente muito mais importante é outra questão, a que dedicaremos este derradeiro item do" presente estudo. Se o órgão judicial admite, na sentença, que a sua conclusão não resultou de firme convencimento sobre a existência ou inexistência do fato, mas, ao contrário, da impossibilidade de esclarecer cabalmente o ponto, poder-se-ia talvez supor que semelhante circunstância *diminua* ou *restrinja* a autoridade da decisão. Teria esta valor meramente *provisório,* como pronunciamento emitido *sob reserva,* isto é, com a ressalva implícita de só valer se e enquanto não se consiga ministrar a prova faltante. Ficaria aberta ao interessado a possibilidade de, obtendo mais tarde tal prova, pedir em novo processo outro pronunciamento judicial, que substitua o anterior.

Semelhante eventualidade, expressamente a contempla, no direito brasileiro, o art. 18, *fine,* da Lei nº 4.717, de 29 de junho de 1965, que disciplina a ação popular, para a hipótese de improcedência do pedido, *verbis:* "A sentença terá eficácia de coisa julgada oponível *erga omnes,* exceto no caso de haver sido a ação julgada improcedente por deficiência de prova; neste caso, qualquer cidadão poderá intentar outra ação com idêntico fundamento, valendo-se de nova prova"[18]. Essa regra, contudo, é peculiar à matéria aí versada e não comporta aplicação genérica. Outro é o princípio geral, no Brasil e alhures.

A autoridade da coisa julgada, como hoje se reconhece universalmente, não está vinculada à exatidão do juízo sobre os fatos. É por isso

17 *Vide* ao propósito LEIPOLD, ob. cit., p. 59 e s.; VERDE, ob. cit., p. 112 e s.

18 Na expressão "qualquer cidadão" inclui-se o que haja figurado como autor popular no primeiro processo: não assiste razão, em negá-lo, a JOSÉ AFONSO DA SILVA, *Ação popular constitucional*, São Paulo, 1968, p. 273 (*vide* BARBOSA MOREIRA, A ação popular do direito brasileiro como instrumento de tutela jurisdicional dos chamados "interesses difusos", *in Temas de direito processual*, São Paulo, 1977, p. 123 e, aí, nota 20).

que, em feito onde se haja de decidir litígio diverso, o juiz é livre de afirmar o fato negado em sentença precedente, mesmo irrecorrível, ou de negar o fato nela afirmado, sem que disso advenha o mínimo abalo para a *auctoritas rei iudicatae* de que se reveste a anterior decisão. No particular é bem clara a posição do Código de 1973, como ressalta do disposto no art. 469, nº III. E nada existe aí capaz de surpreender a quem tenha em mente que a coisa julgada é fenômeno ligado a razões de ordem menos *lógica* do que *prática;* em termos mais concretos, à conveniência de dar estabilidade à tutela jurisdicional dispensada, para evitar que permaneçam indefinidamente em xeque a certeza jurídica e a paz social.

Ora, essa necessidade prática não se faz sentir com menor intensidade que alhures nos casos em que haja sido impossível averiguar de modo exaustivo a realidade fática. Pode-se lamentar a circunstância; pode-se reconhecer que, em hipóteses tais, é maior o perigo de consagrar-se em definitivo uma injustiça. O que não se pode é tirar daí argumento para sacrificar a exigência da segurança nas relações sociais, a cuja satisfação se ordena a coisa julgada.

A aplicação das normas sobre distribuição do *onus probandi* constitui, em certo sentido, como elemento da motivação, um sucedâneo da prova faltante; mas o pronunciamento judicial que nela se baseia não é, em sentido algum, simples sucedâneo de sentença. A autoridade que obtém, após a exaustão dos recursos, é perfeitamente igual à que obtém qualquer outra sentença passada em julgado. Veja-se que a própria descoberta de documento novo, cuja existência se ignorava, ou cuja utilização fora impossível, e que se mostre capaz, por si só, de assegurar ao interessado decisão favorável, serve, sim, de fundamento à ação rescisória (Código de Processo Civil, art. 485, nº VII), destinada justamente a destruir o obstáculo da *res iudicata,* em ordem a permitir o rejulgamento; fora daí, porém – isto é, sem a prévia destruição do obstáculo –, de modo nenhum basta para abrir caminho a tal rejulgamento.

Encerremos estas páginas com um exemplo, que ilustrará a exposição feita acima. Em ação de usucapião, rejeita-se o pedido por não ter ficado provada a posse do autor pelo prazo legal. Trânsita em julgado, a sentença de improcedência tem a mesma autoridade daquela que porventura houvesse declarado improcedente o pedido com base na prova de que o autor *não* possuíra o imóvel em questão durante o tempo necessário. A negação do efeito jurídico pretendido não é menos "definitiva" num caso do que noutro. Se o autor repelido voltar a juízo, para pleitear novo julgamento, sob a alegação de que agora está em condições de ministrar a prova faltante, o único pronunciamento cabível será o que extinga o segundo feito sem exame do mérito, com fulcro no art. 267, nº V, *fine*, do Código de Processo Civil. Não se confunde tal hipótese, naturalmente, com a que ocorreria se o autor viesse a afirmar que *se completou* nesse ínterim o prazo da sua posse, suficiente para fazê-lo usucapir o imóvel: aí se estaria diante de fato novo, ou seja, de outra *causa petendi*, e a segunda ação não constituiria mera repetição da primeira, inexistindo, portanto, qualquer empecilho resultante da coisa julgada.

Julho de 1979.

COMENTÁRIOS DOS ATUALIZADORES

7. JULGAMENTO E ÔNUS DA PROVA

Luiz Fux / Rodrigo Fux

Para José Carlos Barbosa Moreira, o ordenamento jurídico sob o prisma do Código de Processo Civil de 1973, já impunha ao magistrado a justificação racional do resultado obtido, ou seja, que expusesse a motivação das decisões judiciais que proferia, na forma do seu artigo 458, inciso II.

O Código de Processo Civil de 2015, forjado sob os pilares erigidos pela Constituição da República de 1988, levou a questão da motivação das decisões judiciais ainda mais a sério. Nesse contexto, a partir do artigo 93, inciso IX (com redação dada pela Emenda Constitucional 45/2004), o legislador ordinário estampou ao longo do Código de Processo Civil de 2015 diversos dispositivos legais que resguardam a motivação das decisões judiciais (artigos 489 e 1.022, parágrafo único, inciso II) – o que guarda consonância, inclusive, com as alterações levadas a cabo pela Lei 13.655/2018 na Lei de Introdução às Normas do Direito Brasileiro - LINBD.

José Carlos Barbosa Moreira introduziu a discussão abordando esse tema para tratar das hipóteses em que, conquanto as provas carreadas aos autos não permitam com que o magistrado dirima todas as suas dúvidas, o órgão jurisdicional é obrigado a julgar os pedidos procedentes ou improcedentes – vide a vedação ao *non liquet* (artigo 5°, inciso XXXV da Constituição da República, artigo 126 do Código de Processo Civil de 1973 e artigo 140 do Código de Processo Civil de 2015).

O Código de Processo Civil de 1973 veiculava a distribuição do ônus da prova de forma estática em seu artigo 333, incisos I e II. Cabia ao autor comprovar os fatos constitutivos de seu direito e ao réu trazer aos autos a existência de fatos impeditivos, modificativos ou extintivos do direito do autor. Esse dispositivo legal já trazia uma tímida disposição a respeito dos negócios jurídicos processuais relacionados à produção probatória (no bojo do qual a norma apenas vedava convenções que tratassem de direito indisponível das Partes e que tornassem excessivamente difícil o exercício do direito pela Parte).

O Código de Processo Civil de 2015 revolucionou essa questão.

Por mais que o artigo 373 do CPC de 2015 mantenha parte da norma constante do artigo 333 do CPC de 1973, o legislador introduziu uma novidades ao trazer em seu parágrafo primeiro uma norma que estabelece a possibilidade da distribuição dinâmica do ônus da prova ("§ 1° Nos casos previstos em lei ou diante de peculiaridades da causa relacionadas à impossibilidade ou à excessiva dificuldade de cumprir o encargo nos termos do caput ou à maior facilidade de obtenção da prova do fato contrário, poderá o juiz atribuir o ônus da prova de modo diverso, desde que o faça por decisão fundamentada, caso em que deverá dar à parte a oportunidade de se desincumbir do ônus que lhe foi atribuído").

Não se trata aqui da regra de julgamento que disciplina a inversão do ônus da prova (artigo 6°, inciso VIII) da Lei 8.078/1990, mas sim de uma regra de procedimento. Nessas ocasiões, ao longo do feito, o magistrado pode, casuisticamente, atribuir à parte que não aquela que se esperava inicialmente o ônus de produzir determinada prova – devendo oferecer-lhe a oportunidade de se desincumbir do ônus.

Essa alteração legislativa corrobora a posição há muito defendida pelo Professor José Carlos Barbosa Moreira, para quem uma imposição como a tal estimularia que as partes atuassem de boa-fé e não aguardassem em uma posição de conforto (*vis-à-vis* as normas plasmadas nos artigos 5° e 6° do CPC/2015).

Essa norma, que não poderá ser aplicada ao arrepio do Princípio do Contraditório Participativo e obedece ao Princípio da Vedação à prolação de Decisão Surpresa (já que a parte a quem foi imposto o ônus da prova no curso do feito terá a oportunidade de se desincumbir do mesmo), é muito bem-vinda já que permite aos magistrados, após analisar casuisticamente a discussão, avaliar a quem incumbirá o ônus de provar.

8. A MOTIVAÇÃO DAS DECISÕES JUDICIAIS COMO GARANTIA INERENTE AO ESTADO DE DIREITO[1]

"Good decisions are such decisions for which good reasons can be given."
(BENTHAM)

I - Dados históricos e de direito comparado

1. Registra a história do direito precedentes antigos de decisões judiciais que precisavam ou costumavam ser motivadas. A partir da segunda metade do século XVIII, porém, é que se começou a generalizar, nas legislações ocidentais, a exigência feita aos juízes de declarar, em seus pronunciamentos decisórios, as razões em que se baseavam - imposição em regra qualificada pelo requisito da publicidade. Consagrou-a a Revolução Francesa, primeiro no art. 15, Tít. V, da Lei de Organização Judiciária de 1790, e depois no art. 208 da Constituição do ano III. Na mesma época adotou-a na Prússia a *Allgemeine Gerichtsordnung* de 1793, ao passo que na península itálica a inovação se vira introduzida por anteriores reformas, em Nápoles (1774) e no Principado de Trento (1788).

A obrigatoriedade da motivação constituiria traço comum a quase todas as grandes codificações processuais do século XIX. Em França, reafirmava-a o art. 141 do *Code de procédure civile* de 1807, corroborado o preceito pela Lei de Organização Judiciária de 1810, que cominou a sanção de nulidade para os *arrêts* desprovidos de motivação. Acolheram também o princípio o *Codice di procedura civile* de 1865 (art. 436), a *Ley de Enjuiciamiento Civil* espanhola, de 1881 (art. 372), e as duas famosas Ordenações germânicas, a alemã, de 1877 (§ 284, hoje 313) e a austríaca, de 1895 (§ 414). À mesma orientação vêm-se mantendo fiéis os legisladores processuais civis na atual centúria: para apenas recordarmos alguns dos mais importantes códigos surgidos nos últimos quarenta anos, vejam-se o novo estatuto italiano de 1940 (art. 132), o português de 1967 (art. 659), o belga de 1967 (art. 780), o argentino de 1970 (arts. 34, 161, 163), o francês de 1975 (art. 455).

---

1 Trabalho apresentado a VII Conferência Nacional da Ordem dos Advogados do Brasil (maio de 1978). Publicado *in Rev. Bras. de Dir. Proc.*, v. 16.

2. Dado relevante é a atribuição de dignidade constitucional, em mais de um país, ao dever, imposto aos juízes, de motivar as decisões. O fenômeno não esgota sua significação no acréscimo de estabilidade que assim se imprime à norma, colocada ao abrigo das vicissitudes legislativas em nível ordinário; sugere, ademais, visualização diversa da matéria, pela adequada valoração de seu enquadramento num sistema articulado de garantias fundamentais. O exemplo mais conhecido é o da Itália, onde o art. 111 da Constituição de 1948 reza na 1ª alínea: *"Tutti* i *provvedimenti giurisdizionali devono essere motivati";* podem citar-se ainda a Constituição belga de 1831 (art. 97), as Constituições gregas de 1952 (art. 93) e de 1968 (art. 117) e as de vários países latino-americanos: Colômbia, Haiti, México, Peru[2].

Importa, aliás, registrar a ponderável tendência que se manifesta, mesmo onde não existe regra constitucional expressa, a procurar na sistemática da Lei Maior um suporte para o preceito da motivação obrigatória. Assim é que, na República Federal da Alemanha, doutrina autorizada enxerga na obrigatoriedade da fundamentação reflexo direto de princípios constitucionais, notadamente da garantia do *rechtliches Gehör* (direito de ser ouvido em Juízo) e da subordinação do juiz à lei, consagrada aquela no art. 103, 1ª alínea, esta no art. 20, 3ª alínea, da *Grundgesetz*[3].

3. Consideração à parte merecem os ordenamentos de *common law.* Não se depara neles norma escrita de alcance genérico que obrigue os órgãos judiciais a motivar seus pronunciamentos. Todavia, ao menos no que concerne ao direito inglês, seria errôneo interpretar o fato como sinal de que a ideia é estranha à concepção dominante. Muito ao contrário, os estudiosos da matéria assinalam que a motivação constitui procedimento constante, incorporado à tradição, principalmente nas Cortes superiores[4]. Se não se tratou de editar regra legal genericamente impositiva

2 Para a indicação e a transcrição (em língua francesa) dos dispositivos, *vide* FIX-ZAMUDIO, Les garanties constitutionelles des parties dans le procès civil en Amérique Latine, no volume *Fundamental guarantees of lhe parties in civil litigation*, editado por CAPPELLETTI e TALLON, Milão-Dobbs Ferry, 1973, p. 90 e, aí, notas 205 a 208.

3 Leia-se, ao propósito, BRÜGGEMANN, *Die richterliche Begründungspflicht*, Berlim, 1971, p. 108, 125 e S., 152 e s.

4 VARANO, Organizzazione e garanzie della giustizia civile nell'lnghilterra moderna, Milão, 1973, p. 502 e S.; TARUFFO, La motivazione della sentenza civile. Pádua,

da fundamentação, é que, com toda a probabilidade, não se terá julgado necessário formular a exigência em texto escrito[5]. Mas parece inconcebível uma mudança de rumos na praxe judiciária: chega-se a afirmar que, se os Tribunais deixassem de fundamentar suas decisões, todo o sistema do *case law* cairia por terra[6]. Basta pensar, com efeito, na importância das razões de decidir para a atuação do mecanismo dos precedentes.

Não deixa de surpreender, por isso mesmo, que a situação seja outra nos Estados Unidos, onde, na verdade, igualmente sem norma expressa que imponha a motivação, a prática tem permanecido, até certo ponto, indiferente ao problema. Se as decisões dos órgãos superiores - aliás com relevantes exceções - costumam ser motivadas, o mesmo não se pode dizer dos pronunciamentos judiciais de primeiro grau[7]. Força é reconhecer, no particular, a posição singularíssima do direito norte-americano.

4. A obrigatoriedade da motivação tem fundas raízes na tradição luso-brasileira. No Código Filipino, assim estatuía a Ordenação do Livro III, Título LXVI, § 7, *princípio:*

> "E para as partes saberem se lhes convém apelar, ou agravar das sentenças definitivas, ou vir com embargos a elas, e os Juízes da mor alçada entenderem melhor os fundamentos, por que os Juízes inferiores se movem a condenar, ou absolver, mandamos que todos nossos Desembargadores, e quaisquer outros Julgadores, ora sejam Letrados, ora o não sejam, declarem especificadamente em suas sentenças definitivas, assim na primeira instância, como no caso da apelação, ou agravo, ou revista, as causas, em que se fundaram a condenar, ou absolver, ou a confirmar, ou revogar".

Acrescente-se que ficava sujeito ao pagamento de multa, em benefício da parte, o juiz que infringisse tal preceito. Não obstante, infrações ocorreram; e, já nos primeiros tempos de nossa independência, uma portaria de 31 de março de 1824 vinha lembrar aos juízes recalcitrantes o dever a que estavam sujeitos.

1975, p. 363 e S.; JOLOWICZ. Fundamental guarantees in civil litigation: England, no v. cit. na nota 1, p. 168-9.

---

5 Observação de TARUFFO, ob. cit., p. 345.

6 JOLOWICZ, ob. cit., p. 169, nota 158.

7 *Vide* TARUFFO, ob. cit., p. 368-9.

O mesmo princípio inspirou o art. 232 do Regulamento nº 737, de 1850, *verbis:* "A sentença deve ser clara, sumariando o juiz o pedido e a contestação com os fundamentos respectivos, motivando com precisão o seu julgado, e declarando sob sua responsabilidade a lei, uso ou estilo em que se funda". Sob redação idêntica passaria a regra ao antigo Código de Processo Civil e Comercial do Rio Grande do Sul (art. 499), e com ligeiras alterações ao do Distrito Federal (art. 273, *caput),* onde já anteriormente a acolhera o Decreto nº 9.263, de 28 de setembro de 1911, que regulamentou a Justiça local (art. 259). Em igual sentido dispuseram, entre tantos outros, o Código baiano (art. 308), o mineiro (art. 382), o paulista (art. 333), o pernambucano (art. 388). Não se afastou da linha o Código nacional de 1939, conforme ressaltava dos arts. 118, parágrafo único, e 280, nº II, aquele a determinar que o juiz indicasse "os fatos e circunstâncias que motivaram o seu convencimento", este a exigir que a sentença contivesse "os fundamentos de fato e de direito".

Hoje, têm-se no diploma de 1973 o art. 131 ("O juiz apreciará livremente a prova, atendendo aos fatos e circunstâncias constantes dos autos, ainda que não alegados pelas partes; *mas deverá indicar, na sentença, os motivos que lhe formaram o convencimento");* o art. 458, que arrola, entre os "requisitos essenciais da sentença", no inciso n, "os fundamentos, em que o juiz analisará as questões de fato e de direito"; e, ainda, o art. 165, que estende aos acórdãos a incidência do art. 458, acrescentando que "as demais decisões" (isto é, as interlocutórias) também "serão fundamentadas, ainda que de modo conciso". A conjugação desses dispositivos não deixa margem a qualquer dúvida sobre a adoção categórica e irrestrita do princípio da obrigatoriedade da motivação.

II – O problema da justificação do dever de motivar

5. Como transparece dos dados que se alinharam na primeira parte deste trabalho, o reconhecimento do dever de motivar as decisões judiciais firmou-se, nos diferentes ordenamentos, sob circunstâncias históricas, políticas, sociais e culturais bastante diversificadas. Parece inviável qualquer tentativa de filiar a um princípio inspirador comum a emergência da regra nos muitos países em que ela se impôs[8]. Tem variado,

8 Nesse sentido, a nosso ver com razão, TARUFFO, ob. cit., p. 320, 325; cf., do mesmo autor, L'obbligo di motivazione della sentenza civile tra diritto comune e illuminismo, *in Riv. di dir. proc.*, v. XXIX (1974), p. 265 e s.

inclusive, no tempo e no espaço, o próprio entendimento de "decisão motivada", ou, em outras palavras, a extensão dos requisitos que se hão de satisfazer para que se tenha por cumprido o dever de fundamentar os pronunciamentos judiciais.

Isso não impede que, focalizada a questão ao ângulo da política legislativa, se formulem razões capazes de justificar a exigência. Não são poucas as recordadas nos trabalhos que versam o assunto. Numa linha tradicional de pensamento, elas se relacionam, sobretudo, com certa preocupação de racionalizar a atividade jurisdicional, assumindo, em primeiro plano, significação *técnica*. Assim é que se registra, por exemplo, a importância da motivação para a correta interpretação do julgado, para a determinação precisa do respectivo conteúdo – o que pode revestir grande significação quando se queira delimitar o âmbito da *res iudicata*. Com maior vigor ainda costuma-se acentuar o papel da motivação na economia das impugnações: mesmo deixando de lado, porque frequentemente desmentido na prática, o suposto valor persuasivo das boas fundamentações, a que se pretende atribuir o efeito de desencorajar a interposição de recursos, restam outros aspectos de inegável relevância: só o conhecimento das razões de decidir pode permitir que os interessados recorram adequadamente e que os órgãos superiores controlem com segurança a justiça e a legalidade das decisões submetidas à sua revisão. Considerações análogas caberiam quanto às chamadas "ações impugnativas autônomas", nos ordenamentos que as possuem, como é o caso do brasileiro (ação rescisória[9], mandado de segurança contra ato judicial). A obrigatoriedade da motivação é vista, ademais, como condição do funcionamento eficaz dos mecanismos destinados a promover a uniformização da jurisprudência, para a qual são as teses jurídicas que importam, e não as conclusões nuas dos julgados.

Tais argumentos têm peso variável. Os mais importantes serão talvez os que concernem à problemática da impugnação das decisões: já os levara em conta o legislador filipino, segundo ressalta do texto acima transcrito (item 4). Mesmo a esses, contudo, só se pode reconhecer alcance limitado. Desde logo se vê que, quando muito, justificariam a obrigatoriedade da motivação apenas para as decisões suscetíveis de revisão, mediante recurso ou ação impugnativa autônoma. Mas é concebí-

9 Sirva de exemplo o caso de ação rescisória proposta com invocação do art. 485, n. IX, do Código de Processo Civil, absolutamente impensável sem o conhecimento da motivação da sentença rescindenda.

vel – e há exemplos históricos a amparar a objeção[10] – que se propiciem, quer às partes, quer aos órgãos revisores, os elementos de que necessitam, sem adotar o sistema da fundamentação obrigatória e pública das decisões: estabelecendo, v.g., que as razões de decidir sejam comunicadas, mediante requerimento, ao interessado em manifestar impugnação, ou transmitidas, em caráter reservado, ao juízo *ad quem.*

6. O tratamento mais moderno do problema utiliza outro enfoque. Não se nega a importância dos aspectos puramente técnicos, ou pelo menos de alguns deles; mas é alhures que se coloca a tônica. Vai-se firmando a convicção de que o problema se põe, antes de tudo, no plano dos princípios fundamentais, de ordem política – no mais nobre sentido da palavra –, que devem presidir à disciplina da atividade estatal, in *genere,* e da atividade jurisdicional, *in specie.* Nesse contexto, avulta a ideia de *garantia* como inspiração básica e fim precípuo da imposição do dever de enunciar, publicamente, as razões justificativas da decisão proferida.

Várias são as manifestações dessa função de garantia que se atribui à obrigatoriedade (e à publicidade) da motivação. Ela começa por ministrar elementos para a aferição, *in concreto,* da *imparcialidade do juiz:* só pelo exame dos motivos em que se apoia a conclusão poder-se-á verificar se o julgamento constitui ou não o produto da apreciação objetiva da causa, em clima de neutralidade diante das partes.

O mesmo se dirá da *legalidade da decisão:* sem conhecer as razões que a inspiraram, impossível saber se ela é ou não conforme à lei. Vale acentuar que a necessidade da motivação se torna mais premente na medida em que se reconhece o papel desempenhado, no processo decisório, pelas opções valorativas do julgador, por exemplo ao concretizar conceitos jurídicos indeterminados, como o de "bons costumes", "exercício regular de direito", "interesse público" e outros análogos; e que as hipóteses de discrição concedida pelo ordenamento ao órgão judicial marcam justamente os pontos mais sensíveis do problema: ao contrário do que pareceria à primeira vista, a motivação é tanto mais necessária quanto mais forte o teor de discricionariedade da decisão, já que apenas à vista dela se pode saber se o juiz usou bem ou mal a sua liberdade de escolha, e sobretudo se não terá ultrapassado os limites da discrição

10 *Vide,* ainda, TARUFFO, *La motiv. della sent. civ.,* cit., p. 329-30, 334, 382-3.

para cair no arbítrio[11]. Ainda fora, porém, desses casos-limites, é ocioso frisar a importância da motivação para o controle da solução dada quer às *quaestiones iuris,* quer às *quaestiones facti,* e em particular da observância de normas como a que veda ao juiz levar em conta elementos não constantes dos autos (Código de Processo Civil, art. 131, 1ª parte, *a contrario sensu),* ou a que o proíbe de conhecer de questões não suscitadas, a cujo respeito se exija a iniciativa da parte (art. 128, *fine),* ou as regras legais sobre valoração das provas (arts. 364, 365, 366, 367 etc.).

Last but not least, trata-se de garantir o direito que têm as partes de ser ouvidas e de ver examinadas pelo órgão julgador as questões que houverem suscitado. Essa prerrogativa deve entender-se ínsita no direito de ação, que não se restringe, segundo a concepção hoje prevalecente, à mera possibilidade de pôr em movimento o mecanismo judicial, mas inclui a de fazer valer razões em Juízo *de modo efetivo,* e, por conseguinte, de reclamar do órgão judicial a consideração atenta dos argumentos e provas trazidas aos autos. Ora, é na motivação que se pode averiguar se e em que medida o juiz levou em conta ou negligenciou o material oferecido pelos litigantes; assim, essa parte da decisão constitui "o mais válido ponto de referência" para controlar-se o efetivo respeito daquela prerrogativa[12].

III – A significação do princípio no quadro do Estado de Direito

7. No presente contexto, em atenção ao lema geral escolhido para a Conferência, importa pôr em relevo a significação que assume o princípio da obrigatoriedade da motivação das decisões judiciais no quadro do Estado de Direito. Considerado nas cambiantes circunstâncias históricas, políticas, sociais e culturais que lhe cercaram a afirmação, ele sem dúvida reflete a atuação de ideias díspares. Na perspectiva em que nos situamos, porém, não se afigura difícil reconhecer-lhe sentido preciso e, em certa medida, unívoco.

No Estado de Direito, todos os poderes sujeitam-se à lei. Qualquer intromissão na esfera jurídica das pessoas deve, por isso mesmo, justificar-se, o que caracteriza o Estado de Direito como *"rechtsfertigender*

11 Do preceito da motivação dizia LOPES DA COSTA. Direito processual civil brasileiro. 2ª ed., Rio de Janeiro, 1959, v. III, p. 297: "Ele é que põe a administração da justiça a coberto da suspeita dos dois piores vícios que possam manchá-la: o arbítrio e a parcialidade".

12 TROCKER, *Processo civile e Costituzione,* Milão, 1974, p. 460.

Staat", como "Estado que se justifica"[13]. Distingue a doutrina dois aspectos complementares dessa "justificação": o material e o formal. A intromissão é materialmente justificada, quando para ela *existe* fundamento: é formalmente justificada, quando *se expõe, se declara, se demonstra* o fundamento[14].

Compete ao Poder Judiciário - em regra, com exclusividade, mas em todo caso com absoluta preeminência - a função de custodiar a integridade da ordem jurídica. A ele podem recorrer os que porventura queiram pleitear a tutela de direito supostamente ameaçado ou lesado. É no seu âmbito que se submete ao teste definitivo a *efetividade* do ordenamento: não basta a este reconhecer direitos *in abstracto,* senão que lhe cumpre assegurai a possibilidade de obter-se, *in concreto,* a proteção ou a reintegração dos direitos abstratamente reconhecidos. A promessa contida na lei reduzir-se-ia a mero *flatus vocis* sem a oportunidade, aberta a todos e a cada qual, de reclamar do juiz que a faça cumprir.

Mas a atuação eficaz da garantia jurisdicional exige que os órgãos incumbidos de prestá-la igualmente se submetam - e até *a fortiori* - ao princípio da justificação necessária, no seu duplo momento, material e formal. É preciso que o pronunciamento da Justiça, destinado a assegurar a inteireza da ordem jurídica, realmente se funde na lei; e é preciso que esse fundamento se manifeste, para que se possa saber se o império da lei foi na verdade assegurado. A não ser assim, a garantia torna-se ilusória: caso se reconheça ao garante a faculdade de silenciar os motivos por que concede ou rejeita a proteção na forma pleiteada, nenhuma certeza pode haver de que o mecanismo assecuratório está funcionando corretamente, está deveras preenchendo a finalidade para a qual foi criado.

8. Poderia talvez objetar-se que a exigência da justificação formal, no tocante aos pronunciamentos judiciais, só é *praticamente* útil na medida em que eles comportem revisão a cargo de órgãos superiores. A objeção prende-se à ideia, a que já se aludiu, de que a necessidade de motivação precipuamente se explica pelo propósito de facilitar à parte a tarefa de impugnar a decisão, e ao juízo revisor a de investigar a ocorrência de erros ou vícios que porventura a tornem injusta ou ilegal.

13 BRÜGGEMANN, ob. cit., p. 161.

14 BRÜGGEMANN, ob. cit., p. 117, 178.

Corresponde, assim, a uma visualização do problema através de prisma exclusivamente técnico.

Ao ângulo em que nos colocamos, ressalta a insuficiência dessa maneira de equacionar o problema e a sua inidoneidade para atender aos postulados do Estado de Direito. Não é a circunstância de estar emitindo a *última palavra* acerca de determinado litígio que exime o órgão judicial de justificar-se. Muito ao contrário, é nesse instante que a necessidade da justificação se faz particularmente aguda: o pronunciamento final, exatamente porque se destina a prevalecer em definitivo, e nesse sentido representa (ou deve representar) a expressão máxima da garantia, precisa, mais do que qualquer outro, mostrar-se apto a corresponder à função delicadíssima que lhe toca. Não é admissível que a garantia se esvazie, se despoje de eficácia, no momento culminante do processo mediante o qual é chamada a atuar.

O pensamento jurídico de nossos dias propugna concepção mais ampla da *controlabilidade* das decisões judiciais, que não se adstringe ao quadro das impugnações previstas nas leis do processo. Não é apenas o controle *endoprocessual* que se precisa assegurar: visa-se ainda, e sobretudo, "a tornar possível um controle 'generalizado' e 'difuso' sobre o modo como o juiz administra justiça"; e "isso implica que os destinatários da motivação não sejam somente as partes, seus advogados e o juiz da impugnação, mas também a opinião pública entendida seja no seu complexo, seja como opinião do *quisquis de populo*"[15]. A possibilidade de aferir a correção com que atua a tutela jurisdicional não deve constituir um como "privilégio" dos diretamente interessados, mas estender-se em geral aos membros da comunidade: é fora de dúvida que, se a garantia se revela falha, o defeito ameaça potencialmente a todos, e cada qual, por isso mesmo, há de ter acesso aos dados indispensáveis para formar juízo sobre o modo de funcionamento do mecanismo assecuratório. Ora, a via adequada não pode consistir senão no conhecimento das razões que o órgão judicial levou em conta para emitir seu pronunciamento; daí decorre a necessidade da *motivação obrigatória e pública.*

9. O controle *extraprocessual* deve ser exercitável, antes de mais nada, pelos jurisdicionados *in genere,* como tais. A sua viabilidade é condição essencial para que, no seio da comunidade, se fortaleça a confiança na

15 TARUFFO, *La motiv. della sent. civ.*, cit., p. 406-7.

tutela jurisdicional – fator inestimável, no Estado de Direito, da coesão social e da solidez das instituições.

Impende observar, todavia, que no interior do grande conjunto se distinguem conjuntos parciais, aos quais é justo reconhecer um interesse *qualificado* no exercício do referido controle. O fenômeno grita, por exemplo, no tratamento judicial de relações e situações que, longe de circunscrever-se aos litigantes considerados individualmente, são comuns a um número indeterminado (e em regra vultoso) de pessoas, cuja sorte pode ver-se afetada pela decisão – diretamente, quando o ordenamento contemple uma extensão subjetiva de eficácia da sentença, ou até da autoridade da coisa julgada[16]; indiretamente, mercê da influência que, senão *de iure,* ao menos *de facto,* venha o pronunciamento a manifestar sobre outros subsequentes, em causas análogas.

Em plano diverso, mas não secundário, situa-se aquele particular setor da comunidade que, por dever de ofício, tem como ocupação habitual a análise, a explicação e a crítica do direito, não apenas como se desenha nos textos legais, mas também, e necessariamente, tal qual se revela, vivo, na prática judiciária. A doutrina tem suas responsabilidades para com o corpo social, e a menor delas não será com certeza a de tentar, examinando as soluções adotadas pelos órgãos judicantes, para aplaudi-las ou para apontar-lhes eventuais desacertos, contribuir para o aprimoramento da administração da justiça, e mesmo, eventualmente, para o aperfeiçoamento do *ius positum,* mediante sugestões que lhe inspire o estudo atento da jurisprudência.

Nada disso é possível sem o conhecimento das razões por que se julga neste ou naquele sentido. Só a obrigatoriedade e a publicidade da motivação permitem o exercício eficaz do controle extraprocessual.

10. Já tivemos ocasião de acentuar que, vista a fundamentação obrigatória como garantia inerente ao Estado de Direito, desaparece qualquer motivo para que a exigência se limite a decisões suscetíveis de revisão. Não há distinguir, portanto, nessa perspectiva, entre pronunciamentos decisórios deste ou daquele órgão. Os tribunais que se situem na cúpula do aparelho judiciário hão de sujeitar-se, como todos os outros órgãos

16 Conforme sucede, v.g., na ação popular do direito brasileiro, com a decisão que julgue procedente o pedido, ou que o julgue improcedente por motivo diverso da simples deficiência de provas (Lei n. 4.711, de 29-6-1965, art. 18).

judicantes, à necessidade da «justificação formal», tornando públicas as razões de decidir. Essa necessidade subsiste mesmo nas hipóteses em que o tribunal esteja a julgar em último grau, e a emitir pronunciamentos que nem sequer por meio de ação autônoma comportem impugnação.

Conforme se lê em recente monografia alemã, "o dever de motivar toca nesses casos a todos os tribunais sem restrição e não se limita a domínios ou ramos singulares do Poder Judiciário". Recorda o autor decisão da Comissão Europeia de Direitos Humanos, de 17 de janeiro de 1963, em que a tese foi expressamente confirmada, e acrescenta que o princípio da obrigatoriedade da motivação há de ficar tanto menos sujeito a postergações quanto mais relevante para a comunidade jurídica for a atividade do órgão[17]. É uma observação que merece total apoio: as considerações que nos induzem a reputar essencial à vida do Estado de Direito a possibilidade de controlar-se *extrajudicialmente* o funcionamento da Justiça, longe de perderem a razão de ser, assumem ao contrário realce particular quando aplicados à "palavra definitiva" do Judiciário. Em relação a essa – que modela, na prática, o *ius quod est,* e se vê constantemente chamada a contribuir, de maneira poderosa, para o desenvolvimento e o progresso da ordem jurídica –, é que precisam os jurisdicionados ter mais seguro penhor de tranquilidade e de confiança na maneira por que ela desempenha sua função assecuratória.

IV – Situação do direito brasileiro

11. Inexiste na Constituição de República texto que expressamente consagre a obrigatoriedade da motivação das decisões judiciais. No plano da legislação ordinária, entretanto, o Código de Processo Civil[18], como já se mostrou (item 4, *fine,* deste trabalho), dá ao princípio inequívoco acolhimento e dele faz, em vários dispositivos, oportunamente recordados, larga aplicação. Merece registro a circunstância de que o dever de moti-

---

17 BRÜGGEMANN, ob. cit., p. 124.

18 No âmbito do processo penal, haveria que considerar o caso particularíssimo da decisão sobre os fatos, proferida pelo conselho de sentença nos feitos da competência do júri. Excluímos deliberadamente do plano de nosso trabalho o exame de tal problema, que nos levaria por força a exceder os limites aqui toleráveis. Sobre a questão surgida ao propósito no direito italiano, com a consagração em nível constitucional do dever de motivar, *vide* AMODIO, L'obbligo costituzionale di motivazione e l'istituto della giuria, *in Riv. di dir. proc.*, v. XXV (1970), p. 444 e s.

var não fica adstrito às *sentenças*, em sentido próprio, isto é, às decisões que ponham "termo ao processo", consoante a definição do art. 162, § 1º: também as "demais decisões" (interlocutórias) devem ser fundamentadas, "ainda que de modo conciso" (art. 165, 2ª parte). Além disso, a regra da motivação obrigatória tanto apanha os pronunciamentos de primeiro grau quanto os de grau superior, conforme ressalta da expressa alusão a "acórdãos", na primeira parte do art. 165.

São motivadas, como as dos outros órgãos judiciais, as decisões do Supremo Tribunal Federal. De cada julgamento se tomam notas taquigráficas, que registram o relatório, a discussão e os votos fundamentados, e se juntam aos autos, com o acórdão, depois de revistas e rubricadas (Regimento Interno do Supremo Tribunal Federal, art. 92, *caput),* a menos que o Ministro Relator dispense a juntada; neste caso, porém, caber-lhe-á fazer constar do acórdão "o resumo das alegações das partes, *os motivos* e as conclusões do julgamento" (art. 94, *caput).* Como é notório, recentemente se criou uma exceção ao disciplinar-se, pela Emenda nº 3, de 12 de junho de 1975, a "arguição de relevância da questão federal", destinada a afastar as restrições constantes do texto regimental ao cabimento do recurso extraordinário com base no art. 119, nº III, letras *a* e *d,* da Carta da República. A apreciação das "arguições de relevância" é feita pela Corte em sessão secreta e dispensa motivação: da ata da sessão, que se publica para ciência dos interessados, consta apenas a relação das arguições acolhidas e das rejeitadas (Regimento Interno, art. 308, § 4º, incisos VIII e IX).

12. A inovação introduzida pela Emenda Regimental nº 3 inspirou-se, ao que tudo indica, no direito norte-americano, onde a concessão do *writ of certiorari* – remédio até certo ponto análogo ao nosso recurso extraordinário – fica à discrição da Suprema Corte, que não precisa justificar a denegação[19]. Mas nos Estados Unidos, consoante já se notou, inexiste regra geral, escrita ou consuetudinária, que imponha motivação das decisões judiciais, de sorte que o regime do *certiorari* não reveste caráter excepcional, não quebra a sistemática do ordenamento, ao contrário do que manifestamente sucede no Brasil com qualquer norma que dispense a

19 "A review on writ of certiorari is not a matter of right, but of sound judicial discretion, and will be granted only where there are special and important reasons therefore" (U. S. Supreme Court Rules, Part V, Rule 19, n. 1, princípio).

motivação. Observe-se, de passagem, que nem sequer lá se tem considerado satisfatória a solução dada ao problema[20] e isso a despeito de bastarem os votos de quatro juízes para *deferir-se* a revisão, o que atenua em medida considerável o risco do arbítrio.

A doutrina brasileira, não recebeu bem a inovação[21], que chegou a ser tachada de inconstitucional[22]: de um lado, não obstante a ausência de disposição expressa na Carta da República, o direito à motivação das decisões judiciais seria deduzível do art. 153, § 4º, como desdobramento necessário do direito de ação; de outro lado, a competência outorgada ao Supremo Tribunal Federal para, no Regimento Interno, disciplinar o processo e o julgamento dos feitos que lhe toquem, originariamente ou em grau de recurso (Constituição Federal, art. 119, § 3º, letra c, na redação da Emenda nº 7, com o acréscimo de referência específica à "arguição de relevância", a rigor mero incidente do recurso extraordinário), não o autorizaria a fugir aos princípios consagrados na legislação processual comum, entre os quais, precisamente, o da obrigatória motivação das decisões.

13. Que a dispensa de motivação para a decisão do Supremo Tribunal Federal sobre a relevância ou irrelevância da *federal question* arguida pelo recorrente é incompatível com a garantia da "justificação formal", inerente ao Estado de Direito, resulta necessariamente de quanto se expôs até agora e prescinde de ulterior esforço de demonstração. A circunstância de que, ao rejeitar a arguição, o Tribunal barra em definitivo o caminho para a revisão do pronunciamento recorrido imprime ao ponto especial gravidade.

Nem se diga que o fato de inexistir critério legal vinculativo, a ser observado na qualificação da questão como "relevante", torna inócua a

---

20 Referem-se STERN e GRESSMAN, Supreme Court practice, 3ª ed., Washington, 1962, p. 123-4, a um "growing internal and external criticism" quanto à discricionariedade; tem-se criticado também a não divulgação dos motivos por que se rejeita a petition (*id.*, p. 177, nota 15).

21 À crítica formulada em nossos *Comentários ao código de processo civil,* v. V, 2ª ed., Rio de Janeiro, 1976, p. 547, juntou-se a de SÉRGIO BERMUDES, *Comentários ao código de processo civil,* v. VII, 2ª ed., São Paulo, 1977, p. 312.

22 Assim, CALMON DE PASSOS, em conferência (não publicada) que proferiu sobre o tema na Universidade Católica de Goiás, e de cujo texto recebemos cópia, por gentileza do autor.

exigência da motivação. Já se acentuou que as opções do órgão judicial devem ser justificadas ainda quando (ou melhor: *sobretudo* quando) descansem sobre juízos de valor. É evidente que, ao deliberar acerca da arguição de relevância, o Supremo Tribunal Federal há de guiar-se por algum critério. Na medida em que esse critério, embora desprovido de rigidez, seja *racional* – e não puramente "voluntarístico", ou ditado pelo "sentimento" ou pela "intuição" – pode ser explicado, e diríamos mais: reclama explicação. Até porque, elástico que seja, o critério, para conservar-se digno desse nome, há de ser aplicado com um mínimo de coerência e de homogeneidade. Se dois litigantes, em casos análogos, arguem a relevância da mesma questão federal, é de esperar, em princípio, que recebam iguais respostas; e, na hipótese de as receberem desiguais, faz-se indispensável ao controle extraprocessual do funcionamento do mecanismo assecuratório que se conheçam os motivos da diferença de tratamento, que se identifiquem as peculiaridades em virtude das quais um viu acolhida e outro rejeitada a sua arguição.

Não nos parece útil, todavia, *de iure constituto,* discutir o problema ao ângulo da compatibilidade ou incompatibilidade entre a disposição regimental e a Carta da República. Afigura-se-nos irrealística a expectativa de que o Supremo Tribunal Federal, autor da norma, venha a reconhecer-lhe a alegada inconstitucionalidade. Seja como for, do ponto de vista em que neste trabalho nos situamos, preocupa-nos menos o exame da garantia da motivação no contexto das instituições político-jurídicas *tais como hoje existem* do que na perspectiva das exigências do Estado de Direito *cuja restauração se almeja.* A essa luz, julgamos relativamente pouco importante indagar se a disciplina desta ou daquela matéria se harmoniza com as regras superiores em vigor, pela simples e óbvia razão de que *as regras superiores em vigor nem sempre se harmonizam, elas próprias, com os postulados do Estado de Direito.*

14. Nosso olhar dirige-se, neste momento, ao futuro. O restabelecimento do Estado de Direito, em sua plenitude, é preocupação constante e instante dos advogados brasileiros. A consecução de tal objetivo exige, sem dúvida, a reforma profunda das instituições sob que vivemos. Mas a nossa pregação não pode diluir-se em genéricas e vagas declarações de princípios. Somos convocados a contribuir com sugestões específicas e concretas para a grande tarefa de reconstrução de uma ordem jurídica que atenda aos anseios do País. Incumbe a cada qual trazer o seu adminículo, modesto que seja, para dar forma visível e precisa ao ideal comum.

No aspecto particular de que trata o presente trabalho, é nossa convicção que o princípio da motivação obrigatória das decisões judiciais, por espelhar garantia inerente ao Estado de Direito, merece consagração expressa em eventual reformulação da Lei Maior. Sua significação, como esperamos ter demonstrado, transcende de muito o nível da técnica processual. Está bem que o afirmem os Códigos; mas não é o bastante. Ele precisa ser posto a salvo de postergações como a que se configurou na Emenda nº 3 ao Regimento Interno do Supremo Tribunal Federal. O único meio seguro de preservar-lhe a invulnerabilidade é inseri-lo, *expressis verbis,* no texto constitucional, a exemplo do que têm feito outros países. Ressalve-se, se assim se entender, o caso dos veredictos do tribunal do júri, cuja preservação é cara a tantos espíritos. Feita abstração dele, enunciamos como se seguem as nossas.

Conclusões

1ª) A motivação das decisões judiciais, como expressão da "justificação formal" dos atos emanados do Poder a que compete, por excelência, a tutela da ordem jurídica e dos direitos subjetivos, constitui garantia inerente ao Estado de Direito.

2ª) O princípio de que as decisões judiciais devem ser motivadas aplica-se aos pronunciamentos de natureza decisória emitidos por qualquer órgão do Poder Judiciário, seja qual for o grau de jurisdição, sem exclusão dos que possuam índole discricionária ou se fundem em juízos de valor livremente formulados.

3ª) É conveniente a inclusão, na Constituição da República, de dispositivo que consagre em termos expressos o princípio da obrigatoriedade da motivação.

Março de 1978.

COMENTÁRIOS DOS ATUALIZADORES

8. A MOTIVAÇÃO DAS DECISÕES JUDICIAIS COMO GARANTIA INERENTE AO ESTADO DE DIREITO

Luiz Fux / Rodrigo Fux

Encampando a sugestão do Professor José Carlos Barbosa Moreira, a Constituição da República de 1988, em seu artigo 93, inciso IX, dispõe especificamente a respeito do dever de motivação das decisões judiciais. Segundo o texto constitucional, *"todos os julgamentos dos órgãos do Poder Judiciário serão públicos, e fundamentadas todas as decisões, sob pena de nulidade, podendo a lei limitar a presença, em determinados atos, às próprias partes e a seus advogados, ou somente a estes, em casos nos quais a preservação do direito à intimidade do interessado no sigilo não prejudique o interesse público à informação"*.

Além disso, o regramento processual passou por amplíssima reforma no que diz respeito ao dever de motivação, o que deu origem às regras contidas no artigo 489, § 1º do Código de Processo Civil de 2015, *verbis*:

> "§ 1º Não se considera fundamentada qualquer decisão judicial, seja ela interlocutória, sentença ou acórdão, que:
>
> I – se limitar à indicação, à reprodução ou à paráfrase de ato normativo, sem explicar sua relação com a causa ou a questão decidida;
>
> II – empregar conceitos jurídicos indeterminados, sem explicar o motivo concreto de sua incidência no caso;
>
> III – invocar motivos que se prestariam a justificar qualquer outra decisão;
>
> IV – não enfrentar todos os argumentos deduzidos no processo capazes de, em tese, infirmar a conclusão adotada pelo julgador;
>
> V – se limitar a invocar precedente ou enunciado de súmula, sem identificar seus fundamentos determinantes nem demonstrar que o caso sob julgamento se ajusta àqueles fundamentos;

> VI – deixar de seguir enunciado de súmula, jurisprudência ou precedente invocado pela parte, sem demonstrar a existência de distinção no caso em julgamento ou a superação do entendimento."

Também em linha com o que preconizava Barbosa Moreira, o novo diploma processual foi além da concepção formal de contraditório, alicerçada no tradicional binômio de informação e reação, para passar a agregar as ideias de diálogo e influência e alçando-o a uma nova dimensão, denominada participativa[23].

Nesse sentido, o Código estabelece como normas fundamentais do processo[24] competir ao juiz zelar pelo efetivo contraditório e não proferir decisão contra uma das partes sem que ela seja previamente ouvida (arts. 7°, 9° e 10).

Para Leonardo Greco:

> "O segundo pós-guerra marcou o renascimento do princípio do contraditório. O Estado de Direito que se reconstruiu após os nefastos regimes autoritários, redefiniu as suas relações com os cidadãos, firmando o primado da dignidade humana e a eficácia concreta dos direitos fundamentais, assegurada pelo amplo acesso à sua tutela através da Justiça. Readquiriram relevância o método dialético de solução de conflitos e a paridade de tratamento dos litigantes, compo-

---

23 ROQUE, Andre Vasconcelos. Contraditório participativo: evolução, impactos no processo civil e restrições. *Revista de Processo*, vol. 279/2018, maio/2018. p. 19-40.

24 Comoglio giza a feição constitucional na Alemanha "graças a uma tríplice ordem de situações subjetivas processuais, na qual a qualquer parte vêm reconhecidos: 1 – o direito de receber adequadas e tempestivas informações, sobre o desencadear do juízo e as atividades realizadas, as iniciativas empreendidas e os atos de impulso realizados pela contraparte e pelo juiz, durante o inteiro curso do processo; 2 – o direito de defender-se ativamente posicionando-se sobre cada questão, de fato ou de direito, que seja relevante para a decisão da controvérsia; 3 – o direito de pretender que o juiz, a sua vez, leve em consideração as suas defesas, as suas alegações e as suas provas, no momento da prolação da decisão." **Luigi Paolo Comoglio**. Voce: Contraddittorio (Principio del). In: *Enciclopedia giuridica*. Roma: Istituto della Enciclopedia Italiana, 1988, vol. 8, p. 6.

> nentes essenciais do princípio do contraditório, como fatores indispensáveis à concretização no processo judicial dos valores humanitários nacional e internacionalmente reconhecidos como inerentes ao estágio de civilização atingido pela sociedade humana.

Esse é o grande salto do nosso tempo: de princípio a garantia fundamental. Para isso, o contraditório não pode mais apenas reger as relações entre as partes e o equilíbrio que a elas deve ser assegurado no processo, mas se transforma numa ponte de comunicação de dupla via entre as partes e o juiz. Isto é, o juiz passa a integrar o contraditório, porque, como meio assecuratório do princípio político da participação democrática, o contraditório deve assegurar às partes todas as possibilidades de influenciar eficazmente as decisões judiciais."[25]

À luz do regramento processual atual, não há dúvidas de que os conceitos de Contraditório Participativo e de Ampla Defesa Substancial estão positivados no ordenamento processual, na medida em que não há espaço para que o julgador deixe de levar em consideração, em sua decisão, os fatos e fundamentos jurídicos suscitados pelas partes que possam infirmar suas conclusões. Essa é a nova concepção de Devido Processo Legal.

Além disso, o artigo 489, § 1º, inciso VI, do CPC/2015, atribui valor relevantíssimo à jurisprudência, compelindo os juízes a debruçar-se sobre os precedentes evocados pelas partes. Trata-se de dispositivo que está em perfeita harmonia com o dever constante do artigo 927, também do Diploma Processual.

Nesse diapasão, aponte-se, ainda, que o Conselho Nacional de Justiça publicou a Recomendação CNJ nº 134/2022, instando os magistrados a mencionarem expressamente, nas suas decisões, as razões que levaram à necessidade de afastamento ou ao acolhimento dos precedentes trazidos pelas partes (art. 489, § 1º, V e VI, do CPC/2015), bem como urgindo que os acórdãos proferidos no

---

25 GRECO, **Leonardo**. *O princípio do contraditório*. Revista Dialética de Direito Processual, São Paulo, v. 24, p. 71-79, 2005.

julgamento do incidente de assunção de competência, de resolução de demandas repetitivas e no julgamento de recursos extraordinário e especial repetitivos contenham a indicação de todos os fundamentos suscitados, favoráveis e contrários à tese jurídica discutida[26].

26 Recomendação CNJ nº 134/2022:
Art. 10. Recomenda-se que haja menção expressa, na decisão, sobre as razões que levam à necessidade de afastamento ou ao acolhimento dos precedentes trazidos pelas partes (art. 489, § 1º, V e VI, do CPC/2015).
(...)
Art. 12. Recomenda-se que os acórdãos proferidos no julgamento do incidente de assunção de competência, de resolução de demandas repetitivas e no julgamento de recursos extraordinário e especial repetitivos contenham:
I – indicação de todos os fundamentos suscitados, favoráveis e contrários à tese jurídica discutida;
(...)

9. APONTAMENTOS PARA UM ESTUDO SOBRE A REPARAÇÃO DO DANO CAUSADO PELO CRIME E OS MEIOS DE PROMOVÊ-LA EM JUÍZO

1. Efeitos penais e extrapenais do crime. **2.** O efeito civil relacionado com o dano. **3.** Crime e dano civil, **4.** Ilícito penal e ilícito civil. **5.** Espécies de composição do dano. **6.** As espécies de composição do dano e a pena. **7.** Posições jurídicas subjetivas relacionadas com a obrigação de compor o dano resultante do crime. **8.** Vias judiciais para a composição do dano. **9.** Princípio da união e princípio da separação. **10.** Sistemas no direito comparado. **11.** Direito brasileiro. **12.** Considerações finais.

1. Efeitos penais e extrapenais do crime

É trivial a observação de que um mesmo e único fato ou comportamento humano pode surtir efeitos vários no mundo do direito. Basta, para tanto, que mais de uma regra jurídica o preveja como suporte de sua incidência, ou como elemento desse suporte. Assim, por exemplo, a morte de determinada pessoa, que de um lado acarreta a abertura da sucessão, com a transmissão imediata do domínio e da posse da herança aos herdeiros legítimos e testamentários (Código Civil, art. 1.572), extingue, por outro, a punibilidade de qualquer delito por ela praticado (Código Penal, art. 108, nº I), produz a suspensão do processo civil em que ela seja parte (Código de Processo Civil, art. 265, nº I), ou até a respectiva extinção, caso – para usarmos a linguagem legal – seja a ação considerada intransmissível (Código de Processo Civil, art. 267, nº IX), e assim por diante.

Em se tratando de fato capitulado na lei como delituoso, além da consequência mais gritante, que é a de sujeitar o agente à imposição de pena, desde que concorram todos os pressupostos legais, outras podem sobrevir, estranhas ao âmbito criminal. Aqui nos interessam as consequências suscetíveis de manifestar-se no plano *civil* – ou antes, uma delas, em particular, como se verá dentro em pouco. Na verdade, concebem-se diversas, já que a prática de crime é relevante para a incidência de mais de uma regra de direito civil: apenas em caráter exemplificativo, mencionem-se a que contempla o roubo e o furto como excludentes da responsabilidade do alienante, a título de evicção (Código Civil, art.

1.117, nº I); as que fazem revogável a doação, quando o donatário atente contra a vida do doador, ou cometa contra ele ofensa física, injúria grave, ou calúnia (art. 1.183, nº I, II, III); as que excluem da sucessão os herdeiros ou legatários que houverem praticado homicídio ou tentativa de homicídio contra o autor da herança, ou ainda incorrido em crime contra a sua honra (art. 1.595, nº I e II).

2. O efeito civil relacionado com o dano

Não é, porém, de *quaisquer* efeitos civis do fato delituoso que se tratará no presente trabalho. O campo da nossa pesquisa já ficou, aliás, claramente delimitado pelo respectivo título.

A palavra "dano", bastante equívoca na linguagem jurídica, nenhuma relação tem aí, convém desde logo advertir, com a conhecida classificação das figuras delituosas em "crimes de dano" e "crimes de perigo". Não é este o lugar próprio para o exame, ainda que perfunctório, das numerosas e árduas questões que a doutrina penalista tem versado a respeito de tal distinção e do critério em que ela se funda; nem caberia, sequer, enfrentar uma indagação relevante do ponto de vista penal, *mas só dele:* se em todo e qualquer delito, inclusive nos chamados "crimes de perigo", se deve ou não reconhecer a existência de um *dano,* em sentido lato.

Nada disso vem agora ao caso, pois não é com o dano *criminal,* e sim com o dano *civil,* que se relacionam as nossas cogitações no momento. Mais precisamente, elas concernem àquela particular consequência civil do fato delituoso, que consiste na obrigação de reparar o dano por ele causado. Ou, em termos ainda mais exatos: aos modos pelos quais o titular do direito à reparação pode fazê-lo valer, quando o próprio responsável não se disponha a compor voluntariamente o dano.

3. Crime e dano civil

Falando-se de "reparação do dano causado pelo crime", surge questão que desde logo cumpre enfrentar. Diz-se que "nem todo crime produz dano apreciável civilmente"[1]. Tal afirmação, contudo, poderia ser entendida em dois sentidos distintos: primeiro, o de que certos delitos não produzem *dano algum,* do ponto de vista civil; segundo, o de que não

1 BASILEU GARCIA, *Instituições de direito penal.* 2ª ed., São Paulo, 1952, v. I, t. II, p. 584.

produzem *dano capaz de fazer nascer a obrigação de reparar.* Trata-se de coisas inconfundíveis, e perfeitamente se concebe que uma exista sem a outra; que o ordenamento *exclua* a responsabilidade civil do causador em relação a determinadas espécies de dano (moral, por exemplo), ou ao dano produzido sob certas circunstâncias. Dizer, pois, que pode haver crime sem que o agente fique obrigado à reparação não importa necessariamente dizer que pode haver crime sem que se configure dano do ponto de vista civil: o dano existiria sempre, ainda que inidôneo para gerar aquela consequência.

Deparam-se na doutrina ambas as opiniões: a que sustenta a possibilidade de crime *sem qualquer resultado danos*[2] e a que, reputando indissociável do crime o dano civil, admite apenas que este possa vir desacompanhado da obrigação de reparar[3]. Parece mais aderente à realidade o entendimento que reconhece a existência de figuras delituosas a propósito das quais não há cogitar de dano *(tout court)* ao ângulo civil: assim, v.g., o delito consistente em "trazer consigo, para uso próprio, substância entorpecente ou que determine dependência física ou psíquica, sem autorização ou em desacordo com determinação legal ou regulamentar" (Lei nº 6.368, de 21-10-1976, art. 16), ou em "acusar-se, perante a autoridade, de crime inexistente ou praticado por outrem" (Código Penal, art. 341). *A fortiori,* em se tratando de delito meramente *tentado* (art. 12, nº II): a tentativa de furto, por exemplo, só em casos raros produzirá dano civil[4]. Não é unicamente a relação jurídica obriga-

---

2 *Vide*, entre nós, PONTES DE MIRANDA, *Tratado de direito privado*, t. 53, Rio de Janeiro, 1966, p. 103: "O ato pode ser criminoso e incorrer em pena quem o pratique sem que daí resulte dever de indenizar (falta ao suporte fático o elemento do dano)" (sem grifo no original). Na moderna literatura peninsular, sublinha por exemplo GRIMALDI, *L'azione civile nel processo penale.* Nápoles, 1965, p. 11, 37, 111, o caráter puramente eventual de um dano civil consequente ao delito. Veja-se, aliás, o texto do ano 185, 2ª alínea, do Codice penale: "Ogni reato che abbia cagionato un danno, patrimoniale o non patrimoniale, obbliga al risarcimento..., onde o trecho destacado manifestamente pressupõe a existência de crimes não produtores de dano (civil).

3 Cite-se, por todos, CARNELUTTI, *Il danno e il reato*, Pádua, 1930, p. 15-6, 25, 65-6.

4 Cf., na doutrina pátria, TOURINHO FILHO, *Processo penal*, 1º v., 3ª ed., Bauru, 1977, p. 468. Exemplo interessante é o formulado por GRIMALDI, *L'azione civ.* ..., p. 102: se um ladrão, para furtar num pombal, provoca a fuga de todos os pombos sem conseguir capturar um único sequer, não se poderá falar de crime consumado, porque não chegou a ocorrer a subtração, mas o proprietário sofreu dano com a perda das aves. CARNELUTTI, para quem o crime (ainda tentado) sempre causaria dano,

cional, aí, que tem excluído, a título de exceção, o seu nascimento: o que se nega é o próprio efeito *civilmente danoso* do comportamento *penalmente punível*. Seria inexato dizer apenas que não há dano *suscetível de obrigar à reparação:* a verdade é que, pelo prisma civil, pura e simplesmente *não há dano.*

Tem-se afirmado que a existência ou inexistência de resultado danoso no plano civil depende da natureza privada ou pública do bem jurídico (ou, como preferem dizer alguns, do interesse) cuja proteção constitui a precípua razão de ser da norma incriminadora. No sentir de um clássico monografista da matéria[5] - que, aliás, não distinguia entre *dano* e *dano gerador da obrigação de reparar* –, a exclusão desta última ocorreria quando se violasse norma penal editada *"a tutela di interessi a carattere rigorosamente pubblico";* mas o autor cuidava de esclarecer que deixava de lado os interesses *também* individuais. A ressalva era indispensável: com efeito, em diversas hipóteses, conquanto a incriminação *primariamente* se ligue à tutela de bem ou interesse público, o fato repercute de modo prejudicial na esfera jurídica privada: é o que acontece, v.g., na corrupção passiva (art. 317), na violência arbitrária (art. 322), no patrocínio infiel (art. 355) e em tantos outros crimes contra a administração pública. Por outro lado, pode suceder que não se configure dano civil apesar de privado o bem jurídico objeto da tutela penal: assim, de ordinário, no caso já lembrado da tentativa de furto[6].

---

reconhecia que, às vezes, da tentativa não decorre dano ressarcível, e exemplificava: o ladrão é apanhado pelo policial no momento em que estendia a mão para as mercadorias expostas por um vendedor de frutas, sem que chegasse a tocá-las e sem que o proprietário sequer o percebesse (*Il danno e il reato*, p. 24). Mas é difícil imaginar que dano - embora não ressarcível - sofre aí o dono das mercadorias.

---

5 PAOLI, Il reato, il risarcimento, la riparazione, Bolonha, s/d (1924), p. 99.

6 "Il danno civile manca (...) sempre che la incriminazione sia in funzione della tutela di un interesse di esclusiva valutazione penale. Ma esso puó mancare anche nel caso di concorso di norme quando la norma penale concorra con una norma di diritto pubblico (diritto costituzionale o amministrativo) o sia pure di diritto privato, ma diversa da quelle dalle quali origina una delle Ire fattispecie di danno (restituzione, risarcimento, riparazione)." (FOSCHINI, Sistema del diritto processuale penale, v. I, 2ª ed., Milão, 1965, p. 159; destaques nossos). Um reparo: a oração final entremostra ainda uma vez a falta de distinção nítida entre dano civil e dano civil gerador da obrigação de reparar (*lato sensu*).

4. Ilícito penal e ilícito civil

Por vezes se afirma que a ilicitude penal do fato – ao menos quando esteja em jogo interesse privado – envolve sempre a sua ilicitude civil; ou, em outras palavras, que todo crime é também, necessariamente, um ato ilícito do ponto de vista civil[7]. Caso se considere que o dano é inseparável do delito, qualquer dúvida será descabida. Na perspectiva oposta, contudo, a questão se torna mais complexa.

É que, no âmbito mesmo do direito civil, não há unanimidade acerca da pertinência ou não do dano ao próprio conceito de ato ilícito. Segundo corrente doutrinária prestigiosa, em nosso país e alhures, inexistindo dano, não se configura ilícito civil[8]; outra, não menos autorizada, vê no dano aspecto puramente acidental do ato ilícito, entendendo que este se caracteriza, na essência, pela simples relação de contradição entre o comportamento e o preceito contido na norma jurídica civil[9]. A esta última concepção objeta-se que uma atividade contrária ao direito, mas da qual não resulte qualquer prejuízo, deve ser considerada irrelevante: seria *praticamente* inútil, e por isso desaconselhável, qualificar de ilícito um ato que não produza a consequência de obrigar o agente à reparação[10]. Mesmo,

---

7 Assim, v.g., LEONE. Trattato di diritto processuale penale, Nápoles, 1961, v. I, p. 479-80; entre nós, HÉLIO TORNAGHI. Instituições de processo penal, 2ª ed., 2º v. São Paulo, 1977, p. 400: "o fato ilícito penal é, *a fortiori*, ilícito civil".

8 Veja-se a definição de CLÓVIS BEVILÁQUA, *Direito das obrigações*, 3ª ed., Rio de Janeiro, 1931, p. 211: "Ato ilícito é aquele que, praticado sem direito, causa dano a outrem, seja uma omissão ou uma comissão" (grifamos). Modernamente, no mesmo sentido, entre outros, SÍLVIO RODRIGUES, *Direito civil*, v. I, São Paulo, 1962, p. 324; ARNOLDO WALD, *Curso de direito civil brasileiro*, Parte geral, 2ª ed., São Paulo, 1969, p. 249. Na Itália, cf., exemplificativamente, DE RUGGIERO-MARROI, *lstituzioni di diritto privato*, 8ª ed., Milão-Messina, s/d, v. II, p. 480; TRABUCCHI. *lstituzioni di diritto civile*, 5ª ed., Pádua, 1950, p. 184; CARIOTA-FERRARA, *11 negozio giuridico nel diritto privato italiano*, Nápoles, s/d, p. 27-9, 31; BRASIELLO, *I limiti della responsabilità per danni nel nuovo sistema legislativo italiano*, Nápoles, 1942, p. 304 e s. *Aliter*, na literatura recente, CARBONE, *Il fatto dannoso nella responsabilità civile*, Nápoles, 1969, p. 97 e s., onde se discute extensamente a questão, com amplas referências bibliográficas em notas (*vide*, também, as notas 63 a 65, nas p. 29-31).

9 Assinala PONTES DE MIRANDA, *Trat. de dir. priv.*, t. 53, p. 196, que "o fato ilícito pode ser ilícito absoluto sem causar dano"; e dá o seguinte exemplo: "Entra B na casa de A, sem permissão, mas nenhum prejuízo patrimonial ou não patrimonial resultou de seu ato imprudente".

10 Nesse sentido, v.g., ORLANDO GOMES, *Obrigações*, Rio de Janeiro-São Paulo, 1961, p. 347, reconhecendo embora que "não é de boa lógica introduzir a função no con-

porém, que se deixe de lado a conveniência de evitar confusão entre o conceito de *dano* e o de *dano reparável* – isto é, entre o gênero e a espécie –, sempre se poderá responder que não se resume na aludida obrigação o rol das consequências previstas na lei civil para a infração do preceito: por exemplo, qualquer ato que importe "grave violação dos deveres do casamento", ainda quando não acarrete para o infrator a obrigação de reparar, pode servir de base ao pedido de separação judicial (Lei nº 6.515, de 26-12-1977, art. 5º, *caput)*[11].

Em tais condições, não bastará na verdade a inexistência de dano para que se exclua *ipso facto* a ocorrência de *ilícito civil,* a par do ilícito *penal.* Poderá haver, além do crime, ilícito civil *sem dano:* é suficiente que o comportamento contrarie preceito *comum* ao direito penal e ao direito civil. Várias são, portanto, as combinações em tese concebíveis: *(a)* crime sem ilícito civil (ex.: reingresso de estrangeiro expulso – Código Penai, art. 338); *(b)* crime com ilícito civil sem dano (ex.: violação de domicílio, se nenhum prejuízo ocorreu para o proprietário); *(c)* crime com ilícito civil e dano *não* produtor da obrigação de reparar (ex.: injúria, caso o ordenamento não contemple a reparação do dano moral); *(d)* crime com ilícito civil e dano capaz de gerar tal obrigação (ex.: homicídio, lesão corporal, furto, apropriação indébita, estelionato etc.). Dos casos sob *d,* que são os mais frequentes, cuida, à evidência, a presente investigação. Os restantes deixam de interessar neste contexto; as referências que a eles fizemos, nas precedentes considerações, visavam tão só a demarcar com precisão a área em que se vai trabalhar.

5. Espécies de composição do dano

Temos usado até aqui (e continuaremos a usar, *commoditatis causa)* a palavra "reparação" em sentido lato, para designar qualquer tipo de

ceito", e "talvez fosse preferível dizer que a produção do dano é, antes, um requisito da responsabilidade, e não do ato ilícito" (grifado no origina]). Era o que já sugeria PAOLI, *Il reato, il risarc., la ripar.*, p. 166-7, desvinculando do conceito de "ilícito" o de "dano", para relacioná-lo exclusivamente com a obrigação de reparar.

11 Fala PONTES DE MIRANDA, *Trat. de dir. priv.*, t. 2, 1954, p. 216 e s., em "atos ilícitos caducificantes", para designar "os atos ilícitos que não têm a eficácia de dever indenizativo e importam em perda de direitos, pretensões, ações e exceções". Tal perda (caducidade) é que constitui, aí, a sanção; serviria de exemplo a perda do pátrio poder (Código Civil, art. 395).

prestação devida à pessoa a quem o fato delituoso haja causado dano. A doutrina, todavia, identifica mais de uma forma de composição do dano, e reserva para cada qual uma denominação específica[12]. Assim é que se fala de restituição *(lato sensu)* para indicar a mais singela de todas as formas, consistente no restabelecimento do *status quo,* da situação que existia antes do crime. No âmbito da restituição, cabe ainda distinguir uma subespécie, que tem lugar quando o prejuízo reside na privação de alguma coisa que pode ser devolvida a quem a sofreu: é a restituição *stricto sensu.* Mas também se alude a restituição, dando à palavra sentido mais largo, quando se trata de *fazer* algo, tendo a infração consistido precisamente em *omitir-se* aquele que estava obrigado a agir; ou, vice-versa, quando se trata de *desfazer* algo que se fez, faltando ao dever de abstenção.

Não raro, mostra-se inviável ou insuficiente a repristinação do estado anterior. Então, a título de compensação pelo detrimento que se causou ao *patrimônio* do prejudicado, reconhece-se a este o direito ao *ressarcimento* do dano. Em vez da restituição *in natura,* procede-se à restituição *por equivalente.*

Enfim, o termo *reparação* (em sentido estrito) designará a compensação devida a quem sofreu dano insuscetível de valoração monetária. É o caso típico do *dano moral* – abstraindo-se, é óbvio, da questão de saber se o direito positivo lhe atribui ou não consequência civil: a supor-se que sim, será esta de que agora se trata, e que não visa a restabelecer a integridade patrimonial do prejudicado, porque não foi o seu patrimônio que a infração lesou, nem a prestar-lhe um "equivalente" pecuniário, já que o dano, por hipótese, não se pode aí medir em dinheiro.

6. As espécies de composição do dano e a pena

Costuma-se falar de uma gradação, e mesmo de uma *hierarquia,* entre as espécies de composição do dano civil, encaradas como formas de sanção, e a pena. Representaria esta o último expediente, ao ângulo da política legislativa, sobretudo como contraestimulo à infração. O infrator em potencial sujeita-se a ter de proceder à restituição *(lato sensu),* ou

12 *Vide* a respeito, na literatura pátria, a clara lição de HÉLIO TORNAGHI, Instit., 2º v., p. 380 e s., cujas linhas gerais acompanha o nosso texto; entre os italianos, cf. por todos CARNELUTTI, *Il danno e il reato*, p. 32 e s., onde se chama "esecuzione" à restituição.

pelo menos, conforme o caso, ao ressarcimento ou à reparação *(stricto sensu)*. Mas, quando essas cominações possam revelar-se incapazes de surtir o efeito desejado, que se quer assegurar a todo custo, então se recorre à ameaça máxima, a da imposição de pena[13].

Há muito de verdadeiro em tal concepção, que não deve levar, porém, a conclusões apressadas, qual seria a de que a pena funciona exclusivamente como *sucedâneo* da sanção civil impraticável ou como *reforço* da sanção civil insuficiente. Quando o preceito é comum ao direito penal e ao direito civil, dando ensejo a violação respectiva a uma cumulação de sanções, é próprio concebê-las como hierarquicamente distribuídas. Mas as normas incriminadoras podem conter preceitos *exclusivos* do direito penal, que, nesse sentido, não é meramente *sancionatório*[14]: basta pensar no delito de omissão de socorro (Código Penal, art. 135), em que o preceito não é comum a qualquer outro ramo do direito, e por isso mesmo a pena é a *única* sanção cabível. Também pode suceder que seja de direito público – administrativo, por exemplo, como em tantos crimes que são ao mesmo tempo violações de deveres funcionais – o preceito comum ao direito penal; e a sanção extrapenal pode não ter natureza de reparação: consistirá, v.g., na demissão do funcionário, punição administrativa que não se confunde, vale recordar, com a pena acessória de perda de função pública (Código Penal, art. 67, nº I). Ainda quando o preceito seja comum ao direito penal e ao direito civil, nem sempre é *reparatória* a sanção civil: não tem essa índole, por exemplo, o direito à separação judicial, que nasce, para o outro cônjuge, da prática de adultério – crime e, simultaneamente, ato que importa grave violação de dever conjugal (Lei nº 6.515, de 26-12-1977, art. 5º, *caput)*.

O que ficou dito não implica desconhecer as interferências de um sobre outro mecanismo sancionatório, na hipótese de fato ilícito ao duplo ângulo penal e extrapenal. Particularizando: é manifesto que, às vezes, a reparação ocupa lugar preeminente nas considerações de política legislativa que informam o ordenamento positivo; e a tal ponto, que se chega a pré-excluir a imposição da pena, sob certas circunstâncias, uma vez reparado o dano: assim, no peculato culposo, antes de sentença

13 Nesse sentido, extensamente, CARNELUTTI. *Il danno e il reato*, p. 32 e s.; para uma síntese exata, *vide* HÉLIO TORNAGHI, *Instit.*, 2º v., p. 432.

14 Vale a pena recordar, ao propósito, a brilhante e clássica exposição de ART. ROCCO, L'oggetto del reato e della tutela giuridica penale, *in Opere giuridiche*, v. I, Roma, 1932, p. 60 e s.

condenatória irrecorrível (Código Penal, art. 312, § 3º). A lei como que promete ao agente deixar de apená-lo se ele a tempo proceder à reparação, o que se traduz, naturalmente, em incentivá-lo a reparar. Aí a pena aparece na verdade como recurso derradeiro, de que se prefere *não* usar, salvo em caso extremo; desempenha, por assim dizer, função *subsidiária*. A reparação basta; *só na sua falta* é que sobrevém a sanção penal.

7. Posições jurídicas subjetivas relacionadas com a obrigação de compor o dano resultante do crime

Na relação jurídica penal, assim como o Estado, titular do *ius puniendi,* é sempre o sujeito ativo, sujeito passivo será sempre aquele a quem se imputa a prática do fato delituoso: somente ele, e mais ninguém, poderá sofrer a imposição de pena. Já a sanção civil pode recair sobre outrem: em várias e conhecidas hipóteses, a lei faz responsável pela reparação pessoa distinta daquela que cometeu o crime, ainda que tal responsabilidade *não exclua* a do infrator, mas seja com ela *solidária* (*vide* Código Civil, arts. 1.521 e 1.518, parágrafo único). Àquele que, não tendo praticado a infração, está contudo obrigado a reparar o prejuízo dela resultante costuma chamar-se *responsável civil:* sem embargo de possíveis objeções à sua propriedade técnica, vale registrar que a expressão é usada no art. 64, *caput,* do Código de Processo Penal.

Passemos ao polo oposto. Abstraindo-se de vacilações terminológicas frequentes na doutrina penalista, é conveniente distinguir: *a)* o titular do bem jurídico ou interesse *primariamente* tutelado pela norma incriminadora (sujeito passivo do crime); *b)* a pessoa diretamente atingida pela ação do infrator, e comumente designada como a "vítima" do delito; c) outra pessoa, ou eventualmente outras pessoas, de quem se pode considerar também lesado pela infração algum interesse digno de proteção jurídica. As posições de *a* e de *b* confundem-se muitas vezes na mesma pessoa: na lesão corporal (Código Penal, art. 129), titular do bem jurídico penalmente tutelado (a integridade física ou a saúde) e, pois, sujeito passivo do crime é o próprio ser humano que sofreu, de maneira direta, a agressão. Isso, porém, nem sempre acontece: no delito de violência arbitrária (Código Penal, art. 322), o bem jurídico primariamente tutelado pela norma incriminadora é a regularidade do exercício da atividade administrativa, cujo titular (sujeito passivo do crime) é o Estado; mas há outrem que sofre a violência praticada pelo agente.

O direito à reparação do dano pode nascer, e em regra nasce, para o sujeito passivo do crime; este ocupará, na relação jurídica de direito privado, a posição de sujeito ativo (credor). Também ocorre, entretanto, que se atribua tal posição à pessoa diretamente atingida pela ação delituosa, *em conjunto ou não* com o sujeito passivo do crime. E, em determinados casos, titular do direito à reparação será alguém totalmente estranho ao aspecto criminal do fato: alguém que nem é titular do bem jurídico penalmente tutelado, nem sofreu *em si* a ação do infrator. É o que se dá, v.g., no homicídio, em que, à evidência, o crédito pela reparação não tem como sujeito ativo o morto.

Esta última situação apresenta certa afinidade com a do responsável civil. O preponente do homicida, por exemplo (Código Civil, art. 1.521, nº III), e o parente próximo da vítima têm em comum a circunstância de não estarem de modo algum envolvidos no crime, como tal; mas ambos assumem posições jurídicas – passiva, o primeiro; ativa, o segundo – na relação de direito privado oriunda do fato visto como ilícito civil. Observe-se, enfim, que não há confundir a situação do parente próximo da vítima, na hipótese de homicídio, com a daquele que, em razão do parentesco, porventura *suceda, causa mortis,* no crédito surgido, v.g., para o sujeito passivo do delito de lesão corporal: aqui, há transmissão (hereditária) da relação jurídica civil, ao passo que lá ela se forma *desde o início* com o parente; não se deve entender que o primitivo credor fosse *a própria vítima,* pois o dano sofrido pelo parente só se configurou no momento da consumação do crime (isto é, da morte), e portanto o correspondente crédito jamais pertenceu ao patrimônio do defunto[15].

8. Vias judiciais para a composição do dano

Pressupondo-se que a prática do fato delituoso haja causado dano, e que este seja apto, segundo o direito material, a gerar para o agente (ou

15 Opinião largamente predominante na doutrina: *vide*, entre outros, DE MARSICO, Lezioni di diritto processuale penale, 3ª ed., Nápoles, 1952, p. 79; RANIERI, *Manuale di diritto processuale penale*, 2ª ed., Pádua, 1956, p. 219; PAOLI, *Il reato, il risarc., la ripar.*, p. 83 e s., espec. 88-9; GRIMALDI, *L'azione civ....*, p. 187; VIADA--ARAGONESES, *Curso de derecho procesal penal*, 4ª ed. Madri, 1974, t. 1, p. 144; ARAGONESES, *Instituciones de derecho procesal penal*, Madri, 1976, p. 170-1. Contra, CAPALOZZA., Parte civile, *in Noviss. dig. ital.*, v. XII. p. 476, para quem o direito surge "nel momento stesso in cui la vittima viene colpita", bastando, para que ela o adquira, o espaço de tempo, mínimo que seja, entre esse momento e o da morte.

para outra pessoa) a obrigação de compô-lo, surge a questão de saber qual a via própria à efetivação judicial da responsabilidade, quando o devedor omite a prestação. Logo se vê que o conflito de interesses entre o titular do direito à reparação e o obrigado a reparar é perfeitamente distinto da causa penal, e comporta apreciação à luz de normas estranhas ao direito criminal. São matérias em si inconfundíveis, que a rigor só apresentam um traço de união: é que do mesmo fato se originam tanto a pretensão punitiva como a pretensão civil à reparação.

Ora, a generalidade dos ordenamentos contemporâneos extrema o exercício da jurisdição em matéria penal e o exercício da jurisdição em matéria civil, ainda quando, em não poucos casos, possa acontecer que a este ou àquele órgão se confiem atribuições jurisdicionais num campo e noutro. Nasce daí grave problema de política legislativa. Sendo necessário julgar, de um lado, se se deve aplicar pena a quem supostamente praticou certo fato, e de outro se há obrigação de reparar o dano porventura causado pelo agente, cumpre verificar se mais convém fazer proceder *em conjunto* a ambos os julgamentos – abrindo, pois, uma brecha no sistema –, ou reservar a cada um deles o seu lugar próprio, consoante a regra geral.

Muitos são os argumentos invocáveis, no plano da conveniência, quer a favor da primeira, quer da segunda solução. Em prol do julgamento conjunto diz-se, por exemplo, que ele atende à economia processual, porque de ordinário a atividade de instrução relevante para uma das causas também o é para a outra, e assim se evita a inútil repetição de diligências: que portanto favorece o interesse do lesado; que pré-exclui o risco de julgamentos logicamente contraditórios; que torna mais eficiente a repressão, graças à colaboração do ofendido com o órgão estatal incumbido de promovê-la, pois, embora cada qual persiga objetivo específico, os esforços de um e de outro acabam praticamente por somar-se. A distinção que se costuma fazer entre o exercício da jurisdição em matéria penal e em matéria civil é, afinal, contingente, decorre de razões práticas, deixando intacta a *unidade substancial* dessa função do Estado, cuja natureza não varia de um para outro setor; nada impede, portanto, que o ordenamento a despreze, sempre que nisso houver vantagem.

Em sentido contrário, alega-se que é cada vez maior a necessidade da *especialização* dos órgãos judiciais; que são muito diferentes na função e na estrutura o processo penal e o processo civil; que misturar num só a discussão e a apreciação de causas diversas perturba o andamento do feito; que o processo criminal deve caracterizar-se por uma particular agilidade e rapidez, dificilmente conciliável com as complicações acarretadas pela junção; que esta destrói o equilíbrio entre as partes, pondo o réu em situação de inferioridade, atacado que se vê por dois flancos e forçado a combater, ao mesmo tempo, pretensões heterogêneas.

Todos esses argumentos, ou quase todos, têm sua dose de verdade – o que significa que uma e outra solução apresentam vantagens e desvantagem. O Código de Processo Penal em vigor optou pela segunda; no momento oportuno se assinalará o modo bastante engenhoso pelo qual, sem juntar as duas causas no mesmo processo, tem o direito pátrio ensejado o *aproveitamento,* para fins civis, do resultado obtido no juízo criminal. É um expediente interessante, capaz de facilitar, em boa medida, a efetivação da responsabilidade civil emergente do delito, atendendo assim, ao menos em parte, a um dos principais argumentos invocados pelos partidários do julgamento conjunto.

9. Princípio da união e princípio da separação

Conforme ressalta do exposto no item anterior, dois princípios opostos disputam a preferência das modernas legislações processuais. Podemos chamar a um deles *princípio da união;* ao outro, *princípio da separação.* De acordo com o primeiro, apreciam-se e decidem-se em conjunto a causa penal e a causa civil atinente à reparação do dano; consoante o segundo, cada qual é apreciada e decidida em sede própria e específica – sem que se pré-exclua, vale ressaltar, a possibilidade de recíprocas *interferências,* quer ao ângulo procedimental (v.g., suspensão de um dos processos, em certas circunstâncias, até que o outro chegue ao término), quer mesmo sob a forma de uma *vinculação,* mais ou menos intensa, que se impõe ao julgamento civil, à vista do teor do precedente julgamento penal.

Os ordenamentos que se inspiram no princípio da união não o observam todos com igual rigor. Levado às últimas consequências, ele acarretaria a *obrigatoriedade* do julgamento conjunto das duas causas, ou, em outras palavras, a *impossibilidade* de exercer-se em separado a atividade jurisdicional que tem por objeto a solução do litígio civil. A composição judicial do dano causado pelo crime dependeria assim, *necessariamente,* de um pronunciamento em que se contivesse, também, a decisão da causa criminal. Pode-se (e costuma-se), todavia, recorrer aqui a um temperamento: a lei *permite,* sob determinadas condições, o julgamento da lide civil juntamente com o da penal, *sem* excluir, por outro lado, a eventualidade de pronunciamentos distintos, em processos separados.

Defronta-se neste ponto outra questão relevante. Admitida que seja a união – em caráter necessário ou, como na maioria dos casos, facultativo –, e não estando cumuladas nos mesmos órgãos atribuições relativas a ambas as causas, cabe indagar *a quais* dentre eles se deve confiar o julgamento conjunto: aos que exercem normalmente atividade jurisdicional em matéria civil, ou aos que normalmente a exercem em matéria penal? Razões intuitivas justificam a preferência por estes últimos[16]; e, com efeito, em todos os ordenamentos processuais de que temos notícia, uma vez acolhido o princípio da união, invariavelmente se atribui o julgamento conjunto ao juízo criminal.

Resta ver de que maneira se abre ensejo ao pronunciamento deste sobre ambas as causas. De ordinário, em obséquio ao princípio da iniciativa de parte *(ne procedat iudex ex officio),* o juízo penal só poderá apreciar a matéria relativa às consequências civis do dano se algum legitimado a tanto o provocar. Quando, pois, alguém pretende obter, no feito criminal, a condenação do responsável à reparação do dano, terá de formular nele o seu pedido, assumindo a condição de *parte*[17] e introduzindo assim, no objeto do processo, um novo *thema decidendum.*

Mais raramente, prevê a lei que o juízo criminal, *sem necessidade* de qualquer pedido desse teor, se pronuncie sobre a obrigação civil acaso decorrente do fato delituoso. Quer isso dizer que o órgão incumbido de julgar a causa penal julga também, de ofício, a matéria referente à reparação do dano. Tal regulamentação comporta ainda duas modalidades: ao juiz do crime pode atribuir-se quer o *dever,* quer a mera *faculdade* de impor ao responsável a sanção civil[18]. Mas, de uma forma ou de outra,

---

16 *Vide,* a respeito, HÉLIO TORNAGHI, Instit., 2º v., p. 393.

17 "Partie civile" chama-lhe o direito francês (Code de procédure pénale, art. 85); "parte civile" o italiano (Codice di procedura penale, art. 23); "parle civil" ou "actor civil" o espanhol (Ley de Enjuiciamiento Criminal, arts. 37, 133, 320 e outros).

18 Reza o art. 34, *caput,* do Código de Processo Penal português que "o juiz, no caso de condenação, arbitrará aos ofendidos uma quantia como reparação por perdas e dano, ainda que lhe não tenha sido requerida". Já no ordenamento russo, de acordo com o disposto no art. 29, 4ª parte, do estatuto processual penal (temos sob os olhos a tradução inglesa feita por HAROLD J. BERMAN e JAMES W. SPINDLER e publicada pela Harvard University Press, no volume *Soviet Criminal law and procedure* – The RSFSR Codes), se a ação civil não houver sido intentada perante o juízo criminal, poderá este, apesar disso, ao julgar a ação penal, decidir também sobre

sem dúvida se está diante de fenômeno excepcional: o exercício *oficioso* de atividade jurisdicional, em matéria civil – e habitualmente vista como sujeita ao princípio da *disponibilidade,* no sentido de que o prejudicado pode livremente dispor do seu crédito (e, *a fortiori,* simplesmente deixar de exigi-lo) –, entra decerto em choque com ideias que têm sólidas raízes na tradição jurídica ocidental.

10. Sistemas no direito comparado

Deixando de lado antecedentes mais ou menos remotos, de escasso interesse do presente contexto[19], vale a pena verificar como se refletem os princípios da união e da separação nos mais importantes ordenamentos processuais dos tempos modernos. Em doutrina têm-se distinguido, ao propósito, quatro sistemas: o da *confusão,* em que uma única ação visa simultaneamente à aplicação da sanção penal e da sanção civil; o da *solidariedade,* em que as duas ações, a penal e a civil, se exercitam cumuladas perante o mesmo órgão; o da *livre escolha,* em que se deixa à opção do legitimado propor a ação civil no processo penal ou fora dele, no juízo próprio; e o da *separação,* em que se veda o exercício da ação civil no processo penal, devendo cada ação ser intentada perante um órgão distinto.

Desde logo se advirta, porém, que a classificação só leva em conta os traços *essenciais* das diversas regulamentações; estas, na verdade, diferem tanto umas das outras, em pontos mais ou menos secundários, e de tal forma temperam, com expedientes variáveis, o rigor dos princípios, que apenas de maneira *aproximativa,* fazendo-se abstração de divergências às vezes relevantes, será lícito agrupá-las em sistemas[20]. A

a reparação do dano material acaso resultante do delito. Na Argentina, o art. 29 do Código Penal (que derrogou o art. 1.096 do Código Civil, onde se consagrava o princípio da separação) reza igualmente que "a sentença condenatória poderá ordenar" a reparação civil; mas predomina a tendência a interpretar esse dispositivo como só aplicável quando algum legitimado o requeira ao juiz do crime - excluída, pois, a condenação civil acessória *ex officio.*

19 *Vide* em GRIMALDI, *L'azione civ.*, p. 18 e s., um resumo da evolução por que passaram, na história do direito europeu, da velha Roma aos dias de hoje, os institutos relacionados com o nosso tema.

20 Cf. HÉLIO TORNAGHI, Instit., 2º v., p. 387, onde se põe em dúvida. Com razão, que as classes apontadas cheguem a "constituir realmente sistemas (isto é, conjuntos harmônicos em que os atributos essenciais do todo convêm a cada uma das partes)".

isso se acrescenta um dado perturbador, a que já se fez menção: a circunstância de que algumas leis contemplam o julgamento *ex officio,* facultativo ou até obrigatório, pelo juízo criminal, da matéria concernente à obrigação de reparar o dano. Ora, aí não se nos afigura muito adequado falar nem de *ação única* com duplo objeto, nem de *cumulação de ações;* o que ocorre é, antes, exercício de atividade jurisdicional *sem ação que o provoque* – no tocante, bem se entende, ao litígio *civil.*

Feitas essas indispensáveis ressalvas, diríamos, quanto ao sistema da confusão, que tem achado escassa receptividade nas legislações modernas. Vigora ele no direito federal mexicano, onde a reparação do dano civil, quando a cargo *do próprio delinquente,* assume o caráter de sanção *penal,* equiparada à multa, e é exigível de ofício pelo Ministério Público *(Código Penal,* art. 34), sem que se torne parte no processo criminal a pessoa lesada, a quem apenas incumbe ministrar dados ao acusador público *(Código de Procedimientos Penales,* art. 141). Outros exemplos que se costumam apresentar (Código italiano de 1913, art. 430; Código luso, art. 34) não correspondem com exatidão, em nosso entendimento, ao modelo conceptual. Não se tem propriamente, aí, uma só ação em que se pleiteie a imposição de pena e, ao mesmo tempo, a condenação do responsável a reparar *(lato sensu)* o dano. Seria esse o fenômeno, se o autor da ação penal pedisse também a aplicação da sanção civil, como ocorre no México; ou, pelo menos, se a lei considerasse "implícito" semelhante pedido no de imposição de pena[21]. Não é tal, porém, o caso: simplesmente, o juízo criminal pronuncia-se *ex officio* sobre a matéria civil, sem que se faça mister, para tanto, que a condenação à reparação *(lato sensu)* do dano seja pleiteada pelo particular ou pelo órgão público de acusação. Preferível, destarte, enxergar em tais julgamentos verdadeiros casos de *jurisdição sem ação*[22].

---

21 Algo assim se depara no direito espanhol: de acordo com o art. 112. 1ª parte, da Ley de Enjuiciamiento Criminal, "ejercitada sólo la acción penal, se entenderá utilizada también la civil, a no ser que el dañado o perjudicado la renunciase o la reservase expresamente para ejercitarla después de terminado el juicio criminal, "Si a ello hubiere lugar". Mas a leitura do dispositivo inteiro, e de outros pertinentes, sobretudo o art. 111, revela que não é possível enquadrar o ordenamento hispânico no sistema puro da confusão: esta, com efeito, é nele contingente, não necessária.

22 *Aliter,* HÉLIO TORNAGHI, Instit., 2º v., p. 389-90, onde, entre outros, se mencionam justamente, como filiados ao sistema da confusão, o velho diploma peninsular e o português.

Convém observar que o Código português não exclui a formulação, no processo-crime, de um "pedido de indenização por perdas e danos": antes o prevê, em termos expressos, no art. 29, permitindo por outro lado, no art. 30, que a ação civil, sob certas circunstâncias, seja proposta em separado, perante o órgão próprio. Poderia inferir-se daí a filiação do direito luso ao sistema da solidariedade, com algumas concessões ao da livre escolha[23]. Disso se aproxima, também, o colombiano, onde a regra é a da competência privativa do juízo penal para a ação civil de reparação do dano causado pelo crime, e só por exceção pode esta ser exercida independentemente *(Código de Procedimiento Penal,* arts. 24 e 25); mas – à semelhança do que ocorre em Portugal – o titular do direito à reparação a rigor *não precisa* intervir no processo criminal para postulá-lo: nos termos do art. 92 do Código Penal, a sentença condenatória por qualquer infração de que resulte dano civil condenará também os responsáveis, solidariamente, ao ressarcimento dos prejuízos causados. Em sua pureza, o sistema da solidariedade tampouco parece vigorar em qualquer dos ordenamentos contemporâneos.

O sistema da livre escolha é o mais difundido na Europa continental. Na França, já o seguia o velho *Code d'instruction criminelle*[24], e manteve-o o *Code de procédure pénale* de 1957 (arts. 3º e 4º). Vigora igualmente na Itália *(Codice di procedura penale* de 1930, arts. 23 e 24), e – não obstante as severas críticas de que tem sido alvo[25] – foi prestigiado, *de iure condendo,* pela Lei nº 108, de 3 de abril de 1974, que delegou ao Governo poderes para editar novo Código[26]. A ele se filiam,

23 Não é pacífico em doutrina, porém, que o art. 29 contemple uma verdadeira ação civil exercitável no juízo criminal. *Vide*, em contrário, a opinião de FIGUEIREDO DIAS, *Direito processual penal.* 1º ed., Coimbra, 1974, p. 543 e 8., espec. 546.

24 Sobre o antigo ordenamento francês, no particular, *vide* a clara e minuciosa exposição de DONNEDIEU DE VABRES, *Traité de droit criminel et de législation pénale comparée*, 3ª ed., Paris, 1947, p. 641 e s.

25 Tenazmente o combateu, v.g., CARNELUTTI, não só em trabalhos doutrinários (*Principii del processo penale.* Nápoles, 1960, p. 534; Crisi della giustizia penale, *in Riv. di dir. proc.*, v. XIII, 1958, p. 337 e s.; Primi problemi della riforma del processo penale, *in Riv. di dir. proc.*, V. XVI, 1961, p. 525-6), mas também como redator de um esboço de projeto de novo Código Penal, que elaborou em 1962, na qualidade de presidente de uma comissão de juristas nomeada pelo governo italiano (*vide* a respeito PISAPIA, Relazione introduttiva ao 6º Convegno di Studio Enrico de Nicola, no v. *Azione civile e processo penale*, Milão, 1971, p. 3).

26 O ponto 17 do art. 2º da lei de delegação refere-se à *"ammissibilità dell'esercizio, nel processo penale, dell'azione civile per le restituzioni e per il risarcimento*

ademais, o direito sueco (Código processual, Cap. 22, Secção 1) e o suíço (*Loi fédérale sur la procédure pénale,* art. 210). Enfim, na Alemanha, que durante muito tempo adotou o sistema da separação, uma reforma levada a cabo em meados deste século[27] introduziu o da livre escolha, embora com acentuadas restrições (*Strafprozessordnung,* §§ 403 e s.). Entre os ordenamentos da América Latina, serve de exemplo o venezuelano (*Código de Enjuiciamiento Criminal,* art. 3º).

As legislações enquadráveis no sistema da livre escolha, ainda que em mais de um ponto difiram bastante entre si, apresentam uma característica fundamental comum: *a faculdade* que conferem ao interessado, com maior ou menor amplitude, de pedir *no processo penal* a reparação do dano resultante do crime; isso, porém, sem prejuízo da possibilidade de exercitar autonomamente a pretensão civil, perante o órgão próprio. A regra básica é, pois, a da *opção* aberta ao titular do direito: fica à sua discrição intervir no processo-crime, como "parte civil", ou propor em

---

del danno cagionato dal reato"; o texto acha-se publicado em apêndice ao livro de VALLANTE, *Il nuovo processo penale.* Milão, 1975, p. 382 e s. (*vide* o aludido ponto 17 na p. 409). Na verdade, as censuras dirigidas pelos autores italianos ao sistema adotado em seu país antes parecem endereçar-se, na maioria dos casos, à maneira por que a lei disciplina a participação do ofendido no feito penal, do que propriamente ao princípio que informa o sistema. PISAPIA, v.g., na já citada Relazione introduttiva (*Azione civ. e proc. pen.,* p. 14) confessa a sua preferência pelo regime da união, embora sublinhe a necessidade, de *lege ferenda,* de "inserire effettivamente ed efficacemente la parte civile nel processo penale", retirando-a do lugar de "cenerentola, ospise appena tollerata". Para a exposição, em resumo das tendências manifestadas ao propósito do 6º Convegno di Studio Enrico de Nicola, *vide* a Relazione di sintesi del dibattito congressuale, de CONSO, no v. cit., p. 241 e s.

---

27 No texto em vigor, os dispositivos concernentes à reparação (*lato sensu*) do dano causado ao ofendido ("*Entschädigung des Verletzten*", segundo a rubrica) compõem a Secção Terceira do Quinto Livro da StPO. A mudança de orientação remonta a 29 de maio de 1943, data da Ordenação que tornou possível a cumulação da ação civil com a penal (*Adhäsionsprozess*): *vide* HENKEL, *Strafverfahrensrecht,* 2ª ed., Stuttgart-Berlim-Colônia-Mainz, 1968, p. 413, nota 1; KERN-ROXIN. *Strafverfahrensrecht,* 13ª ed., Munique, 1975, p. 349; NIKISCH, *Zivilprozessrecht,* 2ª ed., Tübingen. 1952, p. 44; SCHÖNKE, Studien zum *Adhäsionsprozess, in* Studi in Onore di Enrico Redenti, Milão, 1951, v. I, p. 356. Assinalam os autores, que a inovação teve fraca repercussão prática: HENKEL, *Strafverfahrensrecht,* p. e nota cit.; KERN-ROXIN, *Strafverfahrensrecht,* p. 323; BAUMANN, Grundbegriffe und Verfahrensprinzipien des *Strafprozessrechts,* 2ª ed., Stuttgart-Berlim-Colônia-Mainz, 1972, p. 15; JAUERNIG, *Zivilprozessrechts,* 18ª ed., Munique, 1977, p. 10-11; GEIGEL-GEIGEL, *Der Haftpflichitprozess.* 7ª ed., Munique-Berlim, 1954, p. 449.

separado, no juízo competente, a ação tendente a fazer reparar *(lato sensu)* o dano[28]. Por uma ou por outra via, conforme prefira, ser-lhe-á possível obter a condenação do responsável pelo prejuízo. Desse ponto de vista, mesmo o ordenamento russo encontra lugar no sistema: abstraindo-se da autorização, dada ao juízo penal, de decidir *ex officio* a questão relativa ao dano material causado pelo delito (Código de Processo Penal, art. 29, 4ª parte), ali também se outorga ao prejudicado a escolha entre intentar a ação civil no processo-crime ou fora dele (art. 29, 1ª e 6ª partes).

Observe-se, ainda uma vez, que a permissão de postular no juízo criminal a reparação do dano vem temperada em geral por uma série de ressalvas e limitações. No direito francês, por exemplo, quem já houver intentado ação perante o órgão civil não mais poderá propô-la no juízo penal, a não ser que, antes de julgado o mérito pelo primeiro, o Ministério Público instaure processo-crime *(Code de procédure pénale,* art. 5º). No ordenamento tedesco, pode o órgão criminal, em várias hipóteses, abster-se de apreciar o pedido de reparação do dano, v.g., quando o entender incompatível com o procedimento penal – especialmente quando a atividade probatória indispensável à solução do litígio civil for capaz de retardar a marcha do feito (StPO, § 405, 2ª alínea). Por outro lado, mais de uma lei filiada ao sistema da livre escolha torna obrigatória a suspensão do processo civil, uma vez proposta a ação penal, até o julgamento definitivo desta: assim é na França *(Code de procédure pénale,* art. 4º, 2ª alínea) e na Itália *(Codice di procedura penale,* art. 24, 2ª alínea).

Ao sistema da separação pertencem as legislações anglo-saxônicas[29] e, como abaixo se verá, a brasileira. Nele, não se confere ao lesado a possibilidade de pleitear a reparação do dano perante outro juízo que não seja o civil. É desconhecido o instituto da "parte civil" no processo criminal, onde apenas se discutirá e decidirá a matéria relacionada com as consequências *penais* do fato. Ressalve-se o caso da *restituição* de coi-

---

28 Em observação ainda hoje válida, embora feita sob o velho Code d'instruction criminelle, escrevia DONNEDIEU DE VABRES, *Traité,* p. 641: "La règle fondamentale, quant à l'action civile, est le droit d'option donné à la personne lésée entre la voie civile et la voie pénale, La victime peut, conformément au droit commun, porter l'action en réparation devant le Tribunal civil; elle peut aussi, si elle le prèfere, s'adresser au tribunal répressif" (destaques do original).

29 Consultem-se, quanto ao direito inglês, JACKSON, The machinery of Justice in England, Cambridge, 1970, p. 25-6; no tocante ao norte-americano, MAYERS, L'ordinamento processuale negli Stati Uniti d'America, trad. it., Milão, 1967, p. 16.

sas, que em certas circunstâncias pode ser pleiteada, segundo o direito pátrio, no próprio juízo penal (art. 120 do vigente Código); a separação não é, pois, *absoluta.*

11. Direito brasileiro

O Código Criminal do Império, de 1830, após estatuir, no art. 31, *caput,* que a "satisfação" do dano causado pelo delito não ocorreria "antes da condenação do delinquente por sentença do Juízo criminal, passada em julgado", abria, nos parágrafos 1º a 3º, certas exceções, entre as quais a correspondente ao caso de o ofendido preferir "usar da ação civil contra o delinquente". O advento do Código do Processo Criminal, de 1832, marcou o triunfo do princípio da *união.* Salvo se estivesse o infrator ausente do território nacional, ou em lugar não sabido – hipótese em que, tratando-se de crime afiançável, era inadmissível a ação penal, podendo então ser proposta a civil (arts. 233 e 234) –, no próprio processo-crime é que se apreciava a matéria referente às consequências civis do fato delituoso. Assim, cumpria ao juiz de direito submeter aos jurados, além dos concernentes à responsabilidade penal do réu, quesitos relativos à obrigação de reparar o dano (art. 269, § 5º). Rezava ainda o art. 338: "A mesma sentença que condenar o réu na pena o condenará na reparação da injúria, e prejuízos, que se liquidarão no Foro comum, se tal liquidação for necessária".

Durou pouco, todavia, esse regime: a Lei nº 261, de 3 de dezembro de 1941, que reformou o processo criminal, viria consagrar o princípio da *separação.* Revogando expressamente o art. 31 do Código Criminal e o § 5º do art. 269 do Código de Processo Criminal, estabeleceu que a "indenização" teria de ser pedida, em qualquer caso, por ação civil (art. 68).

No período republicano, ao tempo da dualidade de legislações (federal e local) sobre processo, algumas unidades da Federação, como o Estado do Rio de Janeiro (Código Judiciário, art. 697, § 1º), continuaram a adotar o princípio da *separação,* ao passo que noutras, como o Distrito Federal (Código de Processo Penal, arts. 3º e 61), se instalou o sistema da *livre escolha,* facultando-se a quem pretendesse obter a reparação do dano intervir no processo penal, como "parte civil". No texto carioca, era visível a influência do velho diploma italiano de 1913, que serviu de modelo, em mais de um dispositivo, ao nosso estatuto.

O Código de Processo Penal de 1941, como é notório, deixou-se guiar também pelo princípio da *separação*. Argumentou-se na Exposição de Motivos: "A invocada conveniência prática da economia de juízo não compensa o desfavor que acarretaria ao interesse da repressão a interferência de questões de caráter patrimonial no curso do processo penal". Nos termos do art. 64, a "ação para ressarcimento do dano" é intentável, só e sempre, "no juízo cível", permitindo-se a este, consoante o parágrafo único, suspender o curso do processo, até o julgamento definitivo da ação penal acaso promovida.

É mérito do Código de 1941 fazer da sentença condenatória proferida no juízo penal *título executivo civil*, permitindo seja ela executada, em sede civil, após o trânsito em julgado, "para o efeito da reparação do dano", pelo "ofendido, seu representante legal ou seus herdeiros" (art. 63). Tal disposição, que repercutiu no texto do Código de Processo Civil de 1973 (cujo art. 594, nº II, arrola expressamente a "sentença penal condenatória transitada em julgado" entre os "títulos executivos judiciais"), não representa, a rigor, uma concessão ao princípio da união: de modo nenhum atribui ao órgão penal competência para condenar *civilmente*[30]. Abre, porém, a possibilidade de *aproveitar-se*, para a efetivação da responsabilidade civil, o resultado obtido no processo criminal, com evidente benefício prático para o lesado, que encontra aí um meio de fazer valer o seu direito à reparação sem precisar sofrer os incômodos e despesas inerentes ao processo civil de conhecimento, nem os que teria de suportar se lhe fosse necessário, para conseguir o título executivo, intervir no processo penal como "parte civil". Em outras palavras: asseguram-se as vantagens do julgamento conjunto evitando-se, ao mesmo tempo, os inconvenientes que se costumam lamentar no regime de acumulação das duas ações. O louvável intuito de facilitar a satisfação do dano levou ainda o legislador de 1941 a estatuir que a execução civil da sentença condenatória penal - como a própria ação civil -, quando pobre o "titular do direito à reparação do dano", seja promovida, "a seu requerimento, pelo Ministério Público" (art. 67).

Não obstante, é forçoso reconhecer que, na prática judiciária, não se tem trilhado com frequência a via acima descrita. Pequeno é o número de execuções promovidas no juízo civil com base em sentenças

30 Para uma refutação das opiniões em contrário, *vide* BARBOSA MOREIRA, A sentença penal como título executório civil, *in Rev. de Dir. Penal*, v. 4, p. 43 e s.

condenatórias penais. O interessado na reparação *(lato sensu)* do dano em regra prefere intentar desde logo, em separado, a ação própria, sem aguardar o pronunciamento da justiça criminal.

12. Considerações finais

Reconhecem todos a necessidade de tornar mais segura e mais pronta a reparação *(lato sensu)* do dano causado pelo crime. Não é de hoje, evidentemente, que estudiosos e legisladores se preocupam com o problema. Bem se conhecem as tentativas, brotadas do seio da Escola Positiva, no sentido de equiparar à própria pena, imprimindo-lhes o caráter de medidas *repressivas,* as providências tendentes à satisfação da vítima, em particular o ressarcimento do prejuízo suportado. O próprio Estado deveria, segundo alguns, tomar a iniciativa de promovê-las, inclusive *adiantando* ao ofendido – para recobrá-la do infrator, mediante a aplicação de penas pecuniárias, ou com o produto do trabalho carcerário –, a importância a que aquele fizesse jus em consequência da lesão[31].

Continua viva, em nossos dias, e até se pode dizer que cresce de intensidade, a preocupação com o assunto. O incremento vertiginoso de certos tipos de atividade delituosa – basta pensar nos "crimes de trânsito" ou "delitos de circulação" – tem contribuído para alimentá-la. A cada hora que passa, firma-se a consciência de que, "na luta contra o crime, é preciso reservar maior consideração ao dano sofrido pela vítima"[32]. Sem que se haja necessariamente de aderir a certos exageros positivísticos, indesculpável será ignorar ou minimizar a dimensão *social* do problema. A ideia mesma da reparação a cargo do Estado ressurge e ganha terreno, sob nova forma, na medida em que se preconiza a criação de fundos pú-

---

31 Como se sabe, em tais ideias inspirou-se o malogrado Projeto FERRI de Código Penal para a Itália (1921). No direito mexicano, o Código Penal federal (art. 29) atribui o caráter de "pena pública" à imposição de reparar o dano, quando baja de suportá-la o próprio criminoso. Nem todos os adeptos do positivismo abraçaram as teses expostas: rejeitou-as, por exemplo, FLORIAN (cf., deste escritor, Dei reati e delle pene in generale, no *Trattato di diritto penale,* 2ª ed., Milão, s/d, v. I, parte II, p. 12-4. 291-2). Na doutrina mais recente, *vide* em AMODIO, *Le cautele patrimoniali nel processo penale,* Milão, 1971, p. 269 e s., cumprida análise e crítica dos princípios positivísticos Da matéria, bem como das marcas que, segundo o autor, teriam imprimido no sistema penal e processual penal ainda em vigor na península.

32 ANÍBAL BRUNO, *Direito penal,* I, t. III, Rio de Janeiro-São Paulo, 1962, p. 242.

blicos, alimentados por um sistema de seguro social, para compensar os prejudicados por fatos delituosos[33].

A análise de tais propostas excede obviamente os lindes do presente trabalho, quando não a competência do processualista. Aliás, seja qual for o juízo que sobre elas se haja de formular, sem dúvida se afigura bem escassa a probabilidade de, em futuro próximo, vir a realizar-se, no Brasil, uma experiência desse gênero. Nos recentes trabalhos - ao que parece, frustrados - de reforma do nosso processo penal, nenhuma inovação de substância se aventou na matéria de que estamos cuidando.

Tanto o Anteprojeto elaborado por JOSÉ FREDERICO MARQUES quanto o Projeto definitivo de novo Código guardavam fidelidade ao princípio da separação entre a ação penal e a ação civil, prestigiando uma tradição decerto já longa entre nós, mas em contraste com a diretriz de política legislativa preponderante no direito dos povos ocidentais[34].

É realmente difícil, reconheça-se, prever se, na prática judiciária brasileira, as possíveis vantagens de uma recepção, conquanto atenuada, do princípio da união - mediante a adoção do sistema da livre escolha, com restrições - superariam ou não os inconvenientes. A fonte principal das ações civis de reparação *(lato sensu)* do dano são os homicídios e lesões corporais "de trânsito"; ora, à persecução desses crimes, quando culposos - e é o caso da imensa maioria -, determinou a Lei nº 4.611, de 2 de abril de 1965, que se aplicasse o rito sumário, até então próprio das contravenções. Evidente a preocupação, aliás justificável, de imprimir aí maior celeridade ao processo penal - objetivo para o qual decerto não

---

33 No volume *Vittime del delitto e solidarietà sociale,* Milão, 1975, encontrará o leitor dados sobre antecedentes legislativos em diversos países (sobretudo nos de *common law*), estudos de vários autores italianos sobre o problema, texto de projeto de lei por eles redigido sob o patrocínio do Centro Nazionale di Prevenzione e Diffesa Sociale, bem como de leis e projetos estrangeiros - além, é claro, de copiosa bibliografia pertinente à matéria, nas notas de rodapé. A indenização através de fundos públicos foi recomendada pelo XI Congresso Internacional de Direito Penal, realizado em Budapeste, em setembro de 1974 (*vide* a transcrição das conclusões *in Rev. de Dir. Penal*, v. 15-6, p. 87).

34 *Vide* as observações críticas feitas ao Projeto por PISANI, em conferência pronunciada em São Paulo e publicada, sob o título A reparação às vítimas de crime do projeto brasileiro e nas tendências jurídicas contemporâneas, *in Justitia*, v. 86, p. 35 e s. Também o XI Congresso Internacional de Direito Penal, de 1974, manifestou-se favoravelmente à cumulabilidade das duas ações perante o juízo penal, sob a forma do sistema da livre escolha (in *Rev. de Dir. Penal*, v. 15-6, p. 88).

concorreria a admissão de uma "parte civil", com a consequente ampliação da atividade instrutória e decisória à apuração do *quantum* porventura devido a título de ressarcimento.

Quanto ao expediente de atribuir-se efeito executivo *civil* à sentença penal condenatória, nem o Anteprojeto, nem o Projeto cogitaram, naturalmente, de desprezá-lo; e, mantido o sistema da separação, seria pouco razoável que o fizessem. O Anteprojeto procurou até, de início, facilitar a reparação *(lato sensu)* do dano por essa via, com regras como a que permitia fosse promovida a execução civil nos próprios autos da ação penal, quando competente para ambas o mesmo órgão, e a que sujeitava àquela execução a pessoa apenas civilmente dita responsável. Dessas inovações veio a recuar-se no curso dos trabalhos preparatórios da reforma[35]. Ao menos contra a primeira, entretanto, nenhuma objeção séria se pode levantar; já que a elaboração de novo Código de Processo Penal parece haver sido relegada *ad calendas graecas,* a ideia é suscetível de aproveitamento por meio de singelo acréscimo ao texto do Código de Processo Civil, sob a forma de parágrafo ao art. 575, cujo inciso IV trata justamente da competência para a execução civil de sentença penal condenatória.

A exequibilidade de sentença penal condenatória em face do "responsável civil", para o fim de reparação *(lato sensu)* do dano, já suscita problemas de maior delicadeza. A pessoa a quem se atribui tal responsabilidade tem dois interesses dignos de consideração: um é o de tentar evitar que seja condenado o réu no processo-crime, com o que ficará naturalmente pré-excluída qualquer execução; outro é o de, ainda na hipótese de condenação penal do réu, negar a própria responsabilidade no plano civil – matéria não apreciada, é óbvio, pelo juízo criminal. Ao primeiro deles atender-se-ia de maneira cabal se se abrisse ao interessado a possibilidade de participar do processo penal, para coadjuvar a defesa, suprindo-lhe omissões ou deficiências, na qualidade de assistente do réu[36], em simetria com a faculdade que se confere ao lesado, na ação pe-

35 Os dispositivos, que constavam do Anteprojeto, segundo o texto revisto e publicado no *Diário Oficial da União*, Seção I, Parte I, Suplemento ao n. 118, de 29 de junho de 1970 (arts. 803, §1º, e 804, n. I e II, respectivamente), já não figuravam na versão estampada no mesmo órgão, Suplemento ao n. 88, de 10 de maio de 1974, nem foram restabelecidos no Projeto definitivo (Projeto de lei n. 633, de 1975, *in* Diário do Congresso Nacional, Seção I, Suplemento A ao n. 061, de 13-6-1975).

36 Já o observáramos no trab. cit. na nota 30, p. 50.

nal pública, de intervir como assistente da acusação (Código de Processo Penal de 1941, art. 268; Anteprojeto JOSÉ FREDERICO MARQUES, art. 116, nº II; Projeto definitivo, art. 115, nº II); é certo, porém, que algum preço se teria de pagar em termos de simplicidade e rapidez do procedimento. No que tange ao segundo interesse, o modo de preservá-lo consistiria em permitir àquele a quem se irroga a responsabilidade civil contestá-la na execução mesma, ou no procedimento prévio de liquidação da sentença[37]. Em contrário poderia objetar-se que tal franquia desnatura o processo executivo – onde, em princípio, já não se exerce atividade puramente cognitiva, como a tendente a apurar a existência ou inexistência da responsabilidade –, e quando nada faz extravasar do âmbito próprio a cognição inerente ao procedimento de liquidação, em regra limitada à fixação do *quantum debeatur*. Mas os escrúpulos da dogmática ortodoxa teriam provavelmente de ceder aqui o passo a uma incontornável imposição de justiça.

Outro ponto de que se poderia cogitar é a possibilidade de instaurar-se, a título provisório, o processo executivo civil, ou pelo menos de promover-se a liquidação no juízo civil, desde que a condenação criminal, embora não transitada em julgado, já não esteja sujeita a recurso de efeito suspensivo. Se o recurso extraordinário, v.g., não obsta à execução provisória da sentença civil, por que deverá obstar à execução civil, também provisória, da sentença penal? São questões, todas essas, que devem merecer do legislador mais atenta consideração, quando se retomarem – o que, cedo ou tarde, será inevitável – os trabalhos de reforma do processo penal brasileiro.

Junho de 1979.

---

37 Assim dispunha o Anteprojeto JOSÉ FREDERICO MARQUES, art. 804, n. II, com o aplauso de MONIZ DE ARAGÃO. Da reparação do dano causado pelo crime, *in* Rev. da Fac. de Dir. da Univ. Fed. do Paraná, n. 13, p. 94.

COMENTÁRIOS DOS ATUALIZADORES

9. APONTAMENTOS PARA UM ESTUDO SOBRE A REPARAÇÃO DO DANO CAUSADO PELO CRIME E OS MEIOS DE PROMOVÊ-LA EM JUÍZO

Luiz Fux / Rodrigo Fux

A regulamentação atual da chamada ação civil *ex delicto* consolida exatamente o que o Professor José Carlos Barbosa Moreira propôs em seu artigo. Segundo o autor, o direito brasileiro teria encampado a teoria da separação, mantendo a independência de competências dos juízos cível e criminal. É o que se lê no artigo 935 do Código Civil de 2002: "*A responsabilidade civil é independente da criminal, não se podendo questionar mais sobre a existência do fato, ou sobre quem seja o seu autor, quando estas questões se acharem decididas no juízo criminal*".

Trata-se de hipótese em que, calcada em sentença penal condenatória, afigura-se possível à vítima que sofreu dano injusto requerer, diretamente, perante o juízo cível competente, a liquidação da sentença penal condenatória (artigo 509 do CPC/2015).

Aliás, se a pessoa lesada já tiver deduzido sua pretensão de reparação perante o juízo cível, é possível que haja a suspensão em razão da prejudicialidade externa (artigo 315 do CPC/2015) – previsão que busca evitar a prolação de pronunciamentos jurisdicionais contraditórios protegendo a segurança jurídica.

Por fim, consoante já decidiu o Superior Tribunal de Justiça – STJ, "*o termo inicial para a propositura da ação civil ex delicto é, via de regra, o trânsito em julgado na ação penal, não tendo maior importância o lapso de tempo transcorrido entre o fato a ser apurado no juízo criminal e o trânsito em julgado da decisão na ação penal*"[38].

Em outro giro, as minuciosas reflexões realizadas pelo Professor Barbosa Moreira acerca da reparação do dano pelo crime parecem ter influenciado o legislador, ante o advento da Lei 9.099/1995 e, especialmente, a ocorrência de importantes alterações em nosso Código de Processo Penal (CPP/1941).

38 STJ, Ag. Int. no AREsp 1.982.122/RJ, Relator Ministro Raul Araújo, Quarta Turma, julgado em 11/04/2022.

Com efeito, a Lei 9.099/1995, que dispôs sobre os Juizados Especiais Criminais, estabeleceu que a eventual composição dos danos civis deverá ser reduzida a escrito e, homologada pelo Juiz mediante sentença irrecorrível, tem eficácia de título a ser executado no juízo civil competente[39].

Criou-se, ainda, instituto denominado "suspensão condicional do processo", por meio do qual, nos crimes em que a pena mínima cominada for igual ou inferior a um ano, o Ministério Público, ao oferecer a denúncia, poderá propor a suspensão do processo, por dois a quatro anos, desde que o acusado não esteja sendo processado ou não tenha sido condenado por outro crime, presentes os demais requisitos que autorizariam a suspensão condicional da pena, exigindo, entre outras condições, a reparação do dano, salvo impossibilidade de fazê-lo[40].

---

39 Art. 74. A composição dos danos civis será reduzida a escrito e, homologada pelo Juiz mediante sentença irrecorrível, terá eficácia de título a ser executado no juízo civil competente.
Parágrafo único. Tratando-se de ação penal de iniciativa privada ou de ação penal pública condicionada à representação, o acordo homologado acarreta a renúncia ao direito de queixa ou representação.

40 Art. 89. Nos crimes em que a pena mínima cominada for igual ou inferior a um ano, abrangidas ou não por esta Lei, o Ministério Público, ao oferecer a denúncia, poderá propor a suspensão do processo, por dois a quatro anos, desde que o acusado não esteja sendo processado ou não tenha sido condenado por outro crime, presentes os demais requisitos que autorizariam a suspensão condicional da pena (art. 77 do Código Penal).
§ 1° Aceita a proposta pelo acusado e seu defensor, na presença do Juiz, este, recebendo a denúncia, poderá suspender o processo, submetendo o acusado a período de prova, sob as seguintes condições:
I - reparação do dano, salvo impossibilidade de fazê-lo;
II - proibição de freqüentar determinados lugares;
III - proibição de ausentar-se da comarca onde reside, sem autorização do Juiz;
IV - comparecimento pessoal e obrigatório a juízo, mensalmente, para informar e justificar suas atividades.
§ 2° O Juiz poderá especificar outras condições a que fica subordinada a suspensão, desde que adequadas ao fato e à situação pessoal do acusado.
§ 3° A suspensão será revogada se, no curso do prazo, o beneficiário vier a ser processado por outro crime ou não efetuar, sem motivo justificado, a reparação do dano.
§ 4° A suspensão poderá ser revogada se o acusado vier a ser processado, no curso do prazo, por contravenção, ou descumprir qualquer outra condição imposta.
§ 5° Expirado o prazo sem revogação, o Juiz declarará extinta a punibilidade.
§ 6° Não correrá a prescrição durante o prazo de suspensão do processo.
§ 7° Se o acusado não aceitar a proposta prevista neste artigo, o processo prosseguirá em seus ulteriores termos.

Por sua vez, a Lei nº 11.719/2008 alterou o vetusto diploma processual penal, passando a prever que o juiz, ao proferir sentença condenatória, fixará valor mínimo para reparação dos danos causados pela infração, considerando os prejuízos sofridos pelo ofendido. Transitada em julgado a sentença condenatória, a execução poderá ser efetuada pelo valor fixado nos termos do inciso IV do caput do art. 387 deste Código sem prejuízo da liquidação para a apuração do dano efetivamente sofrido[41]. Transitada em julgado a sentença, a execução poderá ser efetuada pelo valor fixado, sem prejuízo da liquidação para a apuração do dano efetivamente sofrido[42].

A jurisprudência do STJ se consolidou no sentido de que a fixação de valor mínimo para indenização dos danos causados pela infração, prevista no art. 387, inciso IV, do CPP, além de pedido expresso na exordial acusatória, pressupõe a indicação de valor e prova suficiente a sustentá-lo, possibilitando ao réu o direito de defesa, com indicação de quantum diverso ou mesmo comprovação de inexistência de prejuízo[43].

---

41 Art. 387. O juiz, ao proferir sentença condenatória:
(...)
IV - fixará valor mínimo para reparação dos danos causados pela infração, considerando os prejuízos sofridos pelo ofendido;

42 Art. 63. Transitada em julgado a sentença condenatória, poderão promover-lhe a execução, no juízo cível, para o efeito da reparação do dano, o ofendido, seu representante legal ou seus herdeiros.
Parágrafo único. Transitada em julgado a sentença condenatória, a execução poderá ser efetuada pelo valor fixado nos termos do inciso iv do caput do art. 387 deste Código sem prejuízo da liquidação para a apuração do dano efetivamente sofrido. (Incluído pela Lei nº 11.719, de 2008).

43 Confira-se:
AGRAVO REGIMENTAL NO RECURSO ESPECIAL. ROUBO. INDENIZAÇÃO CÍVEL. CONTRADITÓRIO. INÉRCIA DA DEFESA. PEDIDO NA DENÚNCIA. REITERAÇÃO EM ALEGAÇÕES FINAIS. AGRAVO REGIMENTAL NÃO PROVIDO. 1. A aplicação do instituto disposto no art. 387, inciso IV, do CPP, referente à reparação de natureza cível, quando da prolação da sentença condenatória, requer a dedução de um pedido expresso do querelante ou do Ministério Público, em respeito às garantias do contraditório e da ampla defesa. 2. Apesar do pleito indenizatório na denúncia e nas alegações finais, bem como da estimativa do valor dos bens no depoimento das vítimas, a defesa quedou-se inerte, em vez de exercer o contraditório. 3. Não há falar em iliquidez do pedido, pois o quantum há que ser avaliado e debatido ao longo do processo, não tendo o Parquet o dever de, na denúncia, apontar valor líquido e certo, o qual será devidamente

Interessante ressaltar que há alguns anos, a referida Corte passou a expressamente admitir que o magistrado reconheça, e quantifique minimamente, também o dano moral causado pela prática criminosa[44]. Rechaçando eventuais dúvidas, a 3ª seção, ao julgar recursos especiais repetitivos (Tema 983), assentou que[45]:

fixado pelo Juiz sentenciante. 4. É inviável estimativa na inicial do valor dos bens subtraídos por não haverem sido devolvidos e periciados. 5. Agravo regimental não provido. (AgRg no REsp n. 2.014.039/MG, relator Ministro Rogerio Schietti Cruz, Sexta Turma, julgado em 13/2/2023, DJe de 15/2/2023.)
PENAL E PROCESSO PENAL. AGRAVO REGIMENTAL NO AGRAVO EM RECURSO ESPECIAL. FURTO SIMPLES. REPARAÇÃO MÍNIMA PELOS DANOS CAUSADOS PELA INFRAÇÃO. ART. 387, INCISO IV, DO CÓDIGO DE PROCESSO PENAL. PRETENSÃO DE AFASTAMENTO DA INDENIZAÇÃO. EXISTÊNCIA DE PEDIDO EXPRESSO DO MINISTÉRIO PÚBLICO NA DENÚNCIA. EXISTÊNCIA DE INSTRUÇÃO ESPECÍFICA NO CURSO DO PROCESSO. INDICAÇÃO DO VALOR DO DANO E DE PROVA SUFICIENTE. OBSERVÂNCIA AOS PRINCÍPIOS DA AMPLA DEFESA E DO CONTRADITÓRIO. REVOLVIMENTO DE FATOS E PROVAS. IMPOSSIBILIDADE. SÚMULA N. 7/STJ. AGRAVO REGIMENTAL NÃO PROVIDO. 1. É firme a jurisprudência desta Corte Superior no sentido de que a fixação de valor mínimo para indenização dos danos causados pela infração, considerando os prejuízos sofridos pela vítima, prevista no art. 387, inciso IV, do CPP, além de pedido expresso na exordial acusatória, pressupõe a indicação de valor e prova suficiente a sustentá-lo, possibilitando ao réu o direito de defesa, com indicação de quantum diverso ou mesmo comprovação de inexistência de prejuízo material ou moral a ser reparado. Precedentes. (...) (AgRg no AREsp n. 2.068.728/MG, relator Ministro Reynaldo Soares da Fonseca, Quinta Turma, julgado em 10/5/2022, DJe de 13/5/2022.)

44 RECURSO ESPECIAL. PENAL E PROCESSO PENAL. REPARAÇÃO CIVIL DO DANO CAUSADO PELA INFRAÇÃO PENAL. ART. 387, IV, DO CPP. ABRANGÊNCIA. DANO MORAL. POSSIBILIDADE. RECURSO IMPROVIDO. 1. Considerando que a norma não limitou e nem regulamentou como será quantificado o valor mínimo para a indenização e considerando que a legislação penal sempre priorizou o ressarcimento da vítima em relação aos prejuízos sofridos, o juiz que se sentir apto, diante de um caso concreto, a quantificar, ao menos o mínimo, o valor do dano moral sofrido pela vítima, não poderá ser impedido de fazê-lo. 2. Ao fixar o valor de indenização previsto no artigo 387, IV, do CPP, o juiz deverá fundamentar minimamente a opção, indicando o quantum que refere-se ao dano moral. 3. Recurso especial improvido. (RESP Nº 1.585.684 - DF (2016/0064765-6) - Relatora Ministra Maria Thereza de Assis Moura – Data do julgamento: 09/08/16)

45 Salientou-se, ainda, que *"O que se há de exigir como prova, mediante o respeito ao devido processo penal, de que são expressão o contraditório e a ampla defesa, é a própria imputação criminosa – sob a regra, derivada da presunção de inocên-*

> "Nos casos de violência contra a mulher praticados no âmbito doméstico e familiar, é possível a fixação de valor mínimo indenizatório a título de dano moral, desde que haja pedido expresso da acusação ou da parte ofendida, ainda que não especificada a quantia, e independentemente de instrução probatória." (RESP´s nº 1.643.051/MS e 1.683.324/DF)

Outrossim, mais recentemente, também tivemos o advento do instituto denominado "acordo de não persecução penal" (ANPP), por meio da Lei nº 13.964/2019.

Nos termos do novel art. 28-A do CPP, não sendo caso de arquivamento e tendo o investigado confessado formal e circunstancialmente a prática de infração penal sem violência ou grave ameaça e com pena mínima inferior a 4 (quatro) anos, o Ministério Público poderá propor acordo de não persecução penal, desde que necessário e suficiente para reprovação e prevenção do crime, mediante uma série de condições, entre as quais reparar o dano ou restituir a coisa à vítima, exceto na impossibilidade de fazê-lo[46].

Indubitável, portanto, que, em linha com a preocupação esposada por Barbosa Moreira já em 1979, tanto o legislador quanto a jurisprudência tem envidado esforços para ampliar a proteção à vítima e facilitar a reparação do dano causado pelo crime.

---

cia, de que o onus probandi é integralmente do órgão de acusação –, porque, uma vez demonstrada a agressão à mulher, os danos psíquicos dela derivados são evidentes e nem têm mesmo como ser demonstrados." (RESP's nº 1.643.051/MS e 1.683.324/DF).

46 Art. 28-A. Não sendo caso de arquivamento e tendo o investigado confessado formal e circunstancialmente a prática de infração penal sem violência ou grave ameaça e com pena mínima inferior a 4 (quatro) anos, o Ministério Público poderá propor acordo de não persecução penal, desde que necessário e suficiente para reprovação e prevenção do crime, mediante as seguintes condições ajustadas cumulativa e alternativamente:
I - reparar o dano ou restituir a coisa à vítima, exceto na impossibilidade de fazê-lo;
(...)

10. QUEIXA[1]

1. Conceito. **2.** Titularidade do direito de queixa. **3.** Outras condições do seu exercício. **4.** Decadência do direito de queixa. **5.** Renúncia ao direito de queixa. **6.** Requisitos da queixa como ato processual. **7.** Efeitos do oferecimento da queixa. **8.** Aditamento da queixa.

1. Chama-se demanda ao ato pelo qual alguém pede ao Estado a prestação jurisdicional. Com a demanda começa a exercer-se o direito de ação, e com ela também se promove a instauração do processo: embora a chamada relação jurídica processual só se complete com a citação do réu. A demanda por si já cria um vínculo entre o autor e o Estado (por seu órgão, o juiz), uma vez que gera para este o dever de, pelo menos, aceitá-la ou rejeitá-la. No campo civil, onde domina o princípio da iniciativa de parte *(ne procedat iudex ex officio:* cf. Código de Processo Civil, art. 262), a demanda é requisito indispensável da existência do processo. No terreno penal, a lei abre exceções[2], mas a regra continua a ser a da necessidade da demanda como pressuposto do exercício da função jurisdicional.

Uma das formas que a demanda assume no processo penal é justamente a *queixa.* Isso pode ocorrer em duas hipóteses: 1ª) quando – segundo a fórmula, aliás incompleta, do art. 102, *caput,* do Código Penal – a lei expressamente declara a ação "privativa do ofendido"; 2ª) quando, pública a ação, "o Ministério Público não oferece denúncia no prazo legal" (art. 102, cit., § 3º). Quer dizer: a queixa é o ato pelo qual se inicia o exercício da ação penal *privada* (art. cit., § 2º), seja *principal* (nos casos em que a lei não permite a instauração do processo a não ser por iniciativa do particular), seja *subsidiária* (nos casos em que *normalmente* a iniciativa é oficial, mas se faculta a particular para suprir a omissão do órgão público).

A queixa é inconfundível quer com a *representação* – a que por vezes se condiciona o exercício da ação penal *pública* (Código Penal, art.

---

1 Versão revista e atualizada de verbete publicado no *Repertório Enciclopédico do Direito Brasileiro*, v. 44, p. 52 e s.

2 Em se tratando de contravenção, o processo pode ser instaurado *ex officio* pelo Juiz (Código de Processo Penal, arts. 26 e 531). A Lei n. 4.611, de 2 de abril de 1965, estendeu o preceito aos processos por homicídio culposo ou lesões corporais culposas.

102, § 1º; Código de Processo Penal, art. 24), como por exemplo em relação ao crime de perigo de contágio venéreo (Código Penal, art. 130, § 2º) –, quer com a *notitia criminis* a que alude o art. 27 do Código de Processo Penal e que constitui simples *provocação* ao exercício da ação pública pelo órgão oficial, quer ainda com o pedido de abertura de inquérito policial (Código de Processo Penal, art. 5º, nº 11, *fine).* Em nenhuma dessas figuras há *propositura de ação,* pedido de prestação jurisdicional. Queixa, em sentido técnico, é modalidade de demanda, é ato de exercício do direito de ação; a expressão "direito de queixa", largamente usada nos textos legais, nada mais exprime, a rigor, do que o próprio direito de ação, numa das formas particulares por que pode ser exercido (ação penal privada)[3].

2. Titular do direito de queixa é, em primeiro lugar, o *ofendido,* que o exerce por si ou, quando incapaz, por seu representante legal (Código Penal, art. 102, § 2º; Código de Processo Penal, art. 30). Não havendo representante legal, ou colidindo os interesses deste com os do ofendido, o direito de queixa pode ser exercido através de curador especial, nomeado pelo juiz criminal, de ofício ou a requerimento do Ministério Público (Código de Processo Penal, art. 33). O menor de 21 anos e maior de 18, apesar de civilmente incapaz, pode exercer pessoalmente o direito de queixa, sem que isso exclua a possibilidade de exercê-lo o seu "representante legal" (Código de Processo Penal, art. 34).

Por "ofendido" há de entender-se não só o titular do bem jurídico especificamente tutelado e lesado pelo crime – isto é, o sujeito passivo deste –, mas todo aquele que tiver sofrido lesão em *algum* bem jurídico em consequência do delito. Assim, por exemplo, no crime de que trata o art. 345 do Código Penal (exercício arbitrário das próprias razões), sujeito passivo é o Estado (titular do bem jurídico penalmente protegido, a regularidade da administração da justiça), mas *ofendido* é o que sofreu diretamente a ação delituosa, e a este compete – desde que não tenha havido violência (art. cit., parágrafo único) – a acusação[4].

---

3 Cf. JOSÉ FREDERICO MARQUES, *Elementos de direito processual penal,* Rio de Janeiro-São Paulo, 1961, v. I, p. 354; MAGALHÃES NORONHA, *Curso de direito processual penal.* São Paulo, 10ª ed., 1978, p. 34.

4 HÉLIO TORNAGHI. *Instituições de processo penal,* 2ª ed., São Paulo, 1977, 2º v., p. 362; JOSÉ FREDERICO MARQUES, ob. cit., v. II, p. 72-3 (para este autor, contudo, o particular, aí, é também sujeito passivo do crime).

Nos casos em que o ofendido é menor de 18 anos, ou incapaz por outra razão que não a idade, o direito de queixa é exercido *em seu nome* por outrem. Há, pois, *representação* em sentido técnico, e parte no processo, de acordo com princípio firmemente assentado pela doutrina, será o ofendido, isto é, o *representado*. Não parece ser assim na hipótese do art. 34 do Código de Processo Penal; como se verifica do disposto no art. 50, parágrafo único, a renúncia do ofendido maior de 18 anos não inibe o seu "representante legal" de oferecer queixa – o que mostra ser *autônoma* a titularidade a este conferida. A queixa pode ser ajuizada, *quer* pelo ofendido, *quer* pelo "representante legal"; qualquer dos dois agirá *nomine proprio* e assumirá a posição de parte no processo[5].

Tampouco existe verdadeira representação quando o ofendido é pessoa jurídica (o texto fala, com técnica defeituosa, em "fundações, associações ou sociedades legalmente constituídas") e exerce o direito de queixa pelo órgão competente, nos termos do contrato ou do estatuto, ou, "no silêncio destes, pelos seus diretores ou gerentes" (Código de Processo Penal, art. 37). O órgão não se manifesta *em nome da pessoa jurídica,* até porque não há relação de *alteridade* entre um e outra; a pessoa jurídica manifesta-se *através do órgão,* de modo que a queixa é ato *diretamente* praticado por ela. O órgão não representa, *presenta*[6].

Morto ou declarado ausente o ofendido, sucedem-lhe no direito de queixa o cônjuge (sem exclusão do separado judicialmente), o ascendente, o descendente, o irmão (Código Penal, art. 102, § 4º; Código de Processo Penal, art. 31). Ao oferecimento da queixa pelo parente obsta o oferecimento dela pelo cônjuge, e ao oferecimento pelo parente mais distante o oferecimento pelo mais próximo (Código de Processo Penal, art. 36). Não quer isso dizer que a titularidade do direito de queixa não se transmita logo, e simultaneamente, a todas as pessoas enumeradas na lei, desde a morte ou a declaração judicial da ausência do ofendido. Todas elas se tornam cotitulares do direito, e nenhuma precisa esperar prazo algum, durante o qual fique inerte a anteriormente nomeada, para

---

5 HÉLIO TORNAGHI, ob. e v. cit., p. 366. Note-se, de passagem, a impropriedade que há, nesse e noutros textos da lei, quando fala em "representante legal" de menor apenas relativamente incapaz, e cuja incapacidade, portanto, não se supre pela representação, mas pela mera assistência.

6 PONTES DE MIRANDA, *Tratado de direito privado,* t. I, Rio de Janeiro, 1954, p. 412 e s.; especificamente com referência ao art. 37 do Código de processo Penal, HÉLIO TORNAGHI, ob. e v. cit., p. 370.

só então agir[7]. A lei apenas fixou um critério de preferência, por ter julgado inconveniente a pluralidade de querelantes, em litisconsórcio – solução que, *de lege ferenda,* nada teria de absurdo.

Ser titular do direito de queixa é ser parte legítima para o processo de ação penal privada. Titularidade do direito de queixa e *legitimatio ad causam* ativa são aí expressões equivalentes. Trata-se de legitimação extraordinária ou anômala, porque o particular será sujeito do processo sem que o seja da *res in iudicium deducta:* o *ius puniendi* pertence, só e sempre, ao Estado[8]. Distingue a lei entre a legitimação *primária,* atribuída ao ofendido (e, no caso do art. 34 do Código de Processo Penal, também ao seu "representante legal"), e a legitimação *secundária* ou *subsidiária,* atribuída às pessoas mencionadas no art. 31. Esta, aliás, fica pré-excluída quando o texto legal restringe ao próprio ofendido, com exclusividade, a iniciativa da *persecutio criminis* (ex.: Código Penal, art. 240, § 2º).

Numa hipótese, porém, o próprio ofendido tem legitimação *subsidiária:* quando, sendo o crime de ação pública, o Ministério Público "não oferece denúncia no prazo legal" (Código Penal, art. 102, § 3º*),* ou – o que é dizer o mesmo – quando a ação pública "não for intentada no prazo legal" (Código de Processo Penal, art. 29). O requisito fica satisfeito ainda quando o Ministério Público requer o arquivamento (art. 28), pois também aí ele "não oferece denúncia", isto é, *não intenta a ação*[9]. Resta-lhe a faculdade (não o *dever:* cf. *infra,* nº 8 e, aí, nota 25) de "aditar a queixa, repudiá-la e oferecer denúncia substitutiva, intervir em todos os termos do processo, fornecer elementos de prova, interpor recurso e, a todo tempo, no caso de negligência do querelante, retomar a ação como parte principal" (art. 29). É que o Ministério Público, em tal caso, conserva a

---

7 Cf. TOURINHO FILHO, *Processo penal,* 1º v., 4ª ed., Bauru, 1978, p. 376.

8 Cf. TOURINHO FILHO, ob. e v. cit., p. 363-4; ADA PELLEGRINI GRINOVER, *As condições da ação penal.* São Paulo, 1977, p. 148.

9 A questão é controvertida. No sentido do texto, HÉLIO TORNAGHI, ob. e v. cit., p. 372 e s.; BASILEU GARCIA, *Instituições de direito penal,* São Paulo, 1952, 2ª ed., v. I, t. TI, p. 646 e s.; ANÍBAL BRUNO, Direito Penal, Rio de Janeiro-São Paulo, 1962, I, t. III, p. 236-7. Em sentido contrário, excluindo a ação privada subsidiária na hipótese de arquivamento requerido pelo Ministério Público: JOSÉ FREDERICO MARQUES, ob. cit., v. I, p. 354-5; MAGALHÃES NORONHA, ob. cit., p. 33-4; EDUARDO ESPÍNOLA FILHO, *Código de processo penal brasileiro anotado,* Rio de Janeiro, 1960, 5ª ed., v. I, p. 368 e s.; JORGE ALBERTO ROMEIRO, *Da ação penal,* 2ª ed., Rio de Janeiro, 1978, p. 276 e s. (embora com crítica de lege ferenda: *vide* p. 289-91).

legitimação primária; vale confrontar esse dispositivo com o art. 45, referente à ação "privativa do ofendido", em que o Ministério Público pode aditar a queixa (mas *não* repudiá-la para oferecer denúncia substitutiva), e intervir nos termos subsequentes do processo (mas *não* assumir a posição do autor, se vier a omitir-se ou a faltar o primitivo).

Pretende-se tirar do art. 60 argumento contrário à admissibilidade da iniciativa do ofendido na hipótese de haver sido requerido o arquivamento: não retomando a ação o Ministério Público, sobreviria a perempção, o que importaria atribuir ao particular o poder de dispor do *ius puniendi*[10]. Mas, se fosse realmente aplicável o art. 60, a perempção não decorre ria *apenas* da inércia do querelante, senão *também* da omissão do Ministério Público, ao qual seria possível impedi-la. Se, ao contrário, não incide o art. 60, que se refere aos casos "em que *somente* se procede mediante queixa", a conclusão é a de que não fica perempta a ação, a despeito da inércia do querelante e da abstenção do Ministério Público, e deve ser julgada no mérito – o que nada tem de absurdo.

Cabe enfim observar, quanto à *ratio* do art. 29, que a permissão de agir subsidiariamente, dada ao ofendido, não tem utilidade restrita às hipóteses de desídia do Ministério Público: pode ser igualmente útil como expediente para ensejar a *persecutio criminis* quando o arquivamento haja sido requerido sem justo motivo, eventualmente por força de influências e pressões a que o Ministério Público (inclusive o seu Chefe) nem sempre fica imune em há razão para temer que a ação seja intentada pelo particular como simples instrumento de vindita ou arma de chantagem, pois de qualquer modo a queixa se submeterá ao controle do juiz, que pode rejeitá-la nos casos legais *(infra,* nº 7); aliás, o argumento, a ser procedente, provaria demais, extensível que seria a toda e qualquer ação penal privada, subsidiária ou não.

3. O exercício do direito de queixa – ou seja, o exercício da ação penal privada – subordina-se, como o de qualquer direito, às condições estabelecidas na lei. Essas condições não se confundem com os pressupostos de uma decisão *favorável.* Satisfeitas que estejam, isso significa apenas que a ação é *admissível;* se não o estiverem, a ação será *inadmissível,* e o órgão judicial porá termo ao processo sem julgar o mérito. Sendo admissível a ação, sobrevém normalmente o julgamento do mérito, que tanto

---

10 Nesse sentido, TOURINHO FILHO, ob. e v. cit., p. 399.

pode concluir pela *procedência* como pela *improcedência* do pedido – ou seja, tanto pode, no processo penal, condenar o réu como absolvê-lo. Todo ato processual postulatório fica sujeito a essa dupla apreciação: ao juízo de *admissibilidade* e ao *juízo de mérito,* aquele *preliminar a este*[11].

O primeiro e fundamental requisito do exercício regular do direito de queixa é, obviamente, a legitimação para a ação penal privada. Essa legitimação deve existir do ponto de vista *ativo* – isto é, a queixa há de ser oferecida por quem tenha qualidade para fazê-lo – e do ponto de vista *passivo* – quer dizer, ela tem de dirigir-se contra a pessoa que, se verdadeira a narração do querelante, haja de ser condenada a tal ou qual pena. Da legitimação ativa – ou seja, da titularidade do direito de queixa –, por sua relevância particular, já se tratou, em separado, no item anterior, Menos importante praticamente, no processo penal, é a questão da legitimação passiva: pode considerar-se acadêmica a hipótese, mencionada na literatura[12], de a denúncia ser oferecida contra alguém que, conforme a própria narrativa dos fatos, apenas presenciou a suposta infração – e, portanto, deve servir de testemunha –, em vez de o ser contra o indiciado. Em doutrina há quem enquadre na falta da legitimação passiva[13] os casos de ação penal intentada contra pessoa incapaz de delinquir, ou até de ficar sujeita à imposição de medida de segurança (v.g., entre nós, as pessoas jurídicas, os menores de 18 anos); mas o ponto não é pacífico, preferindo outros situar o fenômeno como causa de *incapacidade processual*[14].

Outro requisito indispensável é que o fato narrado, por suas características, seja *em tese* suscetível de sanção criminal; ou, em outras palavras, que o bem jurídico supostamente lesado encontre na lei tutela penal. Falta esse requisito, por exemplo, se o querelante refere apenas um comportamento *moralmente reprovável* do querelado.

---

11 Cf. GOLDSCHMIDT, *Teoría general del proceso*, Barcelona, 1936, p. 108 e s., esp. 111-2; DELOGU, *Contributo alla teoria dell'inammissibilità nel diritto processuale penale*, Milão, 1938, p. 27; BARBOSA MOREIRA, *Comentários ao código de processo civil*, v. V, 3ª ed., Rio de Janeiro, 1978, p. 297.

12 TOURINHO FILHO, ob. e v. cit., p. 459; ADA PELLEGRINI GRINOVER, ob. cit., p. 151.

13 Assim BELLAVISTA, *Lezioni di diritto processuale penale*, Milão, 3ª ed. 1965, p. 174-5 (mas com uso promíscuo das expressões "*legitimatio ad causam*" e "capacidade para ser parte"); JOSÉ FREDERICO MARQUES, ob. e v. cit., p. 54-5.

14 BELING, *Derecho procesal penal*, trad. esp., Córdoba, 1943, p. 67; MANZINI, *Trattato di diritto processuale penale italiano*, Turim, 1931, v. II, p. 285 e s., 295 e s.; ARAGONESES. *Instituciones de derecho procesal penal*. Madri, 1976, p. 132-3.

Prevê o ordenamento fatos *impeditivos* e fatos *extintivos* do direito de queixa, que constituem, uns e outros, condições legais *negativas* do exercício da ação penal privada. São fatos *impeditivos:*

a) Para a mulher casada, a falta de consentimento do marido, "salvo quando estiver dele separada ou quando a queixa for contra ele" (Código de Processo Penal, art. 35). Basta a separação *de tato* para excluir à necessidade do consentimento[15]. A recusa do marido em prestá-lo pode ser suprida pelo juiz (art. cit., parágrafo único).

b) Em relação ao crime definido no art. 236 do Código Penal (induzimento a erro essencial e ocultação de impedimento), a inexistência de sentença, trânsita em julgado, que, em razão do erro ou impedimento, anule o casamento (art. cit., parágrafo único)[16].

c) Quanto ao crime de adultério, o fato de estarem judicialmente separados os cônjuges (Código Penal, art. 240, § 3º, nº I); o consentimento do outro cônjuge (art. cit., § 3º, nº II, 1ª parte).

São fatos *extintivos:*

a) a decadência do direito de queixa;

b) a renúncia a esse direito;

c) a extinção da punibilidade do fato, antes de apresentada a queixa;

d) no concernente ao delito de adultério, o perdão, expresso ou tácito, do outro cônjuge (Código Penal, art. 240, § 3º, nº II, *fine).*

(Sobre *decadência e renúncia, vide* itens 4 e 5, *infra.)*

---

15 É a *communis opinio*: HÉLIO TORNAGHI, ob. e v. cit., p. 367; MAGALHÃES NORONHA, ob. cit., p. 33; ROMEU PIRES DE CAMPOS BARROS, *Direito processual penal brasileiro,* São Paulo. 1969. v. I, p. 316; CÂMARA LEAL, *Comentários ao código de processo penal.* Rio de Janeiro-São Paulo, 1942, v. I, p. 169; ESPÍNOLA FILHO, ob. e v. cit., p. 394-5; SADY CARDOSO DE GUSMÃO, *Código de processo penal,* Rio de Janeiro, 1942, p. 22; JORGE ALBERTO ROMEIRO, ob. cit., p. 232 e s. O art. 35 do Cód. de Processo Penal não versa hipótese de representação legal (*aliter,* JOSÉ FREDERICO MARQUES, ob. cit., v. n. p. 74): a mulher casada não é incapaz, nem absoluta nem relativamente; a restrição que a lei lhe impõe é semelhante à consagrada no art. 10, *caput,* do Código de Processo Civil, para qualquer dos cônjuges.

16 ADA PELLEGRINI GRINOVER, ob. cit., p. 185 e s., prefere ver no trânsito em julgado da sentença uma condição objetiva de punibilidade.

4. O não exercício do direito de queixa, durante certo tempo, faz decair dele o respectivo titular. O prazo decadencial é, em regra, de seis meses (Código Penal, art. 105; Código de Processo Penal, art. 38), e conta-se:

a) na ação privada principal, do dia em que o titular veio a saber quem era o autor do suposto crime (Código Penal, art. 105; Código de Processo Penal, art. 38);

b) na ação privada subsidiária, do dia em que se esgota o prazo para o oferecimento da denúncia (Códigos e dispositivos cit.; *vide* também os arts. 39, § 5º, e 46, e seu § 1º, do Código de Processo Penal).

No primeiro caso, se o ofendido é menor de 18 anos, ou incapaz por outra razão que não a idade, quem pode agir é o seu representante legal, conquanto em nome do ofendido *(vide* acima, nº 2). Logo, se não chegou ao conhecimento simultâneo de ambos a autoria da infração, deve prevalecer, como termo inicial do prazo de decadência, o dia em que ela se tomou conhecida *do representante*[17]. Sendo o ofendido maior de 18 anos e menor de 21, o direito de queixa é exercível, autonomamente, por ele ou pelo "representante legal" (Código de Processo Penal, art. 34); consequentemente, se um e outro vieram a saber em dias diversos quem praticara o delito, serão distintos os respectivos prazos de decadência, cada qual com o seu termo *a quo*[18]). A punibilidade só se extinguirá quando se esgotar *in albis* o último prazo.

De acordo com o parágrafo único do art. 38 do Código de Processo Penal, as pessoas indicadas no art. 31 decaem do direito de queixa "dentro *do mesmo* prazo" a que se refere o *caput.* Não se fala em "prazo igual", mas no "mesmo". Quer isso dizer que, para tais pessoas, o termo inicial é também o dia em que o ofendido soube quem era o infrator[19].

---

17 JOSÉ FREDERICO MARQUES, *Curso de direito penal,* São Paulo, 1956, v. III, p. 408; TOURINHO FILHO, ob. e v. cit., p. 381; JORGE ALBERTO ROMEIRO, ob. cit., p. 251.

18 JOSÉ FREDERICO MARQUES, *Curso*, cit., *ibid.*

19 Assim MAGALHÃES NORONHA, ob. cit., p. 30; CÂMARA LEAL, ob. e v. cit., p. 180; JORGE ALBERTO ROMEIRO, ob. cit., p. 252. *Aliter*, HÉLIO TORNAGHI, ob. e v. cit., p. 361-2, para quem o *dies a quo* é aquele "em que o sucessor teve conhecimento de quem seja o autor da infração" (sem grifo no original). Esse escritor abre, porém, uma exceção para o caso em que a autoria já era conhecida ao tempo da morte ou da declaração judicial de ausência, parecendo pensar que, aí, o termo inicial é a data de uma ou de outra. Um tanto contraditoriamente, ensina adiante que "o *dies a quo* é o mesmo para todas as pessoas enumeradas (...), isto é, para o cônjuge, o

Pode acontecer que o ofendido só faleça ou seja declarado ausente seis meses (ou mais) depois de tê-lo sabido; nesse caso, as pessoas enumeradas no art. 31 não chegam a legitimar-se para o oferecimento da queixa, embora se lhes faculte "prosseguir no processo, dentro do prazo de 60 dias", se o ofendido já propusera a ação (art. 60, nº II). A solução não é a melhor, *de lege ferenda:* enseja graves dificuldades práticas quando, morto ou declarado ausente o ofendido, pretenda algum dos possíveis legitimados secundários oferecer a queixa e surjam dúvidas sobre a data em que o ofendido tivera ciência da autoria do crime, praticado mais de seis meses antes. *De lege lata,* contudo, não há como evitá-la, não só à luz do teor do art. 38, parágrafo único, mas também porque o art. 31, ao dispor que o direito de queixa, na hipótese de morte ou declaração judicial de ausência, "passará ao cônjuge, ascendente, descendente ou irmão" do ofendido, pressupõe direito *ainda exercível* na data do óbito ou da decisão judicial: se o próprio titular primário já decaíra do direito, ao falecer ou ao ser declarado ausente, é pouco razoável admitir que *passe* a outrem direito de cujo exercício ele próprio já estava privado. Ocorrendo a morte ou a declaração de ausência dentro do semestre, as pessoas enumeradas no art. 31 poderão exercer o direito de queixa *pelo tempo que faltar* para completá-lo.

Por força de regras especiais, o prazo de decadência, quanto ao crime de adultério, é de apenas um mês (Código Penal, art. 240, § 2º); e quanto ao delito de induzimento a erro essencial ou ocultação de impedimento, os seis meses começam a contar-se da data do trânsito em julgado da sentença anulatória do casamento (Código Penal, art. 236, parágrafo único). Outras regras especiais ainda se encontram nos arts. 529, *caput,* e 530 do Código de Processo Penal, quanto aos crimes de ação privada contra a propriedade imaterial. O prazo de decadência não se suspende nem se interrompe. A contagem obedece à norma do art. 8º do Código Penal.

---

ascendente, o descendente ou o irmão, pois não é preciso que qualquer deles aguarde o prazo concedido aos demais». À luz de suas premissas, mais lógico seria concluir que, para cada uma das citadas pessoas, o semestre houvesse de contar-se da data da respectiva ciência. Esta última solução parece-nos admissível nas hipóteses em que o ofendido faleceu ou foi declarado ausente, sem chegar a saber quem cometera o delito (cf. JORGE ALBERTO ROMEIRO, ob. cit., p. 251-2).

5. Renúncia ao direito de queixa é a manifestação (irretratável) de vontade do respectivo titular, no sentido de não exercê-lo. Diferencia-se do perdão, que também extingue a punibilidade nos casos de ação privada (Código Penal, art. 107)[20], por não depender sua eficácia, como a deste, da aceitação da outra parte (Código Penal, art. 107, § 1º, nº III; Código de Processo Penal, art. 51), e por ser *anteprocessual,* ao passo que o perdão pressupõe queixa já oferecida, isto é, processo pendente. Por isso mesmo não se inclui o perdão entre os fatos impeditivos ou extintivos do direito de queixa.

Pode a renúncia ser expressa ou tácita (Código Penal, art. 106). "A renúncia expressa constará de declaração assinada pelo ofendido, por seu representante legal ou procurador com poderes especiais" (Código de Processo Penal, art. 50). Consiste a renúncia tácita na prática de ato incompatível com a vontade de exercer o direito de queixa (Código Penal, art. 106, parágrafo único), e admite qualquer meio de prova (Código de Processo Penal, art. 57). Não importa a renúncia tácita "o fato de receber o ofendido a indenização do dano causado pelo crime" (Código Penal, art. 106, parágrafo único, *fine);* nem, acrescente-se, qualquer comportamento que não revele *inequivocamente,* no ofendido, disposição contrária à de acusar o infrator.

Como se viu, sendo o ofendido maior de 18 anos e menor de 21, a lei confere a ele próprio e ao seu "representante legal", autonomamente, legitimação para agir (Código de Processo Penal, art. 34). Por isso, os fatos impeditivos ou extintivos ocorrentes em relação a um deles não obstam ao exercício do direito de queixa pelo outro. Daí a regra inscrita no art. 50, parágrafo único, do Código de Processo Penal: "A renúncia do representante legal do menor que houver completado 18 anos não privará este do direito de queixa, nem a renúncia do último excluirá o direito do primeiro" (cf., quanto à decadência, o que se expôs no número anterior).

Na hipótese de pluralidade de infratores, basta que o titular do direito de queixa a ele renuncie em relação a um só daqueles, para que os efeitos do ato a todos se estendam (Código de Processo Penal, art. 49).

---

20 Renúncia e perdão denotam ambos o caráter de disponibilidade de que se reveste a ação penal privada, em contraste com a pública; cf. HÉLIO TORNAGHI, ob. e v. cit., p. 347-8; JOSÉ FREDERICO MARQUES. *Curso*, cit., v. III, p. 382-3.

Tem-se aqui um corolário do princípio da *indivisibilidade* da ação penal privada, o qual também se manifesta nos arts. 48 e 51 da lei processual[21].

6. A queixa deve conter "a exposição do fato criminoso, com todas as suas circunstâncias, a qualificação do acusado ou esclarecimentos pelos quais se possa identificá-lo, a classificação do crime e, quando necessário, o rol das testemunhas" (Código de Processo Penal, art. 41). Como forma de demanda e, simultaneamente, ato de acusação, é preciso que dela constem os elementos indispensáveis à delimitação da matéria sobre a qual se exercerá a atividade cognitiva do órgão judicial e, por outro lado, à formulação da defesa do querelado.

Exige a lei não apenas a narração do fato delituoso em si, mas a especificação de todas as circunstâncias que o cercarem. Deve o querelante, pois, discriminar o tempo, o lugar, o modo por que foi praticada a infração, os motivos que porventura a tenham provocado, os meios e instrumentos de que se valeu o autor, a existência ou inexistência de outras pessoas que o hajam auxiliado, e tudo mais que possa ser útil à formação do convencimento do juiz e relevante para a decisão.

A qualificação do acusado consistirá na declaração do respectivo nome e das mais características que lhe individuam a pessoa: nacionalidade, estado civil, profissão etc. Se ao querelante falta algum desses dados, ou vários, não fica impedido, é claro, de oferecer a queixa: cumpre-lhe, entretanto, ministrar elementos que permitam a identificação do querelado, requerendo desde logo a realização das diligências necessárias (arg. *ex* art. 399 do Código de Processo Penal).

A classificação do crime faz-se pela indicação do dispositivo da lei penal que o prevê. Essa classificação não vincula o juiz, como ressalta do art. 383. A rigor, poderia a lei tê-la dispensado: *iura novit curia.* Bastaria a narração pormenorizada *do fato,* ficando ao encargo do órgão judicial a respectiva definição jurídica.

O rol das testemunhas deve integrar a queixa "quando necessário", isto é, quando o querelante pretenda utilizar-se desse meio de prova. Limita a lei ao máximo de oito, no procedimento comum (art. 398), e de cinco, no procedimento sumário (art. 539), o número de testemunhas da acusação.

21 Cf. HÉLIO TORNAGHI, ob. e v. cit., p. 357; JOSÉ FREDERICO MARQUES, *Elementos,* cit., v. I, p. 360.

Se a queixa é oferecida através de procurador, o instrumento há de conferir-lhe poderes especiais para esse fim e conter, ademais, "o nome do querelante[22] e a menção do fato criminoso, salvo quando tais esclarecimentos dependerem de diligências que devem ser previamente requeridas no juízo criminal" (Código de Processo Penal, art. 44).

A *falta* da queixa é causa de nulidade do processo (Código de Processo Penal, art. 564, nº II, *a)*. Essa nulidade é insanável, já que a ela não alude o art. 572. Não assim a simples existência de *omissão* na queixa, defeito suprível "a todo tempo, antes da sentença final" (art. 569).

7. O oferecimento da queixa tem como efeitos: *a)* gerar, para o órgão judicial, o dever de proferir o despacho liminar, ainda que possa rejeitá-la: por isso se diz que com ela já se instaura uma relação jurídica entre o autor (querelante) e o Estado; *b)* se vários os infratores, e acusado só um deles, ou alguns, estender a todos o processo (Código de Processo Penal, art. 48), tocando ao Ministério Público velar pela observância do preceito, que se reporta ao princípio da *indivisibilidade* da ação penal privada (cf. arts. 49 e 51 do Código de Processo Penal).

No despacho liminar, contém-se juízo sobre a *admissibilidade* da ação. Não se deve tolerar o exercício inútil da atividade judicial, se *ab initio* fica patente que de modo algum se poderá chegar ao resultado pretendido por quem a provoca. Do princípio da *economia processual* deflui o da *inadmissibilidade das ações inviáveis*[23], em atenção ao qual ordena a lei que, logo neste primeiro passo do *iter* processual, verifique o juiz se, à luz dos elementos apresentados, a ação é viável, e, concluindo pela negativa, lhe recuse curso.

Sendo *negativo* o juízo de admissibilidade, *rejeita-se* a queixa. O art. 43 do Código de Processo Penal enumera três hipóteses de inadmissibilidade:

1ª) O fato narrado evidentemente não constitui crime. Isso ocorre, precipuamente, quando o fato não é *típico,* ou seja, quando não coincide, em sua estrutura, com qualquer dos comportamentos descritos em

22 Parte da doutrina, admitindo a ocorrência de erro tipográfico na publicação do Código de Processo Penal, sustenta que se deve ler "querelado" onde "querelante": assim MAGALHÃES NORONHA, ob. cit., p. 34; ESPÍNOLA FILHO, ob. e v. cit., p. 434-5; TOURINHO FILHO, ob. e v. cit., p. 426.

23 MACHADO GUIMARÃES, Carência de ação, *in Rep. enc. do dir. bras.*, v. 7, p. 250.

normas incriminadoras. Ao nosso ver, porém, não só a falta da tipicidade, senão também, desde que manifesta, a de outro requisito necessário para imprimir ao fato caráter delituoso, autoriza a rejeição da queixa com fundamento no art. 43, nº I: assim, por exemplo, a ausência de antijuridicidade, se a descrição do fato deixa fora de dúvida que ele foi praticado no estrito cumprimento de dever legal (o querelante imputa ao agente policial, que o deteve legitimamente, no exercício de sua função, o crime do art. 148 do Código Penal). Em qualquer dessas hipóteses, a queixa só pode ser rejeitada se *evidente* a inexistência de crime, isto é, se pela própria narrativa do querelante é dado ao juiz verificar a impossibilidade de punir o querelado. Não cabe a rejeição simplesmente por *não estarem provados* os requisitos da criminosidade. Essa matéria será objeto da atividade instrutória, no curso do processo.

2ª) Já está extinta a punibilidade, por qualquer das causas arroladas no art. 108 do Código Penal. Assim, por exemplo, se já se deu a prescrição, ou se o querelante decaiu do direito de queixa, on a ele renunciou.

3ª) A parte é manifestamente ilegítima, ou falta outra condição para o exercício da ação. Há manifesta ilegitimidade *ativa,* v.g., quando o querelante é pessoa diversa do ofendido, ou de seu representante legal, mesmo que se trate de alguma das mencionadas no art. 31 do Código de Processo Penal, se não ocorreu a morte ou a declaração judicial de ausência; quando o ofendido pretende intentar a ação privada subsidiária antes de esgotado o prazo para o oferecimento de denúncia pelo Ministério Público. É manifesta a ilegitimidade *passiva* quando, pela narração contida na queixa, a pessoa contra a qual se dirige esta não é aquela que, em tese, seria suscetível de punição.

A ocorrência de qualquer dos fatos impeditivos ou extintivos do direito de queixa autoriza igualmente a rejeição. Assim, a circunstância de ainda não haver transitado em julgado a sentença anulatória do casamento, se o crime de que se trata é o defluído no art. 236 do Código Penal.

Também aí falta "condição exigida pela lei para o exercício da ação penal" (Código de Processo Penal, art. 43, nº III, *fine).*

Para avaliar a admissibilidade da queixa, o juiz deve admitir provisoriamente a hipótese de serem verdadeiros os fatos narrados pelo querelante. Só pode rejeitar a queixa se, à luz dessa mesma narrativa, a ação se revela inviável. No despacho liminar de rejeição, não há julgamento *de mérito,* mas apenas juízo de *inadmissibilidade.*

Prevê a lei hipóteses especiais de rejeitabilidade *in limine:* assim, v.g., ao regular o processo dos crimes de responsabilidade dos funcionários públicos, em que se abre ao acusado a oportunidade de apresentar *resposta prévia,* antes de aceita a queixa, estatui o Código de Processo Penal, no art. 516: "O juiz rejeitará a queixa ou denúncia, em despacho fundamentado, se convencido, pela resposta do acusado ou do seu defensor, da inexistência do crime ou da improcedência da ação".

Cabe ainda a rejeição da queixa, se o querelado não pode figurar como réu em processo penal algum (queixa contra pessoa jurídica, contra menor de 18 anos). Outrossim, se os vícios de estrutura tornam inaproveitável a queixa: v.g., quando a narrativa é de tal modo lacunosa ou incoerente, que não permita ao juiz compreender o que pede o querelante. Não autoriza, todavia, a rejeição liminar a existência de meras omissões, supríveis "a todo tempo, antes da sentença final" (Código de Processo Penal, art. 569); o mesmo se dirá dos defeitos de representação (arg. *ex* art. 568).

Apresentada a queixa a juiz incompetente, deve ser por este encaminhada ao competente, que a aceitará ou rejeitará[24]. Entretanto, se por equívoco a aceitar o juiz incompetente, a nulidade só atingirá os eventuais atos decisórios, e a qualquer tempo, verificado o vício, remeter-se-á o processo ao órgão competente (Código de Processo Penal, art. 567).

Do despacho que não recebe a queixa cabe recurso em sentido estrito (Código de Processo Penal, art. 581, nº I), ou, nos processos da competência originária dos tribunais, o agravo a que se refere o art. 557, parágrafo único, letra *a.* Contra o recebimento da queixa, pode ser admissível o *habeas corpus,* com fundamento no art. 648, nº I, do Código de Processo Penal, se satisfeitos os pressupostos legais, ou o mesmo agravo.

A rejeição da queixa por falta de condição para o exercício da ação penal privada corresponde à decisão que, no processo civil, se costuma designar pelo *nomen iuris* de *carência de ação.* Não impede a repropositura da ação, com oportuno julgamento de mérito, se, sendo possível, a condição vem a ser satisfeita. Isso não se concebe, é claro, quando se tenha reconhecido a ocorrência de fato extintivo do direito de queixa.

---

24 É o que resulta do art. 109 do Código do Processo Penal. Para JOSÉ FREDERICO MARQUES, *Elementos*, cit., v. II, p. 162, se absolutamente incompetente, o juiz deve rejeitar a denúncia; embora o autor, aí, só a esta se refira, por identidade de razão seria a mesma a solução na hipótese de ação privada. A lei, entretanto, não distingue, a esse respeito, entre incompetência relativa e absoluta.

Quanto aos fatos impeditivos, há que distinguir: alguns são irremovíveis (exemplo: Código Penal, art. 240, § 3º, inciso I), outros removíveis (exemplo: a mulher casada pode vir a conseguir o consentimento do marido para oferecer a queixa, ou obter que o juiz supra a recusa; no caso do art. 236 do Código Penal, pode sobrevir o trânsito em julgado, que faltava, da sentença anulatória do casamento). No tocante à ilegitimidade ativa *ad causam,* deixa de existir se vem a juízo pessoa legitimada, ou se o querelante repelido adquire, posteriormente, legitimação (v.g., em relação a qualquer das pessoas indicadas no art. 31, se o ofendido morre ou é declarado ausente, e ainda não ocorreu a decadência). A ilegitimidade passiva cessa quando se endereça a queixa contra a pessoa que, em tese, é suscetível de pena pelo fato narrado.

Variam, pois, os efeitos da rejeição da queixa, conforme seja ou não possível a satisfação superveniente da condição não preenchida. Na primeira hipótese, a ação não é reproponível; no segundo, pode vir a sê-lo[25]. Foi o que quis exprimir o Código de Processo Penal, ao dizer, no parágrafo único do art. 43: "Nos casos do nº III, a rejeição da denúncia ou queixa não obstará ao exercício da ação penal, desde que promovida por parte legítima ou satisfeita a condição". *A contrario sensu,* nos casos dos nº I e II (evidente inexistência de crime e punibilidade extinta, respectivamente), a rejeição *obsta* ao exercício ulterior da ação. Mas isso pode suceder também nalgumas das hipóteses enquadráveis no inciso III – e a lei não o exclui, pois, permitindo a reapresentação da queixa *"desde que...* satisfeita a condição", põe de lado os casos em que a condição *não possa* vir a ser satisfeita, ou *de fato* não o venha a ser.

8. A privatividade da ação penal não exclui a participação do Ministério Público. Essa participação manifesta-se por vários modos, e em primeiro lugar pela faculdade, que se reconhece ao Ministério Público, de *aditar* a queixa. Não pode o Ministério Público suprir a inércia do titular da ação, demandando no seu lugar. Não há ação pública subsidiária, como há ação privada subsidiária. O que ao Ministério Público se permite fazer é *secundar* a ação do querelante, *aditando-lhe* a queixa, isto é, completando-a, suprindo-lhe as eventuais omissões. O aditamento consistirá

25 Assim também no processo civil, onde há igualmente condições que, uma vez negadas, jamais poderão vir a reputar-se satisfeitas: v.g., se a carência de ação resulta da perempção (Código de Processo Civil, art. 268).

normalmente em *acréscimo* ou, mais raramente, em *retificação,* por exemplo se o Ministério Público declara que, a seu ver, a qualificação jurídica do fato narrado pelo querelante deve ser diversa da que este lhe deu.

O art. 45 do Código de Processo Penal contempla o aditamento da queixa no caso de ação privada principal. É óbvio que se trata de *faculdade* outorgada ao Ministério Público, e não de *dever* que lhe incumba. O Ministério Público pode perfeitamente entender que a formulação do querelante é satisfatória, e nada existe que aditar.

Mais amplos, compreensivelmente, são os poderes do Ministério Público nas hipóteses de ação privada subsidiária. O fato de permitir a lei o oferecimento de queixa, se não houve denúncia no prazo legal, não significa que fique excluída a titularidade do órgão público para a ação. Segundo o art. 29 do Código de Processo Penal, cabe ao Ministério Publico, aí, "aditar a queixa, repudiá-la e oferecer denúncia substitutiva, intervir em todos os termos do processo, fornecer elementos de prova, interpor recurso e, a todo tempo, no caso de negligência do querelante, retomar a ação como parte principal". Também neste dispositivo não se atribui ao Ministério Público o *dever* de praticar todos esses atos, mas apenas se lhe concede *autorização* para tanto[26]. Em relação à queixa, pode o Ministério Público não só *aditá-la,* como nas hipóteses de ação privada principal, senão até *repudiá-la* para oferecer denúncia em substituição.

Noutro passo volta o Código de Processo Penal a referir-se ao aditamento da queixa pelo Ministério Público em ação privada subsidiária. É no parágrafo único do art. 384, *verbis:*

> "Se houver possibilidade de nova definição jurídica que importe aplicação de pena mais grave, o juiz baixará o processo, a fim de que o Ministério Público possa aditar a denúncia ou queixa, se em virtude desta houver sido instaurado o processo em crime de ação pública, abrindo-se, em seguida, o prazo de três dias à defesa, que poderá oferecer prova, arrolando até três testemunhas".

26 Basta ver que entre os atos apontados figura a interposição de recurso, que de modo algum se pode dizer obrigatória. Somente se deve reputar tal a intervenção "em todos os termos do processo", visto que a respectiva falta é causa de nulidade (Código de Processo Penal, art. 564, n. III, letra *d*); mas o Ministério Público intervém obrigatoriamente como fiscal da lei, consoante reconhece TOURINHO FILHO, ob. e v. cit., p. 425.

É de três dias, contados da data em que o órgão do Ministério Público receber os autos, o prazo para o aditamento da queixa. Decorrido *in albis*, entender-se-á que o Ministério Público não quis exercer a faculdade de aditar, e o processo retomará seu curso (Código de Processo Penal, art. 46, § 2º).

Agosto de 1979.

COMENTÁRIOS DOS ATUALIZADORES

10. QUEIXA

Luiz Fux / Rodrigo Fux

Na Grécia Antiga, já existia a figura da ação penal privada[27]. Com efeito, em Atenas:

> "A iniciativa da ação penal pertencia ao cidadão ateniense (indivíduo adulto do sexo masculino) juridicamente denominado Ho Boulómenos (literalmente, "aquele que deseja"), mas também pelo estrangeiro, residente ou não na cidade (Thonissen, 1875:83). O cidadão também era parte legítima para propor ação penal contra alguém que havia cometido um crime contra o Estado. Tratando-se, porém, de crime que tivesse causado um dano a interesse privado, só a vítima ou os seus familiares possuíam legitimidade para provocar a jurisdição estatal"[28].

27 LANNI, Adriaan. **Law and Order in Ancient Athens**. Cambridge: Cambridge University Press, 2016.

28 FREITAS, Ricardo. A democracia ateniense e seus Tribunais: o julgamento dos delitos na polis democrática. **Revista Caderno de Direito e Política**, vol. 1, nº 1, jul-dez. 2020.

Sem prejuízo, a relevância da queixa no sistema processual penal tem minguado ao longo do tempo, incorrendo em crescente desuso, enquanto a ação penal pública tem ganho protagonismo cada vez maior.

João José Leal, em 1993, já sustentava que "a ação penal privada deve ser extinta", nos seguintes termos:

> "a) A distinção entre ação penal pública e ação penal privada se fundamenta em critério puramente formal, ou seja, tem como base a natureza do sujeito que as exerce: se o órgão do Ministério Público, é pública, se o ofendido, é privada.
>
> b) A ação penal privada constitui-se num ônus indesejável para o ofendido, que além do prejuízo moral e, às vezes material, deverá dispender parte de seu patrimônio para processar criminalmente o seu ou o ofensor de um seu dependente.
>
> c) Por estabelecer uma distinção burguesa e capitalista entre ofendido rico (que deverá custear as despesas do processo) e ofendido pobre (que gozará do benefício da justiça gratuita), a ação penal privada não mais se coaduna com os princípios modernos da democracia social, que defende a igualdade jurídica para todos.
>
> d) Ensejando uma série de possíveis irregularidades ou de nulidades de ordem processual, a ação penal privada não se revela aconselhável, eis que desvirtua a justiça penal de seus fins mais legítimos. Na verdade, uma série de requisitos especificamente relacionados a este tipo de persecução criminal dificulta seu exercício pelo particular, favorecendo somente o delinqüente que poderá ser beneficiado com a extinção da punibilidade por decadência, perempção ou perdão.
>
> e) Já não se considera mais a ação penal privada como uma garantia individual, desde que se faculte ao Cidadão o direito de decidir, em certos casos, sobre a conveniência da persecução pelo Ministério. Público.

> f) Várias legislações positivas desconhecem a ação penal privada, por entenderem-na incompatível com a natureza e os fins a que se destina a *persecutio criminis*.
>
> g) Considerando-se seu objetivo fundamental, que é o de aplicar uma sanção criminal, torna-se claro que a ação penal reveste-se de indiscutível interesse público, devendo ser exercida pelo órgão do Ministério Público. Só este reúne as condições adequadas ao exercício de função juridicamente tão complexa e socialmente tão relevante.
>
> h) A revogação do exercício da ação penal pelo particular não significa obrigatoriamente que a iniciativa do representante do Ministério Público não possa, em casos expressamente previstos, ficar condicionada à representação daquele. Ao contrário, a ação penal pública condicionada à anuência do ofendido, desde que limitada a hipóteses previamente estabelecidas, é até aconselhável."[29]

Cumpre anotar que, em 1984, a parte geral do Código Penal foi reformada, por meio da Lei nº 7.209/1984, com a consequente alteração de dispositivos que envolviam a queixa. No entanto, assim como no CPP, inexiste um número significativo de alterações na disciplina da queixa ao longo das últimas décadas.

Imperioso gizar, contudo, que a anacrônica previsão de que a falta de consentimento do marido, quando se tratasse de mulher casada, constituiria fato impeditivo do exercício do direito de queixa, foi revogada pela Lei nº 9.520/1997.

No mesmo passo, a Lei nº 11.106/2005 também revogou, ainda que tardiamente, a arcaica previsão do crime de adultério.

Com relação ao processamento da queixa, importante analisar as alterações trazidas pela Lei 9.099/1995, dado que a maior parte dos crimes de ação penal privada são de competência dos Juizados Especiais Criminais, e, ainda, a disciplina atual do procedimento comum e do procedimento sumário no Código de Processo

---

29 LEAL, João José. A ação penal privada deve ser extinta. **Revista dos Tribunais** | vol. 698/1993 | p. 302 - 310 | Dez / 1993.

Penal, uma vez que estes foram radicalmente alterados pela Lei nº 11.719/2008.

Digna de nota também, a previsão, feita na Lei 9.099/1995, de que a homologação de acordo de composição dos danos civis, tratando-se de ação penal de iniciativa privada, acarreta a renúncia ao direito de queixa e, por consequência, a extinção da punibilidade[30], em contraste com o disposto no art. 104, parágrafo único, do Código Penal.

Diante do exposto, imperioso reconhecer que a contribuição do Professor Barbosa Moreira remanesce sobremaneira importante para o estudo do tema.

30 Art. 74. A composição dos danos civis será reduzida a escrito e, homologada pelo Juiz mediante sentença irrecorrível, terá eficácia de título a ser executado no juízo civil competente.
Parágrafo único. Tratando-se de ação penal de iniciativa privada ou de ação penal pública condicionada à representação, o acordo homologado acarreta a renúncia ao direito de queixa ou representação.

Segunda Parte

PARECERES

1. AÇÕES CUMULADAS. NECESSIDADE DE JULGAMENTO EXPLÍCITO DE TODAS

1. Para bem responder-se à consulta, instruída com cópias das peças relevantes dos autos, é necessário partir da exata caracterização da *tese jurídica* do V. Acórdão recorrido, a fim de verificar se ela discrepa da tese consagrada em algum dos VV. Acórdãos que os recorrentes invocam. Do resultado a que se chegue nessa pesquisa dependerá, é óbvio, a afirmação ou a negação do pressuposto de cabimento do recurso extraordinário, previsto na letra *d* do art. 119, nº III, do texto constitucional em vigor.

A decisão impugnada pelos recorrentes é o V. Acórdão do 3º Grupo de Câmaras Cíveis do Egrégio Tribunal de Justiça de São Paulo, proferido no julgamento dos Embargos Infringentes nº 215.489, aos quais se negou provimento por maioria de votos (fls. 847 e s. dos autos). O problema discutido e apreciado nesse julgamento assim se pode drasticamente resumir: era legítima a instauração da execução em que se pleiteava *a entrega de imóveis,* tendo em vista que o julgado exequendo – o V. Acórdão do Colendo Supremo Tribunal Federal de 29 de abril de 1966 (fls. 413 e s. dos autos) –, à semelhança da sentença de primeiro grau, por ele "restaurada", se limitara a acolher *expressis verbis* pedido de anulação de testamento, *silenciando* acerca dos outros dois pedidos cumulados no mesmo processo de conhecimento, a saber, o de petição de herança e o de reivindicação dos aludidos imóveis? Decidiu o Grupo de Câmaras que a execução se instaurara *legitimamente;* e fê-lo por entender que, não obstante *omissa* a conclusão do julgado exequendo, isto é, a sua parte dispositiva, na realidade se tinham acolhido "implicitamente" os pedidos restantes – o de petição de herança e o de reivindicação.

2. Cumpre observar que toda a argumentação do V. Acórdão recorrido, tal como se espelha nos itens 2 e 3 (fls. 848-50 dos autos), girou em torno da análise da sentença *de primeiro grau.* Em relação a esta – e só a esta – é que se poderiam levar em conta, *ad argumentandum,* as considerações referentes à circunstância de ter o MM. Dr. Juiz *mencionado,* no despacho saneador e no *relatório* da decisão, a existência da cumulação de pedidos, bem como à de haver deixado de consignar qualquer restrição expressa, a não ser quanto à verba honorária, quando julgou "procedente a ação". Ao ver do Grupo de Câmaras, tais circunstâncias justificariam a ilação de que, "se quando denegou o pedido de honorários foi expresso, é porque no mais acolheu a demanda" (fls. 849-50).

O julgado cuja execução se promove, todavia, *não é* a sentença de primeiro grau no processo de conhecimento, mas – repita-se – o v. Acórdão do Colendo Supremo Tribunal Federal, de 29 de abril de 1966. É certo que este, usando cláusula habitual, disse "restaurar" aquela decisão, que fora reformada em segundo grau. A rigor, porém, a sentença foi *substituída* – e não propriamente *restaurada* –, ainda que por julgado com ela *coincidente no teor decisório.* Sucede que, no V. Acórdão exequendo, não se depara a mais remota ou indireta referência à petição de herança e à reivindicação: cuidou ele, exclusivamente, do pedido de anulação de testamento, que acolheu. Assim, a primeira observação que se impõe é a de que, mesmo a serem porventura exatas as considerações desenvolvidas pelo Grupo de Câmaras, e correta a conclusão que delas se tirou, *nada disso se aplica ao Acórdão:* aquelas e esta valeriam, quando muito, para a sentença de primeiro grau, o que permite considerá-las, desde logo – e abstraindo do respectivo mérito, que ainda não é chegado o momento de examinar –, *irrelevantes e impertinentes,* porque dizem respeito unicamente a decisão *que não é a exequenda.*

3. Deixando agora de lado esse importante aspecto, convém fixar com precisão a tese jurídica esposada pelo V. Acórdão do 3º Grupo de Câmaras Cíveis. No processo de conhecimento, conforme oportunamente assinalado, três pedidos formulara a Autora: o de anulação do segundo testamento de S. P., o de petição de herança e o de reivindicação de bens. Na espécie, a cada um desses três pedidos correspondia, indiscutivelmente, *uma ação:* o que se instaurou, na realidade, foi um processo cumulativo, onde se exercitaram, *em conjunto,* três ações que poderiam, sem dúvida, ser exercitadas *separadamente,* uma após outra. Formou-se a figura a que a doutrina chama *cumulação sucessiva,* pois o destino das duas últimas ações ficava obviamente condicionado, em parte, ao resultado da primeira – caracterizando-se esta, assim, como *prejudicial* das restantes. Condicionado *em parte,* dissemos, porque a influência da decisão concernente à validade do testamento só se mostraria *absolutamente decisiva* no caso de *rejeitar-se* o pedido de anulação. Em tal hipótese, seria de todo em todo inconcebível que se viesse a *acolher* qualquer dos outros pedidos. Já o puro e simples acolhimento do pedido de anulação, *por si só,* não predeterminava de maneira definitiva o teor dos julgamentos subsequentes, bem podendo imaginar-se que, apesar de anulado o segundo testamento, o órgão judicial encontrasse *outras razões* para rejeitar a petição de herança e a reivindicação: v.g., a eventual *nulidade absoluta* do primeiro testamento, em que S.P. instituíra sua herdeira universal a autora.

Retenha-se, porém, o essencial: houve processo cumulativo, com três ações conjuntamente exercitadas. O V. Acórdão do Supremo Tribunal Federal, que julgou a causa em grau de recurso extraordinário e constitui a decisão de última instância - tendo, lembre-se ainda uma vez, *substituído* todas as que antes se proferiram no processo -, só se referiu (para acolhê-la) à ação de anulação de testamento. Não disse uma palavra sequer sobre a petição de herança, ou sobre a reivindicação.

Apesar disso, entendeu o 3º Grupo de Câmaras Cíveis, no V. Acórdão agora extraordinariamente recorrido, que essas duas outras ações haviam sido julgadas procedentes de maneira "implícita" - o que legitimaria a execução instaurada para entrega dos imóveis objeto da reivindicação. Realmente, a decisão anulatória do testamento, por sua própria natureza, não sendo *condenatória,* jamais serviria de título, *per se,* a execução dessa espécie, *nem, aliás, de espécie alguma.* A legitimidade da execução pressupõe necessariamente - passe o truísmo - *condenação a entregar os bens;* e essa condenação, *in casu,* só poderia consistir no julgado que houvesse acolhido o pedido de reivindicação.

Ao afirmar a existência de semelhante condenação, a despeito de não se deparar pronunciamento a tal respeito, nem na parte propriamente decisória da sentença de primeiro grau, nem em qualquer passo do V. Acórdão do Excelso Pretório - que é a decisão exequenda -, consagrou o Grupo de Câmaras a tese de que, *em processo cumulativo, como o que ora se examina, basta julgar-se um dos pedidos para que os outros se devam reputar "implicitamente" julgados.* Não seria necessário, destarte, que o órgão judicial se pronunciasse *em termos expressos* acerca de *cada um* dos pedidos - vale dizer, aqui: das ações - que a autora cumulara. Essa a proposição jurídica ínsita no V. Acórdão ora recorrido.

4. Nos recursos extraordinários interpostos pelo Espólio de C. E. S. e outros e por C. J. E. S. e outros, respectivamente a fls. 865-6 e 872-3 dos autos, invocou-se como decisão divergente, para fundamentar o cabimento pela letra *d* do dispositivo constitucional, o V. Acórdão unânime da 4ª Câmara Cível do Tribunal de Alçada de São Paulo, proferido em 29 de agosto de 1962, no julgamento da Apelação Cível nº 52.790, publicado na *Revista dos Tribunais,* v. 334, p. 368-9. Na ementa e no corpo desse julgado lê-se a seguinte proposição:

> "É claro que a simples reunião de ações para julgamento comum não significa que o julgamento de uma importa no julgamento das outras. Todas devem ter o mesmo tratamento e a sentença, embora única, deverá examinar discriminadamente cada qual, sem perder de vista os pressupostos do art. 280 do Código de Processo Civil".

Refere-se o texto, naturalmente, ao art. 280 do diploma processual de 1939, então em vigor; mas o ponto é irrelevante, porque também a decisão exequenda – o V. Acórdão do Supremo Tribunal Federal, de 29 de abril de 1966 – foi proferida sob a vigência daquele estatuto. Ademais, não discrepa substancialmente, no particular, o Código atual – onde, se há diferença, como ressalta do confronto entre o teor do art. 458 e o do antigo art. 280, ela consiste em ter-se adotado redação mais analítica e mais rigorosa quanto à estrutura formal da sentença: classificam-se agora, *expressis verbis,* de "essenciais" os requisitos *(rectius:* elementos) designados como "relatório", "fundamentos" e "dispositivo". Faremos abstração, portanto, neste parecer, dos aspectos de direito intertemporal, que nenhuma relevância apresentam: não varia a solução das questões propostas, quer se apreciem à luz do direito anterior, quer à luz do vigente.

O que impende verificar, consoante se assinalou, é se ocorre dissídio jurisprudencial; noutras palavras, se o Tribunal de Justiça de São Paulo, no V. Acórdão ora extraordinariamente recorrido, deu à lei federal interpretação diversa da que lhe tinha dado, na decisão a que acima se aludiu, o Tribunal de Alçada daquele mesmo Estado.

5. Não é preciso grande esforço dialético para chegar à resposta afirmativa. Em ambos os casos, tratava-se de processo cumulativo; não importa que num deles a reunião das ações remontasse ao início do processo, e noutro se houvesse concretizado no respectivo curso – ou seja, que a cumulação fosse, naquele, *originária,* e neste, *superveniente.* Não importa, porque o problema concerne *ao julgamento,* e mais particularmente à possibilidade, ou não, de julgamento "implícito" de alguma (ou algumas) das ações cumuladas – questão cujo deslinde *independe* do momento em que se tenha dado a cumulação.

A analogia entre as espécies, naquilo que interessa, é de ofuscante nitidez. Atente-se neste trecho do V. Acórdão do Tribunal de Alçada: "Dispõe o art. 280 que a sentença deve ser clara e precisa, contendo o relatório, a fundamentação e a decisão. A sentença recorrida ainda padece da falta de indicação dos dois últimos requisitos quanto às ações apensadas". Havia o mesmo defeito, recorde-se, na sentença de primeiro grau proferida no processo em que se cumularam as ações de anulação de testamento, de petição de herança e de reivindicação – sentença a que se referiu o V. Acórdão do 3º Grupo de Câmaras Cíveis, objeto dos recursos extraordinários. No V. Acórdão do Supremo Tribunal Federal, de 29 de abril de 1966, deixou de existir até a menção às duas últimas ações, feita *no relatório* daquela sentença: o silêncio passou a ser completo. De qualquer modo, porém, o certo é que, nem aqui, nem ali, figurou na motivação, e menos ainda na parte decisória, qualquer pronunciamento quanto às duas últimas ações.

Os dois Tribunais paulistas – o de Justiça e o de Alçada – viram-se, em resumo, diante de hipóteses essencialmente iguais: decisões em processos cumulativos, nas quais *nem todas* as ações cumuladas tinham sido objeto de apreciação expressa, seja na fundamentação, seja no dispositivo. E, enquanto o Tribunal de Justiça, no V. Acórdão recorrido, entendeu desnecessária tal apreciação, considerando que as ações não apreciadas deviam reputar-se "implicitamente" julgadas procedentes, o Tribunal de Alçada adotou entendimento oposto, afirmando que o órgão judicial não poderia ter deixado de manifestar-se, em termos expressos, na motivação e na conclusão, sobre cada uma das ações cumuladas.

6. A divergência é das que saltam aos olhos. Insistir em "demonstrá-la" seria fazer força para arrombar uma porta aberta. Basta, a rigor, a simples enunciação da ementa do V. Acórdão do Tribunal de Alçada para pôr em evidência o dissídio na solução da questão federal.

Os recorrentes não precisavam estender-se muito no particular. O que disseram é mais que suficiente. No recurso do Espólio de C. E. S. e outros, por exemplo, precisou-se a tese jurídica esposada pelo V. Acórdão recorrido ("não é necessária fundamentação e nem decisão para acolher ações cumuladas": fls. 865 dos autos) e, logo adiante, ao invocar-se o V. Acórdão do Tribunal de Alçada, ressaltou-se a tese nele consagrada ("[...] em havendo ações conexas o juiz deve fundamentar cada uma delas separadamente": fls. 866), transcrevendo-se a ementa do julgado, com a indicação do repertório de jurisprudência onde se publicara, e acrescentando-se a conclusão que se impunha, uma vez aplicada a tese à espécie: "Tendo havido conexão de anulação, petição e reivindicação, todas deveriam ter sido fundamentadas e decididas".

Parece-nos haver aí o bastante para atender às exigências do art. 305 do Regimento Interno do Supremo Tribunal Federal. Ocioso dizer que esse texto não há de ser interpretado e aplicado com preocupação estreitamente formalística. Quer-se que o recorrente ministre à Corte, ao interpor o recurso extraordinário, elementos que permitam desde logo verificar a ocorrência, ou não, da alegada discórdia na solução da *federal questiono* Pretende-se evitar a alusão vaga a uma divergência que não se ponha com clareza, *primo ictu oculi,* à consideração do Excelso Pretória. Se, todavia, é nítido o dissídio, à vista do que alegou o recorrente, então se atingiu o fim colimado, e – desde que concorram os outros pressupostos – deve conhecer-se do recurso. E o que, a nosso ver, sucede na espécie.

7. Induvidoso o cabimento do recurso, resta apurar se ele é fundado, e portanto merece provimento. A resposta a essa indagação depende de saber se correta é a tese do V. Acórdão recorrido, ou a tese oposta, do V. Acórdão do Tribunal de Alçada de São Paulo.

Estamos firmemente convencidos de que correta é a segunda tese. Havendo cumulação de ações, com pedidos distintos, cumpre ao órgão judicial apreciar os dois ou mais pedidos, cada um de per si; e não há como entender – ainda na hipótese de existir entre elas relação de dependência lógica – que, tendo-se deixado de julgar expressamente algum deles, este se haja de reputar "implicitamente" acolhido. Quando a lei fala em "sentença", como fazia o antigo Código no art. 280 e faz o atual no art. 458, tem de ser interpretada em consonância com o princípio incontroverso de que, se existe mais de uma ação, para julgamento conjunto, ao pedido formulado em cada qual corresponde um pronunciamento dotado de individualidade própria, não obstante insertos todos em ato *formalmente uno.* É o que expressa a tradicional parêmia *tot capita quot sententiae.* Assim, os preceitos legais atinentes à estrutura da sentença devem obrigatoriamente ser respeitados no que tange a cada ação, ou a cada pedido.

Se a lei exige que, *na sentença,* haja relatório, motivação e dispositivo ou decisão, nenhum desses elementos pode faltar para qualquer das ações cumuladas. Todas se hão de mencionar no relatório; para todas se hão de indicar os fundamentos por que merecem ou não acolhida; de todas, enfim, se há de dizer, em termos explícitos, se foram julgadas procedentes ou improcedentes. Não se exclui, é intuitivo, que na redação da sentença as referências apareçam conjugadas ou entrelaçadas: seria excessivo impor ao juiz o dever de dividir o relatório, a motivação e o dispositivo em tantos itens, formalmente diferenciados, quantas sejam as ações. Mas daí a *dispensá-lo* de aludir a qualquer destas, seja no relatório, seja - *a fortiori* - na motivação, e sobretudo na decisão, vai incalculável distância.

A menção *no dispositivo,* essa, o simples bom senso já faria compreender - não houvesse prescrição legal categórica - que de maneira alguma suporta omissão: o dispositivo, a parte decisória, é o cerne, a alma da sentença, e não se concebe que falte, nem que fique "implícita". Inadmissível atirar sobre os litigantes o ônus de "inferir" daquilo que efetivamente se decidiu a existência de *outra* decisão, ou de *outras* decisões, com manifesto e intolerável detrimento para a segurança jurídica. Ou se decide *em termos explícitos,* ou pura e simplesmente *não se decide,* e menos ainda se decide *favoravelmente.*

O princípio vale até para os capítulos acessórios em relação aos quais, a título excepcional, cabe ao juiz manifestar-se independentemente de pedido. Assim, v.g., quanto à condenação nas custas e nos honorários de advogado: é fora de dúvida que se prescinde, ao propósito, da postulação da parte; mas não se prescinde, em absoluto, do pronunciamento judicial. Se não constar da sentença, *expressis verbis,* a cláusula correspondente, e a omissão não for suprida pelos meios regulares, em vão pretenderá o vencedor executar o vencido, a pretexto de que houve condenação "implícita". Por mais forte razão, assim é também no que concerne a pedidos que não podiam ser apreciados sem que os formulasse a parte.

8. O que ficou dito acima limita-se a refletir o ensinamento cristalizado e indiscrepante da doutrina processual. A matéria é tranquila. Recordem-se, a título exemplificativo, estes passos de obras escritas sob o regime de 1939:

> "As formalidades que o Código de Processo Civil prescreve para as sentenças são substanciais. Sentença não motivada é ato processual nulo, o mesmo devendo dizer-se da sentença sem relatório.

> A parte dispositiva, por outro lado, é tão essencial à sentença que, à sua falta, inexistente será a decisão. Mesmo que da fundamentação possa concluir-se de que forma seria a *decisão,* impossível existir sentença sem que o juiz declare, explicitamente, qual o seu julgamento sobre a lide.
>
> O pedido deve ser decidido sem omissões. E se mais de um pedido houver, *sobre todos eles se pronunciará o juiz, depois da devida fundamentação"* (JOSÉ FREDERICO MARQUES, *Instituições de Direito Processual Civil,* v. III, 2ª ed., 1962, p. 516-7; grifos nossos no último período; cf. o que escreve, agora, o mesmo ilustre autor, no *Manual de direito processual civil,* v. III, 1975, p. 32).
>
> "Mas, limitada que está a sentença a pronunciar-se sobre o pedido do autor, por outro lado, deverá ser *completa.* E completa será, decidindo do pedido sem omissões e *sobre todos os pedidos, se vários se cumularem"* (AMARAL SANTOS, *Primeiras linhas de direito processual civil,* v. III, 1ª ed., 1963, p. 30; nossos os grifos no trecho final).

A exigência não fica afastada pelo só fato de haver nexo de dependência ou prejudicialidade entre as ações cumuladas. Pense-se, por exemplo, no caso de processo em que tenha havido reconvenção: mesmo que, do ponto de vista lógico, o julgamento da ação primitiva seja capaz de *predeterminar* o teor do julgamento quanto ao pedido reconvencional, nem por isso deixa de ser necessário que o juiz sobre este se pronuncie de maneira expressa. E a regra vale para quaisquer outras hipóteses de conexão entre as ações cumuladas:

> "Se há ação e reconvenção, o dispositivo deve referir-se expressamente a uma e a outra. O mesmo, se há ações conexas julgadas simultaneamente pela mesma sentença" (WELLINGTON MOREIRA PIMENTEL, *Comentários ao código de processo civil,* v. III, 1975, p. 506).

A lição, inserta embora em trabalho concernente ao Código em vigor, aplicar-se-ia com exatidão ao sistema do diploma ab-rogado. E com ela coincide a de CALMON DE PASSOS, *Comentários ao código de processo civil,* v. III, p. 328, quando ensina que "a sentença deve ser expressa, ao concluir, tanto no que diz respeito à ação quanto à reconvenção, deixando imune de dúvida em que termos acolhe ou rejeita, total ou parcialmente, uma e outra".

9. É oportuno lembrar hipótese apreciada pelo próprio Tribunal de Justiça de São Paulo, em V. Acórdão da lavra do eminente Ministro (então Desembargador) RODRIGUES ALCKMIN, contra o qual se interpôs, sem êxito, o Recurso extraordinário nº 68.043. A decisão recorrida acha-se transcrita no V. Acórdão do Excelso Pretório, que não conheceu do recurso *(Rev. Trim. de Jurisp.,* v. 72, p. 67-8). Basta descrever sucintamente a espécie então apreciada, para tornar clara a analogia que oferece com o caso agora sob exame.

Em processo de ação possessória, além do pedido principal, formulara a autora o de condenação dos réus ao ressarcimento de danos. A sentença acolheu o pedido de manutenção de posse e silenciou quanto ao segundo. O V. Acórdão do Tribunal de São Paulo afirmou que, ante a ausência de decisão expressa sobre o pedido de ressarcimento de danos, se algo era lícito inferir, seria a *rejeição,* e não o *acolhimento,* desse pedido. Situou-se, como se vê, em posição *diametralmente oposta* à adotada pelo V. Acórdão do 3º Grupo de Câmaras Cíveis, ora extraordinariamente recorrido.

Lê-se naquele julgado:

> "Se a agravante, na demanda anterior, pediu *manutenção,* perdas e danos, custas e honorários; e se a sentença deixou de conceder a indenização pedida, sem qualquer referência a denegá-la, é claro que a sentença foi *omissa.* E o remédio seria ter interposto a agravante, contra aquela sentença, embargos declaratórios, para que ela se completasse, corrigindo a omissão" (Rev. e v. cit., p. 68; grifos do original).

Não poderia ser mais gritante o contraste entre a tese aí consagrada e a do V. Acórdão do 3º Grupo de Câmaras. Segundo o entendimento deste, ter-se-ia de considerar "implicitamente *acolhido"* o pedido de perdas e danos, que a sentença deixara de apreciar. No V. Acórdão relatado pelo hoje Ministro RODRIGUES ALCKMIN, muito ao contrário, assentou-se que a omissão da sentença importava *rejeição* do pedido.

10. Seria inteiramente descabido argumentar, na matéria de que se trata, com o disposto no art. 287, parágrafo único, do Código de Processo Civil de 1939, *verbis* "Considerar-se-ão decididas todas as questões que constituam premissa necessária da conclusão". A interpretação desse texto, como é notório, deu ensejo a vivazes controvérsias, que não interessa recapitular aqui. Durante largo tempo, predominou na doutrina e na jurisprudência o entendimento – ao nosso ver, menos exato – de que, por força de tal regra, a autoridade da coisa julgada abrangia não apenas a *conclusão última* do juiz (ou seja, o pronunciamento acerca do *petitum),* mas também a solução das *questões prejudiciais,* que *condicionam* o teor daquela. Julgado o consequente, julgado estaria *ipso facto* o antecedente: assim, por exemplo, se o juiz acolhesse o pedido de alimentos, teria "implicitamente" declarado, com força de coisa julgada, a existência da relação de parentesco, *pressuposto* da obrigação alimentar.

Para nós, o verdadeiro sentido do dispositivo era outro, bem diverso (ride J. C. BARBOSA MOREIRA, *Questões prejudiciais e coisa julgada, 1967,* p. 107 e s.), mas o ponto afigura-se desde logo totalmente irrelevante. Ainda a aceitar-se a opinião mais difundida, dela não se tiraria argumento capaz de roborar a tese do V. Acórdão ora extraordinariamente recorrido, a não ser que se raciocinasse de marcha à ré. Com efeito: na espécie, o *antecedente* é que foi julgado. Ora, do art. 287, parágrafo único, ninguém jamais extraiu, nem poderia extrair sem berrante despautério, que o julgamento do antecedente importasse julgamento "implícito" do consequente. Õ que se costumava afirmar - pouco importa se com razão ou sem ela - era justamente (e exclusivamente) *o contrário.* Confira-se, a tal respeito, o ensinamento de PONTES DE MIRANDA, *Comentários ao código de processo civil* (de 1939), 1ª ed., 1947, v. II, p. 356:

> "As premissas ou motivos necessários à conclusão têm-se por decididos. *As consequências, ainda necessárias, não.* O legislador brasileiro não anuiu em dar valor de coisa julgada ao julgamento implícito consequencial; só abriu as portas aos motivos de que a parte dispositiva seja consequência necessária. Só lhe importou a causação anterior; não a posterior" (grifamos).

E, para melhor esclarecer, vinha o exemplo, linhas abaixo:

> "A herança legítima é consequência necessária, no plano lógico, da sentença na ação de filiação legítima proposta contra os herdeiros do morto, *porém não está compreendida nessa sentença"* (sem grifo no original).

Bem se vê, assim, que só teria sentido discutir o problema à luz do art. 287, parágrafo único, do antigo diploma processual, se os dados de fato se invertessem. Quer dizer: se estivéssemos diante de uma decisão de procedência *quanto ao pedido consequente* (o de reivindicação). Dela, segundo o entendimento exposto - do qual, releve-se a insistência, pessoalmente não compartíamos -, poderia inferir-se que *também o pedido antecedente* (o de anulação do testamento) fora acolhido de maneira "implícita". Inferir, porém, do acolhimento do pedido de anulação (antecedente) um julgamento "implícito" de procedência da ação reivindicatória (consequente) seria virar *pelo avesso* o raciocínio - e isso, *nenhuma* interpretação do art. 287, parágrafo único, chegaria a autorizar.

11. Cumpre ainda refutar outro argumento excogitado a favor da tese da desnecessidade de pronunciamento explícito sobre o pedido de reivindicação. Conforme se lê no V. Acórdão do 3º Grupo de Câmaras, objeto dos recursos extraordinários, a invalidação do segundo testamento de S. P. "impunha a restituição das partes à situação anterior, nos termos do art. 158 do Código Civil"; ora, prevalecendo o testamento anterior, "domínio e direito à posse da herança voltaram à autora", daí resultando "a possibilidade da execução por coisa certa, como efeito necessário do julgado" (fls. 850-1 dos autos). Em outras palavras: a decisão anulatória do segundo testamento, em virtude da norma do art. 158 do Código Civil, produziria um "efeito secundário", que "independia de explicitação no dispositivo" (fls. 850) e habilitava só por si a autora a promover execução para obter a entrega dos bens reivindicados.

Antes de examinarmos o mérito do argumento, vale assinalar que ele de modo algum configura *fundamento autônomo e suficiente* da decisão extraordinariamente recorrida, como por equívoco entendeu o ilustre Desembargador Vice-Presidente do Egrégio Tribunal paulista, ao indeferir os recursos extraordinários (fls. 912-3 dos autos). Houve, *data venia,* confusão entre *fundamento e argumento.* O V. Acórdão do 3º Grupo de Câmaras Cíveis baseou-se, para julgar como julgou, na consideração de *ser desnecessária a referência explícita à ação de reivindicação no pronunciamento judicial que encerrou o processo de conhecimento.* Por entender assim, reputou legítima a execução instaurada. Aquela consideração foi, portanto, o *fundamento* da decisão. No intuito de demonstrar o acerto desse fundamento, utilizou-se o Grupo de certos *argumentos,* como aquele – já examinado – de que, onde a sentença de primeiro grau quis estabelecer restrição, expressamente o fez (assim, quanto à verba honorária), e, por conseguinte, onde não foi expressa, deve concluir-se que acolheu a pretensão da autora. Outro *argumento,* invocado *com o mesmo objetivo* – a saber, o de sustentar a desnecessidade de pronunciamento explícito acerca da reivindicação –, foi esse de que a simples anulação do segundo testamento, por si só, já produziria o "efeito necessário" de habilitar a autora a promover execução para entrega dos imóveis reivindicados.

Não se trata de uma linha distinta de fundamentação. O *fundamento* permanece sempre o mesmo: a suposta prescindibilidade de decisão explícita que acolhesse a reivindicatória. Afirmou-se que ocorria "efeito secundário" da invalidação do testamento precisamente para lastrear a tese de que não fazia falta, na decisão exequenda, a condenação expressa à entrega dos imóveis. Com isso não se sai do âmbito da *federal question* submetida à apreciação do Pretória Excelso pelos recorrentes, mediante a invocação do Acórdão do Tribunal de Alçada, que consagrou tese divergente, a saber, a de que em processo cumulativo as ações reunidas hão de ser julgadas *explicitamente,* cada qual de per si.

Não há como aplicar, destarte, a proposição nº 283 da *Súmula da Jurisprudência Predominante,* pois a decisão recorrida *não* "assenta em mais de um fundamento suficiente". O seu fundamento é *um só,* e *foi atacado* pelos recorrentes.

12. No mérito, o argumento não resiste à análise. Nos termos do art. 158 do Código Civil, "anulado o ato, restituir-se-ão as partes ao estado, em que antes dele se achavam, e não sendo possível restituí-las serão indenizadas com o equivalente". O máximo que se pode tirar daí é que, anulado o segundo testamento de S.P., haveria de prevalecer o primeiro, admitindo-se, por hipótese, a validade deste, que não está em causa. Nunca, porém, que o beneficiário do primeiro testamento ficasse, *ipso facto,* em condições de reclamar, *por via executiva,* a entrega de quaisquer bens, *sem título que servisse de base à execução* – isto é, sem prévia condenação (que, como se mostrou, teria de ser expressa) à respectiva entrega.

A falsidade do raciocínio toma-se patente se atentarmos em que, a ser ele verdadeiro, *bastaria à autora pedir a invalidação do testamento,* revelando-se *inteiramente supérflua* a reivindicação. De maneira análoga, o vendedor que quisesse reaver a coisa vendida, por estar convencido da existência de vício do consentimento que tomasse anulável a venda, *nada mais* teria de pedir que a anulação desta – e, procedente que se lhe julgasse o pedido, promover execução para obter a entrega da coisa! O absurdo é manifesto. Na espécie, nem mesmo a autora achou suficiente a anulação do segundo testamento, e *porque não achou é que cumulou os três pedidos.*

Nada tem que ver com isso a categoria dos "efeitos secundários" da sentença – ou, como também lhe costuma chamar a doutrina, dos "efeitos da sentença como fato jurídico". Assim se designam certos efeitos que a sentença produz automaticamente, por força de alguma norma que os atribui ao mero fato de ter ela sido emitida; o exemplo clássico é o da hipoteca judiciária, efeito secundário de toda sentença "que condenar o réu no pagamento de uma prestação, consistente em dinheiro ou coisa" (Código de Processo Civil de 1973, art. 466). Caracteriza-se o efeito secundário pela circunstância de que a sua produção independe, quer de pronunciamento do juiz, *quer mesmo de pedido da parte.* E, já que o V. Acórdão recorrido invocou a autoridade de LIEBMAN, confira-se ao propósito a lição desse egrégio processualista:

> "Quando l'esame della causa autorizza l'emanazione di una sentenza avente determinati effetti (principali), dovranno perciò solo prodursi e senz'altro si produrranno anche quelli secondari: i quali quindi *non dovranno essere richiesti dalla parte nella domanda giudiziale,* nè essere contenuti e indicati nella decisione (e per questo e esatto dire che non rientrano nell'oggetto della sentenza); e così come non potrebbero essere prodotti separatamente da quelli principali, non possono nemmeno essere denegati quando quelli vengono pronunciati" *(Efficacia ed autorità della sentenza,* reimpressão da 1ª ed., 1962, p. 53-4; sem grifo no original).

Ora, *in casu,* se se tratasse de "efeito secundário", à luz do ensinamento supratranscrito, a autora *não deveria ter formulado o* pedido *de reivindicação;* e, formulando-o, teria de ser julgada *carecedora da ação reivindicatória,* por *falta de interesse de agir!* Realmente: se o puro e simples acolhimento do pedido de invalidação do segundo testamento de S. P., por si só, seria suficiente para habilitá-la a obter os imóveis, então não há fugir à conclusão de que *foi inútil* cumular os pedidos: em relação aos consequentes (petição de herança e reivindicação), *não precisava* a autora da tutela jurisdicional do Estado. A conclusão é evidentemente inexata e põe a nu a incorreção da premissa.

Com base no exposto, passamos a responder às indagações em que se desdobra a consulta:

1ª) "Tomados os arestos invocados para justificar os recursos sob o império da letra *d,* excluídos os do mesmo Tribunal, haverá, dentre os demais, outro que possa servir de paradigma para efeito de conhecimento de algum dos recursos"?

– Sim: o V. Acórdão do Tribunal de Alçada de São Paulo, de 29 de agosto de 1962, na Apelação Cível nº 52.790, publicado na *Revista dos Tribunais,* v. 334, p. 368-9, e citado tanto no recurso extraordinário do Espólio de C. E. S. e outros quanto no de C. J. E. S. e outros, respectivamente a fls. 865-6 e 872-3 dos autos. Essa decisão consagrou a tese de que, em processo cumulativo, é indispensável que todas as ações reunidas sejam *discriminadamente* julgadas. Dele divergiu, pois, na interpretação do direito federal, o V. Acórdão recorrido, que entendeu suficiente o julgamento explícito de *uma* das ações, admitindo que as outras pudessem ter sido "implicitamente" acolhidas. O dissídio justifica o conhecimento dos aludidos recursos extraordinários, pela letra *d* do dispositivo constitucional.

2ª) "Estariam suficientemente atendidas as exigências do art. 305 do R. I. do STF"?

– Sim. Os recorrentes disseram o bastante para tornar manifesta a analogia entre as hipóteses apreciadas pelos dois VV. Acórdãos e o contraste entre as teses jurídicas por eles esposadas.

3ª) "Admitida a hipótese de conhecimento de um dos recursos e consequentemente incidindo o verbete 456 da Súmula, qual seria o direito aplicável à espécie?"

– Conforme esperamos haver demonstrado, os recursos extraordinários não são apenas admissíveis, mas também fundados, e merecem provimento. A execução para a entrega dos imóveis é ilegítima, porque o V. Acórdão do Supremo Tribunal Federal, decisão exequenda, não constitui título hábil. Silente acerca da ação reivindicatória, nele não se contém condenação à entrega dos imóveis reivindicados, como tampouco se continha na sentença de primeiro grau. A condenação teria de ser *explícita;* condenação "implícita" é condenação *inexistente.* Não há, pois, título executivo; a execução, que não deveria ter-se instaurado, *a fortiori* não deve prosseguir.

O vigente Código de Processo Civil, ao enumerar os títulos executivos judiciais, refere-se unicamente, no art. 584, nº I, à "sentença condenatória", excluindo, *a contrario sensu,* que sentença de outra natureza possa servir de título executivo. E o art. 618, nº I, considera nula a execução que não se funde em título executivo, com as características de liquidez, certeza e exigibilidade. O Código de 1939 não tinha dispositivos que correspondessem exatamente a esses; mas a interpretação sistemática conduziria ao mesmo resultado, claramente mostrando várias de suas regras – v.g., arts. 889, 900, 902, 905, 906, 915 – que nele, não menos que no atual, a execução pressupunha necessariamente *condenação,* e não poderia vingar onde esta inexistisse. Eis, ao nosso ver, o "direito aplicável à espécie", e aliás corretamente aplicado a ela pela sentença de primeiro grau (fls. 651-3 dos autos), que o Egrégio Tribunal de Justiça de São Paulo, *data venia,* em má hora reformou.

Salvo melhor juízo.

Rio de Janeiro, 18 de janeiro de 1977.

COMENTÁRIOS DOS ATUALIZADORES

1. AÇÕES CUMULADAS. NECESSIDADE DE JULGAMENTO EXPLÍCITO DE TODAS

Luiz Fux / Rodrigo Fux

As ponderações do Professor José Carlos Moreira permanecem quase que inalteradas, com exceção de duas situações: uma consolidada na jurisprudência do Superior Tribunal de Justiça – STJ e outra ainda sujeita a controvérsias.

Primeiro, o STJ já consolidou o entendimento de que "*a correção monetária é matéria de ordem pública, cognoscível de ofício pelo juízo, sendo considerada, inclusive, como condenação implícita, razão pela qual a mera não indicação expressa do índice devido no dispositivo da sentença não viola a coisa julgada*"[1]. Como se trata de simples recomposição do valor da obrigação, a correção monetária pode ser automaticamente aplicável, em qualquer grau de jurisdição, e independentemente de pedido da parte.

Segundo, há divergência jurisprudencial a respeito dos honorários sucumbenciais. É que há precedentes segundo os quais "*a reforma in totum do acórdão ou da sentença acarreta inversão do ônus da sucumbência, ainda que não haja pronunciamento explícito sobre esse ponto*"[2].

Por outro lado, também há casos em que o Superior Tribunal de Justiça – STJ concluiu que "*se, ao reformar a sentença, o Tribunal de origem omite-se quanto à condenação da parte vencida em honorários advocatícios, deve a parte vencedora opor os necessários embargos declaratórios. Não o fazendo, não é possível depois voltar ao tema na fase de execução, buscando a condenação da parte vencida ao pagamento de referida verba, sob pena de ofensa à coisa julgada*"[3].

---

1 STJ, Ag. Int. nos EDcl no REsp 1.825.809/MT, Relatora Ministra Maria Isabel Gallotti, 4ª Turma, julgado em 31/08/2020.

2 STJ, REsp 1.129.830/SC, 2ª Turma, Relator Ministro Castro Meira, julgado em 08/03/2010.

3 STJ, REsp 1.285.074/SP, Relator Ministro João Otávio de Noronha, 3ª Turma, julgado em 23/06/2015.

Como se vê, a jurisprudência permanece sensível à impossibilidade de "julgamento implícito", tal qual defendido pelo Professor José Carlos Barbosa Moreira em seu Parecer. Entretanto, essa sensibilidade é ponderada quando se está diante de questões tidas como de ordem pública e/ou de "efeitos automáticos" da condenação judicial.

2. AÇÃO RENOVATÓRIA. QUALIFICAÇÃO JURÍDICA DO NEGÓCIO

1. Na ação renovatória proposta, perante o Juízo da 12ª Vara Cível desta Comarca, pela S.B.I. contra a C.N.S.P. – A.S.F., a sentença julgou a autora "carecedora de ação", por entender inexistente, na espécie, vínculo *ex locato*. Deixando de lado o aspecto da adequação ou inadequação da conclusão à premissa, importa considerar em si mesma, antes de mais nada, a própria premissa, isto é, a afirmação de não haver entre as partes relação jurídica de locação.

Segundo o disposto no art. 1.188 do Código Civil, "na locação de coisas, uma das partes se obriga a ceder à outra, por tempo determinado, ou não, o uso e gozo de coisa não fungível, mediante certa retribuição". Ressaltam do conceito legal os elementos: *a)* da cessão temporária do uso e gozo; *b)* da natureza infungível da coisa; *c)* da retribuição devida pelo locatário, como contraprestação do uso e gozo. Resta ver se o negócio jurídico celebrado através do instrumento particular de 1º de dezembro de 1971, por suas características *substanciais*, corresponde ao *tipo* definido na lei civil.

Explique-se o porquê do grifo em "substanciais". O contrato de locação não é formal; o direito positivo não impõe forma determinada para a sua celebração, que pode até ser verbal. Por outro lado – e o ponto é aqui muito relevante –, nada importa que, ao ajustarem o negócio, as partes hajam deixado de designá-lo como "locação", ou lhe tenham atribuído denominação diversa. Tem sabor de lugar-comum a observação de que a natureza de qualquer ato jurídico (e os contratos não fazem exceção à regra) se determina pelo respectivo conteúdo, e não pelo *nomen iuris*, eventualmente impróprio, que lhe haja sido aposto. É ocioso recorrer, ao propósito, a abonações doutrinárias; veja-se, em todo caso, DARCY BESSONE, *Do contrato*, Rio de Janeiro, 1960, p. 230-1:

> "O *nomen iuris* adotado pelas partes, para a qualificação do contrato, é de importância secundária.
>
> O erro de direito pode ser retificado pelo intérprete".

Houvessem os contraentes designado o negócio como "locação", nem por isso de locação na verdade se trataria, se não estivessem presentes, no plano substancial, as características dessa figura. Foi o que ocorreu, por exemplo, no caso examinado por ilustre especialista na matéria, o atual Desembargador Luís ANTÔNIO DE ANDRADE, em parecer publicado na *Revista Forense,* v. 169, p. 85 e s.: apesar da denominação constante do instrumento, concluiu o parecerista que se cuidava de uma compra e venda, sublinhando:

> "Pouco importa que ao contrato hajam as partes dado a designação de *arrendamento,* ou de *locação,* pois não é o *nomen iuris* que influi na sua disciplina, e sim a sua configuração jurídica. *Contractus non ex nomine sed ex re legem accipiunt"* (p. 89).

O raciocínio, perfeitamente correto, é reversível. Do mesmo modo que inexiste locação quando, a despeito de empregado esse nome, a substância do ato não se enquadre na moldura, tal como a desenha o art. 1.188 do Código Civil, reciprocamente existirá locação sempre que se possa proceder ao enquadramento, não obstante usado outro nome.

Assim, cumpre afastar desde já qualquer dúvida que se pretenda suscitar, em relação ao negócio ajustado pelo instrumento de 1º de dezembro de 1971, com base na circunstância de terem as partes preferido denominá-lo "convênio". A escolha de tal denominação *nenhuma* relevância tem para a apuração da existência ou inexistência de relação *ex locato.* O que se há de verificar é se o teor das cláusulas revela a presença, no "convênio", dos elementos característicos de uma locação. Positivo que seja o resultado dessa averiguação, não se poderá negar que locação exista.

2. É nítido, no "convênio" celebrado, o elemento de cessão temporária do uso e gozo. À C.N.S.P. – A.S.F. caberia ceder à S.B.I. dependências de sua sede (art. 5º), na Rua V. P., n....; e ali prestaria a S.B.I. seus cursos de Administração e Economia (art. 1º), bem como outros, mediante a concordância da C.N.S.P. (art. 2º) – tudo isso pelo prazo de cinco anos, admitida a prorrogação tácita por igual período, a não ser no caso de denúncia por qualquer das partes, pelo menos seis meses antes da expiração (art. 7º).

Por outro lado, as dependências da sede da C.N.S.P. constituem, à evidência, "coisa não fungível". Nada importa que no texto do "convênio" não se tenham *especificado* as instalações que seriam postas à disposição da S.B.I. para a realização, por esta, de atividades didáticas. Se o próprio negócio, em si, poderia ser validamente celebrado por forma verbal, nenhum impedimento havia a que as partes deixassem para fazer por tal forma – ou, eventualmente, através de um dos "ajustes complementares" a que alude o art. 12 – aquela especificação. Aliás, de qualquer maneira, a falta desta não tomaria fungíveis as dependências de um prédio, pois a fungibilidade, no sentido que lhe dá o Código Civil, é peculiar aos *móveis* (art. 50: "São fungíveis os móveis que podem, e infungíveis os que não podem substituir-se por outros da mesma espécie, qualidade e quantidade"). Bem *imóvel* é *sempre* infungível.

Estão presentes, por conseguinte, os dois primeiros elementos a que acima se fez menção, e a cujo respeito, diga-se de passagem, a sentença recorrida não levantou dúvida alguma. Falta examinar o terceiro, isto é, a retribuição, a fim de verificar se procede o argumento do Juízo *a quo,* em cujo entender "a forma de participação financeira da ré na renda bruta do empreendimento, prevista no art. 8º, não pode sequer ser considerada aluguel".

3. Diversamente do que ocorre quanto à compra e venda, em relação à qual a lei caracteriza como "preço em dinheiro" a prestação devida pelo comprador (Código Civil, art. 1.122), no tocante à locação não cogita o texto legal de fixar a natureza da prestação a cargo do locatário. Fala, de modo genérico, em "retribuição" (art. 1.188, *fine).* O dispositivo é cristalino e não abre ensejo a hesitação alguma em admitir-se que o locatário possa "retribuir" com prestações as mais diversas, inclusive *não pecuniárias, o* uso e gozo da coisa alugada.

No particular, como não podia deixar de ser, é uníssona a doutrina pátria. De CLÓVIS BEVILÁQUA, *Direito das obrigações,* 3ª ed., Rio de Janeiro, 1931, p. 339 ("A renda pode consistir em dinheiro ou em quaisquer outras utilidades") a ORLANDO GOMES, *Contratos,* Rio de Janeiro, 1959, p. 312 ("De regra, trata-se de *prestação pecuniária.* Admite-se, porém, que sejam outras coisas ou, mesmo, serviços" – grifado no original) e a PONTES DE MIRANDA, *Tratado de direito privado,* t. XL, Rio de Janeiro, 1962, p. 7 (*verbis:* "[...] contraprestação, que pode ser dinheiro ou não"), inexistem duas opiniões a esse respeito. O ponto é absolutamente pacífico.

In casu, a retribuição devida pela S.B.I. à C.N.S.P. pelo uso e gozo das dependências da sede foi estipulada sob a forma de participação da segunda na renda bruta que viesse a ser auferida pela primeira, variando periodicamente o percentual, ao longo do prazo avençado (art. 8º).

Trata-se, pois, de remuneração em dinheiro; apenas, em vez de fixar-se *a priori* o *quantum*, preferiu-se tomá-lo função da renda, sendo certo, por outro lado, que no art. 9º se estabeleceram critérios nítidos para a apuração desta e se previu o modo de controlar a C.N.S.P. a exatidão dos resultados, além de combinar-se que o pagamento seria "efetuado nos dias 10 de cada mês, tomando-se por base a receita bruta obtida no mês precedente". A essa retribuição é que a sentença apelada se recusou a reconhecer a natureza de aluguel, por ver nela "apenas uma contraprestação pela cessão das salas e pelos serviços que se propôs a prestar" (a C.N.S.P.) "com vistas ao fim por ambas as partes desejado".

4. *Data maxima venia,* é incompreensível a relutância do Juízo *a quo* em admitir que a modalidade pactuada caiba no conceito de "retribuição" de que se vale o art. 1.188 do Código Civil. Já se mostrou que tal conceito é extensíssimo, abrangendo prestações diferentes do dinheiro. Nem isso, porém, sucede aqui: a prestação ajustada é pecuniária, com a única particularidade de consistir Duma percentagem da renda bruta, e não numa quantia prefixada.

Algo que estranhar? Nada: a lei não contém restrição alguma, de sorte que as partes são livres de regular a matéria como bem lhes pareça, sem que se descaracterize o contrato. Conforme assinala WASHINGTON DE BARROS MONTEIRO, *Curso de direito civil,* 5º v., 3ª ed., São Paulo, 1962, p. 145, o preço, na locação, "pode (...) revestir-se de cunho mais ou menos aleatório (por exemplo, o locador receberá 50% da arrecadação, ou da receita bruta)" – e o período dá a impressão de ter sido escrito com os olhos do autor postos na espécie sob exame. Não se trata, aliás, de uma peculiaridade do direito brasileiro. Confira-se, por exemplo, a lição de HENRI DE PAGE, *Traité élémentaire de droit civil belge,* t. IV, 2ª ed., Bruxelas, 1951, p. 513:

> "[...] le prix peut, dans le louage de choses, consister en des *prestations en nature,* en des *services,* en des constructions à ériger par le preneur, en un *pourcentage des bénéfices* à retirer de l›exploitation, par le preneur, de la chose louée etc.» (grifos do original).

E os clássicos AUBRY e RAU, *Cours de droit civil français,* t. IV, 4ª ed., Paris, 1871, p. 464-5, já advertiam:

> "[...] le prix peut consister, non seulement en une somme d'argent, mais encare en une certaine quantité de denrées de la nature de celles que la chose

louée est susceptible de produire, ou dans une certaine quotité des fruits qui doivent en naître".

Diz a sentença recorrida que a participação financeira na renda bruta do empreendimento "é apenas uma contraprestação pela cessão das salas e pelos serviços que se propõe a prestar" a C.N.S.P. Deixando por ora de lado a referência aos serviços – ponto de que nos ocuparemos adiante –, cabe frisar que a primeira parte do trecho aspeado só faz *confirmar* a tese que aqui se sustenta. O que nele surpreende é o "apenas": constituindo "uma contraprestação pela cessão das salas", a mencionada participação na renda bruta encaixa-se com precisão na moldura conceptual do *aluguel,* que outra coisa não é senão isso mesmo!

Quanto ao direito – assegurado à C.N.S.P. pelo art. 11 – de dispor de 50% das bolsas de estudos referentes aos cursos ministrados em sua sede, constitui evidentemente parcela complementar da retribuição pelo uso das salas. A ela se aplicam as considerações feitas acima sobre a liberdade que têm as partes no determinar a prestação devida pelo locatário.

5. Encontram-se na motivação da sentença outras afirmações que merecem exame, na medida em que parecem expressar razões do convencimento, manifestado pelo MM. Dr. Juiz *a quo,* de inexistir relação *ex locato.* Uma deve ser desde logo afastada por irrelevante: a de que, consoante o art. 4º do instrumento firmado pelas partes, se adotaria para todos os efeitos, "inclusive divulgação", o título "C.N.S.P. – A.S.F. em convênio com as F.C.M.". Essa disposição nada tem que ver com a substância do negócio, limitando-se, quando muito, a refletir o *nomen iuris* escolhido para designá-lo. Escusamo-nos aqui de repetir o que ao propósito se disse no item 1, *fine,* deste parecer.

O fato de ter-se comprometido a S.B.I. "a prestar seus cursos de Administração e Economia nas instalações" que seriam postas à sua disposição pela C.N.S.P. (art. 1º) – também invocado na sentença – nada significa senão que se especificou aí a *finalidade* da cessão do uso das salas. A redação pode não ter seguido a fórmula mais usual, porém a cláusula, em si, é de presença frequentíssima – diríamos até constante – nos contratos de locação. *In casu,* ela se vê complementada pela do art. 2º, à vista do qual a S.B.I. poderia "prestar outros cursos que não os mencionados no artigo anterior", desde que com isso concordasse a C.N.S.P. Tudo muito corriqueiro e trivial, sem qualquer conotação de particularismo que repercuta na classificação do negócio jurídico celebrado.

Restam as alusões ao art. 3º, por força do qual a C.N.S.P. assumiu "a responsabilidade pelo ensino da Cadeira 'Moral e Cívica' em todos os cursos mantidos pela S.B.I." nas dependências cujo uso foi cedido a esta, e ao art. 5º, *tine,* que atribui à C.N.S.P. "o custeio dos serviços de infraestrutura, entendidos estes como o fornecimento de carteiras, quadros-negros e luz". O Juízo *a quo* parece ter reputado incompatível com um contrato de locação a inserção de semelhantes disposições, que não concernem diretamente ao objeto próprio daquele contrato. Tal escrúpulo, no entanto, é de todo infundado, como se passa a mostrar.

6. Ninguém ignora a amplitude deixada pelo ordenamento à autonomia da vontade no campo do direito contratual. Respeitadas as limitações legais, podem as partes ajustar negócios que não correspondam às figuras típicas contempladas no texto do Código. Podem, igualmente, fazer inserir em suas avenças, mesmo quando mantida aquela correspondência, disposições secundárias que escapem ao rol das inerentes à *essência* da figura contratual. O fenômeno é bastante comum no trato jurídico, e a locação não abre exceção à regra. A eventual presença dessas cláusulas *atípicas* de nenhuma forma desclassifica o contrato como locação, desde que existentes os respectivos elementos essenciais, nos termos do art. 1.188 do Código Civil.

Eis como preleciona, a esse respeito, PONTES DE MIRANDA:

> "O conceito de locação conserva-se incólume, se os contraentes introduzem no contrato cláusulas que não se referem ao *usar* ou ao *fruir*, porém de algum modo se ligam a um ou ao outro: e.g., dever de limpeza dos móveis que ficaram na casa, aguagem do jardim, poda anual das árvores, dragagem dos rios, ou abertura de caminhos" (ob. e t. cit., p. 8; grifos do autor).

E acrescenta o mestre que: "[...] é ineliminável, de regra, a principalidade do contrato de locação do prédio, máxime quanto à duração e às normas de leis emergenciais" *(ibid.).*

No mesmo sentido a mais autorizada doutrina estrangeira:

> "Las obligaciones secundarias, como, por ejemplo, la obligación de una vivenda o habitación respecto a la calefacción central, alumbrado eléctrico o suministro de agua, del que arrienda un cuarto respecto a su amueblado, desayuno y servicio doméstico, del arrendador de una câmara acorazada respecto al cuidado de cerraria y en caso de eventual destrucción de la caja, de asegurar su contenido, *no alteran la naturaleza del negocio"* (ENNECCERUS,

Derecho de obligaciones, *in Tratado de derecho civil,* de ENNECCERUS-KIPP-WOLFF, t. II, v. II, trad. espanhola, 2ª ed., Barcelona, 1950, p. 140; grifamos). "Suponha-se agora o caso do dono de um prédio urbano que concede a outrem, por certo tempo e mediante determinada retribuição, o uso respectivo, obrigando-se ainda a proporcionar-lhe os serviços de porteiro, ou a fornecer-lhe elevador ou aquecimento central (contrato *complementar).* Também não pode duvidar-se de que o contrato é, fundamentalmente, de arrendamento. As cláusulas respeitantes ao uso do prédio sobrelevam de longe, em importância, as demais; nelas se reflete e consubstancia a função econômica do acordo, em relação à qual as outras cláusulas desempenham simples papel secundário, adjuvante" (GALVÃO TELES, *Manual dos contratos em geral,* 3ª ed., Lisboa, 1965, p. 393-4; grifado no original).

Na espécie, é claríssimo que o cerne do ajuste reside na cessão temporária, pela C.N.S.P., do uso e gozo das dependências de sua sede à S.B.I., que a retribui pela forma já exposta. Caracterizando-se aí, indiscutivelmente, uma locação, conforme se espera haver demonstrado, a presença de outras cláusulas, que "desempenham simples papel secundário, adjuvante" – e tais são as que injustificavelmente impressionaram o MM. Dr. Juiz *a quo* –, nenhuma relevância assume do ponto de vista em que aqui nos situamos. Ainda que se queira enxergar no negócio celebrado entre as partes um "contrato misto", fica ao nosso ver fora de dúvida que nele avulta o perfil da locação – e é o bastante para evidenciar o equívoco em que, *data venia,* incorreu a sentença apelada.

7. Neste passo torna-se indispensável uma observação. A admitir-se, *ad argumentandum,* que o texto do instrumento assinado em 1º de dezembro de 1971 pudesse deixar dúvida sobre a natureza do negócio pactuado, havia um meio à disposição do Juiz para esclarecer em definitivo o ponto: a verificação da maneira por que vinha aquele, ao longo do prazo contratual, sendo cumprido pelas partes. Ninguém ignora, com efeito, que esse é um dos mais valiosos elementos em matéria de hermenêutica contratual. No dizer de WASHINGTON DE BARROS MONTEIRO:

"A melhor interpretação de um contrato é a conduta das partes, o modo pelo qual elas o vinham executando anteriormente, de comum acordo; a observância do negócio jurídico é um dos melhores meios demonstrativos da interpretação autêntica da vontade das partes; serve de guia indefectível para a solução da dúvida levantada por qualquer delas" *(Curso* de *direito civil,* cit., 5º v., p. 39).

Trata-se de regra tão importante, que a própria lei, no Brasil e alhures, a tem expressamente consagrado. Assim, o nosso Código Comercial, art. 131, nº III: "O fato dos contraentes, posterior ao contrato, que tiver relação com o objeto principal, será a melhor explicação da vontade que as partes tiveram no ato da celebração do mesmo contrato". E, na Itália, o *Codice civile* em vigor, art. 1.362, 2ª alínea: "Per determinare la comune intenzione delle parti, si deve valutare il loro comportamento complessivo anche posteriore alia conclusione del contratto".

Na espécie, consoante afirmação da S.B.I. nos autos, a vivência do contrato, desde a celebração até hoje, sempre se resumiu na utilização das salas mediante o pagamento periódico das importâncias correspondentes aos percentuais ajustados. Acrescenta-se que uma das cláusulas atípicas –, a do art. 3º, que atribuiu à C.N.S.P. a responsabilidade pelo ensino de "Moral e Cívica" – jamais foi posta em prática, até porque, como se diz nas razões de apelação, "seria impossível juridicamente que um professor não pertencente às Faculdades fosse ministrar aulas". Propunha-se a autora demonstrar tais fatos mediante prova oral, a ser colhida em audiência, tendo protestado na inicial "pelo depoimento pessoal do representante da Suplicada, pena de confesso, prova testemunhal, perícias, vistorias" etc.

Dada a relevância dessas questões de fato para a exata qualificação do negócio avençado, desde que se admita não ser suficiente o exame do próprio instrumento contratual, seria aconselhável que o Juízo *a quo,* em vez de extinguir o processo logo após o encerramento da fase postulatória, mandasse proceder à atividade complementar de instrução, determinando a realização de audiência, onde poderiam vir à luz subsídios valiosos para a correta apreciação da espécie. Preferiu o MM. Dr. Juiz, *data venia* com certa precipitação, sentenciar imediatamente, entendendo poder retirar do texto do denominado "convênio" dados bastantes para negar a existência de relação *ex locato.* Nisso, porém, equivocou-se, conforme procuramos demonstrar nos itens anteriores deste parecer: o que antes fica patente, à vista do próprio texto, é que no bojo do "convênio" existe, bem caracterizada, uma locação.

8. Sem explicitar qual das "condições da ação" a seu ver faltaria, declarou o Juízo *a quo* que a autora é "carecedora de ação". Filiou-se à corrente doutrinária e jurisprudencial, para a qual a questão da existência ou inexistência da relação *ex locato,* na ação renovatória, se inscreve no plano das preliminares ao mérito e, quando resolvida no sentido negativo, acarreta, de acordo com a fórmula habitual, a decretação da carência de ação.

Essa não é, convém notar de passagem, a única possível colocação do problema. A existência da locação é um dos pressupostos *substanciais* do direito (potestativo) à renovação do contrato. Há quem prefira considerá-la como questão já atinente ao *meritum causae,* que, na ação renovatória, se desdobraria em dois aspectos sucessivos: a apuração do direito à renovação e, em existindo tal direito, a fixação do novo aluguel. O primeiro aspecto envolve precisamente, entre outras indagações, a concernente à existência ou não da relação *ex locato,* que assim se caracterizaria como *prejudicial de mérito.*

Não há necessidade, aqui, de estendermo-nos acerca do tópico, e menos ainda de tomarmos posição na controvérsia. O que interessa, com efeito, não é a fórmula adotada pela sentença, mas a matéria sob exame. Seria puramente acadêmica a discussão que se pudesse travar sobre se o Juízo *a quo* realmente se deteve ao nível das preliminares ou se chegou, sem dizê-lo, a ingressar parcialmente na apreciação do mérito, embora, é claro, sem exauri-lo. Isso não importa do ponto de vista prático: seja como for, cabível seria sempre o recurso de apelação, e a eventual impropriedade terminológica da sentença perfeitamente suscetível, sendo o caso, de correção pelo tribunal superior, por via de simples interpretação.

9. Em nossa opinião, a leitura atenta do instrumento contratual basta para convencer de que entre as partes se estabeleceu relação *ex locato.* A sentença merece, pois, ser reformada. Quer considere o órgão *ad quem,* à semelhança do Juízo inferior, que a questão se situa no plano das "condições da ação", quer entenda que ela já se insere no âmbito do mérito, deverá, reformando a sentença, determinar o prosseguimento do feito em primeiro grau de jurisdição, a fim de que sejam ali examinados os restantes aspectos da causa, a cujo respeito não chegou a pronunciar-se o MM. Dr. Juiz *a quo.*

Suponha-se que ao tribunal se afigure necessária a colheita de outros elementos de prova, v.g., para esclarecer-se a respeito do modo como tem sido executado o contrato pelas partes – o que poderia ainda ter relevância, em caso de dúvida, para a interpretação do negócio, como acima exposto. Terá o órgão *ad quem* ao seu dispor o meio de promover a complementação da atividade instrutória, mediante a conversão do julgamento em diligência, nos termos do art. 78, *caput,* do Regimento Interno, podendo o Desembargador Relator, inclusive, determinar a baixa dos autos ao Juízo *a quo,* para que neste se colham as provas desejadas, tudo conforme o disposto no art. 9 1, § 1º, do texto regimental. Conquanto não prevista na lei processual com esse fim, a providência é de indiscutível legitimidade *(vide* nossos *Comentários ao código de processo civil,* v. V, 2ª ed., p. 625) e encontraria, na emergência suposta, adequada aplicação.

É tudo que, salvo melhor juízo, nos parece, à vista da documentação apresentada, que incluía cópia do «convênio» e das peças relevantes dos autos judiciais.

Rio de Janeiro, 28 de janeiro de 1977.

COMENTÁRIOS DOS ATUALIZADORES

2. AÇÃO RENOVATÓRIA. QUALIFICAÇÃO JURÍDICA DO NEGÓCIO

Luiz Fux / Rodrigo Fux

O Código Civil de 1916, nas disposições inseridas no Capítulo IV do Título V do Livro III da Parte Especial, veiculava normas gerais na disciplina da relação jurídica de locação sob três modalidades (locação de coisas e de prédios, locação de serviços e empreitada).

Em data posterior à emissão do parecer, foi promulgada em 16 de maio de 1979 a Lei 6.649/1976, destinada à regulamentação da locação predial urbana.

Nova disciplina legal para as locações dos imóveis urbanos foi estabelecida por meio da Lei 8.245 de 18 de outubro de 1991.Ficaram excluídos do pálio protetor da Lei 8.245/1991 a locação de coisas móveis, que seguiu regida pelas regras previstas no Código Civil, a locação (1) de imóveis de propriedade da União, dos Estados e dos Municípios, de suas autarquias e fundações públicas, (2) de vagas autônomas de garagem ou de espaços para estacionamento de veículos, (3) de espaços destinados à publicidade e (4)em apart-hotéis, hotéis-residência ou equiparados, que seguiram regulados pelo Código Civil e pelas leis especiais, conforme expressamente ressalvou o parágrafo único do artigo 1º da Lei 8.245/1991.

Com a entrada em vigor da Lei 10.406/2002, que institui o Código Civil de 2002, passou a disciplinar a locação de coisas o conjunto de disposições previstas no Capítulo V do Título VI do Livro I da Parte Especial (artigos 565 a 578), ao passo que a locação de prédio urbano seguiu disciplinada pela Lei 8.245/1991, conforme expressamente sinalizado no seu artigo 2.036.

A natureza bilateral e onerosa presente na definição apresentada pelo parecerista seguiu inalterada nas modificações legislativas, podendo ser inferida, no caso da locação de coisas, da redação dada ao artigo 565 do Código Civil de 2002 e, no caso da locação de prédio urbano, da atribuição na lei de deveres ao locador e ao locatário (artigos 22 e23 da Lei 8.245/1991) e da previsão de disposições específicas sobre a retribuição devida pelo locatário como contraprestação (artigos 17 a 21), incluindo o estabelecimento de reajuste do aluguel como forma de preservação da comutatividade entre prestação e contraprestação.

Nas Seções I, II e III do Capítulo II do Título I, a Lei 8.245/1991 veicula especificidades aplicáveis, respectivamente, a locações residenciais, locações para temporada e locações não residenciais.

Alterações na Lei 8.245/1991 são objeto de proposição em Projetos de Lei com tramitação ativa no Senado Federal (ao menos até a data de fechamento dos presentes comentários). Dentre ele, aludimos, em sugestão de leitura, ao PL 2.474/2019, de autoria do Senador Ângelo Coronel (PSD-BA) (disponível em «https://www25.senado.leg.br/web/atividade/materias/-/materia/136443»), que propõe a introdução na Lei 8.245/1991 de disposição proibitiva da locação para temporada contratada por meio de aplicativos ou plataformas de intermediação em condomínios edilícios de uso exclusivamente residencial, salvo se houver expressa previsão na convenção de condomínio, e ao PL 4.571/2019, de autoria do Senador Rodrigo Pacheco (DEM-MG) (disponível em «https://www25.senado.leg.br/web/atividade/materias/-/materia/138199»), que propõe o estreitamento nas limitações legais à autonomia negocial, ficando admitida a livre pactuação de pagamento antecipado, a constituição de uma ou mais garantias sem limitação de valor, a renúncia prévia ao direito de preferência e a pactuação de contraprestação na sublocação de valor superior ao atribuído à locação, dentre outras proposições.

3. AÇÃO REIVINDICATÓRIA. PRELIMINARES DE COISA JULGADA E DE CARÊNCIA DE AÇÃO

I – A espécie

1. A.A.T. e sua mulher, em 1966, propuseram contra A.P.M. e sua mulher, na Comarca de Casimiro de Abreu, *ação declaratória* com o pedido de que fosse "declarado, por sentença, o domínio dos Autores sobre a Fazenda das Palmeiras, integrada pelo resto, sem sobras", de imóvel que haviam adquirido aos réus. Estes, por sua vez, ajuizaram contra os primeiros ação de reintegração de posse, alegando a invasão da área que diziam pertencer-lhes, por A.A.T. e sua mulher. Reunidas, as duas ações foram julgadas na mesma sentença, que deu pela improcedência do pedido feito na ação declaratória e pela procedência do formulado na possessória.

Interposta apelação pelos vencidos, só quanto à declaratória, julgou-a a 1ª Câmara Cível do Tribunal de Justiça do antigo Estado do Rio de Janeiro, em 12 de julho de 1973. O Desembargador Relator, acompanhado sem discrepância pelos outros julgadores, assim se pronunciou em seu voto:

> "De início, vê-se que não corresponde a inicial aos termos do art. 2º do Código de Processo Civil, para ver-se declarar a existência para integrar-se aos Apelantes 'o resto, sem sobras' dos bens imóveis descritos e caracterizados na certidão de transcrição de folhas 15-16.
>
> Tem por escopo a ação declaratória intentada em dirimir *incertezas sobre o domínio dos apelantes sobre a Fazenda das 'Palmeiras',* o que é vedado tais declarações.
>
> Sobre os esclarecimentos, só o Judiciário tem o dever de valer-se pela divisão ou demarcação e não pela *declaração.*
>
> A declaração deve limitar-se à existência ou inexistência de relação jurídica ou à declaração da autenticidade ou falsidade de documento. Só *isto,* não mais.
>
> E, da reintegração, embora seja precária a sua trajetória feita nos autos, esta não foi objeto de recurso de apelação".

Contra o Acórdão manifestaram os apelantes recurso extraordinário, indeferido pelo Desembargador Presidente do Tribunal de Justiça; e o agravo interposto contra esse indeferimento foi arquivado por determinação do Ministro Relator no Supremo Tribunal Federal.

2. Em 14 de maio de 1976, voltaram a *Juízo* A.A.T. e sua mulher, intentando desta vez contra o Espólio de A.P.M. *ação reivindicatória* da área que fora objeto dos feitos anteriores. Nesse novo processo, suscitou o réu as preliminares de existência de *coisa julgada* e de *carência de ação,* ambas acolhidas pela sentença de primeiro grau, que extinguiu o processo com fundamento no art. 267, nº V e VI, do vigente Código de Processo Civil. Para assim decidir, no tocante à segunda preliminar (carência de ação), examinada com prioridade, assevera o Dr. Juiz:

> "Ressalta à evidência que os autores não são proprietários da área de terras que ousam reivindicar pela presente ação; Não sendo proprietários, não estão titulados ao *ius reivindicandi* inerente ao direito de propriedade e, se não têm o direito que pretendem, são carecedores da ação que o assegura".

Em seguida, passando ao exame da outra preliminar (coisa julgada), manifesta o entendimento de que o mérito da causa "já foi decidido em desfavor dos autores", no processo anterior. Argumenta que a sentença precedente, na ação declaratória, "resolveu a questão do domínio contra os autores" e, na possessória, "negado o domínio da área questionada aos autores, a posse deferida aos réus o foi ante a evidência do domínio destes". A sentença, ademais, teria sido integralmente mantida pelo Tribunal de Justiça, no julgamento da apelação. Daí a conclusão a que chega o Dr. Juiz:

> "Assim, forçoso é convir que a presente ação, improsperável pela demonstração do fato de serem os autores dela carecentes, já teve, não obstante, seu mérito julgado precedentemente".

3. O que acima se expôs, em termos sucintos, basta para o equacionamento das questões sobre as quais versa a consulta formulada pelos dignos advogados dos autores, que interpuseram contra a sentença de primeiro grau, no processo da ação reivindicatória, recurso de apelação. Submetendo ao nosso exame fotocópias das peças relevantes, quer do feito pendente, quer do anterior – em que correram as ações declaratória e possessória –, solicitam-nos opinar se é correta ou não a decisão apelada.

Passamos a manifestar, à luz do material examinado, o nosso entendimento. Começaremos por apreciar o problema da existência ou da inexistência de coisa julgada, e para resolvê-lo tentaremos, antes de mais nada, definir com a maior precisão possível o resultado do primeiro feito, expressando-o nos termos recomendados pela boa técnica processual. Em posterior etapa, cuidaremos de valorar o modo pelo qual enfrentou o Dr. Juiz a outra questão preliminar, em cujo exame concluiu serem os autores, ora apelantes, carecedores da ação reivindicatória.

II - A questão da coisa julgada

4. A sentença proferida no processo anterior compunha-se de dois capítulos, um relativo à ação declaratória, outro à possessória. Embora formalmente uno o ato, na substância houve duas decisões distintas: *tot capita quot sententiae.*

O capítulo referente à ação de reintegração de posse não foi impugnado mediante recurso, o que significa que transitou em julgado ao expirar *in albis* o prazo de interposição. Formou-se, nesse instante, a coisa julgada (inclusive no sentido material) sobre o pronunciamento que mandou reintegrar A.P.M. e sua mulher na posse da área em foco.

Já o capítulo atinente à ação declaratória jamais chegou a adquirir a autoridade da coisa julgada. Com efeito, interposta apelação contra essa parte da sentença, dela veio a conhecer o órgão *ad quem* (1ª Câmara Cível do Tribunal de Justiça), cujo julgamento, portanto, *substituiu,* em tal medida, o do juízo inferior, nos precisos termos do art. 825 do estatuto processual civil de 1939, então ainda em vigor:

> "Art. 825. A sentença proferida em grau de apelação substituirá, no que tiver sido objeto de recurso, a decisão apelada".

Sabe-se que nenhuma relevância assumia, em semelhante perspectiva, o *sentido* em que decidisse o órgão julgador da apelação, desde que conhecesse do recurso: a substituição se dava *sempre,* já no caso de provimento, já no de desprovimento, ainda quando o acórdão, segundo, a praxe, dissesse "confirmar" ou "manter" a decisão de primeira instância. Assim prelecionava, ao propósito, o mestre PONTES DE MIRANDA:

> "Costuma-se escrever: '[...] confirmam a sentença apelada', como se a sentença do grau superior coexistisse com a do grau inferior, no que foi confirmado (todo ou parte). Tal não se dá: a sentença de primeira instância, *no que foi reformada como também no que foi confirmada,* desapareceu no momento mesmo em que houve a sentença do grau superior. A sentença do juízo de

grau inferior é apenas *conteúdo documental e lógico* da sentença do juízo de grau superior. A remissão só se explica *brevitatis causa*, isto é, pelo menor esforço dos juízes do recurso, economizadores de tempo e de redação. Sentença de primeira instância somente há, depois de julgada a apelação, se algo lhe passara em julgado" *(Comentários ao código de processo civil* de 1939, L' ed., v. V, p. 131; grifado no original).

E aliás, sem tirar nem pôr, a doutrina consagrada na lei vigente, que apenas a estendeu *expressis verbis* a todos os recursos: "Art. 512. O julgamento proferido pelo tribunal substituirá a sentença ou a decisão recorrida no que tiver sido objeto do recurso". A respeito desse dispositivo, tivemos ocasião de escrever em nosso volume de comentários:

"Convém acentuar, por outro lado, que, em tais hipóteses, ocorre a substituição, quer se dê provimento, quer se negue provimento ao recurso. Na linguagem forense, costuma dizer-se, respectivamente, que o tribunal *reformou* ou que *confirmou* a decisão impugnada. Essa maneira de falar não autoriza a suposição de que, uma vez desprovido o recurso, prevaleça o pronunciamento do juízo *a quo*. Nada importa, na perspectiva em que ora nos situamos, que a decisão de grau superior tenha conteúdo idêntico ao da outra: de qualquer sorte, há substituição" (J. C. BARBOSA MOREIRA, *Comentários ao código de processo civil*, v. V, 2ª ed., 1976, p. 380; grifos do original).

E ainda:

"Em geral, a decisão inferior, que vem a ser substituída, justamente porque não passara em julgado, era decisão *ainda* ineficaz. Como o órgão *ad quem* conheceu do recurso, ela *jamais* alcançará a *auctoritas rei iudicatae*. Transitará em julgado, isso sim, a decisão do órgão *ad quem* – com ressalva da possibilidade, que acaso exista, de vir ela também, por sua vez, a ser impugnada através de outro recurso. Assim, os efeitos que se hajam de produzir serão efeitos da decisão de grau superior: esta, e não a outra, por exemplo, é que se executará, se for o caso" *(ibid.*, p. 381; grifado no original).

5. Na espécie sob exame, contra o acórdão da 1ª Câmara Cível do Tribunal de Justiça – que *substituíra* a sentença de primeiro grau no concernente à ação declaratória – foi interposto recurso extraordinário. Deste, entretanto, não chegou a conhecer o Supremo Tribunal Federal: indeferido pelo Presidente do Tribunal estadual, não lograram êxito os recorrentes no agravo de instrumento que interpuseram, vendo-o arquivado por determinação do Ministro Relator. Aí, portanto, *não* sobreveio decisão de grau superior sobre o objeto do julgamento da apelação, a qual, desse modo, prevaleceu em definitivo, produzindo coisa julgada.

Do exposto facilmente se infere que, para dar solução escorreita à questão preliminar suscitada no processo em curso, cumpre abstrair de quaisquer considerações relativas ao pronunciamento emitido em primeiro grau, no feito anterior, acerca da ação declaratória. É impertinente indagar se a apreciação do mérito, na reivindicatória, ofenderia ou não a *auctoritas rei iudicatae* daquela sentença, pela simples e bastante razão de que sobre ela *não se formou coisa julgada.* Formou-se sim, sobre o acórdão da 1ª Câmara Cível, que *substituiu* – repita-se – a decisão de primeira instância. Pecará pela base todo raciocínio que parta do julgamento de improcedência do pedido declaratório, no juízo inferior. Tal julgamento, para os efeitos da *Tes iudicata,* é como se nunca houvesse existido. Dele pode e deve fazer total abstração quem queira enfrentar e resolver corretamente o problema.

O dado fundamental é o conteúdo da decisão proferida pela 1ª Câmara Cível, em grau de apelação. Essa é que transitou em julgado. Nela é que se hão de manter fitos os olhos, para verificar se procede ou não a preliminar de coisa julgada. Convém, pois, que nela fixemos a atenção, a fim de precisarmos *o que decidiu,* na verdade, a 1ª Câmara Cível, no julgamento da apelação.

6. O teor do acórdão da 1ª Câmara Cível é o do voto do Desembargador Relator, ao qual aderiram, sem ressalva, os outros componentes do órgão julgador. Oportunamente transcrito no item 1 deste parecer, o voto não tem – diga-se com a devida vênia – redação das mais primorosas, do ponto de vista técnico. Isso não impede, porém, que do texto imperfeitamente formulado emerja, com toda a clareza, a significação do pronunciamento. Entendeu-se e decidiu-se que a ação declaratória, exercida por A.A.T. e sua mulher, não constituía, à luz do art. 2º do Código então em vigor, a via processual adequada à composição do conflito de interesse. Tal espécie de ação seria imprópria para "dirimir incertezas sobre o domínio" dos autores em relação à área disputada, por limitar-se o seu âmbito, *ex vi legis,* "à existência ou inexistência de relação jurídica ou à declaração da autenticidade ou falsidade de documento".

Vê-se, destarte, que a 1ª Câmara Cível, no julgamento da apelação, não apreciou de modo algum o *mérito da causa.* Não negou, nem afirmou o domínio de quem quer que seja sobre a área. Ficou na preliminar de impropriedade da ação declaratória. E isso o próprio Dr. Juiz de Direito da Comarca de Casimiro de Abreu, ao julgar a reivindicatória, sentiu com absoluta nitidez, ao escrever: "[...] tudo que pretendeu a Egrégia Segunda Instância foi declarar imprópria a Ação Declaratória, conforme formulada".

O que parece ter perturbado o raciocínio do prolator da decisão ora apelada é a circunstância de que, ao redigir-se a *ementa* do acórdão da 1 a Câmara Cível, se inseriu no final esta cláusula: "Sentença mantida", Somos levados a semelhante ilação quando verificamos que, logo após o trecho acima transcrito, o Dr. Juiz *a quo* assim se manifesta:

> "*Mantendo, no entanto, a sentença de primeiro grau,* emprestou inteira validade ao argumento de que esta projetou-se na mente do Julgador de então, não pela denominação mas pela essência, conforme já discutido linhas atrás" (sem grifo no original), para em seguida concluir:
> "Assim, forçoso é convir que a presente ação, improsperável pela demonstração do fato de serem os autores dela carecentes, já teve, não obstante, seu mérito julgado precedentemente".

É fácil de perceber o equívoco em que incorreu o Dr. Juiz, dando prevalência à cláusula final da ementa sobre o teor do acórdão, tal como se reflete no respectivo corpo. Ora, é fenômeno de observação corriqueira, quase diríamos quotidiana, a falta de exata correspondência entre a formulação das ementas e o verdadeiro conteúdo das decisões de tribunais. Isso se explicará, em alguns casos, até pela circunstância de que nem sempre redige a ementa o próprio relator, ou algum dos componentes do órgão judicante. Mesmo fora daí, porém, é claríssimo que a eventual infidelidade ou escassa precisão com que seja ela redigida não pode em absoluto *modificar a decisão!* No contraste, há de prevalecer, obviamente, o que conste do corpo do acórdão.

O Dr. Juiz *a quo* impressionou-se demais com o que, no fundo, era irrelevante. Tomou a nuvem por Juno. Sua intuição básica estava certa ("... tudo que a Egrégia Segunda Instância pretendeu foi declarar imprópria a Ação Declaratória"); mas a falsa pista da "sentença mantida" infelizmente o desnorteou – e ei-lo, nos períodos subsequentes, a embrenhar-se *"per una selva oscura, che la diritta via era smarritta..."*

7. A expressão "sentença mantida" entrou na ementa do acórdão como Pilatos no *Credo.* Dos dois capítulos em que, conforme exposto, se compunha a decisão de primeiro grau, o referente à ação de reintegração de posse não foi objeto de recurso e, portanto, *não subiu ao conhecimento do Tribunal.* Terá sido em relação a ele que se supôs "mantida" a sentença? É a única explicação concebível, se bem que falsa a premissa: o julgamento de procedência da possessória não "se manteve" porque "confirmado" pela 1ª Câmara Cível; prevaleceu em definitivo, como *res iudicata,* pura e simplesmente porque contra ele nenhum recurso se interpôs, de modo que à Câmara não era lícito pronunciar-se a tal respeito, nem para "confirmá-lo", nem para reformá-lo. Aliás, a própria ementa do acórdão consignou *expressis verbis:* "Reintegração não discutida no apelo", espelhando – aqui fielmente – assim a verdade dos fatos como a parte final do corpo da decisão ("E, da reintegração, embora seja precária a sua trajetória nos autos, esta não foi objeto do recurso de apelação").

Quanto à declaratória, basta confrontar os termos da sentença de primeiro grau com os do julgado superior, para afastar qualquer dúvida sobre a desconformidade entre uma e outro, nada importando que se tenha dito "negar provimento à apelação". Na realidade, deixou-se de prover o recurso na estrita medida em que se desatendeu à pretensão dos apelantes, de ver acolhido o *petitum* de declaração do seu domínio. Não se reproduziu, todavia, a conclusão da sentença apelada, que dera pela *improcedência* do pedido: limitou-se a Câmara, consoante se mostrou, a julgar imprópria a via processual escolhida pelos autores. Pouco interessa aqui saber se, ao fazê-lo, errou ou acertou: o importante é que decidiu *nesse sentido,* e não em outro qualquer. Nem se lhe há de exprobrar a violação de regra processual: é fora de dúvida que, no juízo da apelação, ainda quando julgado o *meritum causae* na instância inferior, pode e deve o órgão *ad quem* abster-se de apreciá-lo, desde que, conhecendo do recurso, verifique a existência de alguma causa (não preclusa) de nulidade do processo ou de carência de ação. E trata-se de providência que ao tribunal compete tomar *de ofício,* independentemente de havê-la ou não solicitado o recorrente.

Em resumo: "mantida" pela Câmara, a rigor, não o foi a sentença em qualquer dos seus capítulos. A cláusula derradeira da ementa, quando muito, deve entender-se no sentido de que não se tocou – porque *não se podia tocar* – na decisão atinente à ação possessória. No que tange à declaratória, é absurda a suposição de ter sido "mantida" a decisão inferior: da declaração da improcedência do pedido (julgamento de mérito) passou-se à mera declaração da impropriedade da ação, o que é coisa totalmente diversa. A substituição deixou, afinal, intacto o *meritum causae,* não havendo como cogitar-se de *res iudicata* em relação a essa matéria.

8. Resta um aspecto, a bem dizer secundário, do acórdão da 1ª Câmara Cível, do qual procurou o Espólio de A.P.M. tirar argumento para reforçar a sua alegação de coisa julgada. É a afirmação, feita no voto do Desembargador Relator, segundo a qual "as incertezas sobre o domínio dos apelantes", insuscetíveis de dissipação, a seu ver, por ação declaratória, seriam dirimíveis pela "divisão ou demarcação". Disso se pretende inferir a existência de *res iudicata* sobre o descabimento de qualquer outra ação – inclusive a reivindicatória – que não sejam aquelas mencionadas no acórdão: "divisão ou demarcação".

O argumento não tem valor algum. O que se *decidiu,* no julgamento da apelação, foi que descabia a ação declaratória: nada mais. O *decisum* concerne exclusivamente a tal ação. Nem poderia concernir a qualquer outra, porque apenas a declaratória estava em causa nenhuma ação diversa fora submetida à apreciação da Câmara. Quaisquer considerações porventura inseridas no texto do acórdão, e referentes a outras possíveis ações, representam simples manifestações *opinativas* do Desembargador Relator (ou, o que dá na mesma, dos componentes do órgão *ad quem),* sem força vinculativa, sem idoneidade para revestir a *auctoritas rei iudicatae* – diríamos mesmo: sem eficácia jurídica de espécie alguma.

Só há e só pode haver coisa julgada – passe o truísmo – *sobre o que se julgou.* No acórdão *opinou-se* favoravelmente à propriedade das ações de divisão e de demarcação. Nada disso foi, nem se concebe que fosse, objeto de *julgamento,* pela óbvia e suficiente razão de que a Câmara não estava investida de cognição sobre qualquer ação dessas. A opinião expressa no acórdão não constituiria obstáculo a que, eventualmente, se viesse a julgar imprópria, em hipotético processo futuro, ação de divisão ou de demarcação acaso proposta entre as mesmas partes e relativa ao mesmo imóvel. Quanto à reivindicatória, nem sequer se emitiu, no acórdão, *opinião* alguma. Se a mera opinião não produziria, ao propósito, coisa julgada, *a fortiori* não a produziu – saberia concluir o próprio M. de la Palisse – o silêncio do acórdão acerca do ponto.

9. Assentada, *ut supra,* a inexistência de *res iudicata* que pudesse impedir o exame do mérito no processo da ação reivindicatória por força do precedente julgamento da declaratória, passemos a verificar se porventura semelhante impedimento decorreria da parte da sentença – trânsita em julgado no primeiro grau de jurisdição – concernente à reintegração de posse. Pretende o Espólio de A.P.M. que sim, e procura apoio para tanto na afirmação de que o Juízo, ao dar pela procedência da possessória, se fundara no reconhecimento da "evidência do domínio" que sobre a área teriam os autores naquela ação (réus na declaratória). Invoca o disposto no art. 505, 2ª parte, do Código Civil, *verbis:* "Não se deve, entretanto, julgar a posse em favor daquele a quem evidentemente não pertencer o domínio", bem como o enunciado nº 487 da *Súmula da Jurisprudência Predominante* do Supremo Tribunal Federal: "Será deferida a posse a quem, evidentemente, tiver o domínio, se com base neste for ela disputada".

Tal argumentação impressionou o Dr. Juiz *a quo,* segundo ressalta deste passo da decisão ora apelada:

> "Embora não explicitado na sentença, é evidente que, negado o domínio da área questionada aos autores, a posse deferida aos réus o foi ante a evidência do domínio destes".

Ora, é fácil demonstrar que, a despeito de tão enfáticas e redundantes alusões à "evidência", não ocorreu, no processo anterior, pronunciamento algum que declarasse, com força de *res iudicata,* o domínio de A.P.M. e sua mulher com relação à área em causa. Houve, sim, no capítulo da sentença atinente à ação declaratória, a *negação* do domínio de A.A.T. e sua mulher; esse capítulo, porém, como já se explicou, foi substituído pelo acórdão da 1ª Câmara Cível, não tendo chegado a surtir efeitos ao ângulo que aqui interessa. Escusamo-nos de voltar ao tópico, longamente examinado nos itens 4 e seguintes deste parecer.

Vamos agora concentrar a nossa atenção exclusivamente na decisão sobre a possessória, aceitando, *gratia argumentandi,* os precisos termos em que equacionam o problema as razões do Espólio de A.P.M. e o supratranscrito passo da sentença apelada; isto é, partindo da premissa de que o julgamento anterior, na ação de reintegração de posse, descansou sobre a convicção do Juízo de pertencer a área disputada, realmente, a A.P.M. e sua mulher. Sem nos afastarmos dessa perspectiva, e acentuando que nada importaria, para o desate da questão, a circunstância de haver sido ou não "explicitado na sentença" esse seu possível fundamento, esperamos deixar claro que, em qualquer hipótese, é fora de propósito cogitar de coisa julgada *sobre o domínio* como consequência da decisão proferida na ação possessória.

10. Rezava o art. 4º do Código de Processo Civil de 1939, em vigor na data da referida sentença:

> "Art. 4º *O juiz não poderá pronunciar-se sobre o que não constitua objeto do pedido,* nem considerar exceções não propostas para as quais seja por lei reclamada a iniciativa da parte".

É evidente – aqui, o adjetivo tem inteira propriedade – que, em ação de reintegração de posse, feita abstração de eventuais pretensões indenizatórias, e bem assim de capítulos meramente acessórios (reembolso de custas, condenação em verba honorária), o pedido não pode ser outro senão o de que o autor... seja reintegrado na posse. Soa a acacianismo; mas às vezes, quando as coisas óbvias se veem postas em dúvida, é preciso que nos conformemos em ser acacianos. Se, por outro lado, não era lícito ao órgão judicial "pronunciar-se sobre o que não constitua objeto do pedido", conclui-se que o julgamento se contém necessariamente entre os dois termos desta alternativa: ou se decide que o autor deve ser reintegrado na posse, e manda-se que o seja; ou se decide que não deve, e basta. Isso, e nada mais, é que se *julga.* Ora, pedindo vênia para invocar ainda uma vez os manes do famoso Conselheiro, diremos que só o que se *julga*... faz coisa *julgada.*

Houve, no capítulo da decisão anterior respeitante à ação possessória, julgamento sobre *o domínio?* Não houve: leia-se a conclusão da sentença, e nenhuma palavra se achará a tal respeito. Nem poderia haver, visto que o pedido era de reintegração de posse, e ao Juiz não era dado exceder-lhe os limites. A decisão pode ter sido correta ou incorreta, na substância: isso, no momento, não vem ao caso. O que não se lhe pode increpar é o ter infringido a regra *ne eat iudex ultra vel extra petita partium.*

11. Onde entra, nisso tudo, a questão do domínio? Entrará, possivelmente, como questão que o juiz haja de apreciar, *incidenter tantum,* para formar convicção sobre o litígio possessório, nas hipóteses em que a alegação de posse porventura se apoie na alegação de domínio, e não exista meio de julgar a posse sem perquirir o domínio. A essas hipóteses é que aludia o art. 505, 2ª parte, do Código Civil, e alude hoje, com redação parcialmente diversa, o art. 923, *tine,* do vigente Código de Processo Civil; a elas também se refere a proposição nº 487 da *Súmula* do Supremo Tribunal Federal.

Que os motivos da decisão – inclusive a solução das chamadas "questões prejudiciais" – não ficam cobertos pela autoridade da coisa julgada é, atualmente, direito expresso: veja-se o art. 469, nº I e III, do estatuto processual de 1973. Mesmo, contudo, sob a vigência do Código anterior, já era essa uma verdade assente sobre a base sólida do art. 4º, acima transcrito. É claro que a lei não proibia, nem poderia razoavelmente proibir, que o órgão judicial descesse à investigação da propriedade, quando necessário para compor o conflito possessório, nem que expressasse na fundamentação da sentença o convencimento a que tivesse chegado ao propósito. Isso, entretanto, não significava "pronunciar-se", no sentido de "julgar", que era o do art. 4º do diploma de 1939, mas tão somente estabelecer um dos suportes lógicos do *pronunciamento* contido na parte *decisória* da sentença. Tal pronunciamento, que não podia, ontem como hoje, ultrapassar os lindes do pedido, é que tinha aptidão para adquirir a autoridade da coisa julgada; ele, e apenas ele, uma vez que nele, e não alhures, existia e existe *julgamento.*

Entendimento diverso, que se pretendeu inculcar com suposto arrimo em interpretação superficial e apressada do art. 287, parágrafo único, do Código ab-rogado, encontrou muito justamente a repulsa da melhor doutrina, de LIEBMAN, nota 6 à tradução das *Instituições de direito processual civil, de* CHIOVENDA, 2ª ed., 1965, v. I, p. 393-5, a ADA PELLEGRINI GRINOVER, *Ação declaratória incidental,* 1972, p. 37-8, passando por LOPES DA COSTA, *Direito processual civil brasileiro,* 2ª ed., 1959, v. II, p. 382-3, e v. III, p. 431 e s.; JOSÉ FREDERICO MARQUES, *Instituições de direito processual civil,* 2ª ed., 1962, v. V, p. 51 e s.; MACHADO GUIMARÃES, *Estudos de direito processual civil,* 1969, p. 20-1; CELSO NEVES, *Contribuição ao estudo da coisa julgada civil,* 1970, p. 493-4 etc. Tivemos ocasião de estudar o problema, com algum desenvolvimento, na monografia *Questões prejudiciais e coisa julgada,* 1967, p. 96 e s., e continuamos persuadidos do acerto da posição que ali tomamos, depois consagrada em termos expressos e categóricos pelo legislador processual de 1973.

Aliás, particularizadamente quanto às relações entre o juízo possessório e o chamado "petitório", foi sempre pacífica, na tradição jurídica brasileira, a tese de que a decisão sobre a posse não prejulga o domínio, tanto podendo acontecer que a parte vencida na ação possessória pleiteie mais tarde com êxito o reconhecimento da propriedade, quanto suceder que a parte vencedora na possessória venha a sucumbir em processo posterior relativo ao domínio. Os litígios não se confundem nem se identificam, quer no tocante ao *petitum,* quer à *causa petendi,* podendo e devendo ser julgados autonomamente, sem qualquer vínculo que decorra para o órgão judicial do resultado de um deles. Invocam as razões de apelação, com propriedade, as lições, todas concordes, de eminentes juristas: TITO FULGÊNCIO, SILVIO RODRIGUES, WASHINGTON DE BARROS MONTEIRO, ORLANDO GOMES, CARVALHO SANTOS e PONTES DE MIRANDA. Unicamente para frisar como vem de longe a doutrina, ajunte-se à autoridade desses escritores a do clássico PAULA BATISTA, que já no século passado advertia:

> "[...] o que ficou estatuído no *possessório* não prejudica o *petitório,* pelo que o vencido no *possessório,* autor ou réu, pode ainda intentar o *petitório* [...]" *(Compêndio de teoria e prática do processo civil comparado com o comercial,* 6ª ed., 1901, p. 45; grifos do autor).

Nada é preciso acrescentar para tomar patente a improcedência da alegação de coisa julgada, em má hora acolhida pelo Dr. Juiz *a quo.*

III – A questão da carência de ação

12. Mais fácil ainda é demonstrar o equívoco em que incidiu a sentença apelada quando julgou os autores carecedores de ação, buscando amparo na consideração de não serem eles "proprietários da área de terreno que ousam *(sic)* reivindicar". O digno julgador confundiu, à evidência, dois planos que a moderna ciência processual – e, o que mais importa, o nosso direito positivo – nitidamente distinguem: o plano do *mérito* e o das chamadas *"condições da ação".* A decisão de "carência de ação" só se justifica na falta de uma (ou mais de uma) destas, nada importando aí se existe ou não existe, realmente, o direito postulado em juízo pelo autor. Invoca o Dr. Juiz *a quo* o art. 267, nº VI, do Código de Processo Civil, que nomeia, dentre as "condições da ação", a possibilidade jurídica, a legitimidade das partes e o interesse processual; mas não se abalança a identificar *que condição,* na espécie, faltaria. Deve presumir-se que fosse (a seu ver) a legitimação (ativa), por "absurdo cogitar-se das outras. Os autores seriam partes ilegítimas por não serem – arrisca a sentença – proprietários do imóvel reivindicado.

Incorreta, *data venia,* a conclusão, abstraindo-se aqui, por inoportuno, de qualquer juízo sobre a premissa. Para que uma pessoa se legitime ativamente *ad causam,* não se lhe exige a prévia demonstração de que na verdade *tem* o direito alegado, e por isso está em condições de esperar pronunciamento *favorável* no mérito. Basta (deixando de lado as hipóteses, que não interessam aqui, de legitimação extraordinária) que ela *se apresente* como titular do direito. Considerar a *efetiva* existência deste como pressuposto da legitimação é pôr o carro adiante dos bois: primeiro, tem-se de verificar se as partes são legítimas, para só depois – *se o forem!* – passar ao exame do mérito.

Na ação reivindicatória, a condição da legitimidade está satisfeita desde que o autor *se diga* proprietário do bem reivindicado. Do contrário, chegar-se-ia a um resultado absurdo: em tal ação, o pedido *jamais* poderia ser julgado improcedente!

13. Em abono das considerações acima feitas, traga-se à colação o ensinamento autorizado de HÉLIO TORNAGHI, em trecho que dá a impressão de haver sido redigido com os olhos postos na espécie dos autos:

> "Parte ilegítima é aquele a quem, *em tese,* a lei concede ação, pressupondo-se a veracidade dos fatos alegados. Assim, por exemplo, quem se diz proprietário pode reivindicar. É parte legítima para reivindicar; a questão de saber se realmente ele é proprietário é de mérito e depende da apuração dos fatos. (...). O exame das condições da ação pressupõe a veracidade dos fatos; o juiz aceita-a como hipótese. Para dizer se as partes são legítimas deve o juiz assim raciocinar: admitida a veracidade dos fatos alegados pelas partes, é a elas que a lei dá legitimidade, respectivamente, para propor ou para contestar a ação?" (*Comentários ao código de processo civil,* 1974, v. I, p. 91; grifado no original).

No caso, os autores afirmam-se proprietários; tanto basta para que se legitimem à reivindicatória. A afirmação contida na sentença, de que, "se não têm o direito que pretendem são carecedores da ação que o assegura", rende tributo a uma concepção ultrapassada, da ação como *"direito concreto",* incompatível com o sistema do vigente Código.

Não se objete que o juiz na realidade *julgou o mérito.* Isso não se compadeceria com o *decisum:* "Em consequência, fundado no art. 267, V e VI, do Código de Processo Civil, *julgo* extinto o processo, condenando os autores ao pagamento das custas e honorários de advogado do espólio réu, arbitrados estes em 10% (dez por cento) do valor atribuído à causa" – eis a conclusão, inequívoca, da sentença. O art. 267 do estatuto processual contempla as hipóteses de extinção do processo *"sem* julgamento do mérito". Aliás, haveria manifesta contradição entre o acolhimento da preliminar de coisa julgada e a apreciação do *meritum causae:* o primeiro exclui a segunda.

À vista de todo o exposto, respondemos à consulta afirmando:

1º) que é *improcedente* a arguição de *res iudicata,* com base no resultado do processo anterior, quer no concernente à decisão sobre a ação declaratória, quer à decisão sobre a ação de reintegração de posse;

2º) que os autores *não* são carecedores da ação reivindicatória, devendo-se-lhes reconhecer legitimidade ativa *ad causam.*

A sentença apelada é duplamente incorreta e merece, portanto, reforma, nos termos em que a pleiteia o recurso dos autores.

Salvo melhor juízo.

Rio de Janeiro, 11 de abril de 1977.

COMENTÁRIOS DOS ATUALIZADORES

3. AÇÃO REIVINDICATÓRIA. PRELIMINARES DE COISA JULGADA E DE CARÊNCIA DE AÇÃO

Luiz Fux / Rodrigo Fux

Segundo o regramento atual do Código de Processo Civil de 2015, nas ações possessórias, não há discussão sobre o domínio, sendo, inclusive, vedada a propositura de Ação de Reconhecimento de Domínio na pendência de demanda possessória (artigo 557).

Vê-se, portanto, que as pretensões são rigorosamente autônomas – o que parece confirmar a perspectiva do Professor José Carlos Barbosa Moreira, para quem a coisa julgada formada na demanda possessória não poderia afetar eventual pretensão no que diz respeito à propriedade ou a qualquer outro direito real, sobretudo na hipótese em que o Tribunal reconheceu não ter sido empregada a via adequada.

Outro comentário no que diz respeito à pretensão declaratória se afigura relevante. O Código de Processo Civil de 2015, em seu artigo 20, prevê que *"é admissível a ação meramente declaratória, ainda que tenha ocorrido a violação do direito"*. Ou seja, está-se diante de amplo cabimento da Ação Declaratória, modificação legislativa relevante que poderia impactar diretamente na conclusão do Tribunal na hipótese narrada.

Por fim, o artigo 503, § 1°, do Código de Processo Civil de 2015, veicula a novel previsão da chamada *coisa julgada sobre questão prejudicial*, mas apenas quando: (a) "*dessa resolução depender o julgamento do mérito*"; (b) "*a seu respeito tiver havido contraditório prévio e efetivo, não se aplicando no caso de revelia*; e (c) "*o juízo tiver competência em razão da matéria e da pessoa para resolvê-la como questão principal*".

Seja como for, a discussão sobre o domínio em ação possessória é, como visto, expressamente vedada, afastando a incidência do artigo 503, § 1° na hipótese.

Imperativo salientar, ainda, que a possibilidade jurídica do pedido, mencionada por Barbosa Moreira e vista como uma das condições da ação durante a vigência do CPC/1973, teve sua previsão suprimida e não é mais vista como condicionante, nos termos do art. 17 e do inciso VI do art. 485 do CPC/2015[1].

Ainda que, em um primeiro olhar, a alteração pareça prolongar demasiadamente um processo infrutífero com pedido impossível, a alteração se respalda, justamente, na eficiência processual. Com efeito, melhor que extinguir sem resolução do mérito um processo inócuo, facultando ao autor o ajuizamento de ação idêntica em seguida, é considerar a possibilidade jurídica do pedido matéria de mérito e fechar definitivamente a via processual[2].

---

1 Art. 17. Para postular em juízo é necessário ter interesse e legitimidade.
(...)
Art. 485. O juiz não resolverá o mérito quando:
(...)
VI - verificar ausência de legitimidade ou de interesse processual;

2 FUX, Luiz. **Curso de direito processual civil**. 5. ed. Rio de Janeiro: Forense, 2022. p. 177-178.

4. AÇÃO RESCISÓRIA. DESCABIMENTO QUANTO A ACÓRDÃO ESTRANHO AO MÉRITO. DECADÊNCIA QUANTO A SENTENÇA DE QUE SE INTERPÔS RECURSO NÃO CONHECIDO

1. Em processo de concordata preventiva requerida por I. R. C. – S.A., o Juízo de Direito da Comarca de Caçador proferiu sentença em que declarou nulos determinados contratos e as respectivas transcrições. A decisão foi datada de 10 de dezembro de 1973 e dela se intimou, por via postal, o advogado dos cocontratantes M. M. C., J. A. C., A. B. M., C. F. C., M. M. e B. L. C., tendo sido assinado em 19 de janeiro de 1974 e junto aos autos em 28 do mesmo mês o "aviso de recebimento". Interpuseram os referidos cocontratantes, contra a decisão, agravo de instrumento, do qual, em pronunciamento unânime, *não conheceu* a 1ª Câmara Cível do Tribunal de Justiça de Santa Catarina, por entender incabível o recurso: adequada seria, ao ver do órgão *ad quem,* a apelação. O Acórdão, de 14 de novembro de 1974, foi publicado no *Diário da Justiça* de 5 de dezembro daquele ano, e transitou em julgado, não se havendo contra ele interposto recurso algum.

Mediante petição datada de 17 de dezembro de 1976, ajuizaram J. A. C., M. M. C., C. F. C. e B. L. C. – quatro dos agravantes no feito anterior – *ação rescisória* perante o Tribunal de Justiça, para pleitear a rescisão da *sentença de primeiro grau,* que declarara nulos os contratos e respectivas transcrições, *e do Acórdão da 1ª Câmara Cível,* que deixara de conhecer, por incabível, do recurso contra ele manifestado. E sobre tal ação rescisória que versa a consulta formulada pelo digno patrono de I. R. C. – S.A. Os fatos são singelos e incontroversos; estão comprovados por cópias das peças pertinentes, quer dos autos da concordata, quer da rescisória em curso. À vista delas, passamos ao exame da matéria.

A) Quanto ao pedido de rescisão do Acórdão da 1ª Câmara Cível:

2. O Acórdão da 1ª Câmara Cível, que não conheceu do agravo de instrumento, foi publicado, como se disse, em 5 de dezembro de 1974. Nos termos do art. 485 do atual Código de Processo Civil, em vigor desde

1º de janeiro de 1974, rescindível é apenas a «sentença de mérito» - entendida aí a palavra «sentença» em sentido amplo, abrangendo os julgados de tribunais («acórdãos», consoante a terminologia tradicional e consagrada *expressis verbis* no art. 163). Comportam ataque por meio da ação rescisória decisões proferidas em qualquer grau de jurisdição, *contanto* - e aqui vai a restrição essencial - *que hajam apreciado o mérito.* É uma das principais inovações trazidas pelo diploma processual civil de 1973, em confronto com a sistemática do Código anterior; tivemos oportunidade de dar ao ponto o devido realce, em trabalho de exegese do novo estatuto, frisando que a expressão "de mérito", no art. 485, se refere "à *res in iudicium deducta,* isto é, ao mérito *da causa,* não ao de algum recurso" (J. C. BARBOSA MOREIRA, *Comentários ao código de processo civil,* v. V, 2ª ed., 1976, p. 114; grifado no original).

Na espécie, não é preciso insistir na distinção entre o mérito *da causa* e o mérito *do recurso,* porque o Acórdão da 1ª Câmara Cível não chegou a examinar *nem um, nem outro.* Aliás, seria inconcebível que entrasse na apreciação do *meritum causae* sem haver julgado *de meritis* o recurso: uma coisa pressupõe necessariamente a outra. Mas o certo é que nem sequer o mérito *do recurso* foi analisado. Limitou-se o órgão julgador a *negar conhecimento* ao agravo, declarado incabível. Ficou no *juízo de admissibilidade.* Não disse se os agravantes tinham ou não tinham razão: disse unicamente que não podia apreciar o conteúdo da impugnação, visto que fora escolhida via imprópria para veiculá-la.

3. Nada é mister acrescentar para concluir que o Acórdão da 1ª Câmara Cível *não é suscetível de ataque por ação rescisória.* Se rescindível, em tese, por expressa disposição legal, é só a "sentença de mérito", qualquer decisão que não tenha versado o mérito escapa ao âmbito de cabimento da rescisória. É o que se dá com o Acórdão em foco.

O caso, tecnicamente; bem se pode enquadrar na figura da "impossibilidade jurídica do pedido". Pleitear a rescisão de pronunciamento judicial estranho ao mérito é fazer pedido *juridicamente impossível,* porque situado fora dos lindes que o ordenamento fixou para o exercício da jurisdição na matéria. Nessa parte, era até passível de indeferimento liminar a petição inicial da rescisória (art. 490, nº I, combinado com o art. 295, parágrafo único, nº III). A circunstância de ter sido ela deferida, entretanto, nenhuma preclusão acarreta: pode e deve o órgão julgador rejeitar a ação como *inadmissível,* no tocante ao Acórdão da 1ª Câmara

Cível, sem examinar os fundamentos alegados pelos autores para impugnar esse ato decisório.

B) Quanto ao pedido de rescisão da sentença de primeiro grau:

4. Para assentarmos, no que tange ao outro pedido, as premissas de nosso raciocínio, é indispensável deixar claras as consequências do pronunciamento, trânsito em julgado, da 1ª Câmara Cível. Nele se contém, segundo já exposto, um *juízo negativo de admissibilidade* com relação ao agravo de instrumento manifestado contra a sentença do Juízo de Direito da Comarca de Caçador, nos autos da concordata preventiva. Decidiu-se – e a decisão passou em julgado – que o recurso não cabia, e por isso não se devia conhecer dele. Cumpre verificar como repercutiu semelhante decisão sobre a sentença de primeiro grau.

Uma sentença *(lato sensu)* transita em julgado quando contra ela já não cabe recurso, ou – o que é o mesmo – quando já não está sujeita a recurso (Lei de Introdução ao Código Civil, art. 6º, § 3º; Código de Processo Civil de 1973, art. 467). Entende-se: quando já não exista recurso *admissível*. É claro, com efeito, que a interposição de recurso *inadmissível* não tem força para impedir o trânsito em julgado; do contrário, à parte seria dado procrastiná-lo indefinidamente, através do expediente vulgar de interpor, um após outro, recursos desprovidos dos requisitos de admissibilidade. Se transita em julgado a decisão de que *000 cabe* recurso, a eventual interposição de recurso que *não caiba* é irrelevante na perspectiva do trânsito em julgado. Se para fazer transitar em julgado a sentença é condição necessária *e suficiente* já não estar ela sujeita a recurso, de modo nenhum se obsta ao implemento da condição interpondo recurso a que, de acordo com a lei, *não está ela sujeita!*

Na hipótese, pois, de recurso declarado incabível pelo órgão *ad quem*, uma de duas: ou *(a)* a decisão não comportava recurso *algum*, e neste caso transitou em julgado no próprio momento da sua publicação; ou *(b)* a decisão comportava recurso diverso do interposto, e neste caso transitou em julgado ao expirar o prazo de interposição desse outro recurso, não utilizado. A espécie sob exame é a indicada em *(b)*: apelável a sentença, mas impugnada apenas por agravo de instrumento – de que, logicamente, não se veio a conhecer –, o trânsito em julgado ocorreu no termo final do prazo da apelação, não interposta.

5. Tivemos ocasião, mais de uma vez, de versar o tema em trabalhos doutrinários. *Brevitatis causa,* pedimos vênia para reportar-nos ao que escrevemos no já citado volume de *Comentários ao código de processo civil,* p. 247-8:

> "No que concerne aos efeitos do juízo negativo" (de admissibilidade do recurso) "sobre a decisão recorrida, aplicam-se aqui, *mutatis mutandis,* as considerações acima formuladas com referência à decisão proferida, no mesmo sentido, pelo órgão de interposição. Se o recurso, ao ser interposto, satisfazia os requisitos de admissibilidade, e só depois veio a faltar um deles, ou vários, a interposição foi eficaz no impedir a formação da *res iudicata,* e apenas deixou de produzir esse efeito no momento em que se verificou o fato superveniente, por força do qual se tornou inadmissível o recurso. Se, todavia, a inadmissibilidade estava configurada *ab initio,* a interposição do recurso não obstou ao surgimento da coisa julgada, que (com ressalva dos casos em que a lei mesma a exclui, independentemente de recurso: art. 475) remonta: *a)* ao próprio instante da publicação, em se tratando de decisão irrecorrível; ou *b)* ao instante em que, entre a publicação e a interposição, ocorreu o fato gerador da inadmissibilidade – v.g., no caso de ser admissível recurso diverso, não interposto, no termo final do respectivo prazo de interposição, escoado *in albis*" (grifos do original).

O trecho derradeiro prefigurava com exatidão a hipótese de que aqui se cuida. A sentença de primeiro grau, proferida nos autos da concordata, não era *originariamente* irrecorrível; poderia ter-se obstado ao seu trânsito em julgado, interpondo, *opportune tempore,* o recurso cabível (apelação). Não se apelou; agravou-se de instrumento. A interposição do agravo, de que não se veio a conhecer, nenhuma influência exerceu na questão: o agravo, porque incabível, não tinha a virtude, que teria a apelação, de impedir que a sentença passasse em julgado. De tudo se infere que *ares iudicata* se formou ao expirar a quinzena na qual era interponível a apelação.

6. Insista-se em que o trânsito em julgado não dependeu, minimamente sequer, do julgamento do agravo. Aliás, se deste houvesse conhecido a 1ª Câmara Cível, julgando-o *de meritis,* a decisão agravada *jamais* teria passado em julgado, substituída que seria pela do órgão *ad quem.* O Acórdão, e só ele, é que haveria alcançado a *auctoritas rei iudicatae* (cf. o art. 512 do Código de Processo Civil).

In casu, o Acórdão cingiu-se ao não conhecimento do agravo, por incabível. Não foi com isso, porém, que passou em julgado a sentença de primeiro grau, pela simples razão de que não foi com isso que o agravo *se tornou* incabível, e por conseguinte *cessou* a sentença de estar-lhe sujeita. O descabimento do agravo não *resultou* do pronunciamento da 1ª Câmara Cível, mas por ela foi simplesmente *verificado e declarado.* Seja-nos permitido transcrever aqui outro passo de nossos *Comentários,* v. V, p. 378, onde sublinhamos, a propósito da decisão de não conhecimento do recurso:

> "[...] esse pronunciamento é meramente *declaratório;* limita-se a deixar certo que a decisão impugnada pelo recurso inadmissível passou em julgado na própria ocasião em que se configurou a causa da inadmissibilidade:
> *a)* se *originária* - porque a decisão, apesar de *recorrida,* era na verdade *irrecorrível* -, no dia em que foi publicada;
> *b)* se *superveniente,* ao ocorrer a renúncia, a aceitação, a deserção etc.
> Em todas essas hipóteses, a decisão de grau inferior, transitando em julgado, reveste-se, em termos definitivos, da eficácia que pendia da condição legal suspensiva. Mesmo quando apenas *depois* se vem a ter a certeza de que não era possível novo julgamento, os efeitos dessa verificação retroagem ao instante a partir do qual semelhante impossibilidade *já se configurava,* se bem que ainda não houvesse sido *declarada"* (grifos do original).

Em que momento se fez impossível, na espécie, a reapreciação da matéria por meio de recurso? Naquele momento em que se esgotou o prazo para interpor o recurso cabível, a apelação. A esse momento, pois, remonta o trânsito em julgado da sentença de primeiro grau. O agravo em nada influi; sua interposição foi, no particular, inócua, e tem-se de raciocinar *com abstração* dela.

7. A tese sustentada nos itens anteriores deste parecer tem por si o aval da mais autorizada doutrina. PONTES DE MIRANDA, por exemplo, nela insiste, com ênfase digna de nota, em inúmeros passos de sua imensa obra. Colhamos alguns, ao acaso:

> "A interposição de algum recurso obsta ao trânsito em julgado da sentença ou da decisão interlocutória. Para que a sentença ou a decisão interlocutória tenha tal eficácia, é preciso que caiba tal recurso, isto é, que a sentença ou a decisão interlocutória seja recorrível, conforme a lei, e no prazo e com observância das regras jurídicas processuais haja sido interposto o recurso. Se dele não se podia conhecer, ou dele não se conheceu, há a coisa julgada, salvo se de tal decisão outro recurso seria interponível" *(Comentários ao código de processo civil de 1973,* t. VII, p. 15; grifamos).
>
> "Interposto o recurso, prolongou-se o prazo para *a res iudicata* e, pois, para o atendimento da eficácia que somente com esse se produziria. Tem o Estado de verificar não só se foi interposto o recurso, mas sim se o podia ser. A re-

> corribilidade é que importa. O recurso interposto, se no prazo e se cabível, apenas dilata o prazo. Tão relevante é a recorribilidade que, se do recurso não se conheceu (mesmo se erradamente aconteceu), houve a coisa julgada" (*ibid.*, p. 16).
>
> "A pendência de recurso é estado do processo em que ainda se vai julgar – note-se: ainda se vai *julgar* – se cabia, ou não, o recurso interposto. Trânsito em julgado, coisa julgada, pode já ter havido: se não *cabia* o recurso que se interpusera; como pode não ter havido: se *cabia* o recurso que se interpusera. A sentença ou acórdão não deixa de passar em julgado porque *dela* se recorreu, mas sim porque, *cabendo recurso,* foi ele interposto. Não é o recorrer-se em tempo hábil que pré-elimina o trânsito em julgado; é o caber o recurso e ter-se recorrido. Se cabia o recurso, e não se recorreu tempestivamente, não mais cabe recurso: transitou em julgado a decisão. Se não cabia o recurso, ou se não mais cabia recurso, e se interpôs recurso, houve trânsito em julgado: a decisão, na instância recursal, em que se diga que não cabia recurso, ou que não mais cabia recurso, é decisão apenas *declarativa"* (ob. cit., t. VIII, p. 297; grifos do original).
>
> "Se não se conheceu do recurso extraordinário, como de qualquer recurso, é que a sentença transitou em julgado, uma vez que dela não cabia o recurso interposto, e sentença trânsita em julgado é a sentença de que não cabe, ou de que *já* não cabe recurso" *(Tratado da ação rescisória,* 5ª ed., 1976, p. 374; grifado no original).

No mesmo sentido têm-se pronunciado os nossos Tribunais:

> "Não impede o trânsito em julgado o recurso extraordinário indeferido, por incabível, mas somente o recurso interposto, cabível e conhecido" (Tribunal Federal de Recursos, A. R. nº 442, 18-3-1975, Rel. Min. JORGE LAFAYETTE, *in Diário da Justiça* de 30-9-1975, p. 6.999).
>
> "Sentença transitada em julgado. Compreende tanto a sentença da qual o prazo para o recurso cabível já fluiu como as sentenças irrecorríveis e as em que foi manifestado recurso, mas este não foi conhecido, sendo que nos dois últimos casos o trânsito em julgado considera-se ocorrido na data da publicação da sentença" (Tribunal de Justiça do antigo Estado da Guanabara, Ap. Cív. nº 87.755, 1º-4-1974, *in Diário da Justiça* de 11-7-1974, p. 252 do apenso).

8. Apliquemos agora aos fatos os princípios expostos. O advogado dos autores da ação rescisória foi intimado em 19 de janeiro de 1974 da sentença proferida no processo da concordata pelo Juízo de Direito da Comarca de Caçador. Em 28 de janeiro de 1974 juntou-se aos autos o aviso de recebimento. De acordo com o art. 242, *caput,* do Código de Processo Civil, "o prazo para a interposição de recurso conta-se da data em que os advogados são intimados da decisão, da sentença ou do acórdão"; e, por força do disposto no art. 241, nº V, começa a correr o prazo, "quando a "intimação for por carta postal, da data da juntada aos autos do aviso de recebimento". Destarte, o *dies a quo* do prazo de interposição da apelação - que seria o recurso cabível, idôneo a empecer ao trânsito em julgado - foi o dia 28 de janeiro de 1974. Sendo de 15 dias o prazo, esgotou-se em 12 de fevereiro do mesmo ano. Nessa data, por não se haver interposto apelação, *passou em julgado a sentença.*

Em nada altera os dados do problema - releve-se a insistência - o fato da interposição do agravo de instrumento. Esse recurso, por decisão trânsita em julgado, da 1ª Câmara Cível, foi declarado incabível, dele não se havendo conhecido. Quer isso dizer que a sua interposição não tinha força para impedir que passasse em julgado a decisão de primeiro grau. A apelação, sim, a teria; mas o prazo em que ela poderia haver sido interposta, e que continuou a fluir inexoravelmente a despeito do agravo, transcorreu todo *in albis.* Sobreveio, pois, no seu termo final, o trânsito em julgado da sentença.

9. A decisão de primeiro grau, passada em julgado, era de mérito e, portanto, suscetível, em tese, de ser atacada por ação rescisória, abstraindo-se aqui da questão de saber se existia ou não existia, na verdade, fundamento para a rescisão. Toda a matéria relativa à sua rescindibilidade, porém, tem de ser apreciada à luz do Código de Processo Civil de 1973, que já estava em vigor no dia (12-2-1974) em que ela transitou em julgado. Com efeito, o (hipotético) direito potestativo à rescisão de uma sentença *(lato sensu)* nasce no instante do respectivo trânsito em julgado, de modo que incide a lei vigente nessa data, pouco importando que a decisão tenha sido proferida ainda na vigência de lei diversa. Daí ensinar PONTES DE MIRANDA, *Trat. da ação resc.*, cit., p. 379:

> "As sentenças que só passaram em julgado a 1º de janeiro de 1974, ou depois, estão regidas pelo art. 495 do Código de Processo Civil de 1973, porque só então se irradiou o direito formativo extintivo".

Ora, o art. 495 do atual diploma processual civil fixou o prazo de *dois anos* para o exercício da ação rescisória; e determinou que tal prazo se conte do trânsito em julgado da decisão rescindenda. Revogou, assim, a todas as luzes, o art. 178, § 10, nº VIII, do Código Civil, que previa o prazo de *cinco anos.* Caso a sentença do Juízo de Direito da Comarca de Caçador houvesse *passado em julgado* no decorrer do ano de 1973 - sob a vigência, pois, do art. 178, nº VIII, do Código Civil –, então se poderia discutir a duração do prazo da rescisória *(vide,* a esse respeito, os citados *Coment. ao* C. P. *C.,* v. V, p. 206-7). Caso houvesse *passado em julgado,* reitere-se: o momento decisivo não é o da *prolação,* mas o do trânsito em julgado. Ora, este já ocorreu em 1974; daí incidir a norma do art. 495 do atual Código de Processo Civil. Portanto, se em 12 de fevereiro de 1974 passou em julgado a sentença, *em* 12 *de fevereiro de* 1976 vencido estava o prazo da rescisória. Não há, ao propósito, discussão que tenha cabimento.

10. O prazo fixado no art. 495 do estatuto processual civil é de *decadência,* e não de prescrição (cf., ainda, nossos *Coment. ao* C. P. *C.,* v. V, p. 203 e s., com fartas abonações doutrinárias e jurisprudenciais em a nota 233). Não há cogitar, a respeito dele, de suspensão ou de interrupção. Ainda que porventura houvesse fato intercorrente, suscetível de suspender ou de interromper prazo *prescricional,* nenhuma relevância assumiria tal fato no presente contexto, pois *não é de prescrição,* mas de decadência, que se trata. A decadência consumou-se, assim, ao findar o biênio: a partir de 12 de fevereiro de 1976, irremissivelmente extinto achava-se o possível direito de quem quer que seja à rescisão da sentença.

Segundo a doutrina esposada pelo atual Código de Processo Civil (art. 269, nº IV), a decadência – à semelhança, aliás, da prescrição – é matéria de *mérito.* Isso não obsta a que se possa indeferir desde lagoa petição inicial, quando manifesta a ocorrência de uma ou de outra (art. 295, nº IV). No tocante à prescrição, tal possibilidade fica sujeita a importante restrição: não ser patrimonial o direito postulado; se o for, como é notório, não cabe ao juiz pronunciar *ex officio* a prescrição, tocando ao réu o ônus de alegá-la. Já em tema de decadência não se observa semelhante distinção, e a pronúncia de ofício é *sempre* cabível.

Também neste ponto, em consequência, seria caso, a rigor, de ter-se indeferido a inicial da rescisória. Mas, como alhures, nenhuma preclusão adveio aqui da circunstância de ter sido ela deferida. A decadência pode e deve ser pronunciada pelo órgão julgador, que declarará *improcedente,* nessa parte, a rescisória, na primeira etapa do julgamento *(iudicium rescindens),* abstendo-se por conseguinte de passar ao exame dos fundamentos invocados pelos autores para impugnar a sentença *(iudicium rescissorium).*

11. Algumas considerações à guisa de conclusão. Na inicial, pediu-se a rescisão do Acórdão da 1ª Câmara Cível *e* da sentença do Juízo de Direito da Comarca de Caçador. Caso o Acórdão fosse rescindível, tal cumulação seria, sem sombra de dúvida, desnecessária: ele haveria *substituído* a decisão de primeiro grau (Código de Processo Civil, art. 512), de sorte que bastaria atacá-lo, ou melhor, não teria sentido atacar *também* a sentença, por ele substituída e privada, assim, de toda e qualquer relevância como ato decisório.

Sucede que o Acórdão, por não versar o mérito, é insuscetível de rescisão; com referência a ele, *a ação é incabível.* Talvez porque o tenham percebido, incluíram os autores no seu pedido a sentença de primeiro grau. Contra esta, realmente poderia caber, em princípio, a rescisória. Aqui surge, contudo, a questão da decadência. À luz do confronto entre a& datas do trânsito em julgado e da propositura da rescisória, fica evidente que os autores, ao ajuizarem a inicial, já tinham decaído do direito à rescisão da sentença. No que a esta concerne, pois, *o pedido é improcedente.*

Não haverá lugar para o exame dos fundamentos com que se atacam, na inicial, o Acórdão e a sentença. No tocante ao primeiro, é impossível ao órgão julgador apreciar o mérito da rescisória: a única decisão correta será a que declare inadmissível a ação, ou, mais precisamente, carecedores dela os autores, por impossibilidade jurídica do pedido. Quanto à segunda, não se poderá ultrapassar o *iudicium rescindem,* em que se há de rejeitar o pedido como improcedente, por consumada a decadência.

É tudo que, salvo melhor juízo, nos parece.

Rio de Janeiro, 2 de maio de 1977.

COMENTÁRIOS DOS ATUALIZADORES

4. AÇÃO RESCISÓRIA. DESCABIMENTO QUANTO A ACÓRDÃO ESTRANHO AO MÉRITO. DECADÊNCIA QUANTO A SENTENÇA DE QUE SE INTERPÔS RECURSO NÃO CONHECIDO

Luiz Fux / Rodrigo Fux

O Código de Processo Civil de 2015 trouxe algumas inovações em relação à sistemática da Ação Rescisória, que impactam no *thema* exposto pelo Professor José Carlos Barbosa Moreira.

Primeiro, o artigo 966 do CPC/2015 dispõe que "*a decisão de mérito, transitada em julgado, pode ser rescindida* (...)", desvencilhando-se, com isso, do conceito de "sentença". A razão é simples: o artigo 356 do CPC/2015 possibilita, em algumas hipóteses, o Julgamento Antecipado Parcial de Mérito, deflagrando, em relação ao capítulo decidido, o prazo para propositura da Ação Rescisória.

Segundo, nos termos do artigo 966, § 2º, também "*será rescindível a decisão transitada em julgado que, embora não seja de mérito, impeça: I – nova propositura da demanda; ou II – admissibilidade do recurso correspondente*". Ou seja, o simples não conhecimento do recurso não seria, à luz do CPC/2015, empecilho ao cabimento da Ação Rescisória.

Por fim, o artigo 975 determina que "*o direito à rescisão se extingue em 2 (dois) anos contados do trânsito em julgado da última decisão proferida no processo*". Vê-se que o prazo decadencial para propositura da Ação Rescisória apenas começará a partir do trânsito em julgado da "*última decisão proferida no processo*", independentemente de se tratar de decisão de mérito ou terminativa.

Naturalmente, e tratando-se especificamente da questão submetida à análise do ilustre professor, deve-se ponderar o fato de o Agravo de Instrumento, à luz da sistemática atual, ser recurso interposto por meio da formação de instrumento, diretamente perante o Tribunal, e "fora dos autos" do processo principal. Com isso, a decisão proferida por última no agravo de instrumento não consubstanciaria, exatamente, da "*última decisão proferida no processo*" – à exceção da hipótese em que referido recurso tiver sido interposto com vistas a impugnar capítulo de decisão parcial de mérito.

5. LIQUIDAÇÃO DE SENTENÇA. CORREÇÃO MONETÁRIA NÃO PEDIDA NEM DETERMINADA PELA SENTENÇA LIQUIDANDA. RECURSO EXTRAORDINÁRIO CABÍVEL E PROCEDENTE

I - Cabimento do recurso extraordinário

1. O primeiro item da consulta do B., instruída com cópias das peças judiciais relevantes, refere-se ao *cabimento* do recurso extraordinário contra o V. Acórdão da Egrégia 7ª Câmara Cível do Tribunal de Justiça do Rio de Janeiro, que julgou apelação manifestada contra sentença *de liquidação.* A dúvida suscitável acerca do ponto decorreria do disposto no art. 308, nº VI, do Regimento Interno do Supremo Tribunal Federal, no qual - com as ressalvas do *caput* ("Salvo nos casos de ofensa à Constituição ou relevância da questão federal..."), se diz incabível "nas execuções por título judicial" o recurso extraordinário fundado nas letras *a* e *d* do art. 119, nº III, da Carta da República. No exame da matéria, vamos fazer abstração das ressalvas mencionadas entre parênteses, pois o que se pretende demonstrar é a inaplicabilidade da restrição regimental à espécie vertente.

As hipóteses de exclusão do cabimento do recurso extraordinário, estabelecidas pela Corte Suprema em seu Regimento Interno, resultam, como é notório, do exercício da competência normativa deferida ao Pretória Excelso pelo próprio texto constitucional (art. 119, § 1º, antigo parágrafo único) para indicar, no tocante às letras *a* e *d,* acima referidas, as causas em que se admite o recurso. Ocioso ressaltar o caráter *excepcional* dessas disposições restritivas. A *regra* é caber o recurso extraordinário desde que verificados os pressupostos *constitucionais;* a título de *exceção,* deixa ele de ser cabível nos casos regimentalmente excluídos. Daí se tira, por ilação óbvia e necessária, que as aludidas disposições não comportam interpretação extensiva, sendo defeso ampliar qualquer das restrições que nelas se consagram a hipóteses insuscetíveis de tranquilo e exato enquadramento nas respectivas molduras, de inflexível rigidez. Tal premissa é importante para o correto equacionamento do problema, onde a indagação fundamental e decisiva assim se pode formular: incluem-se no âmbito das decisões emitidas "nas execuções por título judicial", de que cogita o art. 308, nº VI, do Regimento Interno, os julgamentos proferidos em *liquidação de sentença?*

2. O Código de Processo Civil trata da "liquidação da sentença" no Capítulo VI do Título I do Livro II, cuja rubrica é "Do processo de execução". Se nos houvéssemos de guiar por semelhante índice, teríamos de responder afirmativamente à pergunta acima lançada. Mas a resposta seria temerária. Ninguém ignora quão escassa é a significação, em sede hermenêutica, dos elementos relacionados com a *situação topográfica* dos dispositivos legais e com a rubrica a que formalmente se subordinam. A estruturação dos diplomas legislativos não obedece a critérios de pura técnica, nem seria talvez exigível que, no agrupamento e na distribuição das regras codificadas, mantivesse o legislador fidelidade estrita a diretrizes de rigoroso cunho científico.

Ilustremos a afirmação, aliás corriqueira, com exemplo retirado do próprio estatuto processual civil em vigor. As exceções acham-se disciplinadas na Secção III de Capítulo que se intitula *"Da resposta do réu"*. Basta ler, porém, o primeiro dispositivo (art. 304), para perceber que o conceito de *exceção* adotado pelo Código de modo algum se contém nos limites sugeridos pela rubrica do Capítulo. Reza o texto: "É lícito *a qualquer das partes* arguir, por meio de exceção, a incompetência (art. 112), o impedimento (art. 134) ou a suspeição (art. 135)". Não é só o réu, portanto, que pode excepcionar, nem a exceção é sempre modalidade de resposta. A cláusula grifada na transcrição mostra com ofuscante nitidez que se enganaria redondamente quem pretendesse tirar conclusões, no plano dogmático, a partir da localização das normas disciplinadoras das exceções, e mais particularmente da respectiva inclusão sob rubrica inadequada, à evidência, para refletir os verdadeiros contornos da figura.

Deve-se, assim, ter como desprovida de importância, para os fins que aqui interessam, a circunstância de haver o legislador processual de 1973 embutido no Livro II os dispositivos que regulam a liquidação da sentença. Semelhante dado não autoriza inferência alguma de utilidade para o desate da questão ora sob exame. Outros, de maior consistência, hão de orientar o intérprete.

3. Voltemos, pois, a nossa atenção para o aspecto – este sim, relevantíssimo – da *natureza* da atividade jurisdicional Segundo entendimento consagrado, tal atividade pode visar precipuamente a dois fins distintos:

formular a norma jurídica concreta que deve disciplinar determinada situação, e *atuar praticamente* essa norma, dando-lhe palpável efetividade. É sabido que, no primeiro caso, se está diante de atividade jurisdicional cognitiva. e o processo em que ela se exerce como processo *de conhecimento* se há de classificar; no segundo caso é que ocorre atividade jurisdicional *executiva,* e somente nele cabe falar com propriedade de processo *de execução* (cf. LIEBMAN, *Manuale di diritto processuale civile,* v. I, 3ª ed., Milão, 1973, p. 3-4; JOSÉ FREDERICO MARQUES, *Instituições de direito processual civil,* v. I, 2ª ed., Rio de Janeiro, 1962, p. 284; ARAÚJO CINTRA – ADA PELLEGRINI GRINOVER – CÂNDIDO DINAMARCO, *Teoria geral do processo,* São Paulo, 1974, p. 266 e 271; J. C. BARBOSA MOREIRA, *O novo processo civil brasileiro,* v. I, 2ª ed., Rio de Janeiro, 1976, p. 11).

A norma jurídica concreta expressa-se na *sentença de mérito.* Destarte, sempre que se realiza atividade jurisdicional tendente à emissão de tal sentença, é *de conhecimento* o processo, e não de execução. Não parece inoportuno recordar que, no direito alemão, com frequência se usa a expressão *Urteilsverfahren* (literalmente, *processo de sentença)* para designar o tipo a que, entre nós, se costuma chamar *processo de conhecimento* ou *de cognição: vide,* por todos, na mais recente literatura, ROSENBERG-SCHWAB, *Zivilprozessrecht,* 12ª ed., Munique, 1977, p. 476.

Ora, o processo da liquidação visa essencialmente à emissão de *sentença:* a esta fazem expressa referência os arts. 605, parágrafo único, e 607, parágrafo único, do Código de Processo Civil, respectivamente com relação à liquidação por cálculo do contador e à liquidação por arbitramento, e menção implícita o art. 609 do mesmo diploma, consoante o qual se observará, na liquidação por artigos, o procedimento ordinário, regulado no Livro I. A sentença proferida na liquidação complementa e integra a decisão anterior, em que não se haja procedido à determinação do valor ou à individuação do objeto, consoante os termos do art. 603. Só com a sentença de liquidação é que se aperfeiçoa em definitivo a norma jurídica concreta formulada pelo órgão jurisdicional. Só com ela é que se consuma a atividade *de cognição* por este desenvolvida. Não pode restar qualquer dúvida, assim, sobre a natureza da liquidação, nem sobre a inclusão dela no âmbito conceptual do processo *de conhecimento.*

4. Nem mesmo do ponto de vista meramente *formal* será exato, hoje, dizer que a liquidação está compreendida na execução. Semelhante concepção era sustentável à luz do Código de 1939, cujo art. 906 estatuía:

"A execução terá início pela liquidação, quando a sentença exequenda não fixar o valor da condenação ou não lhe individuar o objeto". Embora doutrinariamente criticável, por confundir atividades distintas na substância, o sistema daquele diploma abria margem à construção da liquidação como preâmbulo *já contido* no processo de execução – cuja plena individualidade em face do processo de conhecimento não estava, aliás, reconhecida de modo claro, conforme se podia observar no teor do art. 196, de triste memória. Eis como se explica, por outro lado, o que dispunha o art. 917, *caput:* "Proferida a sentença de liquidação, a execução prosseguirá, independentemente de nova citação pessoal".

Com o advento do Código atual, no entanto, a situação modificou-se inteiramente. Não é possível negligenciar a profunda alteração, que o confronto dos textos põe de manifesto. Atento aos dados da moderna ciência processual, o legislador de 1973 traçou com linha nítida a fronteira entre processo de conhecimento e processo de execução, dispensando ao último tratamento unitário, no qual se pré-exclui – quer se trate de executar título judicial, quer título extrajudicial – a prolação de sentença que julgue o pedido. Esse traço, por si, é suficiente para firmar a execução como espécie diferenciada de atividade jurisdicional, e todas as incertezas e vacilações explicáveis sob o antigo regime ficam necessariamente afastadas pela verificação da fundamental divergência de finalidade, que separa e contrapõe os dois tipos de processos.

Com perfeita coerência, absteve-se o diploma em vigor de reproduzir o que constava do art. 906 do antigo Código: já não diz que a execução *se inicia* pela liquidação. E muito ao contrário: figura com todas as letras no art. 611 o reconhecimento de que *esta ainda não é aquela, nem é o seu início.* Veja-se o texto: "Julgada a liquidação, a parte promoverá a execução, citando pessoalmente o devedor". A redação é cristalina e repele exegese que obscureça a categórica opção da lei. Só após o julgamento da liquidação é que se torna possível *promover a execução;* logo, até esse momento, *não há execução em curso.* A conclusão grita com tamanha força, que faz supérfluo qualquer esforço de demonstração.

Observe-se apenas a coerência que, também aqui, marca a posição da lei, ao exigir, diversamente da anterior, nova *citação* depois de liquidada a sentença. A citação inicial é indispensável à validade do processo (art. 214, *caput); de qualquer* processo, vale notar, inclusive do processo de *execução,* que o art. 618, nº II, averba expressamente de nulo "se o devedor não for regularmente citado". O fato de ser necessária a citação em seguida à liquidação confirma, assim, que, ao promover-se a execução, é *outro* processo que se está instaurando, a cujo domínio permanece alheia a liquidação.

Tudo isso quer dizer que o próprio Código, examinado em seu sistema, desmente em termos inequívocos a primeira impressão possivelmente causada, a uma leitura menos atenta, pela inserção no Livro II dos dispositivos que regulam a liquidação. A despeito dela, a interpretação sistemática não autoriza conclusão diversa da que já indicaria a análise da natureza da atividade exercida pelo juiz. *Substancialmente distintas*, a liquidação e a execução apresentam-se também *formalmente separadas* na construção legal.

5. Ainda um aspecto merece aqui realce. Após estabelecer, no art. 583, que "toda execução tem por base título executivo judicial ou extrajudicial", esclarece o vigente Código, no art. 586, *caput*, que "a execução para cobrança de crédito fundar-se-á sempre em título *líquido*, certo e exigível", acrescentando no § 1º que, "quando o título executivo for sentença que contenha condenação genérica, proceder-se-á primeiro à sua liquidação". Não bastassem, pois, os argumentos acima expostos, defluiria desses textos, com meridiana clareza, a incompatibilidade entre a sistemática do estatuto processual civil e a consideração da liquidação como *parte da execução*.

Com efeito. Pressuposto necessário e imprescindível à instauração desta é a existência de título que se revista das características de *liquidez*, certeza e exigibilidade. Se o título não é líquido, não dá lugar a execução. Ora – passe o truísmo –, a liquidação tem exatamente por fim, como evidencia o próprio nome, *tornar líquido algo que líquido não era*. De liquidação só há cogitar – conforme diria M. de La Palisse – em se tratando de sentença... ilíquida. Mas, se é ilíquida a sentença, não constitui, ainda, título hábil para a execução: apenas depois de liquidada é que se tornará tal. A liquidação, por conseguinte, é *prévia* em relação à execução, é *anterior a ela*. Sendo prévia, anterior, logicamente *não a integra*. Daí dizer a lei que, ilíquida a sentença, *primeiro* se procederá à respectiva liquidação – e, *posteriormente, à execução*. Escusamo-nos de insistir no ponto, para não alongarmos esta demonstração... do óbvio.

6. Acrescentaremos unicamente que nem sequer existe ligação indissolúvel entre liquidação e execução, no sentido de que a primeira *sempre* desempenharia a função de preparar a segunda. Não obstante a letra do art. 603, que fala de "condenação", perfeitamente se concebe liquidação de sentença *declaratória*. O texto do Código refere-se a *id quod plerumque accidit;* mas não exclui, nem poderia excluir, que se tome preciso liquidar (isto é, determinar o valor ou individuar o objeto) de pronunciamento judicial onde se acolha pedido de *declaração* da existência de uma obrigação, cujo montante ou cujo objeto não sejam porventura suscetíveis de fixação na própria sentença de procedência. Suponhamos, v.g., que se cuide de ato ilícito, tal que se mostre impossível determinar desde logo a extensão das respectivas consequências; é dado ao autor formular pedido genérico (art. 286, nº II), mas nada o força a pedir a *condenação* do suposto responsável: sem dúvida lhe fica aberta a possibilidade de pleitear a simples *declaração* do crédito de que se afirma titular (cf. o art. 4º, parágrafo único). E cabível será a liquidação da sentença, para que se determine o *quantum* da dívida, por hipótese não apurável desde logo.

Vê-se que *nem sempre se segue execução à liquidação.* A superveniência da execução será o caso mais comum; *não, porém, o único.* Liquidação e execução não se acham sequer ligadas, repita-se, por uma relação necessária e constante de antecedente a consequente. Tanto menos razoável considerar aquela como *parte integrante* desta. É manifesta, a todas as luzes, a autonomia.

7. O entendimento que se expôs no item antecedente tem por si, em substância, o aval uníssono da doutrina formada à luz do Código em vigor. Na verdade, seriam até supérfluas citações. Não custa, entretanto, ilustrar a nossa afirmação com alguns trechos expressivos:

> "*Liquidação da sentença* é o processo pelo qual se torna líquido o objeto ilíquido do pedido de condenação. Pergunta-se se é ato, ou mero incidente, ou processo incidente, ou preparatório da execução. A estrutura que se lhe dava, no Código de 1939, era a de processo incidente *dentro* do processo da execução. (...) Mas isso mudou. Enquanto o Código de 1939, art. 917, dizia que, proferida a sentença de liquidação, a execução prosseguiria, independentemente de nova citação pessoal, o Código de 1973, art. 611, foi explícito: 'Julgada a liquidação, a parte promoverá a execução, citando pessoalmente o devedor'. Duas ações: a de liquidação e a de execução" (PONTES DE MIRANDA, *Comentários ao código de processo civil,* t. IX, Rio de Janeiro-São Paulo, 1976, p. 510-1; grifado no original).
>
> "Acertadamente, o Código de 1973 atendeu à distinção inafastável das duas ações e frisou a dualidade de remédios jurídicos processuais: o procedimen-

to da ação de liquidação e o procedimento ordinário (art. 609). Há a citação para a ação de liquidação, conforme se estatui a respeito do procedimento ordinário. Julgada a liquidação, a parte promove a citação pessoal do devedor (art. 611), para que se crie a relação jurídica processual, com angularidade, da ação de execução da sentença" *(id., ibid.,* p. 513-4).

"No Código anterior, a liquidação, em qualquer de suas formas, era fase introdutória do processo de execução. Hoje, no entanto, é incidente ou processo complementar daquele em que se julgou procedente ação com pedido genérico, pelo que o art. 611 dispõe que, 'julgada a liquidação, a parte promoverá a execução, citando pessoalmente o devedor'.

(...)

A liquidação não se insere no processo -executivo, nem é incidente deste. Tratando-se de procedimento destinado a completar a sentença condenatória, ou a liquidação se cinge a incidente *post* decisório (liquidação por cálculo do contador, ou liquidação por arbitramento) do processo de conhecimento, ou se configura como processo condenatório complementar (processo de conhecimento, portanto) para que se forme o título executivo judicial (liquidação por artigos).

A liquidação prepara o título executivo, complementando a sentença condenatória, e não ao processo executivo. Errôneo, pois, afirmar-se que se trata de processo preparatório da execução" (JOSÉ FREDERICO MARQUES, *Manual de direito processual civil,* v. IV, São Paulo, 1976, p. 66-7; grifamos).

"No Código revogado, a execução tinha início através de uma fase vestibular em que se procedia à liquidação da sentença, prosseguindo-se, após, nos atos executivos propriamente ditos sem nova citação.

O novo Código, tecnicamente mais perfeito, não confunde nem mistura as duas providências jurisdicionais de natureza e objetivos tão diversos. Determina, primeiro, que se processe e julgue a liquidação, num procedimento preparatório, para só depois ensejar ao credor o início da execução (art. 611). E é claro que assim seja, pois só após aquele procedimento prévio é que o interessado contará, realmente, com um título líquido, certo e exigível (art. 586).

No sistema atual, portanto, *a execução não é iniciada pela liquidação, mas sim procedida por ela.* Só após o julgamento da liquidação é que 'a parte promoverá a execução, citando pessoalmente o devedor' (art. 611).

(...)

Em conclusão, *não mais se deve conceituar a liquidação como uma fase ou incidente da execução.* Seu caráter é típico de um processo de conhecimento preparatório de uma futura execução forçada" (HUMBERTO THEODORO JÚNIOR, *Processo de execução,* 3ª ed., São Paulo, 1976, p. 185-6; sem grifo no original).

Bem se vê que, feita abstração de irrelevantes divergências de pormenor, os expositores do sistema vigente estão de acordo no principal: *a liquidação não faz parte da execução.* Impossível, destarte, extrair do disposto no art. 308, nº VI, do Regimento Interno do Supremo Tribunal Federal objeção ao cabimento do recurso extraordinário contra o Acórdão que julgou a liquidação: tanto equivaleria a estender a hipótese não prevista a norma restritiva, ao arrepio dos mais elementares cânones hermenêuticos. Satisfeitos os requisitos constitucionais, e não havendo que cogitar de qualquer outro óbice regimental, *o recurso extraordinário do B. é cabível e deve ser admitido.*

8. Reitere-se que, ao desenvolvermos o nosso raciocínio, para chegarmos, como chegamos, à conclusão de que não se aplica à espécie a norma restritiva do art. 308, nº VI, do Regimento Interno do Supremo Tribunal Federal, fizemos total abstração:

a) de um lado, do fato de haver o recorrente alegado que o Acórdão local contraria dispositivo da Constituição da República;

b) de outro lado, da relevância (a cujo respeito não soaria razoável a menor dúvida) das questões federais agitadas pelo recorrente.

Qualquer dessas circunstâncias, por si só, bastaria e basta para afastar a incidência do inciso VI do art. 308 do Regimento Interno. Quisemos, porém, sublinhar que, *ainda na hipótese de não estarem elas configuradas,* isso de modo nenhum excluiria o cabimento do recurso, precisamente porque – conforme esperamos ter demonstrado – de modo nenhum o exclui o próprio inciso VI do art. 308, referente apenas às *"execuções* por título judicial", e não às *liquidações* de sentenças.

Com essa derradeira observação, talvez oportuna a bem da clareza, damos por encerrada a exposição do nosso pensamento acerca da preliminar, passando ao exame das questões relativas ao mérito do recurso, sobre as quais versam os itens subsequentes da consulta.

II – Impossibilidade de determinar-se a correção monetária da dívida

9. O princípio que veda o julgamento *ultra petitum,* em nosso processo civil, acha-se tão claramente enunciado no texto do Código em vigor, que toda insistência no ponto resvala de maneira quase infalível para um discurso sobre o óbvio. É suficiente lançar os olhos aos arts. 128 ("O juiz decidirá a lide nos limites em que foi proposta, sendo-lhe defeso conhecer de questões, não suscitadas, a cujo respeito a lei exige a iniciativa da parte"), 459, *caput,* 1ª parte ("O juiz proferirá a sentença, acolhendo ou rejeitando, no todo ou em parte, o pedido formulado pelo autor"), e 460 ("É defeso ao juiz proferir sentença, a favor do autor, de natureza diversa da pedida, bem como condenar o réu em quantidade superior ou em objeto diverso do que lhe foi demandado"). Os três dispositivos, que se articulam sistematicamente, dispensam qualquer esforço de demonstração.

Importa, contudo, atentar noutro dado, que com esses se conjuga, para delimitar com rigor a área dentro da qual se exerce legitimamente a atividade judicante no processo de conhecimento. É o que ministra o art. 293, *princípio,* do vigente diploma processual, ao determinar que o pedido seja interpretado *restritivamente.* Feita abstração, é claro, das exceções que a própria lei contempla – como a do mesmo art. 293, *fine,* quanto aos juros legais; a do art. 20, *caput,* atinente às despesas e aos honorários de advogado; a do art. 290, relativa às prestações periódicas vincendas –, quer isso dizer que não se faculta ao órgão judicial dar ao pedido maior abrangência do que aquela que resulte do seu *teor expresso,* para considerar incluído no *petitum* algo que o autor tenha deixado de mencionar ao formulá-lo.

Escreve ao propósito CALMON DE PASSOS, *Comentários ao Código de Processo Civil,* v. III, 2ª ed., Rio de Janeiro, 1977, p. 277:

> "Interpretar restritivamente o pedido é tirar dele tudo quanto nele se contém e só o que nele se contém, sem que se possa ampliá-lo por força de interpretação extensiva ou por consideração outra qualquer de caráter hermenêutica. Compreendido no pedido só o que expressamente contiver, não o que possa, virtualmente, ser o seu conteúdo" (grifamos).

Por sua vez, assim, se pronuncia PONTES DE MIRANDA, *Comentários ao código de processo civil,* Rio de Janeiro, 1974, t. IV, p. 74-5, sobre o dispositivo em foco:

> "Restrito ao pedido, não admite que, em caso de dúvida, *se compreenda nele o ponto de cuja inserção se duvida,* salvo se a dúvida é quanto à qualidade do pedido e não quanto ao pedido mesmo. (...) Quando se diz que os pedidos hão de ser interpretados de modo restritivo, põe-se por princípio que *não são alargáveis pelos métodos exegéticos, incluindo-se o que podia ser incluído e não o foi,* ou o que apenas aparece em indícios de declaração que falhou em sua expressão" (sem grifo no original).

Com menor autoridade, em modesta exposição sistemática do procedimento segundo o Código atual, já tivemos ocasião de advertir:

> "Ao formular o pedido, nele precisa o autor, em regra, incluir de modo expresso tudo que pretende. O pedido interpreta-se restritivamente (art. 293, 1ª parte)" (J. C. BARBOSA MOREIRA, *O novo processo civil brasileiro,* v. I, 2ª ed., Rio de Janeiro, 1976, p. 23).

10. Consideremos em particular a hipótese da correção monetária do valor do crédito reclamado. Aceita a premissa de que, em determinados casos, o credor faz jus a tal correção, cumpre distinguir com toda a nitidez a questão *de direito material* e a questão *de direito processual.* Uma coisa é poder alguém pretender determinada vantagem; outra é poder o juiz concedê-la independentemente de pedido. Nem tudo aquilo a que o autor pudesse ter direito, *na plane material,* é suscetível de concessão na sentença. Salvo exceção prevista na lei – como se dá nos casos, já referidos, dos juros legais, das despesas e dos honorários advocatícios, das prestações periódicas vincendas –, para que alguém se veja atendido não basta que tenha pretensão com fundamento: é indispensável *que a deduza em juízo. Nemo iudex sine actore.* Se o titular de um direito não o postula, ao órgão judicial é vedado reconhecê-lo *ex officio.* Nem é o simples fato de entender que o autor mereceria *mais* do que pediu que autorizará o juiz a incluir esse *plus* na condenação. A iniciativa da parte é indispensável e insuprível.

Não foge a semelhante disciplina a correção monetária do débito. Seria impertinente argumentar que ela nada acrescenta de substancial ao crédito, limitando-se a dar-lhe expressão atualizada, para proporcionar ao credor a composição real, e não apenas nominal, do desfalque sofrido. Isso não torna menos verdadeiro que a parcela resultante do cálculo da correção monetária. Sendo negativa a resposta, *tollitur quaestio:* não há indicado na inicial. O argumento, a ser exato, provaria demais: ter-se-ia de considerar *sempre* implicitamente pedida, nas ações de cobrança, a correção monetária do alegado débito. E, se se replicar que nem todas as dívidas pecuniárias se sujeitam, no plano material, à correção, estar-se-á incorrendo na confusão acima apontada entre a questão de direito substantivo e a questão de direito processual. Realmente: "ter-se algo como incluído no *petitum*" não significa o mesmo que "ser procedente o *petitum* quanto a esse algo"; dizer que o juiz deve pronunciar-se a respeito de determinada parcela não é dizer que o pronunciamento há de ser favorável ao autor.

Ao menos para efeitos processuais, é fora de dúvida que o montante representativo da correção monetária de um crédito tem de ser considerado como *distinto* do valor primitivo desse crédito. Basta ver que, quando a sentença concede a correção monetária, a disposição a esta relativa inegavelmente constitui capítulo separável para fins de recorribilidade e de eventual trânsito em julgado.

Resta assim de pé a afirmação de que, quando o autor, ao formular o pedido, deixa de pleitear a correção monetária do valor do suposto crédito, essa omissão inibe o juiz de apreciar a matéria, quer para declarar que o autor não faz jus à correção, quer para mandar proceder a ela, em julgando existente o crédito. O problema da corrigibilidade ou da não corrigibilidade *escapa-lhe à cognição,* por não ter sido posto na inicial. Permanece fora do objeto do juízo. *Não se chega à consideração do ponto no plano material:* ao contrário, pré-excluída fica qualquer investigação sobre se, *in casu,* a dívida havia ou não de ter corrigido o seu valor. A rigor, o desate da questão ao nível substantivo pressuporia a possibilidade do respectivo exame no processo: só se poderia saber – com a certeza inerente à declaração judicial trânsita em julgado – se a dívida era ou não era corrigível, caso a matéria houvesse de ser julgada; mas só haveria de ser julgada a matéria, caso o autor a incluísse *expressis verbis* no pedido.

Daí resulta que, ao apreciar o tópico, é mister afastar cuidadosamente quaisquer preocupações com a eventual corrigibilidade da dívida, à luz do direito substantivo. Do ponto de vista que aqui interessa, a pergunta básica não se refere à questão de saber se o autor – admitida a existência do crédito – fazia jus a ver-lhe corrigido o valor. Enfrentar o problema nessa perspectiva é perpetrar inversão lógica, é pôr o carro adiante dos bois. O que cumpre indagar, antes de mais nada, é *se o autor pediu* a correção monetária constitui um *plus* em relação ao *quantum* por hipótese inquirir *como* se teria de julgar, *caso* ele a houvesse pedido.

Eis porque, no presente contexto, fixemos completa abstração das peculiaridades do caso concreto, ao ângulo substantivo. Não nos preocupou, nem devia a qualquer título preocupar-nos, a verificação da corrigibilidade ou da não corrigibilidade da dívida cobrada nos autos. Nosso silêncio não há de ser interpretado nem no sentido de a reconhecermos, nem no de a negarmos. É assunto sobre o qual não temos por que emitir opinião. O problema a cujo respeito nos cabe opinar é de direito processual, exclusivamente, e nesse plano o estamos enfrentando, *sem que nos faça falta, para examiná-lo, o dado material, de todo em todo irrelevante.*

11. Passemos a analisar, à luz do que até agora ficou dito, a espécie a que alude a consulta. Antes de mais nada, convém transcrever o pedido formulado na inicial da ação proposta contra o B. por C. *S/A*:

> "Em tais condições, requer a citação do B. B. D. S/A, na pessoa de seu representante legal, para vir responder aos termos da presente ação em que a requerente pede a condenação do Banco, na importância de Cr$ 200.000.000, incluídos os lucros cessantes, acrescida das despesas feitas, na importância de Cr$ 2.083.700 com as publicações, conforme documentos juntos (nº 20-1), viagens e estadias, no montante de Cr$ 100.000, juros, custas e honorários advocatícios, tudo na forma da lei, sob pena de revelia" (grifamos).

Conforme se vê, o pedido foi certo, precisa e claramente quantificado, salvo no tocante aos juros, às custas e aos honorários de advogado, que não vêm ao caso, e dos quais, doravante, faremos abstração. Com essa ressalva – implícita em tudo que adiante dissermos –, pediu a autora a condenação do réu ao pagamento de três parcelas, todas de montante determinado: Cr$ 200.000.000,00 + Cr$ 2.083.700,00 + Cr$ 100.000,00, num total de Cr$ 202.183.700,00 (antigos; em moeda atual, Cr$ 202.183,70). Esse, aliás, foi o valor dado à causa, na própria inicial.

Não se cogitou de correção monetária do *quantum* reclamado. Seria indispensável referência *expressa;* a verdade, entretanto é que, *in casu,* nem mesmo a hipótese de inclusão *implícita* no pedido – abstraindo-se de sua insuficiência, à vista do art. 293, 1ª parte, do Código de Processo Civil – encontra de fato a mais estreita base para firmar-se.

A sentença de primeiro grau julgou procedente o pedido, mas, considerando não ter ficado provado o montante global dos prejuízos alegados pela autora, proferiu condenação *genérica,* para remeter à liquidação a incumbência de apurar o respectivo *quantum.* Não andou bem ao assim decidir: atropelou, na verdade, o preceito do art. 459, parágrafo único, *verbis:* "Quando o autor tiver formulado pedido certo, é vedado ao juiz proferir sentença ilíquida". Se o pedido fora *certo,* o que cumpria ao juiz era fixar a importância devida pelo réu – *dentro do limite pleiteado* – atendendo àquilo que porventura se provasse. Desde que *só em parte* se tinham provado os prejuízos, a condenação cingir-se-ia a essa parte, e no mais o correto era *rejeitar-se o pedido.*

Em grau de apelação, a Egrégia 7ª Câmara Cível do Tribunal de Justiça do antigo Estado da Guanabara, por maioria de votos, reformou a sentença para julgar o pedido improcedente. O voto vencido, do eminente Desembargador Marcelo Santiago Costa, entendeu ter havido concorrência de culpas e adotou a solução de condenar o réu ao pagamento da metade da importância correspondente aos prejuízos sofridos pela autora, apuráveis mediante liquidação. Tal solução veio a prevalecer no Acórdão do Egrégio 4º Grupo de Câmaras Cíveis, que julgou os embargos interpostos pela autora.

Importa frisar que, até então, *jamais se cuidara de determinar a correção monetária do valor do débito.* Sejam quais forem as restrições que se possam fazer, com a devida vênia, quer à sentença de primeiro grau, quer ao Acórdão do 4º Grupo de Câmaras Cíveis, naquele equívoco *nem uma nem outra incidiu.* Ora, o Acórdão do 4º Grupo de Câmaras Cíveis era a decisão liquidanda; e *parcela alguma que ela deixara de contemplar poderia vir a ser contemplada na liquidação.*

12. Atingimos aqui o ponto capital do problema. Consoante esperamos haver demonstrado, era incabível, no julgamento da lide, a determinação de corrigir-se monetariamente o valor dos prejuízos: não pedira a autora semelhante providência, nem se lhe podia interpretar o pedido como se a abrangesse, e por conseguinte estava o órgão judicial proibido de manifestar-se ao propósito. Ainda, porém, que se quisesse admitir – *ad argumentandum tantum* – a possibilidade de determinar-se a correção ao julgar-se a lide, o que nenhum malabarismo dialético levará jamais a admitir é a possibilidade de, não tendo sido determinada a correção naquele julgamento, vir a cogitar-se dela *na liquidação.*

Sustente-se, caso se queira, que ao juiz é lícito condenar ao pagamento de algo que não se pediu. Ao nosso ver, já se estará com isso adotando posição incompatível com o ordenamento em vigor. Suponhamos, entretanto, que assim não fosse. Suponhamos que, pedida a condenação ao ressarcimento do dano, sem referência à correção monetária do valor, pudesse o órgão judicial, ao reconhecer existente o crédito, mandar corrigi-lo. Seria porventura razoável saltar daí para a conclusão de que, ainda quando omissa no particular a sentença condenatória, se possa incluir, na liquidação, o *plus* de que não cuidou a decisão liquidanda?

Responder de modo afirmativo é dizer que, além de poder ultrapassar, na sentença, os limites do pedido – o que já não seria pouco –, pode ainda o órgão judicial ultrapassar, na liquidação, os limites da condenação – e isso, afinal de contas, diga-se sempre com a necessária vênia, em verdade já é demais. Atenta-se contra a lei quando se concede ao autor o que este não pedira; mas *duplamente* se atenta contra a lei quando se inclui, em liquidação, algo que não apenas deixara de ser *pedido,* mas deixara, até, de ser *concedido!* Vicioso é o julgamento *ultra petitum;* que dizer da liquidação *ultra petitum* e *ultra condemnationem?*

13. A finalidade da liquidação, como todos sabem, é unicamente a de esclarecer o que não se pôde quantificar ou individuar na sentença liquidanda; como só a primeira hipótese (a de quantificação) interessa aqui, só a ela nos referiremos de agora em diante. A atividade de liquidação visa a determinar valor; mas *valor contido no âmbito do julgamento liquidando.* O teor desse julgamento traça linha de contorno que ao juízo da liquidação é vedado transpor. Tal a tradição constante do nosso direito, e ao propósito em nada inovou o Código de 1973, cujo art. 610 dispõe em termos expressos: "É defeso, na liquidação, discutir de novo a lide, ou modificar a sentença, que a julgara".

Qualquer acréscimo feito em liquidação é ilegítimo. Mesmo as parcelas que pudessem ser contempladas na sentença, independentemente de pedido expresso, se por acaso deixaram de o ser, já não serão contempláveis no processo da liquidação: assim, por exemplo, caso o órgão judicial haja omitido a condenação ao pagamento dos juros legais, ou das despesas, ou dos honorários de advogado, a mera circunstância de que não teria sido necessária a inclusão expressa no pedido de modo algum autoriza o juízo *da liquidação* a levar em conta essas verbas. A sentença que julgou a lide sem dúvida poderia *(rectius:* deveria) contemplá-las; a de liquidação, essa nunca, adstrita que está aos lindes fixados na primeira. Confiram-se, a tal respeito, as lições de PONTES DE MIRANDA, *Comentários ao código de processo civil* (de 1973), cit., t. IX, p. 525 e s., e de MENDONÇA LIMA, *Comentários ao código de processo civil,* v. VI, t. II, 2ª ed., Rio de Janeiro, 1977, p. 651. Por mais forte razão, escapa ao objeto da liquidação tudo aquilo que – como é o caso da correção monetária – dependeria de pedido expresso, que não se fez, para poder considerar-se no julgamento da lide.

A ilegitimidade do acréscimo em liquidação assume particular gravidade quando se trata de decisão *trânsita em julgado,* conforme ocorre na espécie com o Acórdão do 4º Grupo de Câmaras Cíveis, proferido em grau de embargos. "Não se deve admitir na liquidação questão alguma que entenda com a causa principal, nem estranha a seu objeto" – preleciona AMÍLCAR DE CASTRO, *Comentários ao código de processo civil* (de 1973), v. VIII, São Paulo, 1974, p. 131 –, "porque o que se tem em vista é apenas definir o que está indefinido na sentença. De outro modo, poderia a liquidação *infringir a coisa julgada,* o que não é permitido" (sem grifo no original). Particularizando, diremos que, em tal caso, acrescer a correção monetária à condenação é violar a *auctoritas rei iudicatae* da decisão liquidanda – erro que, se não corrigido oportunamente, abrirá ensejo à *rescisão* com fundamento no art. 485, nº IV, do estatuto processual civil.

14. O Colendo Supremo Tribunal Federal, pela sua 1ª Turma, já teve oportunidade de apreciar a questão, no julgamento do Recurso Extraordinário nº 79.724-PR, em 26 de agosto de 1975. E fê-lo com absoluta correção, decidindo em Acórdão unânime, de que foi Relator o eminente Ministro RODRIGUES ALCKMIN:

> "Se a sentença condenatória não concedeu a correção monetária de vencimentos em atraso e não existe lei que mande, em execução, aplicá-la, inadmissível é corrigir monetariamente esses vencimentos".

Tratava-se, precisamente, de liquidação, em que se fizera incluir parcela correspondente à correção monetária do débito, não contemplada na condenação. Conforme acentuou em seu voto o ilustre Ministro Relator, "não podia a conta de liquidação, à falta de texto expresso de lei que concedesse, mesmo na execução, o reajustamento pretendido, e à falta de condenação na sentença, efetuar a correção monetária de tais prestações".

O Acórdão está publicado na *Revista Trimestral de Jurisprudência,* v. 75, p. 540-2; e em nada lhe diminui a significação como precedente a circunstância de ter-se examinado a matéria à luz de disposições do Código de 1939. Com efeito, segundo já se frisou, a disciplina legal, no particular, não foi alterada, minimamente sequer, pela reforma de 1973. Os princípios aplicáveis continuaram a ser os mesmos.

A tese do Acórdão era exata para o sistema anterior e permanece exata para o sistema atual. Em liquidação não se pode introduzir modificação alguma na extensão do que se julgou, nem para menos, nem para mais. Não se pode, destarte, proceder à correção monetária do valor da condenação, quando a decisão liquidanda se absteve de determiná-la.

15. Voltemos novamente os olhos para o que se passou nos autos. Na petição de 22-9-1975, requereu a autora a liquidação; não obstante o completo silêncio do julgado liquidando (o Acórdão do 4º Grupo de

Câmaras Cíveis) sobre o ponto, manifestou ela a pretensão de ver monetariamente corrigido o valor das diversas parcelas componentes do débito. Alegou, por outro lado, um montante de prejuízos que excedia de muito o *quantum* pleiteado na inicial.

A sentença de primeiro grau, no processo de liquidação, fixou em Cr$ 3.105.012,00 o valor a ser pago pelo réu. "Quanto à correção monetária" - explicitou -, "esta não é devida, considerando que o suplicante não a pediu na inicial". Teria sido oportuno acrescentar: "nem a determinou a decisão condenatória"; em todo caso, a omissão era perdoável, porque irrelevante na prática.

Da sentença de liquidação apelaram uma e outra parte: a autora, para insistir em determinadas parcelas que o Juízo *a quo* se abstivera de levar em conta, e também no pedido de correção monetária; o réu, para pleitear a redução do *quantum* fixado. A Egrégia 7ª Câmara Cível deu provimento parcial a ambas as apelações, reduzindo o montante da indenização devida, mas determinando seja ele monetariamente corrigido, a partir de 4-7-1966. Contra esse Acórdão é que agora se interpõe o recurso extraordinário, cujo cabimento já foi objeto de exame na primeira parte do presente parecer.

16. O Acórdão recorrido é, *data venia,* contraditório. Ao acolher em parte a apelação do B., baseou-se em princípios corretos, que se acham expressamente enunciados na fundamentação. Ali se vê transcrita lição de PONTES DE MIRANDA, segundo a qual "o Juiz não pode proferir sentença que não atenda às características do pedido, à sua quantidade e ao objeto a que alude a petição". Lê-se, em seguida, que "a condenação não pode exceder o pedido". Noutro passo do Acórdão, traz-se à colação ensinamento de HUMBERTO THEODORO JÚNIOR, no sentido de que "o processo preparatório da liquidação não pode ser utilizado como meio de ataque à sentença liquidanda, que há de permanecer intacta", razão pela qual "o Código é taxativo ao dispor que 'é defeso, na liquidação, discutir de novo a lide, ou modificar a sentença que a julgou'" (art. 610).

Pois bem: depois de assentar premissas rigorosamente exatas, e de extrair delas conclusão acertada no que diz respeito à apelação do réu, para reduzir o *quantum* fixado na sentença de primeiro grau, em ordem a compatibilizá-lo com os preceitos invocados, o Acórdão estranhamente se desdiz do que dissera, ou, mais precisamente, *reafirma o princípio para a seguir postergá-lo.* Senão, vejamos:

> "Quanto à segunda apelação, a da autora C. S/A – P. A.A., apenas merece provida, parcialmente, para que se inclua na condenação a correção monetária a partir de 4 de julho de 1966, data da citação do réu, fls. 340.
>
> O mais que pede não foi objeto da condenação e na liquidação não lhe é lícito inovar.
>
> A correção monetária, embora não pedida na inicial, em se tratando de ato ilícito, deve ser admitida, para corrigir a desvalorização da moeda, de forma a não prejudicar a autora".

É evidente a contradição entre o que se assevera no último parágrafo e tudo que o antecedeu! Se a condenação não podia abranger o que não constava do pedido; se, ademais, não era lícito, na liquidação, acrescentar o que quer que fosse ao conteúdo da condenação, como inferir daí que o valor da dívida havia de ser monetariamente corrigido, quando *nem a autora o pedira, nem a sentença condenatória o determinara?!* No particular, seja dito com o máximo respeito, o resultado a que chegou a Egrégia 7ª Câmara Cível briga às escâncaras com as proposições por ela mesma colocadas na base de seu raciocínio.

Para afirmar que "a correção monetária, embora não pedida na inicial" – *nem,* acrescente-se, *contemplada na decisão liquidanda* – "deve ser admitida" na liquidação, precisava a Egrégia 7ª Câmara Cível ter exposto alguma razão pela qual *essa parcela,* ao contrário de todas as outras, dispensava pedido *e* condenação. Precisava apontar alguma norma legal que estabelecesse para a correção monetária, e só para ela, regime diverso do aplicável à restante matéria. Nada disso se fez, nem se poderia ter feito, porque na verdade inexiste razão que justifique o tratamento desigual, e inexiste regra que subtraia a hipótese à disciplina comum.

Acertou o Acórdão quando reduziu o montante fixado na sentença de liquidação de primeiro grau. *Pelo mesmo motivo,* incidiu em erro, *data venia,* quando mandou corrigir monetariamente o valor do débito. Ao fazê-lo, violou os arts. 128, 459 (1ª parte), 460 e 610 do Código de Processo Civil, aos quais já aludimos. Violou ainda os arts. 467, 468 e 471 do diploma processual, que asseguram a intangibilidade da coisa julgada, tendo em vista que o Acórdão do 4º Grupo de Câmaras Cíveis (decisão liquidanda) se encontrava revestido da *auctoritas rei iudicatae.*

III – Respostas aos quesitos

17. À luz de todo o exposto, assim respondemos aos quesitos formulados na consulta:

1º) A norma do art. 308, nº VI, do Regimento Interno do Supremo Tribunal Federal *não exclui o* cabimento do recurso extraordinário manifestado contra o Acórdão da 7ª Câmara Cível do Tribunal de Justiça do Rio de Janeiro, que julgou, em segundo grau, a liquidação requerida por C. *S/*A. Julgamento de liquidação *não* é decisão proferida *em execução* por título judicial: a liquidação é processo que *não integra* a execução. Bastam, portanto, os pressupostos constitucionais para tornar cabível o recurso.

2º) O Acórdão recorrido negou vigência aos dispositivos do Código de Processo Civil mencionados no item 16, *fine,* deste parecer. Além disso, pôs-se em contraste com a decisão proferida pelo Excelso Pretória no julgamento do Recurso Extraordinário nº 79.724-PR, citado no item 14, que negou a possibilidade de proceder-se, na liquidação, à correção monetária do débito, não determinada na sentença condenatória liquidanda. Por conseguinte, o recurso interposto contra o Acórdão da 7ª Câmara Cível do Tribunal de Justiça do Rio de Janeiro encontra apoio nas letras *a* e *d* do art. 119, nº III, da Constituição da República; e é, além de cabível, procedente, merecendo não apenas ser *conhecido,* mas *provido* pela Corte Suprema.

Salvo melhor juízo.

Rio de Janeiro, 25 de outubro de 1977.

COMENTÁRIOS DOS ATUALIZADORES

5. LIQUIDAÇÃO DE SENTENÇA. CORREÇÃO MONETÁRIA NÃO PEDIDA NEM DETERMINADA PELA SENTENÇA LIQUIDANDA. RECURSO EXTRAORDINÁRIO CABÍVEL E PROCEDENTE

Luiz Fux / Rodrigo Fux

Ab initio, forçoso registrar que o atual Regimento Interno do STF entrou em vigor em 1º de dezembro de 1980, portanto, é posterior ao parecer em tela.

Ainda na vigência no Código de Processo Civil de 1973, foi editada a Lei 11.232/2005, que inaugurou o que se convencionou chamar de Processo Sincrético. A instauração do Cumprimento de Sentença não mais dependia da citação pessoal do devedor, tornando-se fase do processo, a ser iniciada mediante requerimento da parte interessada e intimação do executado para pagamento ou impugnação.

O Código de Processo Civil de 2015 manteve essa sistemática, como se extrai dos artigos 513 e seguintes do novo diploma processual ora em vigor.

No atual panorama legislativo processual, se se estiver diante de sentença ilíquida, será necessária a instauração do Procedimento de Liquidação de Sentença, disciplinado nos artigos 509/512. Tal liquidação pode ocorrer por arbitramento ou pelo procedimento comum. Esta última será instaurada quando necessário alegar ou provar fato novo.

Ainda nessa situação, trata-se de procedimento iniciado mediante requerimento da parte interessada (artigo 509), com a consequente intimação para apresentação de pareceres e documentos elucidativos ou de contestação (artigo 510 e 511).

A respeito da correção monetária, a jurisprudência do Superior Tribunal de Justiça – STJ consolidou-se no sentido de que *"incidem sobre o objeto da condenação judicial e não se prendem a pedido feito em Primeira Instância ou a recurso voluntário dirigido ao Tribunal de origem"*, porquanto *"por se tratar de matéria de Ordem Pública, cognoscível até mesmo de ofício, não está sujeita à Preclusão, salvo na hipótese de já ter sido objeto de Decisão anterior"*[1].

Atualmente, entende-se que a recomposição do valor da moeda é medida que se impõe independentemente do pedido deduzido pelas partes, podendo ser apreciada em qualquer grau de jurisdição – inclusive pelos Tribunais Superiores.

Outrossim, imperioso salientar, ainda, que a Emenda Constitucional nº 45/2004 alterou a Constituição Federal de 1988, esta também posterior ao parecer, para estabelecer que, no recurso extraordinário, o recorrente deverá demonstrar a repercussão geral das questões constitucionais discutidas no caso, a fim de que o Tribunal examine a admissão do recurso, somente podendo recusá-lo pela manifestação de dois terços de seus membros.

Nesse passo, a repercussão geral foi regulamentada pela Lei nº 11.418/2006, sendo considerada, para tal efeito, a existência, ou não, de questões relevantes do ponto de vista econômico, político, social ou jurídico, que ultrapassem os interesses subjetivos da causa. Em sentido análogo, dispôs o CPC/2015 no art. 1.035 e o art. 322 do RISTF, com a redação dada pela Emenda Regimental nº. 21/2007.

1 STJ, Ag. Int. no AREsp 937.652/SP, Relator Ministro Marco Aurélio Bellizze, 3ª Turma, julgado em 26/08/2019; STJ, REsp 1.781.992/MG, Relator Ministro Herman Benjamin, 2ª Turma, julgado em 26/03/2019; e STJ, REsp 1.112.524/DF, Relator Ministro Luiz Fux, Corte Especial, julgado em 01/09/2010.

6. JUÍZO ARBITRAL. CLAUSULA COMPROMISSÓRIA: EFEITOS

1. B. – A.I. Ltda. e E.T.O.P. S; A – T. contrataram com R.M. S/A A.P., mediante instrumento particular, de 5 de dezembro de 1975, a venda de ações de duas sociedades. Referem que a compradora já deixou de cumprir obrigações acessórias ajustadas nesse negócio, e há sinais de que se tornará inadimplente no pagamento do preço das ações. Consultam-nos acerca das possíveis repercussões da cláusula 12 do instrumento contratual, notadamente no que tange à eventualidade da instauração de processo em Juízo; desejam saber se, em tal hipótese, poderá a compradora invocar com êxito a estipulação para impedir que o litígio seja apreciado pela Justiça estatal.

Eis o teor da aludida cláusula:

> "Os Vendedores e o Comprador concordam em submeter a juízo arbitral todas as questões oriundas do presente contrato, podendo a arbitragem ser solicitada por qualquer das partes. Estas poderão indicar um único árbitro e os dois, em conjunto, escolherão um terceiro desempatador eventual. Os árbitros poderão usar de equidade, e as despesas com a arbitragem serão suportadas pela parte perdedora, exceto honorários do árbitro indicado pela parte vencedora".

A primeira indagação que se põe diz respeito, obviamente, à qualificação jurídica dessa estipulação, que, a rigor, não é mera "cláusula" do contrato de compra e venda, mas negócio jurídico distinto, instrumentado, *commoditatis causa,* no bojo do mesmo documento. Conforme oportunamente se procurará demonstrar, no sistema jurídico brasileiro – tal como, no particular, o configuram os textos legais, o expõe a doutrina amplamente preponderante e o entende a jurisprudência torrencial dos nossos tribunais –, a resposta à consulta depende da premissa que se assente sobre a existência, aí, de *compromisso* ou de simples *pactum de compromittendo,* em geral designado – graças à forma de que costuma revestir-se (e de que na espécie se reveste) – por "cláusula compromissória". Esse será, pois, o ponto de partida de nossa investigação.

2. Vinha o compromisso regulado no Código Civil, entre os modos de extinção das obrigações (arts. 1.037 e s.); por força da reforma processual de 1973, a disciplina da matéria passou ao Código de Processo Civil (arts. 1.072 e s.), que se reputou sede mais adequada, à vista da íntima relação entre o mencionado instituto e do juízo arbitral. São, no entanto, parecidíssimos os textos mais importantes de ambos os diplomas, não se tendo praticamente alterado a substância do ordenamento. Como, por outro lado, nenhum deles contém referência expressa à cláusula compromissória, os problemas a esta atinentes podem ser, em princípio, equacionados e estudados, pelo menos no que interessa ao atendimento da consulta, fazendo-se abstração da mencionada circunstância. Quando, por exceção, esta se tomar relevante, cuidaremos de consignar o fato; fora daí, permitir-nas-emas raciocinar despreocupados dela, utilizando, por exemplo, indiferentemente, subsídios doutrinários e jurisprudenciais anteriores e posteriores a 1º de janeiro de 1974 – data em que, como é notório, entrou em vigor o atual estatuto processual civil.

O compromisso – ato pelo qual as pessoas capazes de contratar se louvam "em árbitros que lhes resolvam as pendências judiciais ou extrajudiciais de qualquer valor, concernente a direitos patrimoniais, sobre os quais a lei admita transação" (Código de Processo Civil, art. 1.072) – é negócio *formal,* que se celebra "por termo nos autos, perante o juízo ou tribunal por onde correr a demanda", ou então "por escrito público ou particular, assinado pelas partes e por duas testemunhas" (art. 1.073), e há de conter, "sob pena de nulidade", entre outras indicações, "os nomes, profissão e domicílio dos árbitros, bem como os dos substitutos nomeados para o caso de falta ou impedimento", "o objeto do litígio, com todas as suas especificações, inclusivamente o seu valor", e "a declaração da responsabilidade pelo pagamento dos honorários dos peritos e das despesas processuais" (art. 1.074, nº II, III e IV). Na cláusula 12 do instrumento de compra e venda das ações, as partes *não* se louvaram em árbitros, nem, consequentemente, lhes indicaram nomes, profissão ou domicilio. Tampouco especificaram o objeto do litígio, *que ainda não nascera.* O ajuste de que se trata, portanto, não corresponde ao modelo legal do compromisso.

O que se depara, na estipulação, é o chamado *pactum de compromittendo,* a que vulgarmente se alude, cabe repetir, sob a designação de "cláusula compromissória", por inserir-se, no comum dos casos – e é o que sucede aqui –, como cláusula aposta a contrato, muito embora se obtempere que *"este rasgo no es esencial a la figura y el propio desenvolvimento de hecho de la cláusula compromisoria ha demostrado como, en muchas ocasiones, viene sendo objeto de un pacto autónomo, aislado de cualquier otra relación jurídica distinta"* (GUASP, *El arbitraje en el derecho español,* Barcelona, s/d, p. 80). Por ele obrigam-se as partes a celebrar compromisso, mas *ainda não comprometem,* no sentido técnico da expressão.

> "Muitas vezes" - ensinava CLÓVIS BEVILÁQUA - "as partes incluem, nos seus contratos, uma cláusula, comprometendo-se a submeter as controvérsias, que surgirem entre elas, à decisão de árbitros. É a *cláusula compromissória,* que ainda não é o compromisso, mas a obrigação de o celebrar. É o *pactum de compromittendo" (Código civil comentado,* 10ª ed., 1955, v. IV, p. 156 - grifos do autor).

Mais recentemente, assim explica PONTES DE MIRANDA a distinção entre as duas figuras:

> "A *cláusula compromissória (e.g.,* 'as controvérsias que surgirem na interpretação ou na execução deste contrato serão submetidas a juízo arbitral') é pacto de compromisso, ou, mesmo, negócio por declaração unilateral de vontade (e.g., inserta em títulos ao portador), em que ainda não se determinou a demanda ou ainda não se determinaram as demandas que têm de ser decididas por árbitros. O *compromisso* é o contrato, dificilmente o negócio por declaração unilateral de vontade, em que *já* se determina a demanda submetida ao juízo arbitral" *(Tratado de direito privado,* t. XXVI, Rio de Janeiro, 1959, p. 327; grifado no original).

3. Ao compromisso tem reconhecido autorizadíssima doutrina, no Brasil e alhures, a natureza de *contrato,* embora dotado de características particulares. No direito alemão o ponto é pacífico, segundo o denota até o *nomen iuris* de *Schiedsvertrag* (literalmente, *contrato arbitral);* discutem os especialistas, apenas, se se trata de contrato de direito material, de direito processual ou misto: *vide* a tal respeito, por todos, BAUMBACH-SCHWAB, *Schiedsgerichtsbarkeit,* 2ª ed., Munique-Berlim, 1960, p. 54-5, com abundantes indicações bibliográficas. A mesma orientação predomina na Itália: cf., entre outros, CHIOVENDA, *Principii di diritto processuale civile,* Nápoles, 1965 (reimpressão), p. 105, 107; BARBARESCHI, *Gli arbitrati,* Milão, 1937, p. 8; REDENTI, verbete Compromesso, *in Novissimo digesto italiano,* v. III, p. 789, 791; TRABUCCHI, *Istituzioni di diritto civile,* 5ª ed., Pádua, 1950, p. 725; ALLARA, *La teoria generale del contratto,* Turim, s/ d, p. 27-8; ROTONDI, *Istituzioni di diritto privato,* 8ª ed., Milão, s/ d (1965), p. 536; MARANI, *Aspetti negoziali e aspetti processuali dell'arbitrato,* Turim, 1966, p. 151; VECCHIONE, *L'arbitralo nel sistema del processo civile,* Milão, 1971, p. 190, 192. É assim também entre nós: *vide,* por exemplo, PONTES DE MIRANDA, ob. e t. cit., p. 324, 328;

AMÍLCAR DE CASTRO, *Comentários ao código de processo civil* (de 1939), t. X, 2º V., 2ª ed., Rio de Janeiro, 1963, p. 579; SERPA LOPES, *Curso de direito civil,* v. II, 4ª ed., Rio de Janeiro, 1966, p. 321; SILVIO RODRIGUES, *Direito civil,* v. II *(Parte geral das obrigações),* São Paulo, s/d, p. 293.

Nessa perspectiva, à cláusula compromissória – *rectius:* ao *pactum de compromittendo* – deve atribuir-se a natureza de contrato preliminar, pré-contrato ou promessa de contratar (assim, expressamente, SERPA LOPES, ob. e lug. cit.). Mesmo, porém, quem negue a contratualidade do compromisso, ao arrepio da tendência preponderante, não negará, em todo caso, uma relação de analogia: o *pactum de compromittendo* está para o compromisso assim como o contrato preliminar está para o contrato definitivo.

4. Em relação ao *pactum de compromittendo* devem pôr-se duas questões: a da sua *validade* e a da sua *eficácia.* Quanto à primeira, as dúvidas que por largo tempo perduraram – e de que dá minuciosa notícia MENDES PIMENTEL, *Da cláusula compromissória no direito brasileiro,* Rio de Janeiro, 1934, p. 17 e s. – podem hoje considerar-se superadas. Foi-lhe teimosamente hostil a jurisprudência francesa, desde famoso *arrêt* da Corte de Cassação, de 10 de julho de 1843; em matéria comercial, sobreveio a intervenção do legislador, que admitiu a possibilidade da estipulação mediante lei de 1925; mas subsistiu a exclusão do *pactum de compromittendo* no campo civil, consagrada até, em termos expressos, por lei de 1972, que deu a seguinte redação ao art. 2.061 do *Code Civil: "La clause compromissoire est nulle s'il n'est disposé autrement par la loi" (vide,* sobre o assunto, ROBERT, *Arbitrage civil et commercial,* t. I, Paris, 1961, p. 96-8; VINCENT, *Procédure civile,* 18ª ed., Paris, 1976, p. 1.040-1). O caso da França, porém, é tão peculiar, que não serve de paradigma a outros sistemas jurídicos; menos ainda quando se verifica que, ao longo de décadas, com base nos mesmos textos escritos, a jurisprudência belga adotava posição diametralmente oposta à daquele país, admitindo quase sem resistência a validade da cláusula compromissória (GODRON, *La clause compromissoire,* Paris, 1916, p. 91 e s.; MENDES PIMENTEL, ob. cit., p. 34).

No Brasil, dispunha o Decreto nº 3.900, de 26 de junho de 1867, art. 9º, que "a cláusula de compromisso, sem a nomeação dos árbitros ou relativa a questões eventuais, não vale senão como promessa e fica dependente para sua perfeição e execução de novo e especial acordo das partes, não só sobre os requisitos do art. 8º, senão também sobre as declarações do art. 10" (os dispositivos referidos indicavam cláusulas de inserção obrigatória ou facultativa, respectivamente, *no próprio compromisso).* O diploma, que regulava o juízo arbitral do comércio, foi aplicado também no terreno civil; daí, certamente, a relutância de vasto setor doutrinário e jurisprudencial, antes e depois do advento do Código Civil – que silenciou sobre o ponto –, em reconhecer valor à estipulação. Em nossos dias, contudo, parece firmada a tese da validade; e realmente não se vislumbra qualquer razão séria para negá-la, máxime depois que se tomou familiar e difundidíssima na prática negocial a figura do contrato preliminar, com a qual, segundo já se assinalou, o *pactum de compromittendo* tem óbvia afinidade, quando não constitua, pura e simplesmente, uma espécie do gênero.

Mas reconhecer como válida a cláusula não é ainda determinar-lhe a eficácia. Cumpre averiguar *que efeitos* ela produz, e esse será o tópico decisivo para a resposta à consulta.

5. Sendo o *pactum de compromittendo* negócio jurídico obrigacional, soa acaciana a afirmação de que, validamente ajustado, gera para as partes um vínculo da mesma natureza. O que importa é fixar as consequências do eventual descumprimento dessa obrigação. Aqui há que distinguir entre duas situações fundamentais, configuráveis na eventualidade de surgir litígio:

1ª) uma das partes simplesmente se recusa à celebração do compromisso;

2ª) uma das partes, desprezando o avençado, procura de imediato a via judicial para pedir o pronunciamento da Justiça estatal no tocante à lide.

No primeiro caso, tem-se de cogitar das consequências do inadimplemento no plano *material;* no segundo, cumpre indagar de tais consequências no plano *processual.* Começando por aquele, cabe assinalar que são em tese concebíveis, e de fato têm sido propugnadas, duas soluções para o problema:

1ª) o descumprimento do pacto daria lugar, apenas, à exigibilidade, em face da parte inadimplente, de uma prestação pecuniária, resolvendo-se a obrigação em perdas e danos, de acordo com a concepção tradicional em matéria de obrigações de fazer, sobretudo quando só cumpríveis pelo próprio devedor (obrigações "de prestação infungível");

2ª) a outra parte teria a possibilidade de exigir a satisfação *in natura,* cabendo-lhe, na hipótese de resistência, pedir ao órgão judicial a emissão de sentença que "substitua" o compromisso não celebrado, ou, mais exatamente, que produza os mesmos efeitos deste.

Teve por si a primeira opinião, em nosso país, a autoridade de ilustres civilistas, entre os quais CLÓVIS BEVILÁQUA, para quem a cláusula compromissória, "como obrigação de fazer, desde que *nemo potest precise cogi ad factum,* não obriga as partes à celebração do compromisso, embora o não celebrá-lo constitua infração do contrato, que dará lugar à responsabilidade civil" (ob. e lug. cit.). Ela buscaria inspiração na regra do art. 880 do Código Civil, *verbis:* "Incorre também na obrigação de indenizar perdas e danos o devedor, que recusar a prestação a ele só imposta, ou só por ele exequível". Perdura a concepção em autores modernos, como SILVIO RODRIGUES, que – atento à dificuldade quase sempre existente em apurar o montante dos prejuízos porventura causados pelo inadimplemento – diz aconselhável a prévia fixação do *quantum* a ser pago pela parte que descumprir a avença, mediante a inserção, no contrato, de cláusula penal onde se estipule multa compensatória (ob. e v. cit., p. 295-6). Filia-se a tal corrente o acórdão do Supremo Tribunal, de 2 de junho de 1967, no Recurso Extraordinário nº 58.696, relatado pelo Ministro LUIZ GALLOTTI, cuja ementa fala expressamente em "obrigação de fazer, *que se resolve em perdas e danos" (Rev. Trim. de Jur.,* v. 42, p. 212; a essa decisão voltaremos a referir-nos adiante).

O segundo entendimento parte da ideia de que, sempre que possível, deve assegurar-se ao credor a obtenção de resultado prático idêntico àquele que resultaria do adimplemento espontâneo da obrigação. Para a objeção de que, sendo infungível a prestação, só o próprio devedor está em condições de proporcionar tal resultado, encontrou-se resposta na observação de que a impossibilidade de atingi-lo por outro meio se limita aos casos de incontornável infungibilidade *natural* (ou *de fato)* – como ocorreria no caso de cantor que se recusasse a dar o concerto prometido, ou no de pintor que se negasse a executar a tela encomendada -; não subsiste, entretanto, na hipótese de ter-se alguém obrigado a emitir declaração de vontade. Aqui, perfeitamente se concebe que, mediante provocação do credor insatisfeito, o Estado, pelo órgão judicial, "supra" a omissão do devedor inadimplente, proferindo sentença que faça as vezes da declaração não emitida *(vide,* sobre o assunto, o clássico estudo de CHIOVENDA, Dell'azione nascente dal contratto preliminare, *in Saggi di diritto processuale civile,* Roma, 1930, v. I, p. 101 e s., espec. 111-2).

É inegável que, de algum tempo para cá, vem ganhando força esta última tendência. Numerosas legislações modernas contemplam *expressis verbis* a exequibilidade específica de obrigações do tipo sob exame, notadamente em matéria de contratos preliminares. Parece supérfluo retraçar neste ensejo as etapas históricas de semelhante evolução. Vamos cingir-nos ao registro de que, no direito luso-brasileiro, há antecedente remoto. Com efeito, no Código Filipino, rezava a Ordenação do Livro IV, Título XIX, § 2º:

> "E quando as partes afirmassem entre si alguma convença, de que a escritura não fosse de substância do contrato, posto que, depois de a terem simplesmente afirmado dissessem, que fossem fazer escritura, sendo a cousa, sobre que se fez a convença, ou a quantia tal, que segundo nossas Ordenações não se possa provar, senão por escritura pública, se a parte confessar que a convença foi entre elas afirmada, será constrangida a fazer dela escritura".

E a propósito desse texto vê-se na edição de CÂNDIDO MENDES DE ALMEIDA, Rio de Janeiro, 1870, p. 801, a transcrição de nota ao *Repertório das ordenações,* onde o Desembargador OLIVEIRA observava:

> "[...] nunca vi na prática fazer-se este constrangimento real, senão que em semelhantes casos se manda nas sentenças que a parte faça escritura; e não a fazendo *fique a mesma sentença valendo, como se o fora"* (grifamos).

Passemos então a considerar a questão relativa à viabilidade ou inviabilidade do suprimento, *ope iudicis,* da declaração de vontade necessária para que se perfaça o compromisso. Esse é o único tópico que merece, no plano do direito *material,* a nossa atenção: não precisamos gastar mais tempo e espaço com a primeira solução alvitrada – consoante a qual o descumprimento da cláusula compromissória unicamente acarretaria a resolução da obrigação em perdas e danos –, porque é, *in casu,* pequeno o risco que nela se desenha, ante a inexistência, no instrumento do negócio, de cláusula penal referente à matéria, e a extrema dificuldade que qualquer das partes decerto encontraria, em sua falta, de demonstrar a ocorrência de prejuízo patrimonial suscetível de quantificação precisa. Deixaremos para a parte final do parecer a análise da questão sobre que versa, essencialmente, a consulta – a saber, a das eventuais consequências de ordem *processual* porventura concebíveis na hipótese de algum dos contratantes pura e simplesmente deduzir no juízo estatal pretensão oriunda do negócio.

6. Se quiséssemos focalizar o problema em perspectiva comparatista, teríamos de reconhecer uma propensão generalizada para a tese da exequibilidade *in natura* do *pactum de compromittendo.* O Código de Processo Civil português contém disposições expressas a tal respeito, no art. *1.513, verbis:*

> "2. Estipulada a cláusula compromissória, se surgir alguma questão abrangida por ela e uma das partes se mostrar remissa a celebrar o compromisso, pode a outra requerer ao tribunal da comarca do domicílio daquela que se designe dia para a nomeação de árbitros.
>
> 3. As partes são notificadas pessoalmente para comparecer no dia que for designado.
>
> Se não chegarem a acordo quanto à nomeação dos árbitros, cada uma delas nomeia um e o juiz nomeia o terceiro.
>
> Recusando-se a parte remissa a nomear árbitro, é este também nomeado pelo juiz.
>
> 4. A falta de alguma das partes determina o adiamento da diligência e, se não for justificada, a condenação em multa. Não há novo adiamento por falta de qualquer das partes.
>
> Se no dia novamente designado não comparecer o requerente, entende-se que desiste da diligência, salvo se, estando presente a outra parte, ela se conformar com o objeto do litígio indicado no requerimento inicial e requerer que se proceda imediatamente à nomeação dos árbitros. Neste último caso, o juiz nomeia árbitro pelo requerente.
>
> Não comparecendo a parte remissa, cabe ao juiz a nomeação do respectivo árbitro.
>
> 5. No ato de nomeação dos árbitros devem as partes fixar com precisão o objeto do litígio.
>
> Se não chegarem a acordo, resolve o juiz, havendo recurso da resolução tomada".

Conforme atesta GUASP, ob. cit., p. 98 e S., o ordenamento espanhol, anteriormente refratário a semelhante possibilidade, passou a admiti-la por força de lei de 1953. Normas substancialmente análogas deparam-se na legislação belga *(Code Judiciaire,* arts. 1.683 e 1.684, acrescentados, como toda a Parte VI, por lei de 1972), na argentina *(Código Procesal Civil* y *Comercial de la Nación,* art. 769), na colombiana *(Código de Procedimiento Civil,* art. 667, 3ª e 4ª alíneas), na boliviana *(Código de Procedimiento Civil,* art. 716), para mencionarmos apenas textos legais recentíssimos, do último decênio. Na França, pôs-se a questão após a lei de 1925, que consagrou em matéria comercial, conforme oportunamente assinalado, a cláusula compromissória, sem todavia regular de modo expresso o ponto de que se trata. Expõe ao propósito ROBERT, ob. e t. cit., p. 121:

> "Cependant la question essentielle que pose le passage de la clause compromissoire au compromis est celle que donne **à** juger le refus d'une des parties de signer le compromis, el plus exactement, dans la plupart des cas, le refus de désigner un arbitre.
>
> Ceci pose le problème de la possibililé d'une désignation d'arbitre d'office pour la partie qui s'y refuse.
>
> Après une résistance d'une partie de la jurisprudence sur la possibilité d'une désignation d'office pour la partie défaillante, dans la période qui a immédiatement suivi le vote de la loi du 31 décembre 1925, au motif de ce que la clause compromissoire ne s'analyserait que comme une obligation de faire susceptible seulement de se résoudre en dommages-intérêts, la Cour de cassation a définitivement réglé la question pour considérer qu'en cas de refus d'une des parties, l'arbitre devait étre désigné d'office. Les Cours d'appel ont toutes appliqué le principe, el les discussions ne s'élevent plus que sur les modalités de désignation".

Afina-se pelo mesmo diapasão o ensinamento de VINCENT, ob. cit., p. 1.042-3, podendo concluir-se que está assente na prática judiciária francesa – dentro, é claro, dos lindes em que se reconhece como válido – a exequibilidade específica do *pactum de compromittendo.* Venceu, pois, a doutrina já sustentada no princípio do século por GODRON, ob. cit., p. 146 e s.

Feição peculiar assume a questão na Itália, onde surgiu controvérsia de que dá precisa informação VECCHIONE, ob. cit., p. 287-8. É que, de um lado, o art. 2.932 do *Codice civile,* na 1ª alínea, estatui: *"Se colui che e obbligato a concludere un contralto non adempie l'obbligazione, l'altra parte, qualora sia possibile e non sia escluso dal titolo, può ottenere una sentenza che produca gli effetti del contratto non concluso",* enquanto de outro o art. 810 do *Codice di procedura civile* prevê um procedimento especial para a nomeação dos árbitros, onde se contempla a possibilidade de que *"la nomina sia fatta dal presidente del Tribunale del luogo in cui* e *stato stipulato* il *compromesso oppure il contratto contenente la clausola compromissoria",* na omissão da parte recalcitrante. Divide-se a doutrina quanto à aplicabilidade do primeiro dispositivo ao caso de recusa de qualquer das partes à celebração do compromisso: há quem entenda cabível a ação tendente ao "suprimento" da declaração de vontade mediante sentença, e quem a exclua, por desnecessária, dada a existência de meio processual especificamente ordenado a ensejar, mesmo sem a colaboração de algum dos contratantes, a constituição do juízo arbitral.

Seja como for, restringe-se a discrepância a aspecto acidental, já que no essencial todos estão de acordo: a resistência da parte não impede, por si só, o atingimento do resultado, por uma ou por outra via.

7. O direito brasileiro, contudo, não parece ter acertado o passo pelo dos ordenamentos acima referidos. Seria exagero dizer que jamais encontrou defensor, entre nós, a tese da exequibilidade específica do *pactum de compromittendo,* Advogava-a, há mais de quatro décadas, MENDES PIMENTEL, na monografia a que se fez referência, p. 78 e s., com extensa e inteligente argumentação. Mas a proposta não vingou. Basta notar que, dois anos após a publicação da obra, a Corte de Apelação do antigo Distrito Federal, em Acórdão de 22 de junho de 1936, preferiria situar-se do extremo oposto, negando ainda *qualquer* valor jurídico à cláusula compromissória, que a seu ver não produzia "obrigação civil, mas, apenas, um dever moral" *(Rev. Forense,* v. 68, p. 727-8).

Veio o Código de Processo Civil de 1939, que assim dispôs no art. 1.006:

> "Art. 1.006. Condenado o devedor a emitir declaração de vontade, será esta havida por enunciada logo que a sentença de condenação passe em julgado.
> § 1º [...]
> § 2º Nas promessas de contratar, o juiz assinará prazo ao devedor para executar a obrigação, desde que o contrato preliminar preencha as condições de validade do definitivo».

Entendia-se, a despeito do silêncio do texto, que neste último caso a própria sentença surtiria os efeitos do contrato, se o devedor permanecesse omisso no prazo assinado. Podia pôr-se o problema do *pactum de compromittendo* – assimilável, ou pelo menos equiparável, a contrato preliminar *(vide* o item 3 deste parecer) – à luz do § 2º. Mas as "condições de validade" do compromisso, tais como as discriminava, então, o art. 1.039 do Código Civil, normalmente não se achavam satisfeitas na cláusula compromissória: para nos cingirmos a um ponto, nesta seria de todo em todo excepcional que já se designasse "o objeto do litígio", precisamente porque contemporânea a estipulação ao aperfeiçoamento do contrato, e por conseguinte anterior ao nascimento de qualquer desavença na respectiva execução. Em tal perspectiva, escreveu o maior dos comentadores do diploma de 1939:

> "Não se pode, para se obter o compromisso, se o pacto *de compromittendo* não precisou cada ponto do compromisso prometido, invocar o art. 1.006

> do Código de Processo Civil, nem, tampouco, pretender que o juiz nomeie o árbitro" (PONTES DE MIRANDA, ob. e t. cit., p. 399).

E invocou em abono da afirmação dois Acórdãos, um dos quais proferidos pela 1ª Câmara Cível do Tribunal de Apelação do Rio Grande do Sul em 2 de dezembro de 1940, isto é, já *depois* da entrada em vigor do mencionado Código, e publicado no *Arq. Jud.*, v. 58, p. 53.

Quanto à posição da jurisprudência, aliás, nenhuma dúvida cabia sobre a sua fidelidade à doutrina clássica, segundo a qual o descumprimento do pacto tinha como consequência única a resolução da obrigação em perdas e danos. Consoante já se registrou, essa tese foi expressamente subscrita pelo Supremo Tribunal Federal, no Acórdão de 1967, aludido no item 5 deste parecer.

8. Havendo optado por deslocar para o Código de Processo Civil a própria disciplina do compromisso – acrescentada à do juízo arbitral –, o legislador de 1973 não cuidou porém, como já se disse, da cláusula compromissória. Tinha diante de si, e sem dúvida os conhecia, modelos estrangeiros mais ou menos recentes, como o italiano, o português, o belga, o argentino, o colombiano, todos alinhados sob a mesma orientação fundamental: reconhecer expressamente foros de cidadania ao *pactum de compromittendo,* e mais, sancionar com o suprimento judicial a omissão da parte em cumpri-lo. Não é razoável atribuir ao acaso o silêncio do atual diploma brasileiro no particular. Tudo indica que, ciente da tendência dominante, assentou, bem ou mal, ficar à margem dela. Há no diploma em vigor, porém, o art. 639, cujo texto é a tradução quase literal do art. 2.932 do Código Civil italiano, antes referido:

> "Art. 639. Se aquele que se comprometeu a concluir um contrato não cumprir a obrigação, a outra parte, sendo isso possível e não excluído pelo título, poderá obter uma sentença que produza o mesmo efeito do contrato a ser firmado".

Admitida a natureza contratual do compromisso, poderia cogitar-se da aplicação desse dispositivo à hipótese de descumprimento da cláusula compromissória. A objeção que ocorre lança raízes na restrição posta pelas palavras "sendo isso possível": ela excluiria a viabilidade da solução todas as vezes que o pré-contrato deixasse de conter a regulamentação de pontos essenciais do contrato definitivo, pois, se ao juiz é dado suprir com a sentença *a manifestação final* de vontade da parte recalcitrante, em relação àquilo que já esteja previamente avençado, não lhe é lícito, contudo, substituir a vontade dela pela sua própria, regulando matéria estranha ao conteúdo do negócio preliminar *(vide* BARBOSA MOREIRA, *O novo processo* civil *brasileiro,* v. II, Rio de Janeiro, 1976, p. 44). Na doutrina italiana escreve a respeito MICHELI, Esecuzione forzata, *in Tutela dei diritti,* v. VI do *Commentario del codice civile a cura di Antonio Seio loja e Giuseppe Branca,* Bolonha-Roma, 1953, p. 534:

> "Vi sono, infatti, delle ipotesi in cui nel contratto preliminare mancano troppi elementi che dovrebbero entrare pai nel contralto definitivo: si pensi, ad esempio, nel caso in cui le parti abbiano assunto il reciproco impegno di prestarsi reciprocamente a trattare per raggiungere l'accordo sulle condizioni dei futuro contratto. È evidente che in questa ipotesi, ed in altre consimili, il giudice non può surrogarsi alla parte inadempiente, perfezionando cosi il contratto definitivo. Al giudice stesso, in ogni modo, spetta di accertare nel singolo caso se del pactum de compromittendo sorga oppur no un obbligo alfa conclusione dei negozio definitivo, obbligo che sia completo in tutti suoi elementi e che quindi, come tale, sia suscettibile di esecuzione forzata in forma specifica".

Nesta óptica, a despeito da mudança de redação, subsistiria no ordenamento brasileiro vigente uma exigência de alcance substancialmente idêntico ao da cláusula do art. 1.006, § 2º, do Código ab-rogado («desde que o contrato preliminar preencha as condições de validade do definitivo»). Isto é: para que a recusa em celebrar o compromisso se torne judicialmente suprível, o *pactum de compromittendo* terá de conter todas as estipulações inerentes ao futuro compromisso (Código de Processo Civil, art. 1.074), assim como a promessa de compra e venda em regra já revela de modo exaustivo o conteúdo da futura compra e venda. A diferença é que na cláusula compromissória, conforme se assinalou, isso é praticamente raríssimo, e talvez nem sempre possível, o que tira ao art. 639 grande parte do interesse de que poderia revestir-se para o exame do nosso problema.

Replicar-se-á que na Itália se admite a exequibilidade *in natura* do *pactum de compromittendo,* inclusive com a nomeação judicial do árbitro da parte omissa. Mas tivemos o cuidado de registrar que a conclusão não repousa necessariamente no art. 2.932 do *Codice civile,* inaplicável ao caso, segundo autorizada doutrina *(vide* o item 6 deste parecer): a *sedes materiae* será o art. 810 do estatuto processual civil, que prevê em termos expressos a possibilidade da medida, pré-excluindo qualquer dúvida. Ao contrário do que se dá entre nós, a questão é resolvida por norma legal específica, sem correspondente no ordenamento pátrio. Até se pode conjecturar que a própria existência de semelhante dispositivo constitui indício veemente da insuficiência de regra como a do art. 2.932 da lei civil para, por si só, autorizar o suprimento judicial da celebração do compromisso.

O fato incontestável é que a doutrina brasileira continua, sob o Código em vigor, refratária à viabilidade de suprimento. Em seus *Comentários* ao diploma atual, t. XV, p. 259, reproduz PONTES DE MIRANDA, em substância, o que escrevera sob a lei anterior, negando que se possa conseguir em Juízo a satisfação específica da obrigação de comprometer, "se o *pacto de compromittendo* não precisou cada ponto do compromisso prometido", ou "pretender que o juiz nomeie o árbitro". Acrescenta o comentador: "Daí a conveniência de se inserir a pena. Mas há a ação de indenização por inadimplemento" – afirmações que o mostram apegado à concepção tradicional, da resolução em perdas e danos como consequência única do descumprimento da estipulação. A mesma rota segue HAMILTON DE MORAES E BARROS, *Comentários ao código de processo civil,* v. IX, 2ª ed., Rio de Janeiro, 1977, p. 475:

> "A cláusula compromissória cria apenas uma obrigação de fazer. Como essas obrigações não admitem a coercitiva exigência de cumprimento, dada a regra *nemo potest precise cogi ad factum,* e não tem ela execução compulsória, daí se infere que não leva necessariamente à celebração do compromisso e a sua não realização acarreta responsabilidade civil daquele que a descumpra".

9. Volvamos agora os olhos para o derradeiro aspecto do problema, objeto principal do interesse das consulentes, a saber, o dos possíveis efeitos processuais do *pactum de compromittendo.* Aposta ao contrato a cláusula compromissória, surge litígio na execução do negócio, e por hipótese uma das partes, desprezando a estipulação, dirige-se à Justiça estatal. Deve o órgão judicial abster-se de conhecer da lide? Pode ao menos a outra parte constrangê-lo à abstenção, suscitando preliminar fundada no *pactum de compromittendo?* Merecerá acolhimento semelhante defesa – ou "exceção", como às vezes se lhe chama, em sentido distinto, é claro, do que dá à palavra o diploma processual civil, nos arts. 304 e seguintes? São as indagações que neste passo nos cumpre enfrentar.

Também a tal respeito é forçoso reconhecer que, no plano comparatístico, em regra se imporia a resposta positiva. Algumas legislações contêm norma expressa a excluir o conhecimento judicial em semelhantes hipóteses. Assim o *Código de Procedimiento Civil* colombiano, art. 663, 5ª alínea, *verbis:*

> "El compromiso y la cláusula compromisoria implican la renuncia a hacer valer las respectivas pretensiones ante los jueces, pero no impiden adelantar ante estos procesos de ejecución".

Mesmo, porém, onde inexiste disposição análoga, a solução não costuma ser outra. Na França, conforme expõe ROBERT, o *pactum de compromittendo,* desde que válido, "emporte une incompétence certaine de tous les tribunaux de droit commun pour connaître, entre les parties à la clause compromissoire, d'un litige compris dans le domaine d'application de celle-ci" (ob. cit., p. 121: cf. a p. 128, onde o autor reafirma que "l'incompétence des tribunaux de droit commun pour connaître des litiges inclus dans le champ d'application de la clause compromissoire constitue la conséquence dominante de celle-ci, comme traduisant l'intention essentielle des parties"). O que se tem discutido é apenas se se trata de "incompetência absoluta", e portanto declarável de ofício, ou "relativa", de declaração subordinada à iniciativa da parte (*vide* VINCENT, ob. cit., p. 1.043 e, aí, a nota 2).

Igual diretriz prevalece no direito italiano. Antes ainda das novas codificações civil e processual, escrevia BARBARESCHI, ob. cit., p. 119, que, "se una delle parti si rivolge all'autorità giudiziaria, l'avversario non ha che da eccepire l'incompetenza di essa, dimostrando, con la produzione dello scritto, l'esistenza della clausola compromissoria, e il magistrado si dichiarerà senz'altro incompetente, condannando anche l'attore nelle spese". Sob o ordenamento em vigor, ensina ANDRIOLI, Sul preliminare di clausola compromissoria, in *Riv. di dir. proc.,* v. I, 1946, parte II, p. 89, que "discendono dal compromesso e della clausola compromissoria duo effetti: l'uno negativo, che consiste nel sottrarre la cognizione della causa al giudice ordinario; l'altro positivo, che si sostanzia nel conferire agli arbitri la facoltà di deciderla". Como esclarece VECCHIONE, ob. cit., p. 321, tem-se considerado relativa a incompetência da Justiça estatal, de modo que corre à parte o ônus de levantar a "eccezione", vedada ao juiz a possibilidade de declarar-se incompetente *ex officio*.

Dentre os principais ordenamentos abrangidos por nossa pesquisa, apenas o espanhol afasta-se desse rumo. Não obstante atribua ao *pactum de compromittendo*, a partir de 1953, no caso de resistência de alguma das partes, o efeito de abrir ensejo ao suprimento ope iudicis da declaração de vontade recusada (vide o item nº 6 deste parecer), nega-lhe todavia o de subtrair a matéria à cognição dos juízes ordinários. Destarte, uma vez instaurado processo judicial, o réu não tem como evitar o julgamento; tal efeito, só o próprio compromisso é que o produz (GUASP, ob. cit., p. 97-8).

10. Vejamos as respostas que dá o direito brasileiro às indagações acima formuladas. No sistema vigente, desde logo há que excluir uma possibilidade: a de que o órgão judicial, *ex officio*, se abstenha de conhecer do litígio submetido à sua apreciação, pelo mero fato de existir cláusula compromissória. O art. 301, § 4º, do Código de Processo Civil expressamente a recusa ao juiz, com relação ao compromisso; ora, não seria razoável que se reconhecesse ao simples pactum de compromittendo, ao negócio preliminar, efeito negado pela lei ao definitivo. Tal opinião desatenderia às mais elementares exigências da lógica.

Resta ver se à parte chamada a Juízo se concede ao menos uma "exceção" capaz de inibir o órgão estatal, acarretando a extinção do processo sem julgamento do mérito, à semelhança do que acontece quando se trata de compromisso. Era o pensamento de MENDES PIMENTEL, que aliás equiparava a defesa preliminar calcada no pactum de compromittendo a uma exceção de incompetência relativa, quando escrevia que "cabe ao réu (credor da obrigação de comprometer) arguir a incompetência do juízo, a fim de serem as partes remetidas para o juízo arbitral a se constituir" (ob. cit., p. 72), e acrescentava:

> "Essa incompetência, porém, em virtude de seu caráter puramente convencional, é simplesmente relativa, e, como tal, deverá ser arguida *in limine litis*, sob pena de ser havido como tacitamente renunciado o juízo arbitral" (*ibid.*, p. 73).

Convém registrar em seguida a posição de PONTES DE MIRANDA, que assim se pronuncia em certo passo:

> "Temos aqui de considerar que, durante a lide, pode uma das partes alegar que existe, a respeito da *res in iudicium deducta*, compromisso. Então, quem o alega tem de prová-lo, e prova-o com a juntada do instrumento, ou certidão, ou pública forma, ou cópia fotostática. Não há, aí, homologação, porque não se fez por termo nos autos; o juiz tem apenas de julgar se a relação jurídica processual estatal se há de desconstituir, pela procedência da exceção de compromisso. O *pactum de compromittendo* também gera essa exceção" (*Trat. de dir. priv.*, cit., t. 26, p. 321; grifado no original).

Não obstante a altura de que provém, a afirmação contida no último período transcrito pouco vale – diga-se com a devida vênia – como argumento de autoridades que o próprio jurista a desmente em termos explícitos e categóricos noutro lanço da mesma obra, onde ensina: "O pacto de compromittendo NÃO gera a exceção de compromisso" (*ibid.*, p. 399; nosso o destaque em "NÃO"). E nem se queira levar a negação à conta de imperfeita revisão tipográfica, porque o autor invoca em seu abono, aí, Acórdão da 3ª Câmara Cível do Tribunal de Apelação de São Paulo, de 31 de março de 1943, publicado na *Rev. dos Tribs.*, v. 145, p. 633, além de ajuntar duas observações que já citamos: "Daí a conveniência de se inserir a pena. Mas há a ação de indenização por inadimplemento". Transparente, assim, a contradição, que aliás subsiste nos Comentários de PONTES DE MIRANDA ao estatuto processual de 1973, t. XV, onde se reproduzem, *ipsis verbis*, as duas passagens desarmônicas, a primeira na p. 248 e a segunda na p. 259. Torna-se difícil, por conseguinte, descobrir qual das teses em conflito realmente contaria com o aval do mestre.

Em toda a restante doutrina, pronunciamento algum se depara que atribua ao pactum de compromittendo o efeito de ministrar à parte fundamento para obstar à cognição da Justiça estatal. Alguns autores, como ARNOLDO WALD, Curso de Direito Civil, v. 11, 2ª ed., Rio de Janeiro, 1969, p. 100, limitam-se a atestar: "Tem entendido a jurisprudência que a simples cláusula compromissória não impede o acesso à justiça comum, salvo se existir, no acordo das partes, cláusula neste sentido". Mais veemente é CAIO MÁRIO DA SILVA PEREIRA, Instituições de Direito Civil, 1ª ed., Rio de Janeiro, 1962, v. II, p. 229-30, quando adverte que a cláusula "é inócua e inútil, e jamais impediu o recurso à jurisdição ordinária". Também para WASHINGTON DE BARROS MONTEIRO, *Curso de direito civil*, 2ª ed., São Paulo, 1962, 4º v., p. 350, "a simples cláusula compromissória não impede que as partes pleiteiem seus direitos no juízo comum". SILVIO RODRIGUES, ob. e v. cit., p. 295, examinando o problema, aponta como opinião "mais sábia" aquela "que defere aos promitentes a prerrogativa de, desatendendo o pactum de compromittendo, recorrer à justiça comum". No dizer de ALFREDO BUZAID, Do juízo arbitral, in *Rev. dos Tribs.*, v. 271, p. 9, as cláusulas compromissórias "são desprovidas de eficácia para o fim de excepcionar o Juízo comum, impedindo o conhecimento da matéria que lhe é submetida a julgamento".

Tal orientação vê-se mantida nos comentários ao vigente diploma processual. Conquanto não verse o problema ex professo, tudo indica que a ela permanece fiel MONIZ DE ARAGÃO, *Comentários ao código de processo civil,* v. III, 2ª ed., Rio de Janeiro, 1976: de um lado, com efeito, escreve que "o compromisso constitui causa para a extinção do processo já formado, pois as partes renunciaram ao juízo estatal, submetendo-se à decisão dos árbitros" (p. 518); mas de outro frisa que "não se confundem o compromisso arbitral e a cláusula compromissória", reportando-se ao Decreto nº 3.900, de 1867, já antes mencionado (*vide* o item nº 4 deste parecer), e lembrando a posição de TEIXEIRA DE FREITAS, para quem era "inútil o uso de inserir nos contratos comerciais de sociedade, que todas as questões supervenientes sejam decididas por árbitros", pois "a cláusula compromissória não pode equivaler a compromisso, ou ser tomada como tal, ainda que as partes assim o estipularem" (p. 517-8). Só o próprio compromisso, portanto, surtiria o efeito de que se cogita; não assim o pactum de compromittendo. Nesse sentido, com absoluta clareza, opina HAMILTON DE MORAES E BARROS, ob. e v. cit., p. 474-5:

> "Como negócio jurídico, os efeitos maiores do compromisso dizem respeito ao direito das obrigações, mas dele decorrem, também, efeitos processuais, como a pretensão ao juízo arbitral e o surgimento da exceção de compromisso. Deriva a *exceptio ex compromisso* do compromisso mesmo e não do pacto de compromittendo".
>
> "Enquanto que o compromisso já é o acordo de vontades e já instala o juízo arbitral, fixando-lhe o objeto e elegendo os árbitros, a cláusula compromissória é pacto preliminar, o pactum de contrahendo, que apenas obriga as partes a comprometer-se. A inocuidade da cláusula está em todas as experiências, pois que jamais impediu o ingresso de qualquer das partes nos juízos estatais" (grifamos o último período).

11. O quadro não muda quando se passa da doutrina à jurisprudência. No curso de nossa pesquisa, deparamos um único pronunciamento favorável à tese da eficácia do pactum de compromittendo para excluir a cognição da Justiça ordinária; tratava-se, porém, de voto vencido, no julgamento da Apelação nº 6.099, pela Corte de Apelação de Minas Gerais, em 18 de novembro de 1936 (*Rev. For.,* v. 69, p. 116 e s.). Autorizadíssima, sem dúvida, a voz: era a do então Desembargador OROZIMBO NONATO, que depois veio a ilustrar o Supremo Tribunal Federal; isolada, no entanto, a manifestação. Passamos a arrolar, por ordem cronológica, algumas das decisões que recusam à cláusula compromissória o efeito de obstar ao julgamento por órgão estatal, ressaltando a circunstância de que, entre elas, se encontra uma da própria Corte Suprema:

"Simples cláusula compromissória, e não de compromisso propriamente dito de juízo arbitral, não impede que os interessados pleiteiem no juízo comum o seu direito" (Tribunal de Apelação de São Paulo, 3ª Câm. Cív., 31-3-1943, Apelação nº 16.652, in *Rev. dos Tribs.*, v. 145, p. 633-5).

"O Juízo arbitral é o objetivo do compromisso e este de modo algum pode confundir-se com a cláusula compromissória. O fato de constar do contrato social uma cláusula segundo a qual a solução de quaisquer questões relacionadas com o contrato caberia a árbitros a serem indicados pelos sócios não impede que qualquer deles recorra ao Juízo ordinário" (Tribunal de Justiça de São Paulo, 3º Grupo de Câmaras Civis, 16-11-1962, Embargos infringentes nº 115.781, in *Rev. dos Tribs.*, v. 361, p. 139).

"O Juízo arbitral não se confunde com certas cláusulas compromissórias que as partes inserem, por vezes, nos contratos, deixando elas de observar o estatuído no Código Civil, art. 1.039. Não autorizam tais cláusulas, pois, que se excepcione o Juízo comum" (Tribunal de Justiça de São Paulo, 3ª Câm. Cív., 16-5-1963, Agravo de instrumento nº 124.579, in *Rev. dos Tribs.*, v. 360, p. 199-200).

"Cláusula compromissória (*pactum de compromittendo*) ainda não é o compromisso constitutivo do juízo arbitral, mas obrigação de o celebrar. Trata-se de uma obrigação de fazer, que se resolve em perdas e danos e que, como pacto de ordem privada, não toma incompetente o juiz natural das partes, se a ele recorrem" (Supremo Tribunal Federal, 2-6-1967, Recurso Extraordinário nº 58.696, Rel. Min. LUIZ GALLOTTI, in *Rev. Trim. de Jur.*, v. 42, p. 212).

"A simples cláusula compromissória inserida em contrato não é a instituição do juízo arbitral, mas a obrigação de o celebrar, não impedindo, portanto, que uma das partes vá a juízo" (Tribunal de Alçada Civil de São Paulo, 6ª Câm., 5-8-1971, Apelação nº 163.973, in *Rev. dos Tribs.*, v. 434, p. 159).

"A cláusula compromissória ou promessa de se comprometer, relacionada com eventual controvérsia, não gera a exceção de compromisso. Assim, o obrigado à prestação de contas, chamado a fazê-lo no Juízo ordinário, não pode exonerar-se à obrigação com invocação da promessa de submissão ao Juízo arbitral" (1º Tribunal de Alçada Civil de São Paulo, 2ª Câm., 7-8-1974, Apelação nº 204.198, in ALEXANDRE DE PAULA, *Código de processo civil anotado*, São Paulo, 1977, v. IV, p. 376-7).

"Nenhum valor vinculativo tem o pactum de compromittendo. A cláusula através da qual os contratantes se comprometem a submeter à decisão arbitral as divergências que surjam na execução do contrato não corresponde ao compromisso regulado pelo Código Civil. Constitui simples promessa, dependente de novo acordo para constituição do Juízo arbitral, com indicação dos árbitros etc. Não impede, assim, que as partes pleiteiem seus direitos no Juízo comum" (1º Tribunal de Alçada Civil de São Paulo, 6ª Câm., 24-9-1974, Apelação nº 205.033, in ALEXANDRE DE PAULA, ob. e v. cit., p. 377).

"A cláusula contratual pela qual as partes se comprometem a submeter à decisão de árbitros as controvérsias que surjam ainda não é compromisso. É cláusula compromissória ou *pactum de compromittendo*. Correspondendo a simples promessa, dependendo, ainda, de novo acordo dos contratantes, não

> impede que as partes pleiteiem seus direitos no Juízo comum" (1º Tribunal de Alçada Civil de São Paulo, 4ª Câm., 2-10-1974, Apelação nº 205.934, in ALEXANDRE DE PAULA, ob. e lug. cit.).
>
> "O pacto de compromittendo existente em contratos constituintes de sociedades comerciais não afasta do Judiciário a apreciação de desentendimentos ou litígios. Para haver o compromisso do juízo arbitral, devem ser indicados árbitros ou forma de tal, além de precisão" (Tribunal de Justiça do Rio Grande do Sul, 1ª Câm. Cív., 9-9-1975, Apelação Cível nº 24.301, in ATHOS GUSMÃO CARNEIRO, *O novo código de processo civil nos tribunais do Rio Grande do Sul e Santa Catarina*, t. III, Porto Alegre, 1976, nº 1.012, p. 899).

A vista dessa mole de acórdãos - dos quais os quatro últimos, importa frisar, são posteriores à entrada em vigor do atual Código de Processo Civil -, nenhuma dúvida pode pairar sobre a atitude da nossa jurisprudência, toda ela infensa à possibilidade de obstar-se à cognição da Justiça estatal com base em cláusula compromissória.

12. Não é o caso de nos determos aqui no exame desses elementos ao ângulo crítico. O que se pretendeu, nos itens anteriores, não foi sustentar uma opinião pessoal: foi retratar, com o máximo de objetividade, a situação do direito brasileiro. Diga-se de passagem que ela não nos parece satisfatória. Destoa, conforme se pôs em relevo, da tendência largamente predominante no plano comparatístico. A nosso ver, teria sido oportuna, por ocasião da reforma processual, uma tomada de posição mais consentânea com a concepção que se vai difundindo em todo o mundo, para atribuir real eficácia, quer no plano material, quer no processual, ao pactum de compromittendo. O legislador pátrio de 1973, contudo, simplesmente ignorou o assunto; deixou, assim, que se perpetuasse uma tradição com a qual era tempo de romper.

Seja como for, de lege lata a resposta é a que acima se expôs. No que concerne, especificamente, à questão processual, o texto em vigor na verdade não facilita qualquer conclusão diversa daquela a que chega a corrente majoritária. A subtração de um litígio ao conhecimento da Justiça estatal tem óbvio caráter de exceção: a regra é naturalmente a do julgamento das lides pelos juízes ordinários. Contempla o Código a possibilidade de afastar-se a regra quando haja compromisso (arts. 267, nº VII, e 301, nº IX), subordinando-a, aliás, à iniciativa da parte interessada (arts. 267, § 3º, *a contrario sensu*, e 301, § 4º).Essas normas, justamente porque excepcionais, não comportam interpretação extensiva nem aplicação analógica.

Para que efeito idêntico houvesse de ser reconhecido ao pactum de compromittendo, seria indispensável que disposição expressa - a exemplo, conforme se viu, de várias legislações estrangeiras - equiparasse, para tal fim, a cláusula compromissória ao próprio compromisso. Semelhante disposição inexiste na lei brasileira. Logo, prevalece a regra da indeclinabilidade dos órgãos estatais de jurisdição.

13. *Last but not least*: descendo do geral ao particular, atente-se numa peculiaridade do contrato celebrado entre as consulentes e R.M. S/A. Sob a designação de cláusula 12, nele se inseriu o *pactum de compromittendo*. Entretanto, no mesmo instrumento, reza a cláusula 15:

> "Fica eleito o foro da cidade do Rio de Janeiro, com renúncia expressa de qualquer outra, se qualquer das partes tiver de recorrer a Juízo por questões oriundas do presente contrato".

O ponto é significativo. Poderiam as partes, ao redigir o instrumento, fortalecer a cláusula compromissória com o auxílio de outras estipulações. Poderiam, v.g., prever sanções específicas para o respectivo descumprimento: punir com multa o contratante que se recusasse a colaborar na celebração do compromisso, ou que demandasse em Juízo, com desprezo do pacto. Em certos contratos, hoje, costumam-se até inserir cláusulas mais enérgicas, estipulando-se, por exemplo, o vencimento antecipado das obrigações contratuais, ou de algumas delas, ou a resolução do negócio, no caso de violação do *pactum de compromittendo*: apesar de distintos os dois atos jurídicos, esse e o outro a que ele adere (vide os itens nº 1 e 2 deste parecer), nada impede que, por vontade das partes, as vicissitudes do primeiro repercutam sobre o segundo.

Ora, as sanções previstas na cláusula 8ª, e particularmente na letra b, só se tomam aplicáveis contra o comprador, no caso de descumprimento de suas obrigações contratuais; ainda que se queira interpretar a cláusula como abrangente da recusa à celebração do compromisso, ou do oferecimento de demanda perante algum órgão ordinário de jurisdição, ela não interessa no presente contexto. Por outro lado, redigindo a cláusula 15, onde se elege o foro da cidade do Rio de Janeiro para a hipótese de algum deles ir a Juízo, admitiram os contratantes, em termos inequívocos, a submissão dos eventuais litígios à Justiça estatal. Não se dirá que, com isso, hajam retirado todo e qualquer efeito à cláusula compromissória; a interpretação do contrato deve procurar harmonizar as estipulações, sem riscar do texto qualquer das duas. Um possível efeito do pactum de compromittendo, todavia, não há negar que as próprias partes - independentemente do que dispõe a lei - quiseram excluir, no exercício de sua liberdade negociai: o de obstar à cognição dos juízes ordinários. Aqui não se trata apenas, portanto, de saber se o direito positivo reconheceria ou não tal efeito à cláusula compromissória: mesmo que, em tese, ele pudesse ser-lhe atribuído, na hipótese prevaleceria a estipulação livremente fixada na cláusula 15, a cuja luz se torna ocioso insistir na demonstração... do óbvio.

Ex positis, nossa opinião é a de que o eventual descumprimento do pactum de compromittendo, inserto na cláusula 12 do contrato de compra e venda, poderá quando muito acarretar para a parte inadimplente a obrigação de pagar perdas e danos, aliás extremamente difíceis de apurar e quantificar, na ausência de cláusula penal. É bastante remota a possibilidade de qualquer dos contratantes - supondo-se que algum tomasse tal iniciativa - obter o suprimento do compromisso não celebrado, mediante sentença em que, entre outras coisas, se proceda à nomeação de árbitro(s) pela parte remissa. E é praticamente nenhuma a possibilidade de que o juiz ordinário, perante o qual se venha a propor ação para resolver litígio oriundo do contrato, se recuse a conhecer da matéria, quer *ex officio*, quer mesmo por provocação da outra parte, com base na existência da cláusula compromissória.

Salvo melhor juízo.

Rio de Janeiro, 11 de dezembro de 1977.

COMENTÁRIOS DOS ATUALIZADORES

6. JUÍZO ARBITRAL. CLAUSULA COMPROMISSÓRIA: EFEITOS

Luiz Fux / Rodrigo Fux

Os efeitos da cláusula compromissória e o próprio instituto da arbitragem passaram por importantíssima reformulação legislativa no final dos anos 1990, na esteira do que sugeriu o Professor José Carlos

Barbosa Moreira, aproximando-se do quanto disposto nos ordenamentos estrangeiros.

A ideia do "monopólio" da jurisdição afeta ao Estado sempre foi um componente cultural de nosso povo.

Todavia, diante de numerosas atribuições que o Poder Judiciário passou a enfrentar, sobretudo no que diz respeito à entrega de tutela jurisdicional efetiva, fez-se necessária a busca por outros mecanismos que privilegiassem o acesso à justiça e a solução adequada de conflitos.

No cenário de fuga do formalismo pernicioso, de imperiosa necessidade de entrega efetiva da prestação jurisdicional e de combate à rigidez do processo tradicional, surgiu o renomado "Movimento de Acesso à Justiça", por meio do qual os juristas Mauro Cappelletti e Bryant Garth desenvolveram o cognominado "Projeto de Florença". O sempre lembrado estudo tinha como objetivo justamente realizar uma profunda investigação sobre os problemas em torno da prestação jurisdicional em todo o mundo e suas possíveis soluções[1].

O Movimento dividiu-se em três etapas – as chamadas *ondas renovatórias do acesso à justiça*. A primeira tinha o propósito de oferecer soluções a problemas em torno da assistência judiciária, cuidando dos obstáculos econômicos constantemente enfrentados pelas partes para obter a tutela jurisdicional. Debateu-se sobre os custos do litígio e a possibilidade de assistência jurídica pelo Estado.

A segunda, atinente à tutela dos direitos coletivos, inspirou a criação de importantes institutos no Brasil, como a ação popular (Lei 4.717/1965), a ação civil pública (Lei 7.347/1985) e o mandado de segurança coletivo (art. 5º, LXX, da Constituição Federal e art. 21 e seguintes da Lei 12.016/2009).

A terceira onda renovatória, por fim, buscava avançar mais profundamente nos desafios anteriores, empenhando-se para desenvolver uma verdadeira reorganização institucional do Poder Judiciário, incen-

1 Sobre o acesso à justiça e as ondas renovatórias, por todos, cf. os próprios idealizadores do movimento: CAPPELLETTI, Mauro; GARTH, Bryant. *Acesso à justiça*. Trad. Ellen Gracie Northfleet. Porto Alegre: Sergio Antonio Fabris Editor, 2002.

tivando novas formas de acesso à justiça[2]. A retomada da arbitragem no Brasil inseriu-se justamente nessa conjuntura.

Sob o influxo dessa terceira onda renovatória no Brasil, que promoveu a visão de que o acesso à justiça passa pela criação de mecanismos alternativos para a solução adequada de conflitos (mesmo extrajudiciais), a arbitragem passou a ser encarada como instrumento eficiente de auxílio à jurisdição estatal, instrumento apto a desafogar o Poder Judiciário do exponencial número de demandas.

Diante desse panorama, mostrava-se necessária a edição de diplomas legais que possibilitassem as transformações que a doutrina vinha apontando como possíveis soluções para os entraves assinalados. Após três tentativas frustradas de criar lei para disciplinar a arbitragem (em 1981, 1986 e 1988), o anteprojeto idealizado por renomados juristas foi finalmente aprovado, tendo sido sancionada a Lei 9.307 em 23 de setembro de 1996, conhecida como a Lei de Arbitragem[3].

A Lei 9.307, que disciplinou detalhadamente a arbitragem, alterou, inclusive, o Código de Processo Civil de 1973, especificamente para permitir a extinção do processo sem julgamento de mérito em razão da convenção da arbitragem (artigo 267, inciso VII, do CPC/1973), bem como reconhecendo que a sentença arbitral tem natureza de título executivo judicial (artigo 584, inciso VI, do CPC/1973).

A Lei 9.307/1996 também disciplinou a hipótese em que a cláusula compromissória for a denominada *vazia*, dependendo de auxílio do Poder Judiciário para instauração do procedimento: "*Art. 7º Existindo cláusula compromissória e havendo resistência quanto à instituição da arbitragem, poderá a parte interessada requerer a citação da outra parte para comparecer em juízo a fim de lavrar-se o compromisso, designando o juiz audiência especial para tal fim (...)*".

A partir do momento em que prevista a cláusula compromissória em contrato, é impositiva a instauração da arbitragem para dirimir eventual conflito decorrente do contrato. Se eventualmente proposta ação judicial perante o Poder Judiciário, poderá a parte a quem apro-

2 Sobre os reflexos do movimento de acesso à justiça no Brasil, por todos, cf. CARNEIRO, Paulo Cezar Pinheiro. *Acesso à justiça:* juizados especiais cíveis e ação civil pública – uma nova sistematização da teoria geral do processo. Rio de Janeiro: Forense, 1999.

3 CARMONA, Carlos Alberto. *Arbitragem e processo:* um comentário à lei 9.307/96. 3. ed. São Paulo: Atlas, 2009, p. 1-14.

veita suscitar a exceção processual, o que levará à extinção do processo sem resolução de mérito.

O Código de Processo Civil de 2015 reforçou o sistema promovido pela Lei 9.307/1996, reconhecendo, em seu artigo 3º, § 1º, que *"é permitida a arbitragem, na forma da lei"*, a competência da jurisdição arbitral (artigo 42), a possibilidade de o Réu alegar a existência de convenção de arbitragem (artigo 337, inciso X), a impositiva extinção sem resolução de mérito do processo que verse sobre hipótese fático-jurídica convencionalmente submetida à arbitragem – desde que referida exceção tenha sido oportunamente suscitada (artigo 485, inciso VII).

À luz da jurisprudência atual, *"a cláusula arbitral contratada pelas partes goza de força vinculante e caráter obrigatório, derrogando-se a jurisdição estatal"*[4], de modo que *"a jurisdição arbitral precede a jurisdição estatal, incumbindo àquela deliberar sobre os limites de suas atribuições, previamente a qualquer outro órgão julgador (princípio da competência-competência), bem como sobre as questões relativas à existência, à validade e à eficácia da convenção de arbitragem e do contrato que contenha a cláusula compromissória (arts. 8º e 20, da Lei n. 9.307/96, com a redação dada pela Lei n. 13.129/15)"*[5].

A arbitragem consubstancia genuíno mecanismo jurisdicional de resolução de controvérsias cuja constitucionalidade já foi, inclusive, reconhecida pelo Supremo Tribunal Federal – STF[6] (*i.e.* a submissão do conflito à arbitragem não fere o Princípio Constitucioanal da Inafastabilidade da Jurisdição) e a sentença arbitral é título executivo judicial (artigo 515, inciso VII, do CPC/2015).A distinção entre a função do árbitro e do juiz togado reside, tão somente, na competência para os atos executórios. Em outras palavras, o árbitro poderá apreciar e decidir toda a controvérsia submetida à arbitragem (*i.e., ius cognitio*), mas não possui mecanismos coercitivos para implementação da decisão (i.e. *ius imperii*) em caso de não cumprimento espontâneo do comando. Nessa hipótese, a parte interessada deverá recorrer ao Cumprimento da Sentença Arbitral ou até mesmo à Carta Arbitral, ambos processados perante o Poder Judiciário estatal.

---

4 STJ, Ag. Int. nos Edcl no AREsp 1.934.539/SP, Relator Ministro Ricardo Villas Bôas Cueva, 3ª Turma, julgado em 20/06/2022.

5 STJ, CC 139.519/RJ, Relator Ministro Napoleão Nunes Maia Filho, Relatora para Acórdão Ministra Regina Helena Costa, 1ª Seção, julgado em 11/10/2017.

6 STF, SE 5.206, Relator Ministro Sepúlveda Pertence, Tribunal Pleno, julgado em 12/12/2001.

7. ANULAÇÃO PARCIAL DE ACÓRDÃO, QUANTO A UMA DAS AÇÕES JULGADAS EM CONJUNTO. IMPOSSIBILIDADE DE NOVO JULGAMENTO DAS OUTRAS AÇÕES

I – Histórico

1. Foram julgadas em conjunto, quer em primeiro, quer em segundo grau de jurisdição, três ações referentes à Fazenda Pau-a-Pique. Duas tinham sido propostas por A.B.C. e outros, promitentes-vendedores, a saber: *a)* ação de resolução (impropriamente dita de "anulação") da promessa de compra e venda, por suposto inadimplemento dos promitentes-compradores; *b)* ação de reintegração de posse no imóvel negociado. A terceira, ajuizada por P.R.S. e sua mulher (cessionários dos promitentes-compradores), era uma ação cominatória, em que se pedia a outorga da escritura definitiva de compra e venda.

A sentença de primeira instância julgou improcedentes os pedidos nas ações dos promitentes-vendedores, e procedente o formulado na cominatória. Em grau de apelação, a 3ª Câmara Cível do Tribunal de Justiça da Bahia pronunciou-se do mesmo modo no tocante às duas primeiras; quanto à última, entendendo que não havia certeza sobre a metragem da fazenda, decidiu tornar "sem efeito a sentença nos limites da ação ora apreciada" (isto é, da cominatória), para que o feito prosseguisse "os seus trâmites regulares, com o fim precípuo de se conseguir a fixação exata de referência à área da propriedade em litígio".

2. Inconformados com essa decisão, interpuseram os promitentes-vendedores, com invocação das letras *a* e *d* do art. 119, nº III, da Constituição da República, recurso extraordinário, no qual alegaram principalmente a *invalidade* do Acórdão por *error in procedendo,* apontando como violados diversos dispositivos da lei processual. Pediram que o Colendo Supremo Tribunal Federal decretasse a "nulidade do V. Acórdão da E. 3ª Câmara Cível do Tribunal de Justiça da Bahia" e, subsidiariamente, "se acolhido o mérito", julgasse "procedentes a ação de resolução do contrato e a ação possessória, e improcedente a ação cominatória". O recurso foi admitido pelo Desembargador Presidente do Tribunal baiano, por ambos os fundamentos.

O Pretório Excelso, por sua 1ª Turma, só apreciou, ao julgar o recurso extraordinário, questões de ordem processual. Mais precisamente, só apreciou a maneira como o Tribunal *a quo* se havia pronunciado no concernente à ação cominatória. E entendeu que o Acórdão recorrido, *nessa parte,* era processualmente defeituoso, porque, em vez de julgar procedente ou improcedente o pedido, tornara "sem efeito" a sentença de primeiro grau, para determinar que se procedesse à fixação da área da fazenda. Teria, com isso, transgredido a proibição de julgar fora do pedido, e portanto violado os arts. 460 e 128 do Código de Processo Civil. *Nenhuma referência se fez, no julgamento, às ações de resolução da promessa de compra e venda e de reintegração dos promitentes-vendedores na posse do imóvel.* Limitou-se a Egrégia Turma, nos precisos termos do voto do Relator, Ministro CUNHA PEIXOTO, a dar:

> "Provimento, em parte, ao recurso, a fim de anular a decisão proferida na ação cominatória, para que outra seja proferida com observância dos ditames legais".

3. Baixando os autos do Tribunal de Justiça da Bahia, a 3ª Câmara Cível realizou novo julgamento, *não apenas da cominatória, mas das três ações.* E, nessa oportunidade, ao contrário do que antes fizera, julgou procedentes as ações de resolução da promessa de compra e venda e de reintegração de posse, e improcedente a ação cominatória.

O pronunciamento da Câmara foi unânime no que respeita à ação cominatória. Houve, porém, voto divergente na preliminar de conhecimento dos dois pedidos restantes: a Desembargadora Revisora, vencida, entendia que:

> "Tendo sido a reforma do Acórdão de fls. 264-268 parcial, no sentido de anular apenas o 'decisum' relativo à AÇÃO COMINATÓRIA, esta Câmara não está autorizada a reexaminar a Reintegratória e a Anulatória. O presente julgamento deve limitar-se ao exame da procedência ou improcedência da COMINATÓRIA" (destaques do original).

Daí terem os autores da última ação, réus nas duas primeiras, interposto embargos infringentes contra o segundo Acórdão da 3ª Câmara Cível, com o fim de fazer prevalecer o voto vencido nessa parte, cassando-se o pronunciamento atinente às ações de resolução do contrato e de reintegração de posse. Consultam-nos a tal respeito, perguntando se o recurso é cabível e merece provimento; e instruem a consulta com cópias das peças judiciais relevantes.

II - Exame da espécie

4. Cumpre antes de mais nada fixar o sentido e o alcance do Acórdão do Supremo Tribunal Federal, no julgamento do recurso extraordinário. Conforme se assinalou, a única matéria nele apreciada foi a do *error in procedendo* em que teria incidido a 3ª Câmara Cível do Tribunal baiano, relativamente à cominatória. Não interessa aqui investigar se, no particular, decidiu bem ou mal o Excelso Pretório. Interessa, sim, *precisar o teor e as consequências* de sua decisão.

O recurso extraordinário dos promitentes-vendedores impugnara os três capítulos do Acórdão local, embora ao arrazoá-lo tivessem eles restringido praticamente a sua argumentação ao problema do julgamento da cominatória. A esse recurso, todavia, deu o Supremo Tribunal Federal, em termos inequívocos, provimento *parcial,* para o fim de "anular a decisão proferida na ação cominatória" e determinar que outra se preferisse, "com observância dos ditames legais". Outra decisão - é evidente - *que substituísse a anulada;* outra decisão, pois, *sobre a cominatória,* único ponto em que o Excelso Pretório entendeu postergados os "ditames legais".

5. Nem uma só palavra se lê no Acórdão da 1ª Turma acerca das duas outras ações. Mas é claro que, no tocante a elas, *não acolheu a impugnação;* do contrário, não se teria limitado a prover o recurso "em parte", consoante explicitou o voto do Ministro Relator. O que não se fica sabendo com exatidão é se, no restante - isto é, no que toca às ações dos promitentes-vendedores -, a decisão teria sido de *não conhecimento* ou de *não provimento;* fora de dúvida, porém, é que *de provimento não foi.*

Em matéria de trânsito em julgado, o princípio fundamental é o de que cada capítulo da decisão se deve considerar como uma decisão *per se (tot capita quot sententiae).* Destarte, se se houver de entender que o Supremo Tribunal Federal *não conheceu* do recurso extraordinário, por incabível, quanto aos aludidos capítulos, terão eles passado em julgado com a própria publicação do Acórdão recorrido; se se houver de entender que o Supremo Tribunal Federal *negou provimento* ao recurso extraordinário, por infundado, no que lhes diz respeito, o trânsito em julgado terá sido *do Acórdão do Excelso Pretório,* o qual, nessa hipótese, *substituiu* as partes correspondentes do proferido pelo Tribunal baiano, conforme reza o art. 512 do Código de Processo Civil *(vide,* sobre a matéria, nossos *Comentários ao código de processo civil,* v. V, 2ª ed., Rio de Janeiro, 1976, p. 116, 246 e s., 249-50 e, principalmente, com específica referência ao recurso extraordinário, 571-2).

Conquanto nos pareça mais provável o primeiro termo da alternativa, que melhor condiz com o modo pelo qual costuma o Supremo Tribunal Federal julgar os recursos extraordinários interpostos com invocação da letra *a* do dispositivo constitucional, a questão é, afinal de contas, irrelevante para a resposta à consulta. Pode-se questionar, com efeito, acerca da *data* em que terá ocorrido o trânsito em julgado; não, porém, *da ocorrência mesma,* que ressalta a todas as luzes. A declaração da improcedência dos pedidos formulados pelos promitentes-vendedores, à vista do teor do Acórdão do Excelso Pretória, ficou sem dúvida alguma coberta pela autoridade da coisa julgada, e nenhum órgão judicial podia legitimamente, daí em diante, reapreciá-los.

6. A maioria da 3ª Câmara Cível do Tribunal de Justiça da Bahia, no seu mais recente Acórdão, bem percebeu a existência do problema e tentou contorná-lo. Valeu-se, para tanto, de dois argumentos essenciais, que vamos resumir e depois analisar, por amor à clareza, separadamente, embora utilizando, no exame do segundo, o resultado a que chegarmos no do primeiro...

Entende este com a circunstância de que, sendo conexas as três ações, teriam por força de ser julgadas em conjunto; ora, o Acórdão anterior cingira-se a julgar as duas ajuizadas pelos promitentes-vendedores, abstendo-se de apreciar o pedido feito na cominatória, em relação à qual apenas *anulou* a sentença apelada, determinando a realização de diligência para apurar com precisão a área do imóvel. O Acórdão seria, por isso, decisão "incompleta", proferida *citra petita,* eivada de vício que a tornaria *nula* e a impediria de transitar em julgado.

Consiste o segundo argumento numa tentativa de *reductio ad absurdum.* Diz o Acórdão que, se a Câmara reconhecesse a imutabilidade dos julgamentos das duas ações propostas pelos promitentes-vendedores, para apreciar unicamente a cominatória, chegaria a um resultado contraditório, "'e destarte" – acrescenta – "visceralmente nulo".

7. Para analisarmos o primeiro argumento, vamos fazer abstração da propriedade ou impropriedade da designação de "conexas" para qualificar as três ações. Nos termos do art. 103 do Código de Processo Civil, "reputam-se conexas duas ou mais ações, quando lhes for comum o objeto ou a causa de pedir". É manifesto que, nesse sentido, não há *conexão* entre as ações de resolução do contrato, de reintegração de posse e cominatória. Entretanto, aceitaremos a premissa, *ad argumentandum,* porque nos parece possível demonstrar que, mesmo a partir dela, foi pouco feliz a conclusão tirada pelo Acórdão.

Não vem ao caso, a esta altura, inquirir se realmente havia, no julgamento anterior da 3ª Câmara Cível, *error in procedendo* capaz de acarretar nulidade; nem indagar se o vício afetava por inteiro o Acórdão proferido em grau de apelação, ou somente a parte relativa à cominatória. Não vem ao caso porque, com o provimento *parcial* do recurso extraordinário, a situação ficou definitivamente fixada, por decisão – trânsita em julgado – do Supremo Tribunal Federal. Tudo aquilo que, no primeiro Acórdão da Câmara, deixou de ser abrangido pela anulação, cristalizou-se, conforme acima se expôs, em *res iudicata.*

Ainda que se devesse considerar nulo *o Acórdão,* por inteiro, a suposta nulidade de modo algum teria força para obstar a que passassem em julgado os capítulos em relação aos quais foi infrutífero o recurso extraordinário. As decisões judiciais nulas transitam em julgado como quaisquer outras. E mais: a nulidade, após o trânsito em julgado, ou fica totalmente preclusa, ou se converte em simples motivo de rescindibilidade, que nada retira à eficácia da decisão, enquanto não rescindida. É esse o sistema do direito brasileiro, que só conhece uma exceção: a da sentença proferida à revelia do réu não citado, ou nulamente citado, para o processo de conhecimento; nessa hipótese singular, a decisão ainda assim passa em julgado, mas a nulidade permanece arguível sem necessidade de rescisão, por via de embargos que o devedor manifeste contra a eventual execução (Código de Processo Civil, art. 741, nº I).

8. Nosso raciocínio encontra sólido apoio nos textos legais. Tomemos o exemplo da sentença *(lato sensu)* dada por órgão absolutamente incompetente. A incompetência absoluta sem dúvida produz a nulidade dos atos decisórios (art. 113, § 2º). Todavia, o art. 485, ao arrolar os fundamentos por que se pode pretender rescindir "a sentença de mérito, *transitada em julgado*", alude ao caso de ter sido ela proferida por juiz absolutamente incompetente (inciso II, *fine).* Ora, da conjugação dos dispositivos ressalta com ofuscante nitidez que, apesar de nula, tal sentença *passa em julgado;* se não passasse, haveria no art. 485 flagrante contradição nos termos.

Não é difícil compreender o que acontece. Se o vício é tão grave que o ordenamento lhe atribui semelhante consequência, a decisão será nula enquanto não transite em julgado. A nulidade pode ser denunciada através de recurso que caiba, e ao órgão *ad quem* competirá pronunciá-la. Admitamos, porém, a hipótese de que se tome irrecorrível a decisão, seja porque debalde se hajam usado os recursos admissíveis, seja porque nenhum o fosse. Nesse caso, por definição, ocorre o trânsito em julgado, que consiste precisamente na passagem da sentença da situação de mutável à de imutável. A partir daí - com ressalva da exceção acima indicada - já não há falar em *nulidade,* no sentido de atributo que autorize o órgão judicial (o mesmo que proferiu a sentença, ou qualquer outro) a negar-lhe efeitos, independentemente de prévia desconstituição por via de ação rescisória, e a proferir outra em seu lugar. Uma de duas: ou o defeito figura entre os que servem de base ao pedido de rescisão (art. 485), e a sentença fica sujeita a cair, mas nesse ínterim conserva toda a força e eficácia normais, como se perfeita fosse; ou então não figura, e isso significa que a "nulidade" porventura existente se tornou de todo em todo irrelevante, para qualquer fim.

9. A ideia de que a nulidade *obsta* ao trânsito em julgado é incompatível com a sistemática do direito pátrio. Observe-se que os vícios mais graves são justamente aqueles cuja suposta ocorrência faz cabível a ação rescisória. Ora, longe de significar que a decisão atacada não passou em julgado, por causa da nulidade decorrente do vício, isso quer dizer exatamente *o contrário,* pois o cabimento da rescisória, conforme põe em relevo o teor do art. 485, *caput, pressupõe* o trânsito em julgado.

Se fosse lícito continuar a tratar como *nula,* depois de irrecorrível, uma decisão portadora de defeito dos mais graves - daqueles a cuja denúncia se presta a ação rescisória -, ter-se-ia de concluir pela total *inutilidade* desta. Mesmo antes de proposta (e, *a fortiori,* de julgada) a rescisória, poderia sobrevir novo julgamento da matéria, como se não existisse, ou já não existisse, o anterior. Mas então, para que se lançaria mão da rescisória? Nela haveria a lei criado um instrumento de uso desnecessário: algo como uma chave que só "servisse" para abrir... portas abertas! Nessa perspectiva, quem quer que propusesse uma rescisória teria, a rigor, de ser julgado carecedor de ação, por falta de interesse na prestação jurisdicional. O absurdo da ilação põe de manifesto a erronia da premissa.

10. Ilustremos o que acaba de ser exposto com a lição de PONTES DE MIRANDA, *Tratado da ação rescisória*, 5ª ed., Rio de Janeiro, 1976, p. 106:

> "Quem quer que procure conhecer as categorias da sentença, quanto à impugnabilidade, há de atender a que a ação de nulidade se sobrepôs, *em grande parte*, à nulidade-inexistência, do Direito Romano. *A força formal de coisa julgada traz consigo a sanação* e *impõe a atendibilidade da sentença*, de modo que só se pode desatender à sentença – salvo o que resta de nulidade *ipso iure*, cf. art. 741, I – *depois* de ser julgada a ação constitutiva, negativa dessa força formal, que é a ação rescisória" (nossos os grifos na primeira parte do segundo período).

Também sobre o assunto, com muito menor autoridade, tivemos ocasião de redigir, em obra doutrinária, as linhas que a seguir transcrevemos:

> "Os vícios da sentença podem gerar consequências diversas, em gradação que depende da respectiva gravidade. A sentença desprovida de elemento essencial, como o dispositivo, ou proferida em "processo" a que falte pressuposto de existência, como seria o instaurado perante órgão não investido de jurisdição, é sentença *inexistente*, e será declarada tal por qualquer juiz, sempre que alguém a invoque, sem necessidade (e até sem possibilidade) de providência tendente a desconstituí-la: não se desconstitui o que não existe. Mas a sentença pode existir e ser *nula*, v.g., se julgou *ultra petita*. Em regra, após o trânsito em julgado, a nulidade converte-se em simples *rescindibilidade*. O defeito, arguível *em recurso* como motivo de *nulidade*, caso subsista, não impede que a decisão, uma vez preclusas as vias recursais, surta efeitos até que seja *desconstituída*, mediante *rescisão*.
>
> Não se deve supor que a sentença portadora de qualquer dos vícios enumerados no art. 485, porque rescindível, deixe de revestir-se da autoridade de coisa julgada. Bem ao contrário: é até *pressuposto* da rescisão o fato de ter-se ela revestido de tal autoridade. Enquanto não rescindida, apesar de defeituosa, a sentença tem a força que normalmente teria, e produz os feitos que normalmente produziria, se nenhum vício contivesse" (BARBOSA MOREIRA, ob. e v. cit., p. 112; grifos do original).

11. Na espécie, a suposta invalidade do Acórdão anterior da 3ª Câmara Cível foi arguida por meio do recurso extraordinário. O Supremo Tribunal

Federal deu-lhe provimento *em parte,* só no que tange à ação cominatória. A 3ª Câmara Cível, contudo, entendeu que lhe era lícito rejulgar *as três ações,* porque nulo, a seu ver, *todo* o julgamento precedente.

Ora, tal atitude implica a suposição de que era desnecessário o recurso extraordinário manifestado pelos promitentes-vendedores, como desnecessário teria sido o julgamento realizado pelo Excelso Pretório. Com efeito: se, na opinião da douta maioria, a circunstância de ser "nula" a primeira decisão lhe obstava ao trânsito em julgado, tira-se daí que a Câmara poderia ter procedido a novo julgamento *mesmo que nenhum recurso se interpusesse* contra o Acórdão por ela proferido! Tudo que aconteceu nesse meio-tempo - a interposição do recurso extraordinário, o respectivo processamento, o julgamento pela 1ª Turma do Supremo Tribunal Federal - *em vão aconteceu,* pois, ainda que nada disso houvesse acontecido, o resultado prático seria idêntico. Tanto assim, que a 3ª Câmara Cível se considerou autorizada a fazer, com relação às ações de resolução do contrato e de reintegração de posse, *o mesmo* que fez com referência à cominatória. Em outras palavras: aquilo que a Câmara fez para cumprir o Acórdão do Supremo Tribunal Federal - que determinara o rejulgamento da cominatória, e *só dela!* - também fez no tocante às outras ações, com relação às quais o Acórdão do Supremo Tribunal Federal *de maneira alguma continha determinação semelhante.*

Vale dizer que tanto fazia o Excelso Pretório *anular* como *não anular* o julgamento em grau de apelação. O Acórdão proferido no recurso extraordinário dos promitentes-vendedores fica reduzido assim a mero *flatus voeis.* Mais não é preciso dizer para salientar a inconsistência da argumentação da maioria da Câmara, na parte sob exame.

12. A verdade é que a 3ª Câmara Cível do Tribunal de Justiça da Bahia não podia rejulgar as ações de resolução do contrato e de reintegração de posse. As decisões proferidas a respeito de ambas estavam cobertas pela autoridade da coisa julgada, o que torna ilegal qualquer nova reapreciação da matéria. Nos termos do art. 471 do Código de Processo Civil, "nenhum juiz decidirá novamente as questões já decididas, relativas à mesma lide"; e as exceções em seguida abertas pelo dispositivo nada têm que ver com a hipótese em foco.

O que à Câmara cumpria fazer era, pura e simplesmente, pronunciar-se sobre o pedido formulado na ação cominatória. Ao propósito não chegara a proferir decisão *de meritis* no julgamento anterior; e a que então proferira foi anulada - *só ela,* repita-se - pelo Supremo Tribunal Federal. Fora desse âmbito, nenhuma cognição restava à Câmara.

13. Falta analisar o segundo argumento invocado no Acórdão mais recente. Assim o formulou o voto vencedor: "se por absurdo quiséssemos emprestar força de decisões definitivas às ações julgadas no Acórdão de fls. 226, chegar-se-ia a um resultado contraditório, e destarte, visceralmente nulo".

Deixaremos de lado, por irrelevante, o exame da exatidão desta última afirmativa: não importa saber se **é,** com efeito, "visceralmente nula" uma decisão judicial porventura contraditória. Tampouco nos demoraremos em perquirir se realmente ocorreria contradição prática, ou mesmo lógica, na hipótese de, respeitados os pronunciamentos anteriores sobre as ações de resolução do negócio e de reintegração de posse, vir a Câmara a julgar improcedente, como fez, a cominatória. Quer-nos parecer que, ao menos *praticamente* - e as meras contradições *lógicas* não têm relevância em tema de coisa julgada -, é arbitrária a alusão a "resultado contraditório". Que situação decorre, para as partes, da improcedência dos pedidos dos promitentes-vendedores? Subsiste o compromisso de compra e venda, e subsiste a posse dos promitentes-compradores sobre a fazenda. Que situação defluiria da improcedência da cominatória? Não se supriria judicialmente a falta da celebração do contrato definitivo de compra e venda. Em que são incompatíveis, do ponto de vista prático, essas situações? Imaginar que o sejam é supor que jamais se possa julgar improcedente um pedido de adjudicação compulsória de imóvel sem, do mesmo passo, decretar a resolução da promessa de compra e venda e reintegrar na posse os promitentes-vendedores. Mas é uma suposição que a vida forense desmente a cada dia: muitas e muitas ações tendentes à obtenção da escritura definitiva, ou de sentença que a "supra", já foram e continuarão a ser julgadas improcedentes, pelas mais variadas razões, sem que *ipso jacto* se resolvam os compromissos de compra e venda e se despojem da posse os adquirentes, em benefício dos alienantes! O "absurdo" com que acenou, *ad terrorem,* a douta maioria da 3ª Câmara Cível - seja dito sem quebra do devido respeito - é um pseudofantasma que se dissipa aos primeiros raios da luz solar.

14. Outro, porém, o aspecto ao nosso ver decisivo. Vamos admitir - *ad argumentandum tantum!* - o caráter supostamente "contraditório" do resultado a que se chegaria caso se julgasse improcedente (como de fato se julgou) o pedido na ação cominatória, sem rever o julgamento das duas ações restantes. Ainda assim, continua injustificável a maneira como procedeu a Câmara. Raciocinemos sobre a premissa segundo a qual a necessidade de evitar um "resultado contraditório" teria criado o dilema: *a)* ou são improcedentes os pedidos dos promitentes-vendedores, e procedente o pedido dos promitentes-compradores; *b)* ou é improcedente o pedido dos promitentes-compradores, e procedentes os pedidos dos promitentes-vendedores. Em tal perspectiva, entendeu a douta maioria que a única via adequada à compatibilização era a opção pelo segundo termo da alternativa. Achou-se, por assim dizer, "forçada" a reexaminar as ações de resolução do contrato e de reintegração de posse, a fim de proferir julgamento que, no conjunto, não fosse "contraditório".

Ora, bem ao contrário, não apenas é falso que, entre as soluções *a* e *b,* a segunda representasse a única possível opção, mas até se compreende sem dificuldade que essa era justamente a opção *impossível.* A Câmara não *precisava* optar por *b,* desprezando *a.* E mais: *não podia* optar por *b;* se não enxergava outra possibilidade, então *tinha de optar por a.*

15. Realmente: como se procurou demonstrar nos itens 7 e seguintes deste parecer, as decisões referentes aos pedidos de resolução do contrato e de reintegração de posse estavam sob a proteção da *auctoritas rei iudicatae.* Nenhum caminho se abria à 3ª Câmara Cível que passasse outra vez pelo respectivo exame. Não quer isso dizer, porém, que ela estivesse condenada à suposta "contradição". Se lhe parecia indispensável preveni-la, dispunha do meio próprio: respeitando as decisões trânsitas em julgado, dar à lide na cominatória a solução que se lhe afigurasse compatível com elas.

Suponhamos que contra o anterior Acórdão da Câmara só se houvesse interposto recurso extraordinário no tocante ao julgamento da cominatória. Esgotado o prazo de interposição, formar-se-ia sem dúvida a coisa julgada com referência à restante matéria, e o Supremo Tribunal Federal, ainda que o quisesse, não poderia reapreciá-la. Anulada que fosse a decisão sobre a cominatória, tomar-se-ia porventura lícito a 3ª Câmara Cível, quando baixassem os autos, voltar a julgar o pedido de resolução e o de reintegração na posse? Não há mister de longa reflexão para responder negativamente.

Mas a situação que se configurou na realidade não difere dessa a não ser *quanto à data* do trânsito em julgado. De uma forma ou de outra, ao receber os autos para proceder ao rejulgamento da cominatória, a Câmara já encontrou definitivamente barrado o acesso ao reexame dos pedidos dos promitentes-vendedores. Tal a premissa que havia de ter posto como base de seu raciocínio. Quaisquer preocupações, legítimas ou ilegítimas, fundadas ou infundadas, com a eventualidade de uma "contradição" eram insuficientes para autorizá-la a despreocupar-se da necessidade de preservar *ares iudicata.* A 3ª Câmara Cível- diga-se sempre com a máxima reverência – pegou o fio pela ponta errada.

16. Que na verdade o "absurdo" se resolve numa ilusão de óptica, bem o evidencia o fato de não ter sentido o Excelso Pretório o menor escrúpulo em anular o julgamento da cominatória, abstendo-se, ao mesmo tempo, de invalidar ou reformar os dois antros capítulos do primeiro Acórdão do Tribunal baiano. Não é crível passasse despercebida ao Supremo Tribunal Federal a suposta existência, entre esses capítulos e o atinente à cominatória, de um nexo lógico tão íntimo que a reapreciação de um postulasse de maneira inexorável a reapreciação dos demais. Em semelhante eventualidade, teria decerto a Corte anulado *todo o Acórdão;* e nada a impedia de fazê-lo, visto que o recurso extraordinário dos promitentes-vendedores abrangia a totalidade do julgamento, e nessa mesma amplitude fora admitido pelo Presidente do Tribunal de Justiça da Bahia.

No entanto, o Supremo Tribunal Federal só *em parte* den provimento ao recurso. Quer dizer: não vislumbrou qualquer perigo intolerável na circunstância de que se viesse a rejulgar *apenas* a cominatória, mantidos os pronunciamentos atinentes às outras ações. Em resumo, pode-se afirmar que é *duplamente* falso o segundo argumento lançado no mais recente Acórdão da 3ª Câmara Cível. Antes de mais nada, porque inexata a premissa referente à alegada necessidade de evitar "resultado contraditório". Além disso, porque, a admitir-se que houvesse tal necessidade, o procedimento correto, para atender a ela, seria *o inverso* do que adotou a Câmara.

17. Quanto ao cabimento dos embargos infringentes, nenhuma dúvida se pode suscitar: o julgamento foi proferido *em apelação* – substituindo o anterior, anulado pelo Excelso Pretória – e *por maioria de votos,* tendo a ilustre Desembargadora Revisora discordado da maioria no que tange à possibilidade de reapreciar a Câmara os pedidos de resolução da promessa de compra e venda e de reintegração dos promitentes-vendedores na posse do imóvel. Nessa parte, por conseguinte, o Acórdão é embargável, à luz do disposto no art. 530, primeira parte, do Código de Processo Civil. Nada importa que a divergência haja ocorrido fora do âmbito do mérito, pois a lei não distingue (cf. SÉRGIO BERMUDES, *Comentários ao código de processo civil*, v. VII, 2ª ed., São Paulo, 1977, p. 203; BARBOSA MOREIRA, ob. e v. cit., p. 494).

Cabíveis os embargos, e satisfeitos que estejam todos os outros requisitos de admissibilidade, ao nosso ver merecem provimento, pelas razões acima expostas, a fim de que se casse, por ilegal, a decisão proferida pela 3ª Câmara Cível acerca das ações de resolução do contrato e de reintegração de posse. No particular, o julgamento da Câmara violou as normas do ordenamento que asseguram a intangibilidade da *res iudicata*. O vício deve ser corrigido pelo órgão a que competir a apreciação dos embargos infringentes. Se porventura não o for, poderá caber – desde que concorram os demais pressupostos – recurso extraordinário contra o Acórdão nos embargos, com fundamento, pelo menos, na letra *a* do dispositivo constitucional pertinente. Eventualmente, se transitar em julgado a decisão, será caso de ação rescisória, com base no art. 485, nº IV.

Salvo melhor juízo.

Rio de Janeiro, 30 de dezembro de 1977.

COMENTÁRIOS DOS ATUALIZADORES

7. ANULAÇÃO PARCIAL DE ACÓRDÃO, QUANTO A UMA DAS AÇÕES JULGADAS EM CONJUNTO. IMPOSSIBILIDADE DE NOVO JULGAMENTO DAS OUTRAS AÇÕES

Luiz Fux / Rodrigo Fux

Apesar das sempre valiosas lições, há apenas um apontamento pertinente, que versa sobre tema lateral no Parecer da lavra do Professor José Carlos Barbosa Moreira.

O Código de Processo Civil de 2015 não mais prevê o cabimento dos Embargos Infringentes.

Em seu lugar, o artigo 942 dispõe sobre a técnica de julgamento em que o quórum será ampliado: "*Art. 942. Quando o resultado da apelação for não unânime, o julgamento terá prosseguimento em sessão a ser designada com a presença de outros julgadores, que serão convocados nos termos previamente definidos no regimento interno, em número suficiente para garantir a possibilidade de inversão do resultado inicial, assegurado às partes e a eventuais terceiros o direito de sustentar oralmente suas razões perante os novos julgadores* (...)".

Tratando-se de Apelação, vê-se que a técnica constante do artigo 942 do Código de Processo Civil de 2015 será aplicável sempre que o resultado for não unânime, ou seja, sempre que houver divergência – de direito processual ou relativa ao mérito da demanda –, e independentemente de haver reforma ou manutenção da sentença recorrida.

Contudo, o artigo 942, § 3º, inciso II, do CPC/2015 dispõe que a técnica será aplicável ao "*agravo de instrumento, quando houver reforma da decisão que julgar parcialmente o mérito*". Especificamente quanto ao Agravo de Instrumento interposto contra decisão parcial de mérito, manteve-se requisito anteriormente exigido quanto aos Embargos Infringentes: o cabimento da técnica será limitado à hipótese de reforma do *decisum*.

8. ALEGAÇÃO DE COMPENSAÇÃO REJEITADA NO DESPACHO SANEADOR. DOCUMENTO JUNTO SEM AUDIÊNCIA DA OUTRA PARTE. PEDIDO DE EXIBIÇÃO DE DOCUMENTO EM PODER DE PESSOA JURÍDICA SEDIADA NO ESTRANGEIRO. QUESTÃO DE QUALIFICAÇÃO JURÍDICA: POSSIBILIDADE DE REEXAME MEDIANTE RECURSO EXTRAORDINÁRIO

Por intermédio do ilustre advogado Dr. Eduardo Seabra Fagundes, N. L. S/A S. T., E P. submete à nossa apreciação diversas questões relativas a processo em que contende com I. I. I. I., e em particular ao Acórdão proferido, no julgamento de agravos e de apelação, pela 8ª Câmara Cível do Tribunal de Justiça do Estado do Rio de Janeiro, contra o qual manifestou a consulente recurso extraordinário. A clareza da exposição dispensa a reiteração do histórico do caso. Vem a consulta instruída com cópias *xerox* das peças constantes dos autos e também de documentos oferecidos pela autora (I. I. I. I.), e cuja juntada se autorizou "por linha".

Passaremos, desde logo, a analisar, cada uma de per si, as questões a cujo respeito se solicita a nossa opinião. Depois, à guisa de conclusão, formularemos em termos sucintos as respostas aos quatro itens em que se desdobram as indagações da consulente.

I – Ilegalidade da apreciação de parte do mérito no despacho saneador

1. Na contestação, alegara a ré, ora recorrente, a existência de contracrédito, representado por notas promissórias, do qual resultaria compensação com uma parte do crédito postulado pela autora, ora recorrida. Ao declarar saneado o processo, o Juízo de primeiro grau assim se pronunciou a tal respeito:

> "Rejeito a preliminar alegada pela ré de se achar extinta a dívida por compensação. Trata-se de ação de rito ordinário onde se arguem créditos não líquidos.
>
> As dívidas ou créditos de uma e outra parte não são líquidos e exigíveis (art. 1.010 do Código Civil)".

Contra essa decisão manifestou a ré agravo retido nos autos. A 8ª Câmara Cível, todavia, negou-lhe provimento, afirmando que "a compensação, mesmo pondo de lado a necessidade de reconvenção, está submetida à regra do art. 283 do Código de Processo Civil", e a recorrente não instruíra "o pedido com os documentos indispensáveis" (as promissórias). Acrescentou que "não contava ela com a disponibilidade do crédito".

2. Vamos apreciar o ponto fazendo total abstração da questão de saber se tinha ou não fundamento, se devia ou não ser acolhida, a alegação de compensação feita pela ré, ora recorrente. Esta, em seu recurso, pôs o problema, de maneira adequada, em termos de *error in procedendo,* arguindo a ocorrência de *nulidade processual.* Não é, pois, a existência ou a inexistência do contracrédito que está aqui em causa, nem a sua idoneidade ou inidoneidade para fundar a compensação. O que está em causa é a correção ou a incorreção do modo como procedeu o Juízo de primeiro grau e, por via de consequência, a valoração que de tal procedimento fez o Acórdão recorrido.

Daí ser impertinente, na perspectiva em que se põe o problema, qualquer referência a fatos ou circunstâncias porventura relevantes para apurar-se *que solução* se havia de dar à questão da compensação. Eis porque deixaremos de lado, aqui, tanto o asserto do Juízo de primeiro grau, segundo o qual aos créditos da autora e da ré faltariam os requisitos de liquidez e exigibilidade, quanto o da 8ª Câmara Cível, relativo à não disponibilidade do contracrédito pela ré, ora recorrente. Tais argumentos mereceriam exame quando se tratasse de verificar se o Juízo deveria acolher ou rejeitar a defesa, no particular; não revestem, contudo, a menor significação quando se trata de averiguar se foi legal *a maneira* por que ele se pronunciou ao propósito.

3. A alegação de compensação não é "preliminar", ao contrário do que pareceu ao Juízo de primeiro grau e matéria tipicamente *de mérito,* alegável na parte da contestação reservada à respectiva discussão: corretamente se absteve o Código de Processo Civil de aludir a ela no art. 301, onde se arrolam as questões que ao réu cabe suscitar, na contestação, "antes de discutir o mérito".

Com efeito: o acolhimento ou o não acolhimento da alegação de compensação influi no teor do pronunciamento que o juiz emitirá *sobre o pedido.* Pressupondo-se, por hipótese, a existência do crédito afirmado pelo autor, depende da apuração do contracrédito a procedência ou a improcedência (total ou parcial) do pedido. Tudo se passa no plano da *res in iudicium deducta.* Subsume-se o caso no art. 269, nº I, do diploma processual civil. A alegação de compensação situa-se no campo da "defesa indireta" de mérito, e mais particularmente no das chamadas "exceções materiais" (ou "substanciais"), por excluir o conhecimento judicial *ex officio* (cf. JOSÉ FREDERICO MARQUES, *Manual de direito processual civil,* v. II, São Paulo, 1974, p. 80; CALMON DE PASSOS, *Comentários ao código de processo civil,* V. In, 2ª ed., Rio de Janeiro, 1977, p. 337-8; AMARAL SANTOS, *Primeiras linhas de direito processual civil,* 2º v., 3ª ed., São Paulo, 1977, p. 164). E foi como tal que o Juízo a rejeitou: não com base em qualquer circunstância de ordem processual, mas buscando a paio na consideração *(atinente ao mérito!)* de que as dívidas não eram "líquidas e exigíveis".

4. O juiz deve declarar extinto o processo na ocasião do saneamento em certas hipóteses que o Código considera como de "julgamento do mérito": ocorrendo decadência ou prescrição, reconhecendo o réu a procedência do pedido, renunciando o autor à pretensão deduzida, ou transigindo as partes (art. 329, combinado com o art. 269, nº II a V). Nenhuma dessas hipóteses vem ao caso, razão pela qual nos absteremos de examiná-las.

Deve também o juiz antecipar o julgamento da lide, conhecendo "diretamente do pedido", "quando a questão de mérito for unicamente de direito, ou, sendo de direito e de fato, não houver necessidade de produzir prova em audiência" (art. 330, nº I), ou ainda "quando ocorrer a revelia" (art. 330, nº 11). Deixando de lado este último dispositivo, que tampouco interessa aqui, concentremos a nossa atenção no outro. A *ratio legis* é bem conhecida: quis-se evitar a demora inútil acarretada pela espera da audiência de instrução e julgamento, onde a rigor nada de relevante se teria de fazer; *quis-se abreviar o curso do processo, quando desnecessário* o *respectivo prosseguimento.*

É intuitivo que só se atinge o fim visado quando da antecipação do julgamento possa resultar o encerramento imediato da atividade jurisdicional de primeiro grau. Embora se fale em «questão de mérito», no singular, o teor literal não há de induzir em erro o intérprete: para tornar cabível o julgamento antecipado da lide, é preciso que *todas* as eventuais questões atinentes ao *meritum causae* sejam simples *quaestiones iuris;* ou, se houver também *quaestiones facti,* que *todas* sejam passíveis de solução independentemente de prova a ser produzida em audiência. Basta que *uma* questão relativa ao mérito reclame tal prova, para que fique excluída - *não só com referência a ela, mas de modo total* - a possibilidade de julgamento antecipado, que não atenderia, aí, à finalidade de economia processual alvejada pela lei.

5. Aliás, o próprio texto ministra indicações eloquentes nesse sentido. Diz-se no *caput* que "o juiz conhecerá imediatamente do pedido, proferindo sentença". "Conhecer do pedido" está aí por julgá-lo procedente ou improcedente, o que se harmoniza com a rubrica da Seção ("Do julgamento antecipado da lide"). Resolver *uma* (ou *algumas)* das questões relativas ao mérito não permite ao órgão judicial concluir pela procedência ou pela improcedência: para tanto, é necessário analisar *a totalidade* das questões relevantes. Repelir *um tópico* da defesa não é necessariamente reconhecer que o autor tem razão; logo, não equivale a "conhecer do pedido", nem a "julgar antecipadamente a lide".

Por outro lado, incidindo o art. 330, compete ao juiz *proferir sentença.* Mas "sentença é o ato pelo qual o juiz *põe termo ao processo,* decidindo ou não o mérito da causa" (art. 162, § 1.0). Por conseguinte, para que incida o art. 330, é indispensável que se abra margem à extinção do processo *(rectius:* do procedimento em primeiro grau de jurisdição), mediante a prolação de sentença. Contraria a lei a apreciação antecipada *de uma fração* do mérito, em pronunciamento que, por não encerrar a atividade jurisdicional de primeiro grau, não se encaixa no conceito de " sentença". Existe até quem, com grande autoridade, entenda que, mesmo na hipótese de cumulação de ações, o julgamento antecipado somente se toma viável quando, *para todas as lides,* concorram os pressupostos legais (assim, por exemplo, JOSÉ FREDERICO MARQUES, ob. e v. cit., p. 161; AMARAL SANTOS, ob. e v. cit., p. 228). Pode-se reputar talvez excessiva semelhante ilação; mas a ressalva não prejudica a tese com relação aos casos em que *a lide é única;* e sem dúvida é isso que se dá quando se alega compensação *como artigo de defesa,* e não por via reconvencional: continua a haver *um só pedido,* o formulado *ab initio* pelo autor.

6. Na espécie, ao repelir de plano a compensação, o Juízo de primeiro grau certamente não pôs termo ao procedimento, nem proferiu sentença em que julgasse o pedido. A marcha do feito de modo algum cessou: ao contrário, teve de prosseguir, como era natural, uma vez que o pronunciamento embutido no despacho saneador acerca da questão da compensação não bastava para resolver o litígio. O que se deu foi apenas a antecipação do exame de *uma parte* do mérito, deslocado para típica *decisão interlocutória.*

Tal maneira de proceder nenhum apoio encontra no art. 330, ou em qualquer outra disposição do Código de Processo Civil. De modo algum se compadece ela com a *ratio legis,* nem com a sistemática do nosso direito positivo. Não se atingiu o fim de economia processual a que serve o julgamento antecipado da lide. Desvirtuou-se, ademais, o conceito de saneamento do processo, *inserindo-se neste matéria não contemplada no art.* 331. Também se contraveio ao disposto no art. 161, § 2º, a cuja luz, em decisão interlocutória, ao juiz só cabe decidir "questões incidentes", entre as quais é absurdo incluir a da compensação. E essas violações importaram sem dúvida cerceamento da defesa, tolhida em tópico essencial.

7. São infundados, diga-se com a devida vênia, os argumentos de que se utilizou o Acórdão recorrido para negar-se a reconhecer o *error in procedendo.* É certo que ao réu incumbe o ônus de instruir a contestação com os documentos destinados a provar as alegações de defesa (art. 396). Mas, em primeiro lugar, não é exato que a recorrente se haja omitido a tal respeito: uma coisa é verificar que a contestação não está instruída com documentos, outra muito diferente é questionar a idoneidade dos documentos que a instruem, pela circunstância de serem fotocópias e entender-se imprescindível a apresentação dos originais. As hipóteses são inteiramente distintas.

Afigura-se inexata, ademais, a afirmação de que "a compensação, mesmo pondo de lado a necessidade de reconvenção, está submetida à regra do art. 283 do Código de Processo Civil". A Egrégia Câmara abalançou-se aí a uma equiparação, a todas as luzes descabida, entre defesa e pedido. Aliás, a confusão ressalta clara da passagem onde se diz que "a ré, ora apelante, não instruiu *o pedido* com os documentos indispensáveis". O réu que opõe contracrédito pode formular *pedido,* mediante reconvenção, se entende haver saldo em seu favor e quer obter a condenação do autor ao respectivo pagamento; nesse caso, sendo a reconvenção uma *ação,* fica ele realmente sujeito às regras atinentes à demanda e à petição inicial. Não assim quando se limita a pleitear, com base no contracrédito, que a pretensão do autor seja (no todo ou em parte) repelida. Isso é matéria de contestação, e não há como estender-lhe, *sic et simpliciter,* disciplina que a lei não lhe estende.

Aqui se deve ressaltar um ponto: a norma invocada pelo Acórdão tem sua complementação necessária na do art. 284, segundo a qual, caso verifique o juiz que a inicial não preenche, entre outros, os requisitos do art. 283, concederá ao autor prazo de dez dias para que ele supra a deficiência, sob pena de indeferimento da petição. Se se quer aplicar à contestação a mesma sistemática, há que aplicá-la *por inteiro.* Teria assim o Juízo de abrir prazo à ré, ora recorrente – *o que não fez.* E qual seria a consequência do esgotamento *in albis* do decêndio? A guiarmo-nos pela analogia, o *indeferimento da contestação!* Mas o despautério grita. Antes de mais nada, o Código não contém qualquer referência, explícita ou implícita, a semelhante figura. Em segundo lugar, tratando-se de *sanção,* os cânones hermenêuticos consagrados proíbem a aplicação analógica. Enfim, na hipótese sob exame, o resultado seria absurdo, porque a matéria da defesa *não se limitava à compensação,* e quanto ao resto nem sequer se pôs a questão da falta de documentos comprobatórios. É intuitivo que não poderia o juiz "indeferir" *em parte* a contestação.

8. Melhor sorte não tem o outro argumento do Acórdão, relativo à suposta circunstância de não contar a ré, ora recorrente, com a disponibilidade do contracrédito. Essa questão é de mérito; do respectivo deslinde podia talvez depender o acolhimento ou a rejeição da compensação alegada. Não entraremos na apreciação de tal aspecto, irrelevante do ponto de vista em que nos situamos.

O que importa aqui saber é se a matéria comportava pronunciamento antecipado, por ocasião do saneamento. Acreditamos já ter demonstrado que não (*vide* os itens 4 a 6 deste parecer). Uma de duas: ou *todo* o *meritum causae* podia ser apreciado nessa oportunidade, de acordo com o art. 330, nº I, e em semelhante hipótese cabia ao juiz proferir sentença, pondo termo ao procedimento em primeiro grau; ou então havia algo (fosse o que fosse) que tornava necessário o prosseguimento do feito, em direção à audiência, e já agora *nada* era lícito ao órgão judicial examinar, *de meritis,* no despacho saneador. A tal dilema não há fugir.

9. O Supremo Tribunal Federal já reconheceu que a consequência de julgar-se antecipadamente a lide, quando não satisfeito o pressuposto do art. 330, nº I, por haver questões de fato a exigir atividade instrutória suplementar, é a *nulidade do processo.* Assim decidiu o Excelso Pretória no Recurso Extraordinário nº 84.641, sendo Relator o eminente Ministro XAVIER DE ALBUQUERQUE:

> "Julgamento antecipado da lide. Inadmissibilidade, por haver questões de fato dependentes de provas requeridas na contestação. Anulação parcial do processo. Recurso conhecido e provido" *(D.J.U.* de 11-6-1976, p. 4.283, *apud* ÉDSON PRATA, *Repertório de jurisprudência do código de processo civil,* v. 6, São Paulo, 1977, nº 1.385, p. 1.921).

A fortiori, não pode deixar de acarretar nulidade procedimento como o que adotou, *in casu,* o órgão de primeiro grau. Com efeito, mais grave, sem sombra de dúvida, é aqui o vício. Quando o juiz põe termo ao feito em hipótese que seria de prosseguimento, ao menos se pode invocar em seu favor a circunstância de que a solução em certa medida se acomodou, externamente, à sistemática da lei. Terá ocorrido equívoco na opção por um esquema que, *in concreto,* não se devia aplicar; mas, em todo caso, o esquema se acha previsto, *in abstracto,* no direito positivo, e alhures será legítima sua aplicação. Na espécie, o esquema aplicado simplesmente *não existe;* cogita o Código de um julgamento antecipado *da lide* – de *toda* a lide! –; não cogita, porém, de um julgamento antecipado de *aspecto particular* da lide, sem solução contemporânea dos restantes.

O procedimento ordinário tem, no ordenamento vigente, duas versões, por assim dizer: uma completa e outra abreviada. Cada qual é adequada a um tipo de situação, e as duas reciprocamente se excluem. Ou se emprega a primeira, ou a segunda. Não contempla a lei a possibilidade de misturá-las, para compor uma terceira versão, eclética, em que *uma parte* do mérito se julga antecipadamente, e *outra parte* na audiência ou depois dela. A 8ª Câmara Cível, negando provimento ao agravo em que impugnara tal maneira de proceder, e portanto atribuindo-lhe uma legitimidade que a lei lhe recusa, contrariou o *ius in thesi.* Negou vigência – no sentido em que se usa a expressão no presente contexto – aos dispositivos do Código de Processo Civil mencionados no item 6, *supra.*

O erro é corrigível mediante recurso extraordinário, cujo provimento resultará na anulação do processo, a partir do despacho saneador.

II – Juntada de documentos em ocasião imprópria e sem audiência da outra parte

10. Conforme se verifica das cópias *xerox* que instruem a consulta, em 3 de novembro de 1977, poucos dias antes do julgamento da apelação, o ilustrado Desembargador Relator deferiu a juntada "por linha" de documentos oferecidos pela autora, então apelada e ora recorrida. A apelação foi julgada sem que se tivesse aberto vista dos autos à apelante, ora recorrente, para falar sobre tais documentos.

Antes de opinarmos sobre a substância da questão, seja-nos lícito assinalar que nenhuma regra legal se refere à juntada de documentos "por linha". A praxe forense entendeu de criar essa figura, à qual porém não há como reconhecer individualidade jurídica. Não constitui ela modalidade específica de juntada, que porventura se furte à disciplina genérica estabelecida para a matéria. Documentos que se juntam "por linha" são documentos que se juntam, *tout court;* e incidem as normas relativas à juntada, exatamente como incidiriam se eles se entranhassem nos autos.

11. O princípio fundamental, *de lege lata,* é o de que se deve produzir a prova documental na fase postulatória do procedimento de primeira instância: o autor instrui com ela a inicial, o réu a contestação (art. 396). O art. 397 permite a juntada de documentos «em qualquer tempo» caso se destinem «a fazer prova de fatos ocorridos depois dos articulados» ou se contraponham a outros documentos já constantes dos autos. Fora daí, como nos pareceu oportuno salientar em modesta obra de exposição sistemática do procedimento, só se admite a juntada de documentos quando inequivocamente a autorize alguma regra especial, v.g., as dos arts. 326, 327, 1ª parte, 524, 525, parágrafo único (BARBOSA MOREIRA, *O novo processo civil brasileiro,* v. I, 2ª ed., Rio de Janeiro, 1976, p. 101). No caso específico do procedimento da apelação, há a hipótese do art. 517, que permite a alegação de questões novas de fato, quando não suscitadas na instância inferior "por motivo de força maior", devendo entender-se que, configurado tal pressuposto, é lícito à parte produzir prova (inclusive documental), sob pena de tornar-se inócua a franquia *(vide* nossos. *Comentários ao código de processo civil,* v. V, 2ª ed., Rio de Janeiro, 1976, p. 427).

A atividade do órgão judicial, no particular, não é discricionária: é vinculada. Não pode ele tolerar documentos novos sem que ocorra alguma das circunstâncias previstas em lei como suficientes para legitimar a juntada. Essa verificação, que é indispensável, submete-se ao controle da parte adversa. Aí está uma das razões pelas quais o art. 398 determina, em termos categóricos: "Sempre que uma das partes requerer a juntada de documentos aos autos, o juiz ouvirá, a seu respeito, a outra, no prazo de cinco (5) dias". É que a esta se há de abrir o ensejo de impugnar a juntada, alegando a falta de pressuposto que a torne admissível na ocasião.

A segunda razão de ser do preceito contido no art. 398 funda-se no princípio da igualdade de tratamento das partes, ao qual deu o Código de 1973, com acerto, relevo singular, a ponto de consagrar *expressis verbis,* como dever *primacial* do juiz, o de assegurar-lhe a observância (art. 125, nº I). Esse princípio reclama que se dê a cada um dos litigantes oportunidades equivalentes de expor argumentos e discutir os expostos pelo adversário, de produzir provas e de manifestar-se sobre as provas que ele produza. Destarte, além do direito que assiste a qualquer deles de impugnar a regularidade da juntada de documento, há também o direito de conhecer-lhe o conteúdo e de arrazoar à vista do respectivo teor, para arguir-lhe eventualmente a falsidade, ou contestar as conclusões que dele se pretende extrair.

12. Se bem que o vigente diploma processual não haja reproduzido em termos expressos a disposição do art. 223, parágrafo único, do anterior, é indubitável que o preceito do art. 398 se resolve em proibição, para o órgão judicial, de decidir sem abrir ensejo à parte de manifestar-se sobre o documento oferecido pela outra. Negá-lo seria tornar completamente inócuo o mandamento legal. A regra do art. 398 é *cogente* e não comporta entendimento diverso do que nela enxerga vedação de julgar sem audiência do litigante adverso a respeito do documento. Eis como se pronuncia, sobre a questão, PONTES DE MIRANDA, *Comentários ao código de processo civil* (de 1973), t. IV, Rio de Janeiro, 1974, p. 384:

> "Sempre que o juiz tiver de admitir a produção de documento, a parte contrária tem de ser intimada, com prazo de cinco dias, para que fale sobre o documento produzido. (...) *Sem ouvir a parte, não pode o juiz decidir,* e isso se

> aplica às cartas precatórias e rogatórias para exibição e exame de documentos fora da jurisdição" (sem grifo no original).

Por outro lado, é igualmente pacífico que a norma incide em qualquer grau de jurisdição: no art. 398, como em tantos outros, "juiz" está por "órgão judicial". "Se o tribunal ou algum juiz que funcione na superior instância e possa admitir documento o admite" – acentua ainda o mesmo ilustre autor –, "necessariamente tem de dar vista à outra parte com o prazo de cinco dias" (ob. e t. cit., p. 385; cf. AMARAL SANTOS, *Comentários ao código de processo civil,* v. IV, 2ª ed., Rio de Janeiro, 1977, p. 253). Conclui-se que *a 8ª Câmara Cível infringiu a lei quando julgou a apelação sem que se houvesse dado à ré, ora recorrente, a oportunidade de falar sobre os documentos juntos pela autora.*

13. Resta verificar qual a consequência de semelhante infração. Sob a vigência do Código anterior, parte da jurisprudência fazia ao propósito uma distinção: a decisão proferida sem audiência da outra parte sobre documento oferecido por qualquer delas seria em princípio *nula;* mas não se decretaria a nulidade, caso o documento nenhuma influência houvesse tido na solução dada ao litígio.

Tal entendimento refletia a clássica noção, ligada a considerações de economia processual, segundo a qual cumpre evitar, tanto quanto possível, o desperdício de atividade realizada em Juízo, ainda que defeituosa, desde que não tenha causado prejuízo efetivo aos litigantes. É uma ideia consagrada, pela qual não apenas o legislador de 1939, senão também o de 1973, se deixaram influenciar, como revelam o art. 278, § 2º, do antigo estatuto e o art. 249, § 1º, do novo. Isso explica a tendência, que se observa na doutrina mais recente, a manter prestigiada a solução acima exposta. Assim é que PONTES DE MIRANDA, ob. e t. cit., p. 386, escreve:

> "Se o documento junto em tempo irregular, sem ser ouvida a parte contrária, não serviu à decisão para deferir ou indeferir pedido, nem fortalecer a convicção com que o juiz decidiu, não há nulidade; porém o fundamento está não em que se trata de nulidade não cominada, e sim em que é regra jurídica comum a todas as nulidades que não se repete o ato, nem se lhe supre a falta, se não houve prejuízo para as partes".

Embora menos categórico, pode-se aproximar desse o pronunciamento de AMARAL SANTOS, ob. e v. cit., p. 254:

> "Do tom imperativo da disposição (o juiz *sempre ouvirá)*, não a observando o juiz, e sentenciando sem a audiência da parte em relação a documento produzido depois da inicial, a consequência, *tal seja o prejuízo resultante*, poderá ser até a nulidade da decisão (arts. 245, 248, 249 e seu § 1º)" (grifos do autor).

Assinale-se, porém, a existência de opiniões que não distinguem, limitando-se a considerar nula a decisão quando proferida sem atendimento do preceito do art. 398: assim, v.g., MARCOS AFONSO BORGES, *Comentários ao código de processo civil*, v. II, São Paulo, 1975, p. 74.

14. A questão mereceria exame mais profundo, que esclarecesse aspectos até agora negligenciados. O Capítulo do Código referente às nulidades – e o registro vale quer para o texto atual, quer para o de 1939 – na verdade cuida precipuamente das consequências dos vícios *de forma* na prática de atos processuais, consoante ressalta do teor dos primeiros dispositivos que o compõem (arts. 243 e 244; antes, arts. 273 e 274). A preterição da audiência da parte sobre a juntada de documento não é mero defeito *formal* do ato decisório; sua significação é maior, importando, como importa, ofensa a princípio básico de todo o sistema processual, o da igualdade de tratamento dos litigantes. Ter-se-ia de investigar se também a casos tais se aplicam – o que parece ao menos bastante duvidoso – as regras de sanação editadas para aqueles outros.

Na espécie, todavia, não se afigura necessário que nos detenhamos nessa perquirição. O Acórdão da 8ª Câmara Cível considerou provado o fato de que as notas promissórias haviam sido entregues "em caução" à *Banca della Svizzera Italiana;* e tirou daí argumento para sustentar o descabimento da compensação. Ora, a alusão a "garantia", com referência às promissórias, surgiu pela primeira vez, justamente, nos documentos juntos "por linha", poucos dias antes do julgamento, sem audiência da recorrente. É certo que o Acórdão afirma constar isso "do próprio instrumento de cessão" (do crédito representado pelos títulos); trata-se, porém, visivelmente, de equívoco material, pois o que se lê naquele instrumento é algo bem diverso: "Essas notas promissórias encontram-se depositadas *para cobrança*, com a *'Banca della Svizzera Italiana'* ('BSI'), em Lugano... ". Como nenhum outro documento constante dos autos alude à "caução", tem-se de concluir que o convencimento da 8ª Câmara Cível, no particular, se formou à vista dos documentos extemporaneamente oferecidos, sobre os quais não se ouviu a recorrente. Logo, *houve prejuízo* para esta, que não teve oportunidade de impugnar, a qualquer ângulo, a prova documental produzida de maneira irregular.

A verificação desse ponto não refoge ao âmbito da cognição deferida pelo recurso extraordinário ao Supremo Tribunal Federal. Não se trata de rever provas para averiguar se é ou não correta a assertiva, constante do Acórdão, quanto a terem sido os títulos entregues "em caução". O problema é outro. O Supremo Tribunal Federal está convocado a pronunciar-se sobre questão *de direito,* alegada que foi a negação de vigência do art. 398 do Código de Processo Civil. A aceitar-se a premissa de que a nulidade só é decretável caso haja ocorrido prejuízo - isto é, caso os documentos em foco tenham contribuído para moldar a convicção do órgão *a quo* -, toma-se indispensável, como *etapa lógica* do raciocínio mediante o qual se resolverá a *quaestio iuris,* esclarecer se a fonte de tal convicção poderia ter sido diversa. O trabalho de esclarecimento pode e deve ser realizado *fazendo-se total abstração da* correspondência *ou não correspondência entre semelhante convicção* e *a verdade objetiva* - tópico a cujo respeito, por implicar reapreciação da prova na sua força persuasiva, estaria realmente impedido o Supremo Tribunal Federal de exercer cognição no julgamento do recurso extraordinário.

III - Indeferimento de carta rogatória para a exibição de documentos por terceiro

15. No intuito de esclarecer as questões relacionadas com as notas promissórias em que fundava a sua pretensão à compensação, a ré, ora recorrente, requereu ao Juízo de primeiro grau a expedição de carta rogatória para a Suíça, a fim de que a *Banca della Svizzera Italiana* exibisse os referidos títulos, permitindo assim a verificação de que eram conformes com as fotocópias anexadas aos autos e não se achavam endossados pelo credor. Indeferido o requerimento, interpôs-se agravo retido, ao qual, porém, negou provimento a 5ª Câmara Cível. Na fundamentação do Acórdão lê-se que "a exibição de documentos só é possível entre as próprias partes litigantes, ou contra terceiro que tenha o dever legal de exibir o documento". E mais: "O terceiro deve ser citado, com o prazo de defesa, nos termos dos arts. 360 a 362 do Código de Processo Civil, procedimento que não seria possível contra pessoa jurídica estranha ao feito, domiciliada no estrangeiro e, portanto, não submetida às leis e à jurisdição da Justiça brasileira". Nessa passagem aninha-se ao nosso ver - seja dito sempre com a maior reverência - mais de um equívoco na interpretação dos textos legais vigentes. Um deles, aliás, dispensa qualquer esforço dialético para dissipar-se: é o que palpita no trecho "procedimento que não seria possível contra pessoa jurídica estranha ao feito". O lanço deve ser levado à conta de mero *lapsus calami,* pois não é razoável atribuir-se à Câmara o pensamento de que, por ser "estranha ao feito", uma pessoa jurídica - ou física, acrescente-se - fique totalmente imune à possibilidade de reclamar-se dela a exibição de documento em processo *inter alios.* Tal entendimento - que simplesmente importaria riscar do Código de Processo Civil os arts. 360 e seguintes - ficaria ademais em patente contradição com o contexto em que se insere, no Acórdão. Podemos, assim, deixar de lado o ponto e examinar os outros argumentos.

16. A circunstância de ter domicílio fora do território nacional o terceiro em cuja posse se encontra o documento não é razão suficiente para excluir a admissibilidade do pedido de exibição. Os atos processuais, em princípio, podem realizar-se dentro ou fora dos limites territoriais da comarca (Código de Processo Civil, art. 200); quando hajam de realizar-se em país estrangeiro, a respectiva prática é solicitada à autoridade judiciária do lugar de que se trata, mediante carta rogatória (art. 201). Essa é a única consequência do fato de não estar o terceiro, por força de seu domicílio, diretamente subordinado "à jurisdição da Justiça brasileira". Ora, o que a recorrente requereu foi precisamente que se expedisse carta rogatória para a Suíça, a fim de ali serem exibidos os títulos de crédito. Nada mais normal e regular.

A pré-exclusão da possibilidade de expedir-se tal carta só poderia resultar da eventual existência de convenção entre o Brasil e a Suíça, onde porventura se negasse a utilização de tal meio, ou se lhe fixassem restrições aplicáveis a hipóteses como a vertente (Código de Processo Civil, art. *210, verbis:* "quanto à sua admissibilidade"). Nada, porém, se mencionou nesse sentido. No que tange ao direito interno daquele país, veja-se GULDENER, *Das internationale und interkantonale Zivilprozessrecht der Schweiz,* Zurique, 1951, p. 19 e s., cuja exposição não deixa dúvida sobre a viabilidade, em linha de princípio, do cumprimento de rogatórias, inclusive em matéria de exibição de documentos (nas p. 21-2 explica o autor que se resolve à luz da *lex fori* a questão de saber "se o possuidor de um documento está obrigado à exibição"). Algumas legislações cantonais regulam expressamente a matéria, como por exemplo o *Code de*

Procédure civile de Berna, que, após tratar *in genere* das *"commissions rogatoires"* (art. 17), alude em particular à exibição de documento requerida por tal via, estabelecendo no art. 18: *"Lorsque à la demande d'un tribunal hors canton des personnes ont des titres à produire, elles ne peuvent étre astreintes qu'à les déposer au tribunal de leur domicile pendant un délai à fixer judiciairement".*

Aliás, a rigor não haveria necessidade de cogitar-se do ponto. Para decidir o requerimento de expedição de carta rogatória, o juiz brasileiro não está jungido senão à observância do direito *pátrio,* legislado ou convencional. Escapa-lhe à competência perquirir o ordenamento do Estado destinatário, para formar juízo prévio sobre se a carta será ou não cumprida. A expedição não poderia ser legitimamente indeferida com base em eventual previsão do juiz nacional no que tange ao não cumprimento pelo estrangeiro.

17. Quanto a existir ou não existir obrigação da *Banca della Svizzera Italiana* de exibir as promissórias, convém distinguir. A luz do ordenamento nacional, essa obrigação dificilmente poderia ser negada: do disposto no art. 358, nº III, do Código de Processo Civil, aplicável por analogia *(vide* nosso *O novo processo civil brasileiro,* v. I, 2ª ed., Rio de Janeiro, 1976, p. 99), tira-se que ela deve ser reconhecida quando o documento for comum ao requerente e ao terceiro; *a fortiori,* é óbvio, quando ele represente crédito do requerente e esteja apenas em poder do terceiro, seja a que título for.

Se partirmos, entretanto, da premissa de que a matéria se sujeita à *lex fori,* conforme o ensinamento de GULDENER, antes invocado, não é possível dar resposta *a priori.* Mas a questão será de todo em todo irrelevante na perspectiva do órgão judicial brasileiro, a quem não compete investigar, como já se acentuou, se a rogatória vai ser ou não cumprida pela autoridade à qual se destina.

A afirmação, contida no Acórdão, de que o pedido de exibição só é cabível "contra terceiro que tenha o dever legal de exibir o documento", parece escusada. Não se abalançou a 8ª Câmara Cível a negar que, na espécie, tal dever se configure. De acordo com o direito pátrio, a negação seria equivocada. Se as coisas se passam ou não do mesmo modo no ordenamento suíço, nada importa ao juiz nacional. Assim, não se percebe que alcance teria o argumento.

18. As considerações acima expostas de modo algum ficam prejudicadas pelo reconhecimento de que, ao ângulo dogmático, o pedido de exibição de documento, quando formulado com relação a terceiro, recebe, na sistemática processual em vigor, a configuração de verdadeira *ação incidente* (cf. PONTES DE MIRANDA, *Coment.* cit., t. IV, p. 330; AMARAL SANTOS, *Coment.* cit., v. IV, p. 139; BARBOSA MOREIRA, *O novo proc. civ. bras. civ.,* v. I, p. 98). Nada há que impeça alguém, *a priori,* de propor ação – autônoma ou incidente – perante a Justiça brasileira, em fare de pessoa domiciliada no estrangeiro; e é trivial o uso da carta rogatória para, em tal hipótese, proceder-se à citação inicial do demandado. *In casu,* a competência da Justiça nacional firma-se à vista do art. 88, nº III, do Código de Processo Civil: *a actio ad exhibendum* tinha como fundamento a necessidade de fazer prova em processo em curso perante órgão judicial brasileiro; portanto, "fato ocorrido no Brasil". E o Juízo da ação de cobrança seria competente *ex vi* do art. 108 do mesmo Código. O que não se poderia pretender é que o órgão nacional rogasse à Justiça suíça a prática de atos *executivos,* como por exemplo a busca e apreensão dos documentos (art. 362, *fine).* Mas esse é outro problema, que *pressupõe* o processamento da *actio ad exhibendum,* a condenação do terceiro a exibir o documento e a sua omissão em cumprir espontaneamente a sentença. Não se trata, aliás, de problema *peculiar* à exibição de documento: surge todas as vezes que se tem de fazer valer no território de um Estado soberano *decisão* proferida por órgão da Justiça de outro. Não vem a pelo examiná-lo aqui: seria como pularmos para o último capítulo de uma novela mal iniciada. É possível que surgisse a emergência, é possível que não surgisse: dependeria da atitude que viesse a tomar a *Banca della Svizzera Italiana* e do convencimento que afinal formasse o Juízo sobre a obrigação de exibir. Tudo isso ficou barrado *ab initio* pelo indeferimento do pedido, de sorte que é vã qualquer conjectura.

19. Reza o Acórdão que "o terceiro deve ser citado, com o prazo de defesa, nos termos dos arts. 360 a 362 do Código de Processo Civil". A afirmação é inquestionável. *Para isso, precisamente, é que se tornava cabível a expedição da carta rogatória.*

O trecho subsequente é que desconcerta o leitor. Acrescenta o Acórdão que esse procedimento "não seria possível contra pessoa jurídica estranha ao feito, domiciliada no estrangeiro c, portanto, não sujeita às leis e à jurisdição da Justiça brasileira". Qual dessas circunstâncias seria bastante para excluir a viabilidade do procedimento cogitado? Tratar-se de "pessoa *jurídica*", decerto que não: o ponto é irrelevante. Tratar-se de "pessoa jurídica *estranha ao feito*"? Mas é, por definição, como já se recordou, o caso de qualquer *terceiro!* Se o procedimento adequado à exibição de documento em poder de terceiro não se aplicasse a pessoas *estranhas ao feito,* então *a ninguém* se aplicaria. Tratar-se de pessoa "domiciliada no estrangeiro e, portanto, não sujeita às leis e à jurisdição da Justiça brasileira"? Escusamo-nos de repetir aqui o que se disse, ao propósito, nos itens anteriores. O fato de uma pessoa não estar sujeita às leis brasileiras de modo algum obsta a que se lhe *reclame* a exibição de documento em Juízo; o fato de não estar ela sujeita à jurisdição da Justiça nacional obsta apenas a que o órgão judicial brasileiro o determine *diretamente;* quanto à expedição de carta rogatória, para que a Justiça do outro Estado se incumba da diligência, seria pouco dizer que *não fica afastada* por aquele fato: a verdade é que ele constitui justamente *a razão de ser de tal expedição!*

IV – A questão da qualificação jurídica da obrigação. Possibilidade de controle no recurso extraordinário

20. Lê-se no Acórdão da 8ª Câmara Cível o seguinte passo: «Aliás, a contestante, segundo se vê da correspondência que instruiu a contestação, sempre se ofereceu a resgatar a dívida parte em compensação e parte em dinheiro. Se *a obrigação era alternativa,* como se infere dessa defesa da contestante, cessou a alternatividade quando a devedora optou pelo pagamento em moeda" (grifamos). É manifesto que a 8ª Câmara Cível tirou dessa suposta alternatividade da obrigação da ré, ora recorrente, razão de decidir. A recorrente nega que a sua obrigação fosse alternativa e argui no recurso extraordinário a violação de dispositivos do Código Civil atinentes à matéria.

Põe-se a questão de saber se é possível ao Supremo Tribunal Federal apreciar o ponto no julgamento do recurso. A dúvida suscitável ao propósito ligar-se-ia ao princípio consoante o qual a solução de meras *quaestiones facti* não tolera controle por via de recurso extraordinário, reservado, como se sabe, a puras *quaestiones iuris.* Reflete-se tal princípio nos enunciados de nº 279 ("Para simples reexame de prova não cabe recurso extraordinário") e 454 ("Simples interpretação de cláusulas contratuais não dá lugar a recurso extraordinário"), da *Súmula da Jurisprudência Predominante.* Impende fixar-lhe o sentido e o alcance.

21. É mera *questão de fato* aquela que diga respeito à reconstituição dos acontecimentos relevantes para o julgamento do litígio. Assentar *como se passaram as coisas* é trabalho que as instâncias chamadas ordinárias realizam, por assim dizer, soberanamente, sem que o resultado atingido se submeta à censura da Corte Suprema, através de recurso extraordinário.

Como a reconstituição dos acontecimentos se faz normalmente com o auxílio das *provas,* não é lícito ao Supremo Tribunal Federal controlar a exatidão das conclusões a que chegou, para reconstituí-los, o órgão *a quo,* a partir dos elementos probatórios constantes dos autos. Nesse sentido é que a *Súmula* alude, no enunciado nº 279, a "reexame de prova". O Supremo Tribunal Federal tem de respeitar o convencimento formado à luz das provas pelo Tribunal de origem. Ainda que porventura lhe parecesse insuficiente certo depoimento, v.g., para demonstrar a ocorrência de fato que o Tribunal de origem, ao contrário, reputou existente com base nesse depoimento, não seria lícito ao Pretório Excelso substituir pela sua própria a convicção do órgão *a quo* no tocante ao valor do depoimento. Em resumo: não se abre à Corte a possibilidade de dizer não provado algum *fato* que o Acórdão recorrido deu como provado, ou de dizer provado algum *fato* que o Acórdão recorrido deu como não provado.

Nessa mesma perspectiva deve encarar-se a questão da interpretação de cláusula contratual. Na verdade, ela não é senão um desdobramento – ou, talvez mais precisamente, uma particularização – da regra antes exposta. Interpretar cláusula significa a rigor determinar-lhe o sentido, esclarecer o que nela acordaram os contratantes, a que se dirigiram as manifestações convergentes de vontade. Permanecemos no puro terreno dos fatos. Quando se indaga: "Como havemos de interpretar esta cláusula?", indaga-se em que consistiu, no particular, o acordo de vontades, isto é, *que conteúdo teve determinado acontecimento.*

22. Quando, porém, se passa de semelhante averiguação à *qualificação jurídica* do fato apurado, mediante o respectivo enquadramento em determinado *conceito legal,* já se enfrenta *questão de direito.* Basta ver que, para afirmar ou para negar a ocorrência de tal ou qual figura jurídica, necessariamente *se interpreta a lei.* Interpretação é o procedimento pelo qual se determinam o sentido e o alcance da regra de direito, a sua compreensão e a sua extensão. Dizer que ela abrange ou não abrange certo acontecimento é, portanto, interpretá-la. Admitir a abrangência quando o fato não se encaixa na moldura conceptual é aplicar erroneamente a norma, como seria aplicá-la erroneamente não admitir a abrangência quando o fato se encaixasse na moldura conceptual. Em ambos os casos, *viola-se a lei,* tanto ao aplicá-la a hipótese não contida em seu âmbito de incidência, quanto ao deixar de aplicá-la a hipótese nele contida.

O controle da qualificação jurídica não é, pois, reexame de *quaestio facti,* que por esse motivo refuja à cognição do Supremo Tribunal Federal no julgamento de recurso extraordinário. Como exatamente diz PONTES DE MIRANDA, *Coment.,* cit., t. VIII, p. 84-5, a qualificação jurídica há de prender-se ao "suporte fático" de alguma regra de direito; ora, *"se se atribui à regra jurídica suporte fático que não é o seu, nega-se a regra jurídica em sua extensão"* (sem grifo no original). No mesmo sentido o ensinamento de JOSÉ AFONSO DA SILVA, *Do recurso extraordinário no direito processual brasileiro,* São Paulo, 1963, p. 151-2, *verbis:*

> É ainda erro de direito *in iudicando,* passível de ser eventualmente corrigido pelo Recurso Extraordinário, o que se comete na *qualificação juridica dos falos provados.* Os mesmos fatos podem ter qualificações várias. Assim, por exemplo, a ocupação de um imóvel pode ser qualificada como aluguei, comodato, esbulho etc. O erro na qualificação jurídica dos fatos pode justificar o Recurso Extraordinário, como, aliás, acertadamente tem decidido o S.T.F. (grifos do autor).

23. A doutrina europeia vem estudando com particular atenção o problema da distinção entre *quaestiones facti* e *quaestiones iuris.* E são torrenciais os pronunciamentos dos mais autorizados escritores, conformes ao que se acaba de expor. Na ampla classificação que fez dos possíveis erros do juiz, já arrolava CALAMANDREI entre os *errores* in *iudicando* cometidos *"nella risoluzione di una questione di diritto"* aquele que se refere **à denominada «premissa menor» do «silogismo judicial», quando incide** *"sul rapporto che passa tra la fattispecie di una norma giuridica e la fattispecie concreta":* nisso consistiria, para o mestre, a *"falsa applicazione di legge"* (La cassazione civile, *in Opere giuridiche,* v. VII, Nápoles, 1976, p. 167). Faz eco à lição, em nossos dias, este passo de LIEBMAN, *Manuale* di *diritto processuale civile,* v. III, Milão, 1976, p. 76:

> "Questione di diritto ê dunque non soltanto quella dell'esistenza astratta della norma e della sua interpretazione, ma anche quella della sua applicazione al caso concreto così come questo risulta accertato e configurato nella sentenza impugnata, e comprende quindi anche la *qualificazione giuridica*

> della fattispecie (cosidetto "errore di sussunzione") e la deduzione in concreto delle conseguenze che la norma dispone" (grifado no original).

Assim também na França, em clássica monografia, atestava MARTY a concordância dos autores em considerar *"que tout problème de qualification est question de droit"*, e explicava que *"par l'identification d'une certame situation de fait avec une notion légale, toute qualification entraîne indirectement une définition de cette notion" (La distinction du fait el du droit,* Paris, 1929, p. 204-5). Na Suíça, igualmente, escreve DESCHENEAUX que *"toute appréciation juridique est interprétation de la loi"* e, por conseguinte, *"l' erreur dite de qualification se ramène* ***à*** *une erreur sur le fait juridique"*, para concluir, em termos enfáticos, que nesse caso "il *n'y a d'erreur que sur la règle de droit" (La distinction du fait el du droit dans les procédures de recours ou Tribunal Fédéral,* Friburgo, 1948, p. 36-7).

24. Aliás, a própria jurisprudência do Supremo Tribunal Federal exibe não poucas hipóteses em que, corretamente, a Corte se entendeu autorizada, no julgamento de recursos extraordinários, a controlar a *qualificação jurídica de fatos,* realizada pelas instâncias ditas ordinárias. Vamos recordar aqui apenas algumas decisões recentes.

Em Acórdão de 24 de outubro de 1974, E.R.E. nº 77.539, relatado pelo Ministro ALIOMAR BALEEIRO, *Rev. Trim. de Jur.,* v. 74, p. 144 e s., assentou o Excelso Pretório: "Mandato - Questão de direito. Se o Acórdão reconheceu a existência evidente dum mandato, negado pela instância local, e atribuiu-lhe os efeitos de lei, decidiu então sobre a qualificação jurídica do ato, o que é questão de direito, e não de fato". Como ressalta do trecho do Acórdão embargado, transcrito na p. 145, o eminente Ministro RODRIGUES ALCKMIN, Relator do Recurso Extraordinário, baseando-se no teor de documentos constantes dos autos, divergiu da solução dada pelo Tribunal *a quo* à questão de saber se naqueles instrumentos *se consubstanciava ou não um mandato.* Concluiu que sim, e foi acompanhado por toda a Egrégia 2ª Turma, que unanimemente deu provimento ao recurso. Bem se compreende que, a fim de chegar a tal conclusão, tenha precisado a Corte examinar provas - não para verificar se *o teor das declarações de vontade* era realmente aquele que a decisão recorrida aceitara como verdadeiro, mas para controlar a correção do asserto, que nele se encontrava, segundo o qual tais declarações de vontade *não constituíam mandato.* Questão de qualificação - *quaestio iuris,* portanto.

Analogamente, no R.E. nº 78.033, por Acórdão de 12 de agosto de 1975, do qual também foi Relator o Ministro RODRIGUES ALCKMIN, desceu o Excelso Pretório ao exame de documento, a fim de apurar se o ato jurídico nele corporificado devia ou não classificar-se como compromisso de compra e venda. Em seu voto, começou o ilustre Relator por ler o documento, para em seguida afirmar: "Não se trata, à evidência, de compromisso de compra e venda por instrumento particular, mas de simples recibo de sinal" *(Rev. Trim. de Jur.,* v. 75, p. 826). E adiante acrescentou: "Recibo de sinal, subscrito por funcionário ou diretor de imobiliária, ainda que autorizado a vender, não é contrato de promessa de venda" (p. 827). Mais uma vez, nesse julgamento, enfrentou a Corte a questão da *qualificação jurídica.* A instância inferior, à vista do documento, assentara tratar-se de compromisso de compra e venda; o Excelso Pretório divergiu dessa manifestação. Não tocou em qualquer *quaestio facti,* como teria feito, por exemplo, se negasse a prática (reconhecida pelo Tribunal *a quo)* do ato jurídico instrumentado no recibo. Respeitando o acertamento feito no Acórdão recorrido, *deu nova qualificação* ao ato que se praticara, e extraiu daí, naturalmente, as devidas consequências. Em nada influi na equação do problema a circunstância de, para tanto, haver-se perscrutado o teor do documento. A questão era *de direito.*

Merece ainda referência o Acórdão de 4 de março de 1975, no R. E. nº 79.782, *Rev. Trim. de Jur.,* v. 73, p. 640 e S., relatado igualmente pelo Ministro ALIOMAR BALEEIRO. Tratava-se de ajuste sobre locação de imóvel, inserto como cláusula em acordo de desquite. Discutiam as partes se se configurava contrato de locação comum, sujeito à normal disciplina desse negócio jurídico – o que autorizaria o despejo –, ou estipulação integrante do acordo de desquite, unilateralmente irretratável. O Ministro Relator, ao proferir seu voto, unanimemente acompanhado pela Egrégia 1ª Turma, examinou os termos do ajuste para qualificá-lo juridicamente. Teve a cautela de advertir que não estava "interpretando contrato", nem pois contravindo ao enunciado nº 454 da *Súmula da Jurisprudência Predominante;* e a seguir afirmou que se limitava a interpretar "cláusula de prazo indeterminado". Bem compreendida, essa passagem do voto não encerra contradição: o verbo "interpretar" foi usado *em duas acepções diversas. Não se interpretou contrato,* no sentido de que não se pesquisou se era mesmo o aceito pelo Tribunal *a quo,* ou se porventura seria outro, o significado do acordo de vontades; não se questionou o conteúdo da estipulação. *Interpretou-se cláusula,* por outro lado, no sentido de que se desceu à qualificação jurídica do ajuste, a fim de apurar-se a que regime estaria ele sujeito. Pode-se objetar à propriedade do emprego da palavra neste segundo caso; mas o exemplo tem valor quase didático, por mostrar com absoluta nitidez *até onde vai a questão de fato e onde começa a questão de direito.*

25. Na espécie, importante tópico da defesa da recorrente consistiu em negar a exigibilidade do crédito da autora, ora recorrida, com base na circunstância de que, pelo contrato de compra e venda de ações, o preço seria pago mediante abertura de conta-corrente, com a obrigação da vendedora de aplicar a respectiva importância na aquisição de ações da compradora, por ocasião do aumento do capital desta. Do exame da documentação constante dos autos retirou o Acórdão a inferência de que, na realidade, a obrigação era *alternativa,* comportando pagamento, quer pela forma acima referida, quer em dinheiro. Essa ilação foi decisiva para o resultado a que se chegou, pois sem ela não se compreenderia a afirmação, contida no Acórdão, de que "cessou a alternatividade quando a devedora optou pelo pagamento em moeda". Com apoio nessa consideração é que a 8ª Câmara Cível rejeitou o argumento da defesa. Ora, a conclusão só pode legitimar-se uma vez admitida a natureza alternativa da obrigação.

Façamos abstração de qualquer dúvida passível de ser suscitada quanto à exatidão dos fatos postos na base do raciocínio do órgão *a quo.* Afastemos de nossa cogitação indagações porventura atinentes ao teor das declarações de vontade emitidas pelas partes. Aceitemos a inteligência dada pela 8ª Câmara Cível aos documentos constantes dos autos, no que tange ao respectivo significado. Tudo isso fica realmente imune à revisão do Supremo Tribunal Federal, no âmbito do recurso extraordinário.

Resta, no entanto, saber se à luz desses elementos de prova, e respeitado o valor que lhes atribuiu o Tribunal local, *se justifica a qualificação da obrigação assumida pela compradora como alternativa.* Ora, essa já não é mera *quaestio facti:* é típica e bem caracterizada *quaestio iuris.*

26. A jurisprudência e a doutrina estrangeiras têm, às vezes posto restrições à amplitude do controle exercido pelo órgão *ad quem,* no julgamento de recursos limitados a questões de direito, ainda quando de uma destas se cogite. Isso acontece sobretudo em matéria de conceitos jurídicos indeterminados, como os de "bons costumes", "injúria grave" etc.

A questão da qualificação, em casos tais, sem deixar de ser uma *quaestio iuris,* deveria para certa corrente permanecer imune à censura do tribunal superior *(vide* ao propósito, entre outros, MARTY, ob. cit., p. 192 e s.). Semelhante tendência inspira-se, de regra, em considerações de ordem teleológica, reputando-se desnecessária e até inconveniente, aí, a utilização de mecanismos criados para assegurar a uniformidade na aplicação das normas jurídicas.

No presente contexto, é lícito fazer total abstração do problema. O conceito de *obrigação alternativa* não é indeterminado: se bem que inexista no Código Civil uma *definição legal* da figura, o seu contorno pode ser desenhado com traço nítido à vista das disposições contidas nos arts. 884 e seguintes daquele diploma. Não se controverte no plano doutrinário sobre a essência da obrigação alternativa: variam naturalmente as fórmulas de autor para autor, mas o núcleo conceptual permanece sempre o mesmo. Não há espaço para qualquer *valoração subjetiva* do juiz, quanto a circunstâncias de ordem ética, cultural, econômica, social, quando tem de verificar se é ou não alternativa determinada obrigação. A única valoração pertinente é a *jurídica.*

O órgão judicial comete *error iuris in iudicando* toda vez que admite como alternativa obrigação que não o seja, ou vice-versa. Tal erro é censurável em sede de recurso extraordinário. Ao Supremo Tribunal Federal sem dúvida se abre o ensejo de reexaminar o ponto, a fim de apurar se foi correta a qualificação dada pela 8ª Câmara Cível à obrigação da ré, ora recorrente. Nada importa que, em tal apuração, haja a Corte de deter-se no exame da documentação trazida aos autos. Não o fará, certamente, com o propósito de verificar se o conteúdo, o teor, o sentido lógico dos documentos foi apreendido com exatidão pelo órgão *a quo:* aí, sim, estaria reapreciando questões de fato e, com isso, ultrapassando os limites postos à sua cognição. De maneira alguma os ultrapassará, todavia, se examinar os documentos para *valorar juridicamente* as situações recíprocas das partes, para *qualificar o vínculo* que entre elas se criou. Essa é *questão de direito,* que perfeitamente cabe no âmbito da atividade cognitiva exercitada em grau de recurso extraordinário.

***

À vista de todo o exposto, assim respondemos às indagações da consulente.

1) Quanto à rejeição da alegada compensação no despacho saneador, foi contrária à sistemática do ordenamento processual vigente. O Juízo *a quo,* não obstante usasse a expressão "preliminar", apreciou a questão *no plano do mérito,* repelindo a defesa por entender que não eram "líquidas e exigíveis" as dívidas. Resolveu antecipadamente, pois, *uma* das questões atinentes ao *meritum causae,* o que não lhe era lícito fazer, porque a lei só contempla a possibilidade de julgar-se por antecipação *a lide,* mediante *sentença* que dê pela procedência ou pela improcedência do pedido. Houve ofensa aos arts. 330, nº I, e 331 do Código de Processo Civil. Na perspectiva em que tentou colocar a questão o Acórdão da 8ª Câmara Cível, ter-se-á aplicado erroneamente o art. 283 do mesmo diploma a hipótese que não entra no seu campo de incidência. Ocorreu nulidade do processo, a partir do despacho saneador.

2) No que tange à juntada de documentos "por linha", infringiu-se o art. 398 do estatuto processual civil, julgando-se a apelação sem prévia abertura de vista à parte contrária. Prejudicada esta pelo desatendimento do imperativo legal, a consequência é a nulidade do julgamento.

3) Ao negar provimento ao agravo interposto contra o indeferimento da carta rogatória que se requerera fosse expedida à Justiça suíça, pôs-se a 8ª Câmara Cível em contraste com as regras dos arts. 200, 201 e 360, sempre do Código de Processo Civil. O pedido de exibição de documentos por terceiro de modo nenhum fica excluído pelo fato de cuidar-se de pessoa jurídica estrangeira, com sede no território de outro Estado. Não havia qualquer circunstância que impossibilitasse a determinação da diligência. Far-se-ia a citação mediante rogatória, como é normal e corriqueiro em casos tais.

4) A afirmação, contida no Acórdão da 8ª Câmara Cível, de ser alternativa a obrigação da ré, ora recorrente, a qual serviu de apoio à decisão proferida por aquele órgão, é reapreciável pelo Supremo Tribunal Federal no julgamento do recurso extraordinário. Trata-se de *questão de qualificação,* situada entre as *quaestiones iuris.* Compete à Corte proceder ao exame dos documentos constantes dos autos, na medida em que for necessário à formação do seu juízo sobre o acerto ou a erronia da qualificação da obrigação como alternativa.

Salvo melhor juízo.

Rio de Janeiro, 30 de janeiro de 1978.

COMENTÁRIOS DOS ATUALIZADORES

8. ALEGAÇÃO DE COMPENSAÇÃO REJEITADA NO DESPACHO SANEADOR. DOCUMENTO JUNTO SEM AUDIÊNCIA DA OUTRA PARTE. PEDIDO DE EXIBIÇÃO DE DOCUMENTO EM PODER DE PESSOA JURÍDICA SEDIADA NO ESTRANGEIRO. QUESTÃO DE QUALIFICAÇÃO JURÍDICA: POSSIBILIDADE DE REEXAME MEDIANTE RECURSO EXTRAORDINÁRIO

Luiz Fux / Rodrigo Fux

O Código de Processo Civil de 2015, modificando a sistemática vigente quando da elaboração do Parecer, veiculou a previsão, em seu artigo 356, do Julgamento Antecipado Parcial de Mérito. Com isso, quando um ou mais pedidos mostrar-se incontroverso ou estiver em condições de imediato julgamento (artigo 355) será possível a antecipação de parte do mérito do processo.

Isso difere da sistemática do CPC/1973, em que se buscava concentrar o julgamento de mérito no mesmo pronunciamento jurisdicional, conforme aduzido pelo Professor José Carlos Barbosa Moreira.

A previsão do artigo 356 do CPC/2015 busca promover a efetividade do processo, entregando, de imediato, a prestação jurisdicional na hipótese em que as questões fático-jurídicas submetidas puderem ser analisadas.

Ainda assim, referida decisão poderá ser impugnada por meio de Agravo de Instrumento, conforme se extrai do artigo 356, § 5º, do CPC/2015.

Na esteira do quanto demonstrado pelo Professor José Carlos Barbosa Moreira, o CPC/2015 também determina que a apresentação de qualquer documento novo deve ser sucedida pela intimação da contraparte para manifestação: *"Art. 437. (...) § 1º Sempre que uma das partes requerer a juntada de documento aos autos, o juiz ouvirá, a seu respeito, a outra parte, que disporá do prazo de 15 (quinze) dias para adotar qualquer das posturas indicadas no art. 436"*.

Trata-se de consectário lógico do Princípio do Contraditório Participativo e da Ampla Defesa Substancial, corolários do atual conceito de Devido Processo Legal, constantes, inclusive, do Capítulo I do Código de Processo Civil de 2015 (*"Das Normas Fundamentais do Processo Civil"*).

Por fim, além de o CPC/2015 manter a previsão de exibição de documento em poder de terceiro (artigo 401), os Tribunais podem-se valer, para efetivação da medida, de Carta Rogatória (artigo 36) ou até mesmo por meio do auxílio direto (artigo 30).

Em relação ao cabimento de recurso extraordinário, reitere-se apenas que, a partir da Emenda Constitucional nº 45/2004, exsurge o requisito da repercussão geral, concernente a existência, ou não, de questões relevantes do ponto de vista econômico, político, social ou jurídico, que ultrapassem os interesses subjetivos da causa (nos termos da Lei nº 11.418/2006, do art. 1.035 do CPC/2015 e do art. 322 do RISTF).

9. ITEM DO PEDIDO SOBRE O QUAL NÃO HOUVE DECISÃO. POSSIBILIDADE DE REITERAÇÃO NOUTRO PROCESSO

1. Em março de 1969, propôs a consulente, N.T.V. *S/A*, ação de ressarcimento de dano contra V.B.I.C.A. *S/A*, na qual pediu fosse a ré condenada, entre outras verbas, ao pagamento de importância correspondente à "correção monetária sobre o montante geral da indenização, a partir de sua fixação pericial". A sentença de primeiro grau julgou procedente o pedido quanto ao principal e certos acessórios; com ressalva de ligeira alusão no relatório, silenciou acerca da verba representativa da correção monetária, tal como fez a respeito de outra também incluída na postulação da autora (perdas e danos sobre a diferença de preço de tabela referente a veículos da linha Volkswagen).

Apelou a autora para pleitear a elevação do *quantum* da condenação, insistindo no pedido de correção monetária. Todavia, a 1ª Câmara Cível do Tribunal de Justiça de São Paulo entendeu que a matéria estava preclusa, por não haverem sido manifestados embargos de declaração contra a sentença, que deixara de apreciá-la. Igual solução adotou o órgão *ad quem* no tocante à outra parcela omitida, a que acima se fez referência. Vamos transcrever os parágrafos do Acórdão que concernem a um e outro item:

> "Quanto a ser incluído na condenação o pedido formulado na letra *d* da inicial, isto é, perdas e danos sobre a diferença de preço na tabela de veículos da linha VW e que deveriam ser adquiridos por ela ao preço corrente na praça em decorrência da rescisão do contrato, verifica-se que essa verba não foi apreciada na sentença recorrida e a autora deixou de manifestar em tempo hábil embargos de declaração a fim de que o julgador se pronunciasse a respeito da matéria. Desde que não houve a indispensável provocação, na oportunidade prévia, o apelo da autora, sob esse aspecto, não pode ser examinado em 2ª instância.
>
> A mesma observação ocorre quanto à aplicação da correção monetária. A sentença omitiu a sua apreciação e a autora ficou inerte. Sua atitude gerou a preclusão da matéria".

Do Acórdão da 1ª Câmara Cível nenhum recurso se interpôs.

2. Em agosto de 1977, ajuizou N.T.V. S/ A outra ação contra V.B.I.C.A. S/A. Na inicial, depois de relatar os fatos acima resumidos, diz a autora que "a matéria não se incorporou à coisa julgada", sendo "lícito e legítimo postular aquilo que não foi objeto de apreciação na ação que condenou a ré ao pagamento de indenização por prática de ato ilícito". Formula, a seguir, o pedido de condenação de V.B.I.C.A. S/A ao pagamento de importância correspondente à correção monetária do valor da indenização paga em virtude do anterior julgamento.

Na contestação, suscitou a ré a preliminar de coisa julgada, afirmando, em síntese, que a sentença de primeiro grau, no processo anterior, dera "integral prestação jurisdicional nos limites da lide"; que, "se houve omissão na sentença, a matéria ficou preclusa por inércia do autor"; que, havendo a decisão transitado em julgado, "é defeso à autora, agora e sempre, qualquer ação contra a ré (...) relacionada com a ação anterior". Tal preliminar foi acolhida pelo Juízo de Direito da 1ª Vara de São Bernardo do Campo, que em consequência julgou a autora carecedora de ação. Daí a consulta de N.T.V. S/A, que, juntando cópias das peças judiciais relevantes, do feito antecedente e do atual, indaga se é correto o julgamento.

3. Para responder à indagação, cumpre antes de mais nada fixar com toda a clareza o que se passou no primeiro processo com relação ao pedido de correção monetária. Em grau inferior de jurisdição, conforme assinalado, omitiu-se o juiz em decidir sobre ele. No Tribunal, entendeu-se que a circunstância de não se terem manifestado embargos de declaração tornara preclusa a matéria, obstando a qualquer pronunciamento a seu respeito. A propósito da diferença de preço na tabela, assentou o Acórdão, *expressis verbis:* "o apelo da Autora, sob esse aspecto, *não pode ser examinado em 2ª Instância".* E acrescentou, logo a seguir: *"A mesma observação ocorre quanto à aplicação da correção monetária"* (grifas nossos).

Quer dizer: no entendimento da 1ª Câmara Cível, a questão relativa à correção monetária *tampouco podia ser examinada – e realmente não o foi – em grau de apelação.* Embora não se haja usado a expressão, o recurso, na parte que agora interessa, foi declarado *inadmissível* e, por isso, não chegou a ser julgado no mérito. É relevantíssimo o ponto, porque evidencia a absoluta inexistência de pronunciamento sobre a matéria no Acórdão da 1ª Câmara Cível. Dele não se tira qualquer dado útil para determinar se há ou não há coisa julgada a respeito da correção monetária. O problema tem de ser equacionado e resolvido apenas à luz da sentença de primeiro grau.

4. Essa decisão transitou em julgado ainda sob a vigência do Código de Processo Civil de 1939, cujo art. 287, *caput*, rezava: "A sentença que decidir total ou parcialmente a lide terá força de lei nos limites das questões decididas". A expressão "ter força de lei" significava aí – como significa no art. 468 do vigente diploma – "produzir coisa julgada material". Tratava-se no antigo texto, e trata-se no atual, dos limites objetivos da *res iudicata*. Esta só abrangia – e só abrange – as questões sobre as quais tenha ocorrido *julgamento*. Aliás, é ocioso salientar o que há de óbvio na asserção: *coisa julgada* não pode deixar de ser a coisa *(res)* que se *julgou*. Aquilo que não se julgou... não se converte, à evidência, em coisa julgada!

As *questões* nos limites das quais tem "força de lei" a sentença – quer à vista do art. 287, *caput*, do Código de 1939, quer diante do art. 468 do Código de 1973 – põem-se nos vários itens em que se desdobra o pedido. A cada um deles há de corresponder, na sentença, um capítulo; e, para fins de trânsito em julgado, cada capítulo deve considerar-se como uma decisão *per se (tot capita quot sententiae)*. Havendo, por conseguinte, diversos pedidos (ou, o que no presente contexto vale o mesmo, diversos tópicos no *petitum)*, cada qual constitui uma questão a ser julgada; e a *auctoritas rei iudicatae* vai recobrir aquelas que efetivamente o sejam.

5. É oportuno, a esta altura, um esclarecimento de ordem não só terminológica, mas sobretudo conceptual. A palavra "questão" vê-se empregada em dois sentidos diversos na linguagem da lei. Ela serve primeiro para designar qualquer *ponto duvidoso*, de fato ou de direito, de que dependa o teor do pronunciamento judicial. Nessa acepção, dir-se-á com propriedade que a solução das "questões" é o meio de que se vale o juiz para julgar: a "questão" não constitui, em si, objeto de julgamento, mas, uma vez resolvida, insere-se entre os fundamentos da decisão, entre as razões de decidir. Assim, por exemplo, a questão consistente em saber se ocorreu ou não o fato constitutivo alegado pelo autor, ou o fato extintivo alegado pelo réu; a questão relativa à vigência ou à constitucionalidade da regra jurídica cuja incidência se afirma etc. É com tal significado que o vocábulo "questão" aparece no texto do art. 458, nº II, do atual Código de Processo Civil, onde se incluem, entre os "requisitos" *(rectius:* elementos) "essenciais da sentença", "os fundamentos, em que o juiz analisará as questões de fato e de direito", assentando as premissas de que extrairá a conclusão.

Outras vezes, "questão" é o próprio *thema decidendum,* ou ao menos cada uma das partes em que ele se fraciona. Se alguém, v.g., pleiteia a resolução da promessa de compra e venda e a reintegração na posse do imóvel, dir-se-á, neste outro sentido, que o juiz deve julgar duas "questões", a da resolução contratual e a possessória. Existe aí manifesta correspondência entre "questão" e pedido: havendo mais de um pedido, ou, o que afinal é o mesmo – compondo-se o pedido de mais de um item, estarão subpostas à cognição judicial tantas "questões" quantos forem os pedidos, ou os itens do pedido. Semelhante acepção é a do art. 458, nº III, do vigente estatuto processual, onde se alude ao "dispositivo, em que o juiz resolverá as questões, que as partes lhe submeterem"; nada razoável seria, aliás, supor que a palavra "questões" tivesse aí significação igual à que tem no inciso II. Com esta segunda acepção figura ela também no art. 471 do diploma em vigor, como já figurava no dispositivo correspondente (art. 289) do antigo.

Importa frisar que, no primeiro dos sentidos acima expostos, as "questões" são estranhas ao problema da coisa julgada. Como é sabido, a *auctoritas rei iudicatae* não cobre a solução dada pelo órgão judicial, na fundamentação da sentença, aos pontos duvidosos relevantes para a composição do litígio. Isso, hoje, é direito expresso (Código de Processo Civil de 1973, art. 469); mas assim mesmo já se entendia, segundo a melhor interpretação, e a despeito da menor clareza dos textos, sob o ordenamento anterior (*vide* LIEBMAN, nota 6 à p. 393 da tradução brasileira das *Instituições de direito processual civil,* de CHIOVENDA, 2ª ed., São Paulo, 1965; *id., Estudos sobre o processo civil brasileiro,* 2ª ed., São Paulo, 1976, p. 159 e s.; LOPES DA COSTA, *Direito processual civil brasileiro,* 2ª ed., Rio de Janeiro, 1959, v. II, p. 382-3, e v. m, p. 431 e s.; JOSÉ FREDERICO MARQUES, *Instituições de direito processual civil,* 2ª ed., Rio de Janeiro, 1962, v. V, p. 51 e s.; MACHADO GUIMARÃES, *Estudos de direito processual civil,* Rio de Janeiro-São Paulo, 1969, p. 20-1; CELSO NEVES, *Contribuição ao estudo da coisa julgada civil,* São Paulo, 1970, p. 493-4; ADA PELLEGRINI GRINOVER, *Ação declaratória incidental,* São Paulo, 1972, p. 37-8; BARBOSA MOREIRA, *Questões prejudiciais* e *coisa julgada,* Rio de Janeiro, 1967, p. 96 e s.).

6. Na espécie sob exame, gira a discussão em torno de item do *petitum,* que deixou de ser julgado. De modo algum se cogita de ponto duvidoso que constituísse premissa da conclusão do juiz. Trata-se, pois, de "questão" *no segundo sentido:* a pretensão à correção monetária integrava o *thema decidendum,* constituía um dos tópicos submetidos a *julgamento.* Por isso mesmo teria sido impossível ao juiz conceder a correção monetária se a autora - ainda fazendo jus a ela, no plano material - não a houvesse pleiteado (cf. art. 4º do Código de 1939 e arts. 128, 459 e 460 do Código de 1973, que consagram a clássica proibição do julgamento *ultra* ver *extra petita).*

Facilmente se percebe que não têm qualquer relação com o assunto as regras jurídicas pertinentes às "questões" cuja solução se insere nos fundamentos da sentença, ministrando razões de decidir. Se raciocinássemos com esses dados, estaríamos contundindo entidades diversas, "questões" de uma espécie e "questões" de outra espécie, sem nos advertirmos de que a diferença de função toma ilegítimo tirar, do regime legal previsto para estas, conclusões referentes àquelas, e vice-versa.

Ainda, portanto, que se houvesse de determinar à luz do Código de 1973 a extensão da matéria abrangida pela autoridade da coisa julgada, na sentença em foco, mostrar-se-iam de todo em todo impertinentes quaisquer alusões à disciplina das questões prejudiciais, que - ressalvada a hipótese de ação declaratória incidente (art. 470) - são "questões" na *primeira* acepção: pontos duvidosos cuja apreciação permanece fora do objeto do juízo, servindo apenas para fixar *motivos* da decisão judicial. Tampouco vem ao caso a norma do art. 474 do vigente estatuto, mencionada pela ré na contestação; embora não se use aí o vocábulo, é certo que nesse dispositivo se cogita de "questões", mas ainda e sempre no sentido irrelevante para o nosso raciocínio, a saber, no de possíveis *julgamentos* da acolhida ou da rejeição do pedido.

7. Pondo de lado, a bem da clareza, o receio da prolixidade, permitimo-nos insistir naquilo que se nos afigura essencial para o correto equacionamento do problema. Não está absolutamente em jogo aspecto algum da *fundamentação* da sentença. Inexiste dúvida concernente às *razões* pelas quais o juiz, no processo anterior, decidiu como o fez, ou - menos ainda - a outras concebíveis *razões* pelas quais poderia ele ter decidido de maneira igualou diferente. Estas últimas são as de que se trata no art. 474 do diploma em vigor; não são, porém, as de que se trata no presente contexto.

O que se precisa assentar é coisa inteiramente diversa. A sentença acolheu *em parte* o pedido da autora; *silenciou* no tocante ao tópico da correção monetária. Tal questão punha-se *como objeto de julgamento* à consideração do juiz, e tinha de ser *julgada,* em capítulo específico da sentença; entretanto, *não* o *foi.* Diante disso, pergunta-se: a questão da correção monetária continuou suscetível de apreciação judicial, em feito posterior? Ou deve entender-se que, apesar de não haver sido julgada, vale o silêncio da sentença, a seu respeito, como decisão de improcedência, já agora coberta pela *auctoritas rei iudicatae?* Em outras palavras: o que foi pedido, mas *não foi dado nem negado,* faz coisa julgada *como se negado fora?* Essa a indagação central, de cuja resposta tudo aqui depende.

Força é reconhecer que, tanto na doutrina como na jurisprudência, por vezes se tem respondido afirmativamente à pergunta acima formulada. Supõe-se que, se a sentença *concedeu algo* do que se pedira e *não se pronunciou sobre o resto,* é que negou *implicitamente* aquilo que não concedeu, ainda quando esse *plus* – conforme ocorre na espécie – assuma individualidade própria como item específico do *petitum,* ao qual deveria corresponder, repita-se, pronunciamento também específico no dispositivo da sentença. Passamos a expor as razões por que não nos parece exato semelhante modo de pensar, quer à luz do diploma processual antigo, quer do atual.

8. Nos termos do art. 280, *caput,* do Código de 1939, devia a sentença conter obrigatoriamente "o relatório" (inciso I), "os fundamentos de fato e de direito" (inciso II) e "a decisão" (inciso III). Mais explícito, o vigente estatuto, no art. 458, considera "requisitos" *(rectius:* elementos) "essenciais da sentença": "o relatório, que conterá os nomes das partes, a suma do pedido e da resposta do réu, bem como o registro das principais ocorrências havidas no andamento do processo" (inciso I), "os fundamentos, em que o juiz analisará as questões de fato e de direito" (inciso II), e "o dispositivo, em que o juiz resolverá as questões, que as partes lhe submeterem" (inciso III).

Pode acontecer que se cumulem ações, ou que se cumulem pedidos, ou se desdobre o *petitum* em vários itens – hipótese substancialmente idêntica à anterior. Nesse caso, o juiz há de levar em conta as imposições legais no tocante a cada um dos tópicos que se sujeitam a julgamento. A sentença, a bem dizer, constituirá unidade apenas *formal:* em substância, ter-se-ão duas ou mais sentenças, correspondentes aos diversos tópicos. É a figura que, em linguagem doutrinária, se designa por "sentença objetivamente complexa", formada por diversas partes (capítulos), que em princípio hão de satisfazer, *cada qual de per si,* as exigências da lei no que tange às sentenças.

Intuitivamente se percebe que não ficam excluídas certas atenuações. Assim, por exemplo, o relatório pode e costuma ser *uno,* bastando que o juiz nele aluda à existência dos diversos pedidos. A própria fundamentação dispensa por vezes maior explicitude: se, v.g., o acolhimento de um pedido pressupõe necessariamente – conforme ocorre na chamada cumulação sucessiva – o acolhimento de outro, desde que a sentença julgue improcedente o pedido logicamente subordinante, tanto basta para que se tenha como fundamentada a rejeição também do pedido logicamente subordinado: para nos valermos de exemplo já referido, a improcedência do pedido de resolução do compromisso de compra e venda justifica por si só a improcedência do pedido de reintegração do promitente-vendedor na posse do imóvel; que não necessitará de fundamentação autônoma.

Algo existe, porém, *cuja falta não se admite em hipótese alguma: a decisão propriamente dita.* É sempre indispensável que o juiz, na conclusão (ou no dispositivo, consoante prefere dizer o art. 458, nº III, do atual Código), se pronuncie em termos explícitos sobre cada um dos pedidos, ou sobre cada um dos itens de que o pedido se compõe. *Não pode haver decisão implícita.* Ainda que se configure relação de dependência lógica entre um tópico e outro, se o juiz não decidiu explicitamente qualquer deles, a omissão não deixa de ser tal pela mera circunstância de que se torne possível *inferir* do pronunciamento emitido sobre *x* o teor do pronunciamento que sobre *y* se emitiria.

9. Jamais se pôs em dúvida que sentença sem conclusão, sem dispositivo, a rigor não chega a ser sentença. Se se quiser, empregar-se-á ao propósito a locução "sentença inexistente": é outra forma de expressar a mesma realidade.

Escreve a tal respeito JOSÉ FREDERICO MARQUES:

> "A parte dispositiva, por outro lado, é tão essencial à sentença que, a sua falta, inexistente será a decisão. Mesmo que da fundamentação possa concluir-se de que forma seria a decisão, impossível existir sentença sem que o juiz declare, explicitamente, qual o seu julgamento sobre a lide" *(Instituições de*

> *direito processual civil,* v. III, 2ª ed., Rio de Janeiro-São Paulo, 1962, p. 516; o trecho vem reproduzido, *ipsis verbis,* no v. III, p. 32, do *Manual de direito processual civil,* do eminente autor, São Paulo, 1975).

Igualmente incisivo AMARAL SANTOS:

> "Sentença sem dispositivo é ato inexistente - deixou de haver sentença" *(Direito processual civil,* 3º v., 1ª ed., São Paulo, 1963, p. 28; *Comentários ao código de processo civil,* v. IV, 2ª ed., Rio de Janeiro, 1977, p. 437).

Sintético, mas categórico, o ensinamento de WELLINGTON MOREIRA PIMENTEL:

> "Sentença sem dispositivo não é sentença" *(Comentários ao código de processo civil,* v. m, São Paulo, 1975, p. 505).

10. Ora, o que ao propósito se diz da *sentença* também se deve dizer de cada uma das partes ou capítulos que porventura hajam de integrá-la. Se o todo é inexistente quando nenhum dos itens que compunham o *thema decidendum* foi objeto de pronunciamento na conclusão, por igualdade de razão será inexistente a parte ou capítulo relativo a algum item específico, sobre o qual haja deixado o juiz de pronunciar-se no dispositivo. Em outras palavras: a inexistência da sentença pode ser *total* ou *parcial,* mas em ambos os casos rege-se pelas mesmas normas. É o que resulta do princípio, já anteriormente recordado *(vide supra,* nº 4), segundo o qual se trata cada capítulo como uma decisão *per se (tot capita qual sententiae).*

Mas, se assim é, não há necessidade de grande esforço dialético para demonstrar que, em relação aos tópicos - ou (na linguagem do art. 458, nº III, do Código atual) em relação às "questões" - integrantes do *thema decidendum* e, apesar disso, *sem solução no dispositivo,* descabe cogitar de formação da coisa julgada. Basta um elementar raciocínio analógico. Caso, por hipótese, falte conclusão sobre *todos* os itens do pedido, *nenhuma* sentença a rigor haverá, nem, por conseguinte, existirá o que possa revestir-se da *auctoritas rei iudicatae;* caso falte conclusão sobre *algum* item, não haverá sentença *nessa parle,* nem, pois, quanto a ela, *res iudicata.* Se a sentença inexistente não produz coisa julgada - proposição que ninguém questionará -, tampouco a produz, logicamente, qualquer parte ou capítulo inexistente de uma sentença. E a ilação harmoniza-se às mil maravilhas com os dizeres do art. 468 do vigente estatuto processual, como já se harmonizava – e é o que mais importa, vista a data da sentença – com os do art. 287, *caput,* do anterior.

Consoante bem explica WELLINGTON MOREIRA PIMENTEL, ob. e v. cit., p. 559, "a coisa julgada abrangerá, unicamente, as questões expressamente decididas, assim consideradas aquelas *que vierem a ser explicitamente referidas na parte dispositiva da sentença"* (sem grifo no original). Perfeito o ensinamento.

11. A diversa conclusão só será possível chegar se se partir da premissa segundo a qual a omissão do juiz em pronunciar-se, no dispositivo, sobre este ou aquele tópico do *petitum,* equivaleria a uma decisão de improcedência acerca de semelhante tópico. A premissa revela-se, porém, de todo em todo injustificável, ao menos no direito brasileiro, quer sob o Código de 1939, quer sob o de 1973. Nenhum dispositivo a legitima. E, muito ao contrário, mais de um conduz a rejeitá-la.

Com efeito: o art. 287, *caput,* do estatuto anterior e o art. 468 do atual limitam *expressis verbis* a "força de lei", de que se reveste a sentença (trânsita em julgado), às "questões decididas". *A contrario sensu,* quanto às questões *não decididas,* a sentença *não* adquire "força de lei". E é o único entendimento que evita o absurdo de atribuir-se "força de lei" a uma decisão *inexistente,* na parte que interessa.

Por outro lado, a admitir-se a equiparação entre o silêncio a respeito de determinado tópico e o julgamento de improcedência com relação a ele, não se explicaria a possibilidade de manifestarem-se embargos de declaração. Assimilada que fosse a omissão em julgar à rejeição do pedido na parte não julgada, estar-se-ia, no rigor da lógica, ante omissão *só aparente:* em verdade, existiria decisão, conquanto "implícita". Mas tal modo de pensar frontalmente se choca com o disposto nos arts. 464, nº II, e 535, nº II, do vigente diploma processual, como já se chocaria com o disposto no art. 862 do antigo. Não tem sentido algum pôr-se à disposição da parte remédio destinado a propiciar o suprimento de omissão, a menos que se reconheça esta *como verdadeiramente tal.* A bem dizer, inexistirá "ponto omisso", caso se entenda que calar a respeito de item do pedido outra coisa não é senão rejeitá-lo. Uma de duas: ou o juiz que se omite *ipso facto* rejeita a postulação naquilo sobre que silencia, e nesse caso não se configura a necessidade – nem, portanto, a admissibilidade – dos embargos declaratórios; ou, ao omitir-se, simplesmente *deixa de decidir,* assim em favor como em desfavor de quem formulara o pedido, e nesse caso se explicam os embargos, mas também se tem de admitir que, não utilizado o remédio, a omissão subsiste *como pura ausência (não suprida) de decisão,* onde só se pode ver um *nada* de julgamento. Ora, a esse *nada* é absurdo querer atribuir qualquer eficácia ou autoridade. *Ex nihilo nihil fit!*

12. Aliás, o entendimento que pretendesse igualar *omissão da sentença e declaração de improcedência quanto ao tópico omitido* tornaria, no caso em pauta, absolutamente incompreensível o Acórdão da 1ª Câmara Cível do Tribunal de Justiça de São Paulo. Conforme se registrou, esse Acórdão partiu justamente da premissa de *não ter havido decisão,* em primeiro grau, sobre o pedido de correção monetária. Disse-o, até, em termos expressos (*"A sentença omitiu a sua apreciação* e a autora ficou inerte"). Dessa premissa é que partiu para chegar à conclusão de que a matéria escapava à cognição do Tribunal. O princípio subjacente, bem se percebe, é o do duplo grau de jurisdição. Entendeu a 1ª Câmara Cível que não lhe era lícito julgar, *pela primeira vez,* parte da lide, que, embora deduzida, não fora ainda objeto de julgamento.

Nada disso faria sentido caso se houvesse de tomar como *rejeição* do pedido de correção monetária o silêncio, ao propósito, do Juízo *a quo.* Admitamos, para argumentar, que se devesse reputar rejeitado aquele item do *petitum.* Em semelhante hipótese, é mais que óbvio, nenhum obstáculo se poderia imaginar ao exercício da atividade cognitiva da 1ª Câmara Cível, em grau de apelação. Se o órgão de primeira instância, ao calar sobre o ponto, tivesse mesmo declarado "implicitamente" improcedente o pedido de correção monetária, a Câmara não teria porque duvidar da admissibilidade da apelação da autora. É manifesto que, em relação a pedido declarado improcedente, a apelação abre ao órgão *ad quem* a possibilidade do reexame. Tal possibilidade foi negada com base na consideração de que *não houvera julgamento a ser revisto.* O Acórdão da 1ª Câmara Cível milita, pois, a favor da tese que sustentamos.

13. Recapitulando: a consulente, ao ajuizar a primeira demanda, deduziu a pretensão à correção monetária. Esse, item do *petitum* foi mencionado no relatório da sentença; na fundamentação, todavia, nenhuma palavra a ele se referiu; e também no dispositivo foi total o silêncio ao propósito. A falta da motivação já seria, na opinião de muitos, circunstância decisiva; mas a ausência de pronunciamento da parte conclusiva da sentença, essa, em verdade, afasta qualquer dúvida. *Inexiste decisão* a respeito do pedido de verba representativa da correção monetária. *A lide não foi totalmente julgada:* ao menos *uma questão* – usada aqui a palavra na segunda das acepções que se indicaram em o nº 5, *supra* – permaneceu intacta.

Sublinhe-se o fato de que nem sequer a fundamentação da sentença alude à matéria. Dele resulta que não se encontraria base alguma para conjecturas sobre o entendimento porventura formado *in mente iudicis* acerca do ponto. Ao nosso ver, repita-se, não seria legítimo "preencher os claros" da sentença com o uso de tal expediente: ainda que se possam extrair da motivação dados capazes de fazer presumir em que sentido se orientava a convicção do juiz, isso não permite tratar como completa a sentença omissa *na conclusão:* o que faltar ao *decisum* não se supre com mero recurso aos fundamentos, como tampouco se supre mediante inferência que se pretenda tirar da parte efetivamente decidida, com apoio em nexo *lógico* entre esta e a outra a cujo respeito se silenciou.

Não parece inoportuno, entretanto, frisar que, no presente caso, nada disso sequer se conceberia. No que tange à correção monetária, a fundamentação foi tão muda quanto o dispositivo. E, do ponto de vista lógico, a única coisa certa, à luz do que se decidiu, é que seria *possível* a concessão da verba, condenada que foi a ré ao pagamento da indenização. Daí não há passar; nem, aliás, importa.

14. Algumas palavras sobre o art. 301, § 3º, do vigente Código de Processo Civil, invocado pela ré, ao contestar o pedido *sub iudice.* Na parte que interessa, reza o dispositivo: "há coisa julgada, quando se repete ação que já foi decidida por sentença, de que não cabe recurso". Deixando de lado cogitações relativas à propriedade da fórmula, que se nos afigura muito duvidosa, confrontemos com o texto legal a situação objetiva.

Decidida por sentença foi, sem dúvida, a ação anterior da consulente, *quanto ao principal e a determinados acessórios.* No que respeita à correção monetária, *não foi decidida,* uma vez que a sentença deixou de apreciar esse tópico do *petitum.* Logo, não incide o § 3º do art. 301. O raciocínio é tão singelo, e a conclusão tão gritante, que seria escusada qualquer insistência.

15. Convém, no entanto, prevenir ainda uma possível objeção. Talvez ocorra a alguém pôr em dúvida a exatidão do nosso raciocínio, alegando que a correção monetária não reveste individualidade própria em face da indenização pleiteada no primeiro processo, mas constitui simples expediente para manter substancialmente invariável o respectivo valor. Na hipótese de não ser ela ordenada, as coisas se passariam como se o juiz tivesse apenas fixado em *quantum* inferior ao pedido a indenização devida pelo réu. Tudo se resolveria em termos de montante da condenação. Daí se poderia pretender inferir que, ao reiterar a postulação no tocante à parcela representativa da correção monetária, a autora estaria na verdade reproduzindo *em parte* ação já julgada.

Mas não é difícil pôr a nu o equívoco. Ele resultaria de ilegítima confusão entre o plano material e o plano processual. Pouco importa, para a solução do problema, o modo por que se há de considerar, do ponto de vista *material*, a correção monetária. O que impende é saber se, ao ângulo *processual*, a parcela correspondente deve ou não ser vista como objeto de pedido distinto – ou, o que vem a dar no mesmo, como item distinto do *petitum* –, em confronto com o da indenização. A resposta não pode deixar de ser afirmativa: o pedido interpreta-se restritivamente (Código de 1939, art. 154, *princípio;* Código de 1973, art. 293, *princípio),* só se submetendo à cognição do juiz o que nele estiver expresso, salvo disposição legal em contrário. As exceções (juros legais, despesas, honorários de advogado, prestações periódicas vencidas após a propositura) são *taxativas.* Tanto é assim que, consoante já se assinalou, ao juiz nunca seria lícito determinar a correção monetária da divida se o autor não o pedisse *expressis verbis.*

16. À luz do que acima ficou dito, não *se afigura correta* a sentença do Juízo da 1ª Vara de São Bernardo do Campo, que acolheu a preliminar de coisa julgada e encerrou o processo sem julgamento do mérito. Para assim decidir, baseou-se o magistrado na seguinte consideração:

> "Em suma, a A. está reiterando nesta ação o mesmo que pleiteara na ação anterior (correção monetária), e onde, bem ou mal, não viu atendida sua pretensão, o que equivale dizer que está reiterando demanda que já propusera anteriormente, sendo idênticos, nas duas ações, os elementos de pessoa, objeto e causa de pedir".

Na última parte do trecho transcrito há patente engano: o objeto da segunda ação de modo algum é "idêntico" ao da primeira, correspondendo apenas a *um tópico* deste, que era bem mais amplo. O ponto, contudo, é irrelevante, pois tal circunstância não afastaria o óbice ao rejulgamento, se deveras existisse, sobre a matéria, decisão coberta pela *auctoritas rei iudicatae.*

Equívoco mais grave é o de supor que haja no ordenamento jurídico proibição pura e simples, *em termos absolutos,* de reiterar demanda já antes ajuizada. Não há. Feita abstração das indicadas no art. 268 e seu parágrafo único do Código de 1973, que não interessam, o impedimento alcança tão somente duas hipóteses: a de estar em curso o processo instaurado em primeiro lugar (litispendência) e a de ter-se nele emitido pronunciamento irrecorrível sobre o mérito da causa (coisa julgada). Fora daí, é induvidosa a possibilidade de repropor-se a ação, conforme acontece em geral quando o feito anterior se tenha extinguido sem julgamento *de meritis;* e induvidoso é o dever do órgão judicial - desde que concorram os outros pressupostos - de apreciar o pedido. Ora, de litispendência não há cogitar, nem se cogita, na espécie. Mas também não se configura óbice decorrente da *Tes iudicata,* formada apenas sobre aquilo *que se julgou,* não sobre o *que se deixou de julgar* - e no tocante à correção monetária o certo é que a autora, se "não viu atendida sua pretensão", como diz a sentença, *tampouco a viu repelida:* ao propósito, *o Estado ainda não cumpriu o dever de prestar jurisdição.*

17. Invoca o Juízo da 1ª Vara de São Bernardo do Campo, em abono de sua conclusão, Acórdão da 5ª Câmara Cível do Egrégio Tribunal de Justiça de São Paulo, com o qual se pôs em consonância o Colendo Supremo Tribunal Federal, em grau de recurso extraordinário. O precedente existe; todavia, *data maxima venia,* não convence.

No Acórdão do Tribunal paulista, reza a ementa: "O que a lei admite é que, se omitido pedido que seria lícito fazer, possa o autor formulá-lo em nova demanda (...). Não, que o litigante repita, em demanda nova, pedido já feito em outra e não acolhido, ainda que por omissão do decisório. Não é lícito corrigir tal omissão por meio de nova demanda". Mas nenhuma regra ou princípio geral do direito brasileiro afasta essa possibilidade! O Acórdão faz menção ao art. 159 do antigo estatuto processual, a que corresponde, no vigente, o art. 294, *verbis:* "Quando o autor houver omitido, na petição inicial, pedido que lhe era lícito fazer, só por ação distinta poderá formulá-lo". Parece que se quis tirar dessa norma argumento *a contrario sensu,* para inferir que, quando o autor *não* o houver omitido na inicial, *nunca mais* poderá formular o pedido, mesmo que ele não tenha sido julgado no primeiro processo. O texto, ao nosso ver, não autoriza semelhante raciocínio. Para autorizá-lo, precisaria ser lido assim: "Só quando o autor houver omitido, na petição inicial, pedido que lhe era lícito fazer, poderá formulá-lo por ação distinta", deslocando-se o "só", com substancial modificação do sentido.

O antigo art. 159 e o atual art. 294 cuidam de assunto diferente deste de que agora se trata. A vedação que o primeiro estabelecia e o segundo mantém unicamente apanha *o próprio processo em que ocorreu a omissão do autor.* O que não se pode fazer é *acrescentar* outro pedido ao constante da inicial, após o respectivo ajuizamento, *no feito em curso.* Esse o alcance da regra preclusiva, cuja atuação é *endoprocessual.* De preclusão *para futuros processos* não cogitava o art. 159 do diploma revogado, nem cogita o art. 294 do Código em vigor.

Quanto ao art. 474 deste último, trazido à colação no voto do eminente Ministro ANTÔNIO NEDER, reportamo-nos às observações feitas nos itens 6 e 7 do presente parecer. O dispositivo concerne a questões, não analisadas *na fundamentação da sentença,* que poderiam ter sido relevantes para a solução do litígio. Com o trânsito em julgado, ficam todas cobertas pela preclusão, e não cabe reabrir a discussão judicial da lide alegando que deixou de ser apreciada alguma questão cujo exame conduziria porventura a conclusão diversa. Nada tem isso que ver com o problema ora em foco.

18. Reafirmamos, pois, as nossas conclusões. O pedido de correção monetária, processualmente ao menos, não estava compreendido no de indenização: constituía tópico especifico, que precisava ser (e foi) explicitado na inicial, e sobre o qual incumbia ao juiz pronunciar-se em termos expressos – o que não aconteceu – na sentença. Impossível deixar de atender à diferença entre a sorte do pedido principal, *que foi julgado,* e esse acessório, *que não o foi.* Com referência à correção monetária, *inexistindo sentença, inexiste coisa julgada.*

Nenhuma norma jurídica proíbe a reiteração de pedido *não julgado.* A ação em curso tem por objeto uma pretensão a cujo respeito *ainda não ocorreu prestação jurisdicional* de qualquer teor: nem a favor da autora, nem contra ela, pois a omissão em decidir não se identifica com a declaração de improcedência. Logo, é fora de propósito cogitar-se, a tal respeito, de *auctoritas rei iudicatae.* A preliminar era, pois, infundada, e não andou bem o Juízo em acolhê-la. A sentença é apelável e merece ser reformada pelo órgão *ad quem,* a fim de que se aprecie oportunamente, *de meritis,* o pedido de condenação da ré ao pagamento da verba correspondente à correção monetária.

Salvo melhor juízo.

Rio de Janeiro, 28 de fevereiro de 1978.

COMENTÁRIOS DOS ATUALIZADORES

9. ITEM DO PEDIDO SOBRE O QUAL NÃO HOUVE DECISÃO. POSSIBILIDADE DE REITERAÇÃO NOUTRO PROCESSO

Luiz Fux / Rodrigo Fux

As conclusões do Professor José Carlos Barbosa Moreira harmonizam-se perfeitamente com o disposto no Código de Processo Civil de 2015.

O artigo 468 do CPC/1973 foi sucedido pelo artigo 503 do CPC/2015, em que se lê: *"Art. 503. A decisão que julgar total ou parcialmente o mérito tem força de lei nos limites da questão principal expressamente decidida.* (...)".

Sobre esse tema, ressalte-se, por oportuno, que o artigo 503, § 1°, do Código de Processo Civil de 2015, veicula a denominada *coisa julgada sobre questão prejudicial,* mas apenas quando: (a) *"dessa resolução depender o julgamento do mérito"*; (b) *"a seu respeito tiver havido contraditório prévio e efetivo, não se aplicando no caso de revelia*; e (c) *"o juízo tiver competência em razão da matéria e da pessoa para resolvê-la como questão principal"*.

Ou seja, se a questão tiver sido decidida como prejudicial, respeitados os fundamentais requisitos erigidos no artigo 503, § 1° do novel diploma, sobre ela também recairá o manto da *res iudicata,* impedindo a propositura de nova ação judicial.

10. AÇÃO RESCISÓRIA. PRAZO DE DECADÊNCIA. COMPETÊNCIA PARA O JULGAMENTO. INTERPELAÇÃO DE PROMISSÁRIO COMPRADOR: VALIDADE E EFICÁCIA

I – A espécie

1. Duas ações – uma cominatória e outra de rito ordinário, tendente à resolução de contrato – foram, em grau de apelação, julgadas em conjunto pela Egrégia 5ª Câmara Cível do Tribunal de Justiça do antigo Estado da Guanabara, em 17 de julho de 1973. O Acórdão, publicado no órgão oficial de 2 de agosto de 1973, concluiu pela procedência da primeira ação e pela improcedência da segunda.

Houve recurso extraordinário, interposto pela Autora na ação de resolução de contrato, a qual era ré na cominatória. A petição de interposição só se referiu à decisão proferida no tocante a esta última, embora nas razões de recurso se tivesse argumentado também quanto à outra, pleiteando-se a reforma do Acórdão em ambos os capítulos.

O Colendo Supremo Tribunal, por sua 1ª Turma, deu "provimento parcial" ao recurso, para declarar carecedor de ação o autor da cominatória. A expressão aspeada, de que usou o eminente Relator, Ministro ELOY DA ROCHA, estaria a significar que apenas no concernente à cominatória se acolheu o extraordinário. Mas, como ressalta do contexto, o Excelso Pretório na verdade *não apreciou* a matéria objeto da outra ação (de resolução de contrato), por entender que, omissa a tal respeito a petição do recurso, o fato de haver a resolução sido discutida *nas razões* não bastava para devolver-lhe a cognição no particular.

2. Quer-se intentar *ação rescisória* do Acórdão da 5ª Câmara Cível, na parte em que julgou improcedente a ação de resolução de contrato. Ao propósito, formulam-se algumas indagações na consulta, instruída com cópias das peças relevantes do processo em que se proferiu a decisão rescindenda.

Concernem as duas primeiras ao prazo de que se dispõe para ajuizar a rescisória e à competência para o respectivo julgamento. A terceira indagação é de natureza diversa. Antes de propor a ação de resolução de contrato, promovera a Autora a notificação judicial do outro contratante, para que, dentro de certo prazo, pagasse o saldo devedor, nos termos da avença, sob pena de resolver-se esta. O acórdão da 5ª Câmara Cível entendeu que a providência ficara irremediavelmente prejudicada pela circunstância de não se ter notificado também *a esposa* do contratante. Essa a outra questão sobre que se pede o nosso parecer.

II – O prazo da ação rescisória

3. Antes da entrada em vigor do atual Código de Processo Civil, o art. 178, § 10, nº VIII, do Código Civil fixava em *cinco anos* o prazo para ajuizamento da ação rescisória. Já se consolidara, na doutrina e na jurisprudência, o entendimento segundo o qual esse prazo era de *decadência,* e não de *prescrição* (cf., entre outros, CÂMARA LEAL, *Da prescrição e da decadência,* 2ª ed., Rio de Janeiro, 1959, p. 122-3; ORLANDO GOMES, *Introdução ao direito civil,* Rio de Janeiro, 1957, p. 393; WASHINGTON DE BARROS MONTEIRO, *Curso de direito civil,* v. I, 3ª ed., São Paulo, 1962, p. 297; ARNOLDO WALD, *Direito civil brasileiro,* Rio de Janeiro, 1962, v. I, p. 251; NICOLAU NAZO, *A decadência no direito civil brasileiro,* São Paulo, 1959, p. 122; LOPES DA COSTA, *Direito processual civil brasileiro,* 2ª ed., Rio de Janeiro, 1959, v. III, p. 458; BATISTA MARTINS, *Recursos e processos da competência originária dos tribunais,* 2ª ed., Rio de Janeiro, 1960, p. 84-5; Supremo Tribunal Federal, Ac. de 30-8-1957, R. E. nº 26.220, *in Rev. Trim. de Jur.,* v. 6, p. 3, e de 9-5-1963, R. E. nº 46.806, *in D.J.* de 18-7-1963, p. 547, do apenso). A classificação do prazo como decadencial relaciona-se com a natureza do direito que, na rescisória, se faz valer: trata-se de *direito à produção de modificação jurídica* (rescisão de julgamento), o qual se insere na classe dos direitos a que a nossa doutrina, por influência italiana, costuma chamar "potestativos". A eles não correspondem *deveres jurídicos* de quem quer que seja, mas tão somente a possibilidade de ficarem determinadas pessoas *sujeitas* aos efeitos da modificação jurídica, sem que se lhes exija prestação alguma, e sem que, por outro lado, se lhes enseje qualquer meio de furtarem-se àqueles efeitos.

Por motivos de política jurídica, muitas vezes se fixa prazo ao exercício dos direitos potestativos. Como alguns deles *só por via judicial* se podem exercer, uma vez esgotado o prazo, as ações destinadas a fazê-los valer já não poderão ser *frutiferamente* propostas, porque o escoamento do prazo *in albis* faz perecer o direito. A rigor, não é a ação que se toma inadmissível: o pedido é que será improcedente. Passa-se o fenômeno no plano *do mérito,* conforme deixou claro o legislador processual civil de 1973, ao redigir o art. 269, nº IV, do Código vigente. O direito potestativo já nasce para o titular, por assim dizer, sob a condição (legal) de ser exercido em determinado lapso de tempo, findo o qual se extingue *ipso facto et iure.* Quando a ação é o único meio de exercê-lo, a consequência inelutável é a improcedência do pedido formulado na ação extemporaneamente proposta: quem *já não tem* o direito reclamado não pode, é claro, ver seu pedido julgado procedente.

4. Embora a prescrição também constitua matéria de mérito, os dois fenômenos são perfeitamente distintos. A prescrição não se refere a direitos potestativos, mas a direitos que consistem no poder de exigir de outrem uma *prestação.* Tais direitos *não* se subordinam a prazo certo de exercício, *nem tampouco* se extinguem pela falta de exercício em determinado tempo; apenas, a lei concede ao sujeito passivo a possibilidade de *recusar a prestação* não exigida dentro do prazo prescricional. Tanto é assim, que a ação proposta depois de esgotado o prazo *pode ainda ser julgada procedente,* se o réu não opuser a exceção (material) de prescrição.

Enquanto a decadência *subtrai* ao titular o direito que tinha, a prescrição limita-se a conferir um meio de defesa ao sujeito passivo, que dele usará ou não, a seu talante. O direito à prestação continua a existir, embora a pretensão do titular fique sujeita a ver-se paralisada pela exceção. Pode-se dizer que a consumação da prescrição faz nascer para o devedor um *contradireito,* consistente na possibilidade de tornar *ineficaz* a pretensão do credor, mediante o oferecimento da exceção, isto é, pela alegação, em defesa, de que a prescrição se consumou.

Como se vê, trata-se de mecanismos bem diversos. Na decadência, leva-se em conta exclusivamente a posição do titular, que terá, ou (já) não terá, o direito potestativo afirmado, consoante se haja ou não esgotado o prazo. Na prescrição, o que sobretudo se leva em conta é a posição do devedor, que (já) terá, ou (ainda) não terá, o direito de opor-se à exigência da prestação, conforme o prazo tenha ou não decorrido. Essa diferença é relevante para o tratamento de uma e de outra figura no plano do direito intertemporal.

5. Lei nova pode encurtar prazos, quer de prescrição – como aconteceu com a Lei nº 2.437, de 7 de março de 1955, que modificou o art. 177

do Código Civil –, quer de decadência – segundo ocorreu com o atual Código de Processo Civil, cujo art. 495 reduziu para dois anos o prazo da rescisória, anteriormente de um quinquênio. Surge, em ambos os casos, a questão relativa aos prazos *em curso* na data da entrada em vigor da nova regra legal – problema a cujo respeito é silente, entre nós, o ordenamento positivo.

Com referência aos prazos *prescricionais* encurtados, durante a sua fluência, por lei nova, o entendimento prevalecente em sede doutrinária e jurisprudencial distingue entre duas hipóteses: 1ª) ao entrar em vigor a lei nova, que abrevia o prazo, ainda está por fluir, de acordo com a lei antiga, um lapso de tempo maior que o prazo fixado na lei nova; 2ª) ao entrar esta em vigor, o lapso de tempo ainda por fluir, conforme a lei antiga, é *menor* que o novo prazo fixado. Na primeira hipótese, aplica-se a lei nova, a partir da data da sua entrada em vigor, de sorte que o prazo terminará antes do momento em que viria a terminar, se continuasse a reger-se pela lei antiga. Na segunda hipótese, considera-se que a aplicação da lei nova conduziria a resultado absurdo: se se computasse o prazo por ela fixado, a partir do dia de sua entrada em vigor, na realidade se estaria *dilatando,* no cômputo global, o prazo que a reforma legislativa quis abreviar; por essa razão, admite-se que o prazo continue a correr só até o termo final na conformidade da lei antiga (cf. CLÓVIS BEVILAQUA, *Código civil comentado,* 11ª ed., Rio de Janeiro, 1956, v. I, p. 369; EDUARDO ESPÍNOLA e ESPÍNOLA FILHO, *A lei de introdução ao código civil brasileiro,* Rio de Janeiro, 1943-4, v. I, p. 478-9; CARLOS MAXIMILIANO, *Direito intertemporal,* p. 250; Luís F. CARPENTER, *Da prescrição,* 3ª ed., Rio de Janeiro-São Paulo, 1958, p. 742; CÂMARA LEAL, *Da prescr. e da decad.,* cit., p. 104; SERPA LOPES, *Comentários à lei de introdução ao código civil,* 2ª ed., Rio de Janeiro-São Paulo, 1959, v. I, p. 351; Supremo Tribunal Federal, 4-4-1963, R. E. nº 51.706, in *Rev. dos Tribs.,* v. 343, p. 510; Trib. de Just. de São Paulo, 5-8-1969, Ap. Cív. nº 180.401, in *Rev. dos Tribs.,* v. 412, p. 186; 6-7-1970, Ap. Cív. nº 188.929, *in Rev. dos Tribs.,* v. 418, p. 160).

As soluções acima expostas merecem, na Alemanha, consagração expressa na Lei de Introdução ao Código Civil *(Einführungsgesetz)* de 18 de agosto de 1896; art. 169, 2ª parte. Resta saber se seriam aplicáveis também aos prazos *de decadência,* como é o da rescisória.

6. O prazo prescricional pode *reduzir-se* em consequência da lei nova, conforme ocorrerá na primeira das hipóteses consideradas. Assim, por exemplo, se a lei antiga o fixava em dez anos, e ao entrar em vigor a nova, que o fixa em sete, apenas um havia decorrido (faltando, portanto, nove), a prescrição consumar-se-á no fim do sétimo ano a partir da data em que começou a viger a lei nova. Terá durado, ao todo, *oito* anos o prazo: um anterior e sete posteriores à modificação legislativa - menos, por conseguinte, do que duraria nos termos da regra jurídica em vigor quando do começo da fluência.

Essa redução *não atinge direito* de quem quer que seja. Não atinge o do credor, porque, segundo já se expôs, a própria consumação da prescrição *não lhe extingue o crédito.* Nem atinge o do devedor, de opor-se à pretensão mediante o exercício da exceção (material), porque esse apenas lhe nasceria *ao vencer o prazo prescricional,* nunca antes; e, seja como for, o encurtamento do prazo só virá beneficiá-lo, fazendo surgir aquele direito *antes* do momento em que surgiria caso não se aplicasse a lei nova.

Se, porém, quisermos transpor para a decadência a mesma solução, vamos esbarrar num obstáculo. O prazo decadencial é prazo de exercício do direito do titular. Quando ocorre o fato que lhe dá nascimento, a pessoa o adquire *tal como existe conforme a lei então em vigor.* Só poderá perdê-lo *de acordo com* essa mesma *lei.* Como a regra jurídica superveniente lhe antecipasse a extinção, estaria *atingindo direito adquirido;* no aspecto - que lhe é essencial - do tempo de existência. No ordenamento brasileiro, todavia, a tanto se opõe o preceito do art. 153, § 3º, da Constituição da República.

7. A afirmação que acabamos de fazer encontra apoio na melhor doutrina. Escreve, por exemplo, PONTES DE MIRANDA, *Tratado da ação rescisória,* 5ª ed., Rio de Janeiro, 1976, p. 188-9:

> "O prazo preclusivo não pode ser encurtado, porque o direito e a pretensão à rescisão já nasceram no dia em que transitou em julgado a sentença, e diminuir o prazo é extingui-lo por lei nova. (Não se confunda a espécie com a da prescrição: o prazo prescricional é para nascer a *exceção,* ao passo que o prazo preclusivo supõe, ai, direitos e pretensões já nascidos)" (grifado no original).

E noutro passo da mesma obra (p. 378-9), com explícita alusão à cláusula constitucional:

> "O prazo preclusivo para a propositura da ação de rescisão era no direito brasileiro, de cinco anos, conforme o heterotópico e errado art. 178, § 10, VIII, do Código Civil de 1916. Passou a ser de dois anos (Código de Processo

Civil de 1973, art. 495). *Se alguma decisão transitou em julgado antes de 1º de janeiro de* 1974, *o prazo para a propositura é o de cinco anos, porque a lei nova não pode ofender direito adquirido e antes do Código de* 1973 *nasceram o direito, a pretensão e a ação de rescisão de sentença* (cf. Constituição de 1967, com a Emenda nº 1, art. 153, § 3º, 1ª parte). (...) No Brasil, regra jurídica diferente daquilo que expusemos seria inconstitucional, porque há o art. 153, § 3º, 1ª parte: *já se adquirira o direito, e, tal como era e é, tem de ser respeitado"* (grifamos).

Igualmente no sentido de que a lei nova não se aplica aos prazos decadenciais em curso na data de sua entrada em vigor pronunciava-se CARLOS MAXIMILIANO, *Dir. intertemporal,* cit., p. 258 e s. Importa frisar aliás, que essa é a posição dos mais notáveis especialistas, inclusive em países que não têm regra constitucional de preservação dos direitos adquiridos: v.g., ROUBIER, *Les conflits de lois dans le temps,* Paris, t. III, 1933, p. 170. Na Alemanha, registre-se, o dispositivo da Lei de Introdução ao Código Civil (art. 169), a que acima se fez referência, foi interpretado como aplicável *exclusivamente* em matéria de prescrição: *vide* KUHLENBECK, *Das Bürgerliche Gesetzbuch für das Deutsche Reich,* v. III, 2ª ed., Berlim, 1904, p. 704; *Staudingers Kommentar zum BGB und dem Einführungsgesetz,* v. VI, 7ª/8ª ed., Munique-Berlim, 1914, p. 469.

A conclusão é a de que a superveniência do Código de Processo Civil de 1973 não afetou os prazos de decadência já em curso no dia de sua entrada em vigor, os quais continuaram a reger-se pelo art. 178, § 10, VIII, do Código Civil, sendo pois de cinco anos. O elemento decisivo é a data do trânsito em julgado da decisão: se anterior a 1º de janeiro de 1974, perdura a rescindibilidade por todo o quinquênio; se posterior, só por um biênio. Em nada influi – ao contrário do que sucederia *se de prescrição se cuidasse* – o tempo já decorrido, ou por decorrer, em 1º de janeiro de 1974: basta que a decisão haja passado em julgado antes, para continuar rescindível, sendo o caso, durante cinco anos. Foi o que dissemos em nossos *Comentários ao código de processo civil,* v. V, 2ª ed., Rio de Janeiro, 1976, p. 207, e ora reiteramos.

8. Apliquemos os princípios expostos ao caso em foco. Feita abstração das disposições acessórias sobre custas e honorários, o Acórdão da 5ª Câmara Cível compunha-se de duas partes ou capítulos: um relativo à ação cominatória, outro à ação de resolução de contrato. Trata-se de decisão objetivamente complexa, em que cada parte ou capítulo reclama consideração autônoma para fins de recorribilidade e trânsito em julgado, na conformidade do antigo brocardo *"Tot capita quot sententiae".*

Apesar de terem constado das razões do recurso extraordinário interposto contra o Acórdão argumentos concernentes a ambos os capítulos, decidiu o Supremo Tribunal Federal que isso não era suficiente para devolver-lhe a cognição total da matéria litigiosa, visto que omissa a petição de interposição quanto à ação de resolução de contrato. Nessa perspectiva, se bem que ambos os capítulos, em tese, pudessem ter sido impugnados mediante o recurso extraordinário, na verdade *apenas um* o *fora.* Porque admissível – como demonstra o fato de haver dele conhecido o Pretório Excelso –, o recurso extraordinário obstou ao trânsito em julgado do Acórdão da 5ª Câmara Cível; *mas só o tez relativamente à parte impugnada, a saber, àquela em que se decidira sobre a ação cominatória.* No que tange à outra, atinente à ação de resolução de contrato, *não houve recurso extraordinário,* o que significa, fora de qualquer dúvida, haver *transitado em julgado* a decisão contida a esse respeito no Acórdão, ao expirar o prazo (na época, de dez dias: Lei nº 3.396, de 2-6-1958, art. 2º) dentro do qual poderia ter ocorrido interposição eficaz.

Publicado que foi o Acórdão em 2 de agosto de 1973, nenhuma hesitação é possível: o trânsito em julgado deu-se ainda antes da entrada em vigor do atual diploma processual civil, e, por conseguinte, não se lhe aplica o disposto no art. 495 deste, mas o art. 178, § 10, nº VIII, do Código Civil. O pronunciamento da 5ª Câmara Cível sobre a ação de resolução do contrato era e continua a ser rescindível *pelo prazo de cinco anos,* a contar da data do respectivo trânsito em julgado.

III – Competência para o julgamento da rescisória

9. A competência para o julgamento da ação rescisória determina-se em função do respectivo *objeto.* Que decisão se pretende rescindir? O Acórdão da 5ª Câmara Cível do Tribunal de Justiça do antigo Estado da Guanabara, na parte em que julgou a ação de resolução de contrato. Os tribunais são competentes para as ações rescisórias de seus próprios acórdãos; ao Tribunal de Justiça do antigo Estado da Guanabara corresponde, hoje, o Tribunal de Justiça do novo Estado do Rio de Janeiro. Logo, a este pertence, *in casu,* a competência.

Quanto a saber a que órgão do Tribunal de Justiça caberá processar e julgar a rescisória, é matéria regida pelo Código de Organização e

Divisão Judiciárias (Resolução nº 1, de 21-3-1975), cujo art. 28, nº I, letra *b*, atribui competência aos Grupos de Câmaras Cíveis para "processar e julgar as ações rescisórias de acórdãos de Câmaras Cíveis isoladas". É precisamente o caso focalizado na consulta.

10. O recurso extraordinário interposto contra o Acórdão da 5ª Câmara Cível não tem qualquer relevância, no tocante à competência para a ação rescisória. Certamente *não* a atribui ao Supremo Tribunal Federal.

Não se pretende rescindir decisão alguma do Pretória Excelso, até porque *nenhuma decisão* proferiu ele sobre a ação de resolução de contrato. Segundo se expôs no item 8 deste parecer, dos dois capítulos que integravam o Acórdão da 5ª Câmara Cível, só um – o referente à ação cominatória – se devolveu ao conhecimento do Supremo Tribunal Federal. Não assim o outro, que ora interessa, relativo à ação de resolução de contrato. Ao propósito, lê-se no voto do Relator, Ministro ELOY DA ROCHA:

> "Nas razões do recurso, os recorrentes pretendem o conhecimento e o provimento do recurso, para julgamento de carência da ação cominatória e procedência da ação de rescisão do contrato. Não se encontra, porém, na petição de recurso, impugnação da decisão recorrida, com referência à ação de resolução do contrato de cessão de direitos".

Daí, coerentemente, haver-se abstido o Excelso Pretória de reapreciar o Acórdão nesta última parte.

11. Em tema de competência para ação rescisória, deparam-se dois enunciados na *Súmula da Jurisprudência Predominante* do Supremo Tribunal Federal:

> "249. É competente o Supremo Tribunal Federal para a ação rescisória quando, embora não tendo conhecido do recurso extraordinário, ou havendo negado Provimento ao agravo, tiver apreciado a questão federal controvertida".
>
> "515. A competência para a ação rescisória não é do Supremo Tribunal Federal, quando a questão federal, apreciada no recurso extraordinário ou no agravo de instrumento, seja diversa da que foi suscitada no pedido rescisório".

O primeiro enunciado é tecnicamente pouco rigoroso, explicando-se à luz da praxe, em má hora adotada pela Corte Suprema, de "não conhecer" de recursos extraordinários interpostos com fundamento na letra *a* do dispositivo constitucional, quando a seu ver o recorrente *não tem ra-*

zão em alegar ofensa à Constituição da República ou negativa de vigência de lei federal, caso típico de *não provimento (vide,* a esse respeito, a extensa crítica formulada em nossa monografia O *juízo de admissibilidade no sistema dos recursos civis,* Rio de Janeiro, 1968, p. 35-9, 149-50, com outras referências bibliográficas; mais brevemente, *Coment. ao cód. de proc. civ.* cit., V. V, p. 187-8 e nota 214). No entanto, pode-se aqui deixar de lado esse aspecto; mesmo à luz do texto sumulado, a conclusão ressalta nítida, *a contrario sensu: não* é competente o Supremo Tribunal Federal para a ação rescisória quando *não* "tiver apreciado a questão controvertida". O segundo enunciado (nº 515) nada mais é que um desdobramento lógico, ou uma particularização, do primeiro. E ambos conduzem, na espécie, à mesma ilação, pois é fora de dúvida que o Pretória Excelso *não apreciou* a matéria discutida na ação de resolução de contrato.

12. Convém insistir no ponto capital. O recurso extraordinário não abrangeu a parte do Acórdão da 5ª Câmara Cível atinente à ação de resolução de contrato. Essa parte ficou irrecorrida *e, por conseguinte, transitou em julgado.* A hipótese é ainda mais gritante, do que a de decisão da qual se tivesse recorrido *inadmissivelmente,* não conhecendo do recurso o órgão *ad quem.* Também nessa a competência para a rescisória seria do órgão *a quo* (cf. nossos *Coment. ao cód. de proc. civ.,* cit., V. V, p. 188). Aqui, *a fortiori:* quanto à matéria que importa, *nem sequer houve recurso!* O caso, a rigor, não é de recurso *inadmissível* – o que já bastaria para justificar a conclusão –, mas de recurso *inexistente.*

Não encontraria base no direito positivo a suposição de ser competente o Supremo Tribunal Federal. A Constituição da República, art. 119, nº I, letra *m, fine,* dá-lhe competência para processar e julgar originariamente "as ações rescisórias de seus julgados". Ora, *nenhum julgado* do Pretório Excelso está em causa. O objeto da ação rescisória que se quer intentar é o Acórdão, trânsito em julgado nessa parte, da 5ª Câmara Cível. Competente para a rescisória é o Tribunal de Justiça do Estado do Rio de Janeiro; e, nele, qualquer dos Grupos de Câmaras Cíveis (Código de Organização e Divisão Judiciárias, art. 28, nº l, letra *b).*

IV – Validade e eficácia da notificação

13. Conforme oportunamente exposto, antes de intentar a ação de resolução de contrato, promovera a autora a notificação do outro contratante, para que pagasse, nos termos do negócio, o saldo devedor. A petição de notificação invocou a regra do art. 1º do Decreto-Lei nº 845, de 7 de agosto de 1969, *verbis* "Nos contratos a que se refere o art. 22 do Decreto-Lei nº 58, de 10 de dezembro de 1937, ainda que deles conste cláusula resolutiva expressa, a constituição em mora do promissário comprador depende de prévia interpelação judicial ou por intermédio do cartório do Registro de Títulos e Documentos, com quinze (15) dias de antecedência". *In casu,* o outro contratante foi notificado através do Juízo da 4ª Vara Cível do então Estado da Guanabara.

No julgamento da apelação, afirmou a 5ª Câmara Cível que a notificação era inoperante por não se ter estendido à esposa do outro contratante, a qual – registre-se – *não participara do contrato.* Lê-se no Acórdão: "Entrementes, a apelante, como medida premonitória de rescisão da avença, promoveu uma notificação do apelado, para constituí-lo, sem entretanto citar *(sic)* sua esposa, o que torna irremediavelmente tal processo assecuratório" (falta sem dúvida, no texto datilografado constante dos autos, uma palavra depois de "irremediavelmente", sem que isso obste à percepção do sentido). A afirmação não vem fundamentada; mas, tendo em vista a época da notificação (1970), só uma explicação se concebe: ter-se-á suposto que fora descumprido o preceito do art. 81 do Código de Processo Civil de 1939, *verbis* "Nas causas que versarem sobre bens imóveis, ou sobre direitos a ele relativos, o marido não poderá demandar sem exibir outorga uxória e, quando o réu será citado juntamente com a mulher".

14. Totalmente infundada a suposição, ao nosso ver. A cláusula do dispositivo transcrito, referente a "causas que versarem sobre bens imóveis, ou sobre direitos a eles relativos", sempre foi interpretada, pela doutrina e pela jurisprudência largamente predominantes, sob a vigência do antigo estatuto processual, como abrangente apenas das *ações imobiliárias reais,* em consonância com o que dispunha o art. 235, nº II, do Código Civil. Vejam-se, em tal sentido, as lições de PONTES DE MIRANDA, *Comentários ao código de processo civil* (de 1939), 1ª ed., Rio de Janeiro, 1947, v. I, p. 316 ("direitos reais sobre imóveis"), de JOSÉ FREDERICO MARQUES, *Instituições de direito processual civil,* 2ª ed., v. II, Rio de Janeiro, 1962, p. 41-2, 177-8, de AMARAL SANTOS, *Primeiras linhas de direito processual civil,* v. I, 1ª ed., São Paulo, 1962, p. 393, de ARRUDA ALVIM, *Curso de direito processual civil,* São Paulo, 1971, v. I, p. 499; e os

Acórdãos do Tribunal de Justiça de São Paulo, publicados na *Revista dos Tribunais,* v. 270, p. 352; v. 295, p. 278; v. 302, p. 380; v. 319, p. 218; e do Tribunal de Justiça do antigo Estado da Guanabara, *in Rev. de Jurisp. do TJEG,* v. I, p. 171.

A ação de resolução de contrato por inadimplemento de um dos contratantes não é ação real, mas pessoal. Como, entretanto, foi ela cumulada com ação de reintegração de posse, justificar-se-ia, *no processo principal,* a exigência de citação da esposa do réu, desde que se considere real - conforme nos parece acertado - a ação possessória. Essa necessidade, no entanto, não se configurava *para a notificação. É o* que passamos a demonstrar.

15. A interpelação para constituição em mora, segundo o Decreto-Lei nº 745, de 7 de agosto de 1969, é suscetível de efetuar-se, quer judicialmente, quer por intermédio do cartório do Registro de Títulos e Documentos. Tanto basta para evidenciar que não se trata de *ação,* e acrescentaríamos: nem sequer de "causa", na acepção em que essa palavra foi empregada no art. 81 do Código de Processo Civil de 1939. Não tem semelhante providência natureza *jurisdicional;* do contrário, seria inconcebível que a pudesse ordenar um órgão desprovido de jurisdição, como o Ofício do Registro de Títulos e Documentos. A função deste consiste apenas em *transmitir* ao notificado a comunicação que lhe é feita pelo notificante, sem que haja nessa transmissão qualquer elemento, já não diremos *decisório* – o que seria absurdo –, mas *jurisdicional,* no mais amplo sentido da expressão. Ora, podendo a interpelação fazer-se indiferentemente através daquele Ofício ou do órgão judicial, as funções de um e de outro são, no caso, equivalentes: o ato do juiz que manda notificar o interpelado é ato substancialmente igual ao do oficial do Registro de Títulos e Documentos. Não há sequer, no despacho "Notifique-se", a força do chamamento a juízo, que caracteriza a citação.

Atente-se, ao propósito, no ensinamento de PONTES DE MIRANDA, *Comentários ao Código de Processo Civil* (de 1973), t. XII, Rio de Janeiro, 1976, p. 318-9:

> "Interpelação, notificação e protesto *não são demandas, lides* (daí a importância da distinção entre citação e notificação, a despeito de alguns erros terminológicos das leis). O que importa, na interpelação, na notificação e no protesto, é a manifestação de vontade ou de conhecimento que faz o interpelante, notificante ou protestante, e a recepção dela pelo interpelado, pelo

> notificado ou pelo destinatário de protesto. Não é o juiz quem comunica, é o interessado; o juízo apenas manda que se transmita o que foi dito. Muito diferente é o que se passa com a citação: aí, o juiz chama a juízo. Há *vocatio in ius*" (nossos os grifos no primeiro período).

Do mesmo sentir é HUMBERTO THEODORO JÚNIOR, *Processo cautelar*, São Paulo, 1976, para quem "a notificação não pode ser manifestada de modo a transformar-se, mesmo na aparência, num comando ou numa ordem do juiz". E acrescenta: "Sua função é apenas a de transmitir a quem de direito uma intenção do promovente" (p. 343). Coerentemente, escreve esse autor que "o protesto, a notificação e a interpelação são procedimentos não contenciosos, meramente conservativos de direitos, que não podem ser incluídos, tecnicamente, entre as medidas cautelares" (p. 339).

16. O art. 81 do antigo diploma processual civil falava em ser o marido, *"quando réu", "citado* juntamente com a mulher". As expressões que sublinhamos são bastante significativas. "Réu" é a pessoa em face de quem se propõe *ação:* não existe "réu" em notificação ou interpelação. "Citado" é a pessoa que recebe citação, e tampouco se confunde esta com o ato pelo qual se transmite a alguém uma interpelação ou notificação que se lhe faz.

O próprio teor literal do dispositivo em foco já ministrava, pois, elementos suficientes para lastrear a nossa conclusão. Insista-se num ponto: o outro contratante, na hipótese, poderia ter sido interpelado, de acordo com o art. 1º do Decreto-Lei nº 745, por intermédio de cartório do Registro de Títulos e Documentos, em vez de o ser por via judicial. O valor e os efeitos da providência seriam *absolutamente idênticos.* Suponhamos que a notificante houvesse tomado aquele caminho. A ninguém ocorreria invocar, ao propósito, o art. 81 do antigo Código de Processo Civil, para exigir, com base nele, que uma interpelação extrajudicial obedecesse a preceito formulado para certa categoria de ações. Intérprete algum chegaria a dar elastério tão grande aos termos do dispositivo, que, onde se falava de "réu" e de "citado", se houvesse de entender também a pessoa notificada através do cartório do Registro de Títulos e Documentos. Seria manifesto despautério, que todavia não é menor em se tratando de notificação judicial, dada a *nenhuma diferença de substância* que no caso – repita-se – existe entre uma e outra modalidade.

17. A notificação promovida pela autora da ação de resolução de contrato não se submetia, conforme esperamos ter demonstrado, à exigência do art. 81 do Código de Processo Civil de 1939. Mesmo feita exclusivamente ao outro contratante, não pode haver dúvida sobre a sua validade. Produziu ela, regularmente, os efeitos que lhe são próprios.

Ex abundantia, registre-se que, no processo principal, havendo o Juízo determinado ao outro contratante a exibição de outorga uxória, compareceu aos autos sua esposa, através de petição onde se lê:

> "[...] tomando conhecimento do respeitável despacho de V. Ex. a, em que determina ao seu marido a apresentação de outorga uxória, vem muito respeitosamente dizer a V. Exª não só que a dá pela presente e na melhor forma de direito, como ainda que, sendo casada pelo regime da separação de bens, não tem interesse econômico na causa".

Certo que a mera circunstância de sujeitar-se o casamento ao regime da separação de bens não bastaria, por si só, para excluir, sendo o caso, a necessidade da *citação* (não *da prévia interpelação!)* de ambos os cônjuges. O que, entretanto, cabe ressaltar é o reconhecimento expresso da *inexistência de prejuízo,* relevantíssimo quando se trata de norma, qual a do antigo art. 81, que tutela predominantemente interesse *particular.* Não convém esquecer que a própria falta da citação inicial era e é suprível pelo comparecimento espontâneo do réu a Juízo, para defender-se (Código de 1939, art. 165, § 1º; de 1973, art. 214, § 1º), exatamente porque, comprovado o atingimento da finalidade do ato – dar ciência da demanda à pessoa que deveria ser citada, permitindo-lhe oferecer defesa –, a invalidação contraviria àquele princípio tradicional *(pas de nullité sans grief).*

Semelhantes considerações, porém, são a rigor dispensáveis. O ponto essencial está em que *não era necessária,* à luz do art. 81 do diploma então vigente e do art. 1º do Decreto-Lei nº 745, a interpelação da esposa: esta não figurava no contrato, não sendo portanto devedora, nem se cuidava de "causa" situada no âmbito de incidência da regra processual – só atinente, segundo acima se recordou, às *ações* reais imobiliárias.

***

À vista de todo o exposto, assim respondemos às indagações da consulta:

1. A rescisão do Acórdão da 5ª Câmara Cível pode ser tempestivamente pleiteada no prazo de *cinco anos* a contar do trânsito em julgado daquela decisão, não se aplicando à hipótese o disposto no art. 495 do vigente estatuto processual civil;

2. É competente para a ação rescisória o Tribunal de Justiça do Estado do Rio de Janeiro, por qualquer dos seus Grupos de Câmaras Cíveis;

3. Foi válida e eficaz a interpelação prévia promovida pela autora da ação de resolução de contrato, por intermédio do Juízo da 4ª Vara Cível, a despeito de não haver sido notificada a esposa do outro contratante.

Salvo melhor juízo.

Rio de Janeiro, 19 de abril de 1978.

COMENTÁRIOS DOS ATUALIZADORES

10. AÇÃO RESCISÓRIA. PRAZO DE DECADÊNCIA. COMPETÊNCIA PARA O JULGAMENTO. INTERPELAÇÃO DE PROMISSÁRIO COMPRADOR: VALIDADE E EFICÁCIA

Luiz Fux / Rodrigo Fux

Há apontamentos pontuais e laterais que podem ser feitos – sempre à luz do ordenamento jurídico vigente.

Primeiro, o artigo 487, inciso II, do CPC/2015, dispõe que o juiz pode decidir, *de ofício* ou *a requerimento*, a respeito da ocorrência de *decadência* ou *prescrição*. Com isso, amplia-se o que expôs o Professor José Carlos Barbosa Moreira, para quem a prescrição, por dizer respeito ao mérito, deveria ser previamente arguida pela parte.

Ainda assim, a parte a quem prejudica deve ter a oportunidade de se manifestar sobre a ocorrência de prescrição ou decadência antes da prolação de decisão pelo juiz (artigo 10 do CPC/2015).

Segundo, especificamente no que diz respeito às regras de direito intertemporal, o artigo 2.028 do Código Civil de 2002 trouxe interessante previsão: "*Art. 2.028. Serão os da lei anterior os prazos, quando reduzidos por este Código, e se, na data de sua entrada em vigor, já houver transcorrido mais da metade do tempo estabelecido na lei revogada*".

A previsão, no entanto, não impacta nos prazos previstos no Diploma Processual e sequer contrasta com o que o Professor José Carlos Barbosa Moreira defendeu, porquanto apenas regula os prazos veiculados no próprio Código Civil de 2002.

Por fim, o artigo 975 do Código de Processo Civil de 2015 mantém o prazo decadencial de 02 (dois) anos para propositura da Ação Rescisória, contado do trânsito em julgado da última decisão proferida no processo.

ÍNDICE DOS AUTORES CITADOS

ÍNDICE ALFABÉTICO-REMISSIVO